황우석 사태 취재 파일

진실, 그것을 믿었다

황우석 사태 취재 파일
진실, 그것을 믿었다
여러분! 이 뉴스를 어떻게 전해 드려야 할까요? 개정판

2006년 11월 9일 초판 1쇄 펴냄
2014년 9월 30일 개정판 1쇄 펴냄
2014년 10월 30일 개정판 2쇄 펴냄

지은이 한학수
펴낸이 윤철호
펴낸곳 (주)사회평론

편집 고하영 · 박보람 · 노희선
마케팅 이영은 · 이경화 · 홍은혜 · 조서연
디자인 가필드
조판 황지원

등록번호 제10-876호(1993년 10월 6일)
전화 326-1182(영업) 326-1185(편집)
팩스 326-1626
주소 서울시 마포구 성산동 114-10
이메일 editor@sapyoung.com
홈페이지 http://www.sapyoung.com

ISBN 978-89-6435-744-6 03330

황우석 사태 취재 파일

한학수
지음

진실,
그것을
믿었다

사회평론

황우석 사태는 지나간 과거이며 잊어도 좋은가

제보로 시작해 숨 가쁘게 진행된 취재, 그리고 전 국민을 충격에 빠뜨린 줄기세포 논문조작이 밝혀진 지 벌써 10년 가까이 되었다. 아직도 음모론을 믿으며 황 박사를 구해야 한다는 황우석 지지자들이 있지만, 많은 국민들은 서울대 조사위의 발표와 검찰조사 그리고 최근 대법원의 판결을 접하며 논문조작을 사실로 받아들이게 되었다. 그러나 한편으로는 황 박사의 연구가 좌절되면서 국익이 엄청나게 손상된 것은 아닌지, 더 나아가서는 〈PD수첩〉 팀이 그토록 진실을 집요하게 밝히는 것 외에 다른 대안은 없었는지 의아해하는 분들도 상당할 것이다. 단언컨대, 국익과 진실 사이에 벌어진 처절한 전쟁과 잔인했던 광풍의 한가운데를 지나왔던 취재 PD의 이 기록에서 많은 답을 찾을 수 있을 것이다.

황우석 사태 이후, 대학에서는 연구 진실성 위원회를 만들기도 했고 과학기자들의 자정 선언도 있었다. 대부분의 언론사들이 사과를 했고 논문조작에 가담한 당사자들은 재판정에 서야 했다. 각종 인사청문회에서 논문 표절은 검증기준이 되었고, 바로 이 문제로 인해 장관급 이상의 많은 후보자들이 탈락하기도 했다. 겉으로 드러나기에는 많은 개선이 이루어진 것처럼 보인다. 그러나 황우석 사태의 핵심적 문제 중 하나였던 '정부·언론·학계의 부도덕한 유착과 먹이사슬 구조'가 해소되었다고 보기는 힘들 것이다. 지난 4월 전 국민을 망연케 한 세월호 참사는 극복되지 못한 우리 사회의 구조적 문제들이 앙상한 모습을 드러낸 최악의 사건이 아닐 수 없다. 우리 사회는 지난 10년 동안 무엇이 변했고 왜 어떤 것은 전혀 변하지 않는 것일까?

반세기를 넘는 세월 동안 대한민국호는 질곡과 격동 그리고 비약을 거듭해 왔다. 황우석 사태는 우리가 한 걸음 더 나아가기 위해서는 무엇이 더 필요한지 우리 사회의 맨살을 숨김없이 드러낸 21세기 대한민국호의 슬픈 자화상이며, 시민들에게 던진 위험한 경고였다. 문제를 있는 그대로 인정하고 그것을 '문제로서 구성'해 풀어내지 않고 덮어 버린다면, 언젠가 그 근원적 문젯거리는 더 커져서 끝내는 폭발하고 말 것이다. 우리가 황우석 사태를 과거로 치부하고 어설프게 덮어서는 안 되는 이유가 거기에 있다.

애초에 이 책을 쓴 것은 황우석 사태가 마무리되고 나서도 원인과 결과, 진실과 거짓이 뒤섞여 혼란스러웠던 상황에서 사건의 시작부터 끝까지 그 전 과정을 사실에 근거해 낱낱이 기록해 두기 위함이었다. 그러나 극적인 반전으로 진실이 드러났던 사건의 흥분과 여운이 채 가시지 않은 상태에서 쓰인 탓에 개인적인 감정이

진실, 그것을 믿었다

드러나 있는 부분도 있고, 당시에는 커다란 쟁점이었지만 큰 틀에서 보면 해프닝성에 불과한 사안들도 있었다. 사건의 본질에 더 충실하기 위해서는 개정판 작업이 절실했다. 개정판에서는 초판에서 다소 지엽적인 부분은 생략했고, 유사한 내용들은 간추려 묶었다.

황우석 사태를 취재하며 무협지보다 더 무협지 같은 그리고 소설보다 더 소설 같은 이야기를 겪어야 했다. 소설은 읽어야 맛이지, 본인이 그 소설 같은 이야기의 주인공이 된다는 것은 너무 힘들고도 가혹한 일이었다. 부디 이 기록이 언론사, 과학사를 넘어 한국 문화의 현 단계를 조망하고 해석하는 좋은 자료가 되기를 기원한다.

2014년 7월 한학수

"정말로 복제 줄기세포가 하나도 없나요?"

이것은 최근 몇 달간 〈W〉 프로그램을 제작하려고 해외 출장을
가면, 교민들이 나에게 꼭 묻는 질문이다. 이미 서울대 조사위와
검찰에서 '황 교수팀에는 복제 줄기세포가 없다'고 공식적으로
발표했건만, 쉽사리 믿어지지 않는 표정들이다. 내심 믿고 싶지
않은 기색도 읽혀진다. 그래도 뭔가 황 교수에게는 여전히 무슨
'결정타'가 있지 않을까 하며 조심스럽게 내게 탐문을 하는 분들
도 있다. 이 반응은 무엇일까?

대부분의 사람들에게 이 거대한 사건은 너무 급작스럽게 '터
졌으며', 미처 사건의 가닥을 합리적으로 추론하기도 전에 '줄기
세포가 조작되었다'는 엄청난 발표가 덜컥 따라왔다. 황 교수는
여러 차례 기자회견을 하며 말을 바꿔 왔고, 이를 몇 년째 따라
다니던 언론도 혼란을 가중시켰다. 여기저기서 얻게 된 너무나
많은 뉴스들은 서로가 충돌했으며, 때로는 어제의 '특종'이 오늘
에는 명백한 '오보'가 되곤 했다. 그런 이유로 각자가 갖고 있는
정보들은 전체적인 진실의 뼈대를 만들지 못한 채, 곳곳에 미스

터리들이 섞여 있다. 상식으로는 풀리지 않는 의문들!

　도대체 왜 그랬을까? 진실은 과연 무엇이란 말인가? 우리에게 복제 줄기세포는 무엇이었으며, 황 교수라는 사람은 어떤 존재였는가? 바로 이 문제에 답하기 위해서 나는 '믿을 수 없도록 처참했던 경험'과 '취재 과정에서 일어났던 사실들'에 대해 기록하게 되었다. 보고 싶지도 않고 기억하고 싶지도 않지만, 어두운 과거를 있는 그대로 들춰내야 했다. 그것은 우리가 한 걸음 더 나아가기 위한 '전제'이기 때문에.

누구를 희생양 삼을까요?

가장 간편하게 사건을 처리하는 방법은 희생양을 만드는 것이다. 청와대 전 과학기술 보좌관 박기영 씨는 최근에 "김선종 씨가 없었더라면 복제 줄기세포는 만들어졌을 것이다"라고 한 언론과의 인터뷰에서 밝혔다. 이것은 가장 무책임하고 뻔뻔하게 문제를 푸는 방법인데, 황우석 사태를 범죄적 해프닝으로 축소하면서 한 명의 연구원을 희생양으로 몰아가는 수법이다. 그동안 황우석 지지자들이 사건의 희생양을 〈PD수첩〉팀'에서 '서울대 조사위'로 그리고 '섀튼 교수'에게서 다시 '노성일 병원장'으로 바꿔 지목해가면서 황 교수의 결백성을 주장해 온 것과 똑같은 행태다.

　이보다 조금 세련된 것은 황 교수 개인을 희생양으로 삼으려는 흐름이다. 이것은 그토록 황 교수를 떠받들던 집단에서 두드러지게 나타나고 있다. 물론 황 교수가 이 모든 사건의 정점에 위치한 것은 사실이지만, 황우석 사태를 그의 개인적 캐릭터가 야기한 사건으로 해석하고 축소하는 것은 그야말로 거대한 음모가 아닐 수 없다.

나는 이 사건에서 희생양을 만들기 시작하면 끝이 없으며, 정녕 우리가 얻을 것을 다 놓치게 된다고 본다. 스스로에 대한 성찰이 없다면 '우리 안의 황우석'은 결코 사라지지 않을 것이다. 그런데 우리가 무얼 성찰해야 하는가? 부디 이 취재 파일이 단지 한 사건에 대한 후일담으로만 치부되지 않기를 바란다. 이것은 21세기 대한민국을 가장 전형적으로 보여 줄 수 있는 투쟁의 기록이다. '과학과 역사' 그리고 '언론과 문화', 무엇보다 '우리의 장래'에 관심 있는 사람들이 이 책을 통해 한번쯤 자신을 돌아볼 기회를 갖는다면 좋겠다.

진실은 어디에 있는가

100여 페이지가 넘는 검찰의 황 교수 사건 수사 발표! 물론, 거기에도 진실은 있다. 그러나 그것은 사건의 범죄적 측면을 드러낸 것에 불과하다. 황우석 사태를 거치면서 나는 《삼국지》에 등장하는 사람들만큼이나 다양한 인간형들을 겪었다.

강철 같은 신념을 가진 제보자 K와 B, 야인 고수 '어나니머스'와 익명의 과학도들, 거센 외풍을 막아 준 최씨 삼형제, 〈PD 수첩〉을 물밑에서 지원해 준 과학자 그룹과 의인들, 양심을 지키며 결사해 준 뜻있는 기자들, 그리고 여전히 공개할 수 없는 인물들……. 일일이 열거할 수 없는 수많은 사람들의 도움이 없었다면, 취재와 방송 모두 불가능했을 것이다. 그리고 끝내 MBC 구성원들이 진실을 방송하기로 총의를 모았다는 점도 잊을 수 없다.

진실은 검찰의 수사 기록보다 더 깊고 심오하다. 어쩌면 황우석 사태의 진상을 밝히는 과정에서 분출된 수많은 사람들의 에너지에 진실이 묻어 있는지 모른다. 줄기세포의 유무라는 결과를 넘어서, 한국 사회가 이 사태의 진상을 밝혀 온 과정에 진실이 숨어 있는 것은 아닐까?

드라마보다 더한 드라마를 겪으며 고생했던 내 가족들, 이 사태를 거치며 속상했을 난치병 환자의 가족들, 커다란 사건의 소용돌이에서 뜻하지 않게 상처 입은 개인들 모두에게 위로를 전한다. 이 책을 내는 데 고민을 함께한 사회평론 윤철호 대표와 최광렬 주간, 고하영 팀장에게 감사를 전한다.

2006년 10월 한학수

차례

Ch. 01

황우석 교수를 믿었다

《사이언스》 논문으로 황우석 교수가 세계적인 조명을 받다

2005년 5월 19일, 전 세계 과학자들의 이목은 영국으로 향했다. 세계적 권위를 자랑하는 과학 저널 《사이언스Science》에서는 표지논문의 발표를 위해 한국의 황우석을 한껏 추어올렸다. 시원한 외모의 황 교수는 한국인들의 자존심을 더없이 높여 주고 있었다. 이 자리에는 논문의 공동저자인 미국 피츠버그대학의 섀튼Gerald Schatten 교수와 서울대 안규리, 이병천 교수 등이 함께했다. 《사이언스》지가 그토록 성대한 이벤트를 벌인 데에는 그럴 만한 이유가 충분했다.

불과 1년 전, 2004년 2월 12일에 황우석 연구팀이 《사이언스》지에 발표한 논문은 생명과학계에 신기원을 만들어 낸 것이었다. 난자와 정자가 만나 생명의 씨앗인 수정란을 만들고, 이 수정란이 분화를 거듭하면서 온전한 생명으로 자라나게 된다. 이때 이 수정란을 이용해 줄기세포를 만들 수 있는데, 이렇게 만들어진 줄기세포를 수정란 줄기세포hESc라고 한다. 수정란 줄기세포를 만들어 연구하는 것 자체는 놀라운 기술이 아니었다. 그

진실, 그것을 믿었다

렇지만 각국에서는 윤리적인 이유를 들어 이런저런 규제를 하고 있었다. 2004년까지만 해도 사람의 정자를 대신해 '체세포의 핵'을 이용해 줄기세포를 만드는 것은 불가능하다는 것이 정설이었다. 그런데 황우석 연구팀에서 2004년 《사이언스》 논문에 기존 학설을 뒤집는 연구 결과를 발표했는데, 바로 체세포 핵이식 줄기세포NT hESc를 만들었다는 것이었다. 논문에서는 242개의 난자 각각에 체세포의 핵을 이식해서 한 개의 줄기세포를 얻어냈다고 했다. 242개의 난자에서 겨우 하나의 줄기세포를 만들었기 때문에 당장 실용화할 수는 없지만, 그래도 무한한 가능성을 열어젖힌 쾌거였다.

다만, 2004년 《사이언스》 논문에는 결함이 하나 있었다. '논문에 발표된 줄기세포가 처녀생식parthenogenesis으로 만들어졌을

황우석 교수의 논문이 표지논문으로 선정된 2004, 2005년 《사이언스》. 미국의 《사이언스》는 영국의 《네이처》와 더불어 세계 과학저널의 쌍두마차라 불린다. 해마다 1,000편 안팎의 논문이 실리는데, 게재됐다는 사실만으로도 연구 성과를 세계적으로 인정받는다.

가능성이 있다'는 단서가 붙어 있다는 점이었다. 체세포 핵이식을 한 후에 난자에 전기 자극을 가하는 과정을 거치는데, 이 과정에서 이식된 체세포의 핵과는 별도로, '난자 스스로' 반응을 일으켜 줄기세포가 되었을 가능성이 있다는 것이다. 정자나 그것을 대신하는 체세포 핵과는 관계없이 난자가 스스로 반응해 줄기세포가 되었다고 해서 '처녀생식'이라고 부른다. 이런 처녀생식을 통해 형성된 줄기세포는 여성(염색체형 XX) 줄기세포일 수밖에 없다. 더욱이 처녀생식은 그 발생 과정이 정확히 밝혀지지 않았고 실험으로 재현할 수가 없기 때문에 한계가 있는 것이다. 결국, 《사이언스》의 과학자들은 황 교수가 2004년에 발표한 줄기세포가 '우연히' 만들어진 것이 아니냐고 단서 조항을 달아 놓은 것이었다. 이런 의심은 2004년 연구에서 유일하게 얻어진 줄기세포가 여성(XX) 줄기세포였기 때문에 생긴 것인데, 남성(XY)의 줄기세포를 만들어 내면 자연스럽게 해소될 터였다.

그런데 황 교수가 2005년에 발표한 《사이언스》 논문은 그야말로 놀랍다고 할 수밖에 없는 업적이었다. 남성의 줄기세포를 한 개도 아닌 여러 개를 만들었다니, '처녀생식에 대한 과학계의 의심'을 단번에 날려버린 것이었다. 더구나 줄기세포를 11개나 새로이 만들어 냈기 때문에 '줄기세포의 확립과정'은 의심의 여지 없이 저절로 검증이 된 셈이었다.

특히 2004년 《사이언스》에 발표된 1번 줄기세포는 건강한 여성의 난자와 그 주변에 있는 체세포, 즉 난구세포를 이용해 만

진실, 그것을 믿었다

들었지만, 이번에는 '환자의 체세포'를 이용해 만들었다. 체세포를 제공한 11명의 환자들에는 2세부터 56세까지 남녀노소가 고루 포함되어 있었다. 더구나 이 환자들은 척수장애나 소아당뇨 그리고 선천성 면역결핍증 등을 앓고 있는 난치병 환자들이었다. 환자 자신의 체세포를 이용해 줄기세포를 만들었기 때문에, 실제 환자에 대한 임상에서 면역 부작용이 일어날 가능성을 현저히 줄일 수 있는 것이다.

더욱이 이번에는 185개의 난자에서 11개의 줄기세포를 만들어냄으로써 성공 확률을 비약적으로 높였다. 실용화될 가능성이 그만큼 커진 것이다. 그렇지 않아도 그 많은 난자를 어디서 구하느냐는 우려가 있었는데, 이제 그런 문제는 상당히 완화시킬 수 있게 된 것이다. 거세지던 생명윤리 문제도 주춤할 수밖에 없었다.

세계가 주목할 만한 경이적인 성과였다. 대한민국은 열광했다. 2005년 5월 20일, 황우석 교수는 귀국 기자회견에서 눈이 번쩍 뜨이는 발언을 했다.

연구 성과를 이렇게 비유하고 싶습니다. 안방에 들어가는 문이 있는데 너무 큰 자물쇠가 잠겨 있어 들어갈 수 없었어요. 작년에 그 첫 번째 대문을 열었는데, 문을 열고 보니 단단히 잠겨 있는 4개의 문이 있었습니다. 문을 열다 보니까 경험과 기술이 생겨 4개의 문을 한꺼번에 열었습니다. 그러고 나니 사립문이 또 있어요. 앞으로 저 사립문을 열어야 합니다.

미국에서 불붙은 생명윤리 논란

황 교수의 《사이언스》 논문이 발표된 뒤, 세계인의 시선은 미국으로 이어졌다. 줄기세포 연구에 대한 규제 법안들이 미국 사회에서 뜨거운 논쟁거리로 떠올랐기 때문이다. 2005년 5월 24일, 미국 하원은 배아 줄기세포 연구에 연방예산을 지원토록 하는 '줄기세포 연구증진 법안'을 표결에 부쳐서 찬성 238표, 반대 194표로 가결시켰다. 이 법안을 반대해 온 공화당 내에서도 당과 입장을 달리한 50명의 의원들이 찬성표를 던져 법안은 원안대로 통과됐다.

미국에서는 이미 2001년 7월 31일 어떠한 인간 배아복제도 금지하는 '웰던Welden 법안'이 하원을 통과했다. 부시 대통령은 당시까지 등록된 약 60여 개의 배아 줄기세포주embryonic stem cell line 이외에는 자금을 지원할 수 없게 했고, 이후 미국의 배아 줄기세포 연구는 사실상 정지됐다. 그러나 하원이 통과시킨 줄기세포 연구증진 법안은 "배아 제공자가 더 이상 필요없다는 동의만 한다면, 시기에 상관없이 불임시술 병원에 냉동 저장된 인

간 배아를 통해 줄기세포 연구를 할 수 있도록 연방재정을 지원
토록 한다"는 것이었다. 이날 통과된 법안이 시행될 경우, 연간
쓰고 남은 '잔여 배아' 8,000개가 줄기세포 연구에 이용될 수 있
게 된다. 불임 부부들의 임신을 위해 그들의 난자와 정자를 이용
해 만들어 놓은 잔여 배아를 연구에 사용할 수 있는 길이 열리는
것이다. 그러나 불임 부부들이 자신들이 사용하고 난 배아를 제
공한다고 하더라도, 이 잔여 배아를 실험에 이용하는 것은 생명
의 씨앗인 배아를 다루는 문제이기 때문에 윤리적 논란의 소지
를 안고 있었다.

황우석 교수의 《사이언스》지 발표는 미국의 생명과학자들에
게 분명히 호재였다. 그동안 생명윤리 논란에서 비롯한 규제 때
문에 연구비를 얻는 데 많은 제한이 있어 왔는데, 이를 반전시킬

배아복제 연구에 우려를 표하는 부시 대통령. 나는 부시 대통령의 강경한 보수 성
향을 곱지 않은 시선으로 보고 있었다. 그러나 배아복제 연구에 관한 그의 문제 제
기는 우리가 한 번쯤 음미해 볼 가치가 있다고 생각한다.

수 있는 기회가 온 것이다. 동방의 작은 나라 한국이 저렇게 앞
서가는데 미국도 가만히 있을 수 없다는 논리가 그럴듯하게 다
가갈 수 있는 것이다. 부시와 선거 과정에서 대립각을 세웠던 민
주당도 이를 정치적인 호재로 받아들였다. 민주당 톰 하킨 의원
은 "미국의 최고 과학자들이 줄기세포 연구의 완전한 잠재력을
실현하는 것을 더 이상 기다릴 여유가 없다"고 주장했다. 부시
대통령은 하원에서 법안이 통과되는 날 "이 법안은 생명의 파괴
를 조장하기 위해 새로운 인센티브를 제공하는 것이다. 이것은
윤리의 한계를 뛰어넘고 있다"며 거부권 행사 의사를 거듭 분명
히 했다. 그는 "생명을 살리기 위해 또 다른 생명을 파괴하는 것
에 반대한다"고 강조했다. 하원에서 법안에 대한 토론이 진행되
던 시간에, 부시 대통령은 인공수정 배아로 태어난 아이들과 그
들의 부모 수십 명을 백악관에 초청했다. 그는 "여기 있는 아이
들은 잔여 배아 같은 것은 없다는 것을 말해 준다"며 배아 줄기
세포 연구를 강력히 비판했다.

한국 사회에 생명윤리라는
의제를 던지고 싶었다

황우석 교수의 《사이언스》지 발표가 미국 사회에 일으킨 파장은
컸다. 물론 이러한 논쟁이 미국 사회에서 처음 일어난 것은 아니
다. 선거 때마다 중요한 이슈로 등장하는 '낙태 문제'처럼, 배아
를 둘러싼 생명윤리 문제는 최근 몇 년간 미국 사회에서 지속적
인 논쟁거리였다. 이 논쟁은 아마 앞으로도 오랫동안 계속될 것
이다.

〈PD수첩〉팀에서 파트너였던 김현기 PD와 나는 비로소 한
명의 시민이 아니라 저널리스트로서 이 사안을 바라보기 시작했
다. 불과 며칠 전 황우석 교수가 《사이언스》지에 논문을 발표했
을 때, 나는 대부분의 한국인처럼 기뻤고 자랑스러웠다. 그러나
미국에서 생명윤리 논란이 가열되자 한국의 언론들은 미국이 한
국에 대해 딴지를 걸고 있다는 식으로만 편협하게 보도했다. 그
들이 왜 그런 논쟁을 벌이고 있으며, 대통령까지 나서서 자신의
견해를 공개적으로 드러내는 이유는 무엇인지에 대해서 심층적
인 보도를 하지 못하고 있었다.

당시 부시 대통령과 미국의 보수 세력들이 배아의 생명윤리 문제에 대해 완고한 입장을 취하고 있던 것은 그렇게 간단히 치부할 수 있는 문제가 아니었다. 그 뿌리에는 무엇보다도 부시와 공화당 상층부의 원리주의적인 기독교 신념이 있을 터였다. 이것은 낙태 문제와 동성애 문제에 대해 그들이 취해 왔던 입장과 일맥상통하는 것이었다. 그런데 과연 그것은 종교적인 신념의 문제일 뿐이라고 단순하게 해석하고 넘어가도 되는 것일까?

김현기 PD와 나, 그리고 두 명의 보조 작가는 이 문제에 대해 리서치를 시작했다. 줄기세포의 과학적 의미를 이해하고, 미국 내에서 일어나는 생명윤리 논란의 합리적 핵심을 탐색했다. 국내에서는 이 생명윤리 문제가 지나칠 정도로 경시되고 있었고, 한편으로는 산업적·실용적 측면만 조명되고 있었다. 어쩌면 이 생명윤리 문제는 앞으로 백 년간 '약간씩 모양을 달리하면서' 인류사에서 중대한 논쟁거리가 될 것이다. 왜냐하면 배아를 생명체로 인정할 것인가 하는 수동적 차원의 문제뿐 아니라, 이미 시작된 동물 복제가 인간에게 무분별하게 적용될 적극적인 위험성 등이 충분히 있기 때문이다. 인간 복제는 단지 영화 속에서나 가능한 것이 아니다. 과학계에서 지속적으로 이슈가 될 수 있는 기술적 환경에 인류는 이미 들어섰다. 비록 부시 대통령의 정치적 성향이 평소에 곱지는 않았지만, 그가 던지는 질문은 당대 생명과학계와 일반인들이 깊이 생각해 볼 여지가 충분했다. 왜냐하면 생명과학이 발전하는 속도를 일반인들이 따라가지 못하고 있으

진실, 그것을 믿었다

며, 이로부터 파생되는 다양한 문제에 대한 고민은 더더욱 불모지에 가깝기 때문이다. 그렇다면 부시의 견해가 옳건 그르건 간에 한번쯤 우리가 조명하고 음미해 볼 가치가 있는 것이다.

난자와 배아의 윤리 문제에 대해 황우석 교수팀이 갖는 고뇌가 또한 있을 것이다. 배아가 생명이라는 것은 부정할 수 없지만 그렇다고 난치병 환자들의 염원을 외면할 수도 없을 것이다. 우리는 실사구시實事求是가 무엇보다 필요하다고 보았다. 무조건 생명윤리 문제를 회피할 것이 아니라 생명과학계 내부에 적극적으로 이 문제를 공론화시키고 서로 합의할 수 있는 윤리적이고 과학적인 모델을 만들어 가는 것이 중요하다고 보았다. 타협할 줄 모르고 극단적으로 대립하기보다는 '무엇이 최선인가'를 끊임없이 추구해 갈 필요가 있다고 보았다. 그럴 수 있는 환경을 조성하는 데 앞장서는 것이야말로 진정으로 언론이 해야 할 일이 아닌가? 그리고 결국에는 그것이 황 교수팀이나 한국의 생명과학에 도움이 되지 않겠는가?

외면당한 아이템,
'세기의 논쟁, 황우석과 부시'

5월 27일경 김현기 PD와 나는 생명윤리 문제에 대해 〈PD수첩〉
에서 논쟁적으로 다뤄 보는 것이 좋겠다는 데에 의견을 모았다.
우리는 황우석 교수팀에 호의적이었고, 다만 우리 사회의 생명윤
리 논의의 수준을 한 단계 높여 보자는 바람이 있었다. 아이템의
제목을 '세기의 논쟁, 황우석과 부시'로 하는 게 어떠냐고 내가
의견을 냈다.

즉시 섭외에 들어갔다. 논쟁의 당사자인 황 교수팀과 부시
진영의 주요 인물들을 찾아 나섰다. 그리고 이 논의의 교량 역할
을 해 줄 전문가들을 수배하기 시작했다. 먼저 미국 쪽으로는 부
시 진영의 공화당 인사들과 민주당의 정치인들 그리고 미국 생
명과학계의 주요 인물들을 파악해 갔다. 이 일은 미국에 있는 PD
특파원에게 도움을 일부 요청하기로 했다. 그런데 얼마 지나지
않아 미국 특파원으로부터 좋지 않은 소식이 왔다. 이 논란과 관
련된 정치인들의 섭외에 최소한 2주 정도는 필요할 것으로 보인
다는 것이었다.

진실, 그것을 믿었다

황 교수팀도 섭외가 안 되기는 마찬가지였다. 황 교수 연구실에 전화하면 언론 관계 업무는 모두 안규리 교수에게 맡긴다는 이야기로 대신했고, 정작 안규리 교수를 만나기는 쉽지가 않았다. 황 교수는 이미 2004년 9월부터 국가 요인급 경호를 받고 있었기 때문에 무턱대고 찾아가서 만날 수도 없는 형편이었다. 황 교수는 안규리, 이병천 교수도 경호 대상으로 요청했고, 정부는 이를 받아들인 상태였다. 이미 몇 번 황 교수팀을 취재했던 MBC 보도국의 기자로부터 "황 교수 섭외가 하늘의 별 따기"라는 말을 들었지만, 그 정도일 줄은 몰랐다. 황 교수팀은 이미 언론사와 취재팀을 선별할 수 있는 권력을 가지고 있었다.

애초에 뜻은 창대했으나, 결과는 보잘것없었다. 몇 명의 전문가와 안규리 교수 외에는 섭외가 이뤄지지 않았다. 황우석 교수팀과 부시 진영의 핵심 인사들이 협조를 안 해 주니, 그야말로 '앙꼬 없는 찐빵'이 된 셈이었다. 이때까지의 상황을 최승호 팀장에게 보고했더니 역시 회의적인 의견을 냈다. 섭외가 이렇게 좌초되니, 일을 추진했던 내가 봐도 아이템으로서 흡인력이 부족해지고 설득력 있는 논쟁 구도를 보장할 수도 없게 되었다.

눈물을 머금고 아이템을 보류했다. 6월 1일, 안규리 교수에게 감사의 인사를 전하고 다음 기회에 만나 뵐 것을 제안했다. 그렇게 '세기의 논쟁, 황우석과 부시'는 외면받고 버려진 아이템이 되었다. 그런데……그렇게 포기하고 새로운 아이템을 찾아야 할 때, 뜻밖의 제보를 접하게 된다.

Ch.
02

제보자 K를
만나다

"황우석 교수 관련입니다."

방송이 3주밖에 안 남았다. '세기의 논쟁, 황우석과 부시'를 준비하느라 1주일을 꼬박 씨름했다가 포기했으니 시간이 얼마 남지 않았다. 6월 1일 오후 2시경이었다. 새로운 아이템을 찾아서 웹 서핑을 하고 있었다. 그때 최승호 팀장이 조용히 불렀다. 운명은 그렇게 시작되었다.

"여기 좀 봐라. 황우석 교수 관련 제보가 하나 떴는데, 제보자가 신원을 정확히 공개했네. 학수 네가 황 교수 관련 아이템을 준비하다가 그만뒀으니, 아무래도 네가 그 방면은 좀 알지 않냐? 제보자 전화번호 있으니 확인 한번 해 봐라."

팀장이 보고 있던 것은 〈PD수첩〉 제보란이었다. 〈PD수첩〉에는 하루에도 수많은 제보가 들어온다. 제보자의 신원을 보호하기 위해 이 제보란에 접근할 수 있는 사람은 〈PD수첩〉 PD들과 작가들로 한정되어 있다. 간혹 이 제보란에서 나온 내용이 방송 아이템으로 채택되기도 한다. 팀장은 그중에서 유달리 이 제보에 마음이 끌렸나 보다. 팀장 말대로 제보자가 자기 이름과 직장 그

진실, 그것을 믿었다

리고 전화번호 등을 정확히 올려놓았다. 이런 경우는 드물었다.

자리로 돌아와서 꼼꼼히 제보를 읽어 보았다.

제보번호 70,433번

제목: 황우석 교수 관련입니다.

저는 황우석 교수 연구실에서 몇 년간 일했던 사람입니다. 기초연구에 평생을 바치고자 황우석 교수와 인연을 맺었습니다. (중략)

황 교수와 함께하는 동안 참으로 밖에 나갈 수 없었던 많은 일이 있었으나, 억압 때문에 말할 수 없었습니다. 이번 《사이언스》지에 대한 사실은 양심이 허락지 않아 이렇게 편지 보냅니다. 어제 〈PD수첩〉 15주년 특집을 보고, 저들이라면 내가 알고 있는 것을 말해도 될 것 같아 이렇게 편지 보냅니다.

현재 황우석 교수는 국민적 영웅 수준으로 떠올라 있으며, 국가의 지원과 여론의 존경을 한 몸에 받고 있습니다. 저의 말보다는 황 교수의 말이 사실처럼 들리겠지요. 〈PD수첩〉에 편지를 띄우기까지 많은 갈등 속에 있었습니다. 비호세력이 너무 많고 증명하기 어렵다는 이유로 망설여 왔습니다. 국제적인 망신이 될 수 있고 제보하는 저도 피해를 볼 수 있는 상황이지만, 부정한 방법으로 쌓은 명성은 한 줌 바람에 날아가고 진실은 언젠가 밝혀진다는 신념 하나로 이렇게 편지를 띄우니, 부디 저버리지 마시고 연락 부탁합니다.

　　　－ 6월 1일 12시 45분에 〈PD수첩〉 시청자 제보란에 올라온 글

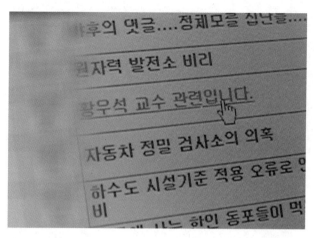

황우석 사태 취재의 실마리가 된 제보 메시지. 사건은 미확인 첩보에 불과한 짧은 제보에서 비롯하였다. 그러나 그로부터 시작된 작은 파문은 마침내 거대한 해일이 되어 대한민국을 집어삼켰다.

"《사이언스》지에 대한 사실"? "국제적인 망신"? "부정한 방법으로 쌓은 명성"? 이게 다 무슨 소리야. 황 교수에게 무슨 문제라도 있다는 말인가? 연구비 유용이나 성희롱 같은 건가? 아니면, 교수 임용비리 같은 것에 연루된 것인가? 중상모략 같은 거 아냐? 도대체 감이 잡히지 않았다. 제보 글로 미루어 보건대 쉽게 쓴 글은 아닌 것 같았다.

전화를 했다. 30대 중후반 남자의 목소리가 들려왔다. 들뜨지 않고 차분한 음색이었다. 전화로 말하기는 힘들다고 했다. 이틀 뒤 밤에 내가 찾아가기로 했다. 만나는 봐야 할 것 같았다.

'밑품 한번 팔지 뭐, 별거 아니면 접고…….'

진실, 그것을 믿었다

"한 PD님, 진실과 국익 중에서 어느 것이 우선인가요?"

6월 3일, 회사 차를 타지 않고 택시를 이용해 찾아갔다. 제보자의 비밀 유지를 위해 MBC 로고가 붙어 있는 차를 이용하지 않은 것이다. 저녁 8시에 만나기로 했는데, 약간 이르게 도착했다. 근처에서 밥을 사먹고 나니 이미 어두워졌다. 8시 정각에 제보자의 직장인 원자력병원 앞에서 만났다.

30대 중반의 남자였는데, 훤칠한 키에 인상도 나빠 보이지 않았다. 제보자의 안내를 받아서 병원 안으로 들어가니 조그마한 방이 나왔다. 밤이라서 그런지 응급실 쪽에만 사람이 북적거리고 다른 데는 조용했다. 정식으로 인사를 하고 자리에 앉았다. 제보자는 대뜸 나에게 물었다.

"한 PD님, 진실과 국익 중에서 어느 것이 우선인가요? 어떻게 생각하세요?"

아니, 이게 웬 뚱딴지? 선문답하는 것도 아니고, 왜 이런 질문을 하는 거지? 순간 여러 가지 생각이 들었다. 그래도 상대가 원체 진지하게 물으니, 어물쩍 넘어갈 수는 없었다. 나는 평소

가지고 있던 생각을 얘기했다. 언론인이라면 무엇보다 우선하는 가치가 '진실'이며, 진실을 추구하는 것만이 궁극적으로 국익에 이바지할 수 있다고 말해 주었다. 제보자는 물끄러미 나를 쳐다보더니, 말을 이어 갔다.

"저도 그동안 괴로웠습니다. 제가 아무리 진실을 말한다 해도, 황 교수님의 말 한마디면 진실이 덮일 수도 있습니다. 더군다나 제가 말하는 내용을 입증할 만한 증거도 없습니다. 증거를 찾는 것이 불가능할지도 모릅니다. 이렇게 한번 나섰다가 저에게 피해가 올지도 모르겠습니다. 엊그제 방송되었던 〈PD수첩〉을 우연히 보게 되었습니다. 그래도 이 사람들이라면 내 말을 들어 주지 않을까 싶어서 이렇게 제보하게 되었습니다."

그가 보았다는 〈PD수첩〉은 제보하기 바로 전날인 5월 31일 밤에 방송되었던 '〈PD수첩〉 15주년 특집 방송'이었다. 이 방송의 마무리 인사가 텔레비전을 보고 있던 한 남자의 심장에 파고든 것이다.

적지 않은 희생과 고통도 따랐지만 결국 50일 파업으로 문화방송은 공정방송의 기틀을 잡았고, 〈PD수첩〉 사태로 해고됐던 두 사람도 결국 복직될 수 있었습니다.

15년 전의 그 사건은 〈PD수첩〉에 중요한 교훈을 남겼습니다. 방송에 대한 외압이 있을 때에는 모든 것을 걸고 싸워야 한다는 것입니다. 그 후 저희 〈PD수첩〉은 능력이 모자라서 제대로 비판하지 못한 적은 많았지만, 압력 때문에 피해 간 적은 없었습니다. 시청자만을 두려워하는 방송, 그것은 여전히 저희 〈PD수첩〉의 신념입니다. 저희들이 이 신념을 지켜 갈 수 있도록 때로는 감싸 주시고 때로는 매섭게 질책해 주시기를 부탁드립니다. 시청자 여러분, 감사합니다.

- '〈PD수첩〉 15주년 특집 방송'에서 최승호 팀장의 마무리 인사

도대체 무슨 말을 하려고 제보자가 이토록 뜸을 들이지? 궁금증이 확 일어났다.

"2005년 《사이언스》 논문이 가짜 같아요."

"한 PD님, 얼마 전에 황우석 교수가 2005년 《사이언스》지에 발표한 논문은 가짜 같습니다. 환자의 체세포를 핵이식해서 11개의 줄기세포를 만들었다는 것인데, 아무리 생각해도 가짜 같습니다. 그렇게 될 수가 없거든요. 전문가 입장에서 봤을 때, 저건 99% 가짜입니다."

뭔가 잘못 들은 게 아닌지 의심스러웠다. 되묻지 않을 수 없었다. 그러나 제보자는 또박또박 다시 한 번 말해 주었다. 이번에는 내가 상대방을 물끄러미 쳐다보았다. 이 사람이 혹시 미친 것이 아닌가 하는 생각이 들었다.

제보자는 내 표정을 읽었다. 그리고 믿기 힘든 것이 당연하다며 차분히 설명을 이어 갔다. 11개의 줄기세포는 체세포 핵이식으로 이루어진 줄기세포가 아니라 수정란 줄기세포일 가능성이 크다는 것이었다. 수정란 줄기세포와 구분이 안 되기 때문에 조작이 가능하다는 것이었다. '외관상'으로도 구분이 안 되고 '줄기세포의 특성'을 분석해도 전혀 분간이 안 된다고 했다. 그렇기

진실, 그것을 믿었다

때문에 《사이언스》 측도 감쪽같이 속아 넘어갈 수 있다고 했다. 《사이언스》 측에서는 논문 제출자의 양심을 믿고 '보내 준 데이터만을 검증'하기 때문에, 수정란 줄기세포를 체세포 핵이식 줄기세포라고 속여도 전혀 알아챌 수 없다는 것이었다.

그야말로 '완벽한 짝퉁'이 있어서 논문 조작이 가능하다는 것인데, 믿을 수가 없었다. 그럴 수 있는 개연성은 있지만 현실성은 없어 보였다. 황 교수에게는 조작할 만한 동기가 보이지 않았다. 황 교수는 '서울대 1호 석좌교수'이자 '국가 최고 과학자'가 아닌가? 온 국민의 존경을 한 몸에 받는 명예로운 인물이 아닌가 말이다. 그런 사람이 무엇이 아쉬워 위험하게 논문을 조작하랴 싶었다.

제보자는 그러나 단호했다. 그는 조작의 동기를 특허와 처녀생식에서 찾았다. 2004년 《사이언스》지에 발표된 1번 줄기세포의 경우, '처녀생식의 가능성을 배제할 수 없다'는 단서 때문에 제대로 된 특허를 얻기가 힘들다는 것이다. 특허를 얻는다 해도 수많은 난자를 조달해야 하는 문제를 해결해야 하고, 그 밖에 과학적으로 해결되어야 할 문제가 너무 많아서 실제 의료 행위에 적용될 가능성은 희박하다는 것이었다. 그런 모든 난관을 한꺼번에 해결한 것처럼 포장할 수 있는 것이 2005년 《사이언스》 논문이라고 그는 말했다.

아무리 그래도 논문에 참여한 과학자가 한두 명이 아닌데, 과연 조작이 가능하겠냐고 물었다. 더구나 논문의 공동저자가 25

명이나 되지 않는가?

"실험에 참여한 사람이나 논문의 저자들이 무언가 약간씩은 했을 거예요. 근데 전체를 아는 사람은 서너 명에 불과합니다. 황우석, 안규리, 이병천, 강성근 교수 정도가 논문의 전체를 알지, 나머지는 각자 맡은 일만 합니다. 체세포 핵이식하는 사람은 핵이식만 하고, 세포 배양하는 사람은 배양만 담당하고, 유전자 검사하는 사람은 그 일만 하는 겁니다. 조금씩 이상해도 전체를 의심하지는 않을 거예요. 이 논문은 사실 몇 명이 작정하면 얼마든지 조작할 수도 있는 겁니다."

논문 저자 중에는 미국인 섀튼 교수도 있는데 논문 조작이 가능하냐고 물었다. 제보자는 섀튼 교수가 교신저자correspondent author이지만 얼마나 논문 조작에 관여했는지는 의문이라고 했다. 아마 그도 데이터를 보고 속은 것이 아니겠느냐고 제보자는 추론했다. 결국 황우석 교수와 저자 서너 명이 결심하면 얼마든지 조작이 가능하다는 이야기였다.

백보 양보해서 그렇다고 하더라도 풀리지 않는 의문이 있었다. 언젠가는 논문 조작 사실이 밝혀질 텐데 그 뒷감당을 어떻게 하려고 조작했겠느냐는 것이었다. 이것은 국내 문제도 아니고 세계를 상대로 사기를 치는 건데, 설마 그랬겠나 싶었다. 상식적으로는 이해할 수 없는 내용이었다. 훗날 최승호 팀장이 말한 것처럼, 아무리 이해해 보려고 해도 도저히 상식적으로는 이해가 되지 않는 '상식의 저항'이 불끈불끈 솟아올랐다.

진실, 그것을 믿었다

"근데, 그럼 황 교수가 논문을 조작했다는 증거는 있나요?"

"증거요?……없습니다."

"아니, 그럼 논문 조작을 어떻게 입증하나요?"

"간단합니다. 황우석 교수가 만들었다는 줄기세포와 환자의 체세포를 비교해서 유전자 검사를 해 보면 됩니다. 그럼 수정란 줄기세포인지 체세포 핵이식 줄기세포인지 대번에 알 수 있습니다."

"그렇다면 줄기세포는 어디에 있죠? 그리고 환자의 체세포는 어떻게 구하죠?"

"줄기세포는 서울대 수의대 실험실에만 있습니다. 체세포를 제공한 환자는 누구인지 찾아봐야죠."

"황 교수가 논문을 조작했다면 자기 실험실에 감춰 둔 줄기세포를 내놓을까요? 우리가 어찌어찌 환자를 찾아서 체세포는 얻는다 합시다. 그래도 줄기세포를 내주면 자신의 범죄가 입증되는 것이나 마찬가지인데, 그걸 내놓을 바보가 있을까요?"

"그러니까 이렇게 〈PD수첩〉을 찾은 거 아닙니까?"

"……"

할 말을 잃었다. 이거야말로 '고양이 목에 방울 달기' 아닌가? 도대체 무슨 배짱으로 황 교수를 찾아가 "그 줄기세포가 당신이 복제했다는 환자의 체세포와 맞는지 검사 좀 해 봅시다"라고 하겠는가? 아무리 생각해도 승산이 없었다. 논문 조작이 있었다는 사실도 믿기 힘들거니와, 설혹 조작이 있었다 해도 그걸 입증한다는 것은 불가능에 가까운 일이었다. 더군다나 내가 생명과학에 대해서 알고 있는 것이라고는 지난 일주일간 신문과 잡지를 뒤져 본 게 다 아닌가? 황 교수의 《사이언스》 논문을 읽어 본다고 해도, 이해하기 힘든 전문용어로 쓰여 있을 것이 뻔하지 않은가? 이건 차라리 나보고 《사이언스》 논문을 하나 발표하라고 하는 것과 같은 주문이었다.

고개를 절레절레 흔들고 싶었다.

진실, 그것을 믿었다

"자신의 난자를 자신이 복제하고……
지독하게 독해요, 내 자신이."

제보자는 논문 조작의 증거가 없다고 말해 놓고 다소 겸연쩍은 듯했다. 그리고 몹시 쑥스러운 표정으로 말했다.

"실험에 사용된 난자는 거의 대부분 매매된 난자입니다."

이건 또 무슨 말인가? 황 교수는 실험에 사용된 난자의 출처에 대해서 여러 차례 말해 왔다. 고귀한 뜻을 가진 '순수 기증자' 여성들이 난치병 치료를 위해 제공했다는 것이 전부였다. 그리고 환자를 치료하는 의료인들이 난자를 기증하기도 했다는 감동적인 사연도 여러 차례 강연에서 말해 왔다. 아니, 근데 그게 거의 대부분 돈을 주고 산 것이란 말인가? 설마……?

사실, 전 세계에서 유일하게 '대량으로 난자를 공급받는 과학자'가 바로 황우석 교수였다. 달리 말하면, 세계 대부분의 나라들이 난자가 쉽게 제공될 수 없도록 규제하고 있다는 말이다. 이는 난자가 생명의 씨앗인 배아로 직결될 수 있기 때문이다. 생명윤리 문제 때문에 배아 연구를 반대해 왔던 쪽에서는 지속적으로 황 교수팀의 '난자 출처'에 의혹을 제기했다. 왜냐하면, 난자를 채취하는 과정에서 여성이 겪게 될 부작용 등을 고려했을 때, 자발적인 기증자만으로 수백 개의 난자를 얻었다는 황 교수의 주장을 믿기 힘들기 때문이었다. 아울러, 매매된 난자를 이용해 연구를 하기 시작하면, 매매에 참여하는 여성들은 가난한 여성들일 수밖에 없다는 점은 불을 보듯 명확한 것이었다. 난자 제공 여성들의 건강을 염려하는 학자들도 황 교수에 대해 의심의 눈길을 보내고 있었다. 그때마다 황 교수는 펄쩍 뛰면서, 오로지 자발적인 기증자에 의해서만 난자를 얻었다며 그러한 의혹을 무마해 왔다. 만약 제보자의 말대로 난자의 대부분이 매매에 의해 얻어진 것이라면, 황 교수가 국민을 상대로 지속적으로 거짓말을 해 왔다는 말이 된다. 나는 난자가 매매되었다는 사실보다도, 황 교수가 그토록 오랫동안 난자 공급과정을 속여 왔다는 게 도저히 믿어지지 않았다.

제보자는 뒤적뒤적하더니 복사된 노트를 보여 주었다. 거기에는 페이지마다 '난자 채취 일시, 난자 제공자의 이름과 나이, 환자번호, 채취된 난자 개수' 등이 기록되어 있었다. 난자 채취 병원에서 난자를 보낼 때 함께 보낸 수기手記 표지가 붙어 있었다. 실험에 사용된 난자의 상황을 정확하게 기록해 놓은 것으로, 말하자면 '난자 장부'와 같은 것이었다. 제보자 말에 따르면 그 장부는 실험노트인데, 난자의 공급 상황과 실험 결과 등을 그때그때 적어 놓은 것이라고 했다.

"난자 채취 수술은 산부인과에서 이뤄지는데, 난자 제공자를 마취시킨 뒤 수술을 하는 것입니다. 여성의 질을 통해 작은 바늘을 넣어서, 난소에 있는 난자를 그 바늘을 통해 한 개씩 빨아들이게 됩니다. 보통은 월경 주기마다 한 개의 난자가 나오지만, 그러면 효율이 떨어지기 때문에 과배란 주사를 수술 전에 여러 차례 맞게 됩니다. 그렇게 되면 보통 10여 개 정도의 난자를 배란하게 되는데, 그것들을 채취하는 것입니다.

여기 이 장부에 있는 난자들은 모두 미즈메디병원에서 공급된 것입니다. 저와 다른 연구원들이 직접 받아왔기 때문에 틀림없습니다. 난자 채취 수술실 바로 옆방에서 기다렸다가 난자가 채취되면 곧바로 받아 저희 실험실로 옮겼습니다. 그리고 몇 시간 이내에 실험을 해야 합니다. 간혹 난자 제공자들을 산부인과 대기실에서 볼 수 있었는데, 대부분 어린 나이였습니다. 여기 기록을 봐도 대부분 20대입니다. 왜냐하면 30대 이상의 난자는 우리 실험에 거의 도움이 되지 않기 때문이었습니다. 난자의 상태가 실험에 영향을 미치기 때문입니다. 20대 여성의 프레시fresh한 난자가 실험에 필요했습니다.

난자를 매매한 여성들에게는 150~300만 원씩 제공된 것으로 알고 있습니다. 난자 매매 브로커 업체에서 미즈메디병원에 줄을 대고 있을 겁니다. 장기 매매나 마찬가지인데, 여기에도 난자 전문 브로커가 있는 것으로 알고 있습니다. 이런 사실을 황교수와 수뇌부만 알고 있습니다."

제보자는 의사니까 '프레시fresh하다'는 말을 별 반감 없이

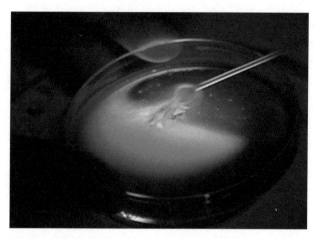

채취된 난자. 난자는 배아로 직결될 수 있기 때문에 대부분의 나라에서 난자 제공
을 까다롭게 규제하고 있다. 그러나 황우석 교수는 전 세계에서 유일하게 대량으
로 싱싱한 난자를 제공받는 특혜를 누렸다.

했을 것이다. 나에게는 그 말이 묘한 역겨움을 느끼게 했다. 말
이 좋아 프레시지, 그게 그러니까 20대 여성의 싱싱한 난자라는
말 아닌가? 난자 매매자들 중에는 미혼도 있을 것이고, 또 그렇
지 않더라도 대부분의 여성들은 수술대에 오르는 것이 부끄럽고
도 두려웠을 것이라는 짐작이 들었다. 나중에 안 사실이지만, 난
자 채취 수술에는 부작용이 일어날 수 있으며 심하면 불임에 이
를 수도 있었다.

내가 제보자를 만나기 이틀 전에 황 교수는 서울대 기숙사에
서 강연을 했다. 그 자리에서도 그는 "줄기세포 실험에 쓰인 난
자의 기증은 연구 취지에 공감한 일부 여성 의료진들의 자발적
참여로 이뤄졌다"고 밝혔다. 그런 걸 돌이켜보니 '황 교수가 이
런 사람이었나' 하는 생각이 들었다. 어찌 됐든, 그것은 유력한

진실, 그것을 믿었다

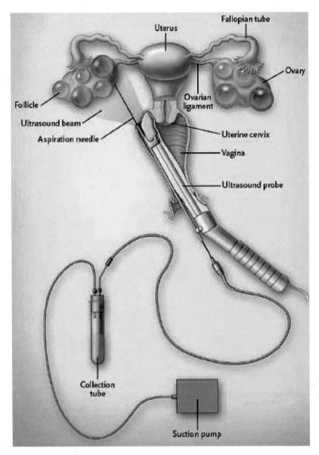

난자 채취 수술 장면. 난자는 자궁에 기구를 삽입하여 채취한다. 과배란을 유도하기 위해 사전에 약물을 투입하고 기구를 이용해 채취하는 이 과정은 자궁 내 물혹, 불임 같은 부작용을 일으킬 수도 있다. 그러나 황 교수팀에 난자를 판매한 여성들에게는 이러한 부작용에 관한 정보가 정확하게 제공되지 않았다.

증거가 될 수 있었다. 그 정도의 첩보라면 내가 보름 이내에 사실관계를 충분히 확인할 수 있을 것으로 보였다. 논문 조작은 긴가민가했는데, 난자 문제는 그 나름대로 단서가 있었다. 그런데 더 놀라운 사실이 남아 있었다. 바로 연구원 난자였다.

연구원이 난자를 제공하는 것은 금지되어 있다. 왜냐하면 군인이나 죄수, 어린이 혹은 연구원 등이 신체의 일부를 실험에 제공하는 것은 '약자의 지위에 처한 사람이 강압적으로 수용'해서 그럴 가능성이 농후하기 때문이다. 연구원의 경우를 예로 들자면, 가령 지도교수나 우월적 지위에 있는 사람이 여성 연구원에게 난자를 제공하라고 할 때 거부하기가 힘들기 때문이다. 즉, 자신의 논문을 심사하거나 앞날에 영향을 미칠 수 있는 사람의 제안을 거절하기는 힘들기 때문이다. 이런 내용들은 1964년 핀란드 헬싱키에서 개최된 세계의사협회WMA 총회에서 채택된 '의사윤리와 임상시험에 관한 기본적인 준칙'에 이미 명문화된 것이다. 이 준칙은 이른바 '헬싱키 선언'으로 더 잘 알려져 있다.

제보자가 보여 준 것은 동료 연구원 P가 자신에게 보낸 편지였다. P 연구원은 난자 채취 수술을 받는 날 아침, 병원에서 메일을 보냈다고 한다. 수술 직전에 보낸 메일이었다.

B 언니, 항상 그랬던 것처럼 다녀와서 얘기 들어 주세요.(바보처럼 울더라도)

K 아저씨, 처음에 시작은 제가 했지만, 무서워요. 전신마취, self cloning, 이건 있을 수 없는 일. 자신의 난자를 자신이 복제하고……

지독하게 독해요, 내 자신이. 그런데, 이런 내 자신을 이해해서 단단하고 강한 사람이 될 수 있도록 지금까지처럼, 믿어 주고 옆에서 지켜봐 주세요.

진실, 그것을 믿었다

이 방법은 아니었는데, 끝까지 포기하지 못했던 것, 선생님께 대적하지 못했던 것, 이런 내 자신을 용서할 수 있도록 다녀와선 더 열심히 공부할래요.

아무 일 없을 거예요. K 아저씨랑 내 이름으로 된 논문에, 외국에서 어드미션도 나오고, 좋은 일만 생길 거예요. 다녀올게요.

ㅡP 연구원이 제보자 K와 B에게 2003년 3월 10일 8시 8분에 보낸 메일

나는 경악했다. 난자 매매도 모자라서 연구원 난자를 채취했단 말인가? 말문이 막혔다. 논문 조작 이야기를 들었을 때에는 '입증할 수 없다는 불가항력' 앞에서 말문이 막혔고, 이번에는 '천연덕스럽게 실험실에서 자행된 야만' 앞에서 할 말을 잃었다. P 연구원은 난자 채취 수술을 "처음에 시작은 제가 했다"고 했지만, "선생님께 대적하지 못했던 것"이라는 표현이 그 상황을 압축적으로 묘사하고 있었다. P 연구원은 대적하지 못할 선생님의 그 무엇이 자신을 난자 채취 수술에 이르게 한 것이라고 말하고 있는 것이다. 이것이 과연 실험실의 사제지간에 있을 수 있는 일인가? 제자의 난자를 빼서 실험에 쓰자는 교수의 발상이 어떻게 가능한가? 이것이 야만이 아니면 무엇인가?

좀 쉬자고 했다. 나는 담배를 빼들었다. 벌써 밤 11시였다.

이 제보의 끝은 어디인가? 왜 나에게 이런 제보가 들어온 것인가? 스탠리 큐브릭 감독의 영화 〈아이즈 와이드 샷〉이 떠올랐다. 아내인 니콜 키드만과 남부럽지 않게 살던 그 어느 날 밤, 톰

크루즈가 겪어야 했던 악몽 같은 하루 이야기. 그날 밤, 호기심 때문에 참여했던 난교 파티 가면무도회에서 톰 크루즈는 정체가 탄로 난다. 순식간에 밀교 집단의 규율을 어긴 침입자로 밝혀지고, 마침내 살벌한 분위기 속에서 가면을 벗어야 했던 톰 크루즈. '비회원인 침입자는 죽어야 한다'는 규율에 직면했던 그 남자의 불안한 표정이 생생하게 생각났다. 앞으로 24시간 이내에 나에게 그런 악몽이 재현되는 것 아닌가?

제보자가 저녁을 제대로 못 먹었다며 컵라면을 먹자고 했다. 아닌 게 아니라 배가 출출했다. 어려운 일이 닥쳐 앞이 보이지 않는 상황, 문득 여배우 비비언 리가 말한 대사가 생각났다. 〈바람과 함께 사라지다〉에서 그녀는 "내일은 또 내일의 태양이 떠오른다"고 했다. 〈아이즈 와이드 샷〉의 공포보다는 〈바람과 함께 사라지다〉의 낙관이 나를 더 끌어당겼다. 그래, 일단 라면을 먹자. 내일 일 때문에 눈앞에 차려진 컵라면을 포기할 수는 없는 것 아닌가?

진실, 그것을 믿었다

"한 PD가 정신과 치료를 하고 있는 겁니다."

라면으로 허기를 때우고 나서 제보자가 말했다. 지난 몇 년간 괴로웠는데, 특히 5월에 《사이언스》 논문이 발표되고 나서는 번민이 많아졌다고 했다. 얼토당토않은 조작을 《사이언스》가 받아 준 것도 안타까운 일이지만, 도대체 그런 거짓을 신문과 방송에서 마냥 치켜세우는 걸 보면 가슴이 턱턱 막힌다고 했다. 도대체 이 사회가 어디로 가고 있는가 하는 생각도 들고, 언젠가는 황 교수의 실험 성과를 입증한다는 명목으로 환자가 무리하게 동원돼 희생될 수 있다는 두려움도 든다고 했다. 제보자는 그런 내용을 누구보다 잘 알고 있는 사람으로서 심적인 갈등이 쌓여 왔다고 토로했다.

"사실, 한 PD가 저를 치료하고 있는 겁니다. 이 모순된 사회가 저를 괴롭게 합니다. 거짓을 알고 있는 제가 계속 입을 다물고 사는 것은 너무 힘든 일입니다. 오늘 이렇게 털어놓고 나니, 사실 마음이 한결 가벼워집니다. 어쩌면 한 PD가 저에게 정신과 치료를 하고 있는 겁니다."

제보자는 정신과 치료를 받는 기분일지 몰라도, 나는 정신적으로 심하게 충격을 받았다. 해머로 머리를 맞으면 아마 그런 기분일 것이다. 제보자가 그날 나에게 한 말들은 너무나 심각하고도 기가 막히는 이야기였다. 믿기지 않았지만 그게 사실일 수도 있다는 생각이 나를 아찔하게 만들었다. 그러나 제보자의 말도 이해가 되긴 했다. 한 명의 의사로서, 그리고 과학자로서, 나아가 고뇌하는 지식인으로서 그도 숱한 불면의 밤을 보냈으리라.

이야기는 계속 이어졌다. 1999년에 황우석 교수를 일약 스타로 만들었던 '복제소 영롱이 사건', 그 뒤에 이어진 '백두산 호랑이 복제 프로젝트', 광우병으로부터 소를 해방시켰다던 이른바 '광우병 내성소' 발표, 10대 성장동력 사업으로 선정된 '무균돼지와 이종간 장기이식 사업' 같은 일련의 흐름들이 다 과장과 허위로 가득찼다는 것이었다. 잊을까 봐 계속 취재수첩에 적어 가던 나도 사이사이 한숨을 쉴 수밖에 없었다. 믿을 수 없는 놀라운 이야기가 계속 이어지면 저절로 한숨이 나온다는 것을 실감케 하는 시간이었다.

수백억의 연구비를 받아 가며 이 모든 것들이 그토록 환호받는 동안 왜 검증은 없었을까? 제보자의 말을 종합하면, 황 교수가 관여한 프로젝트들이 전혀 검증되지 않은 '언론 발표용 이벤트'에 불과했다는 것이다. 이와 관련된 수많은 과학기자들은 확인되지 않은 사실로 호들갑을 떨었다는 것이고, 학계는 전문가 집단으로서 전혀 감시 기능을 발휘하지 못한 채 '침묵의 공조'를

진실, 그것을 믿었다

했다는 것이다. 정부는 뭘 아는지 모르는지 '황우석 드라이브'를 강력하게 걸고 있는 셈이었다. 제보가 너무 어마어마하고 충격적인 것이라서 머리가 어지러울 지경이었다. 이것은 한국 사회를 뒤집어 놓을 수도 있는 사안이었다.

제보자는 2004년 말에 시민단체를 한 번 찾아가서 난자 문제를 상의했다고 한다. 하지만 언론사를 접촉한 것으로는 〈PD수첩〉을 만나는 것이 처음이라고 했다. 사실은 누구도 믿지 않을 것 같아서 언론사를 찾아갈 엄두가 나지 않았다고도 했다. 자정을 넘길 무렵 제보자는 그 나름대로의 결심을 밝혔다. 이 일이 한두 해 사이에 해결되기는 힘들 것으로 보이지만, 언젠가 이 사건이 불거져 검찰에서 자신을 부르면 그때는 지금처럼 솔직하게 진술할 것이라고 했다. 그러나 현재는 익명의 제보자로 남고 싶다고 했다.

새벽 1시 가까이 되어서 우리는 헤어졌다. 최선을 다해 보겠노라며 굳게 악수를 하고 헤어졌지만, 막상 뭘 어떻게 해야 할지 막막했다. 한두 달 후에 붙여진 이름이지만, 우리는 이 첫 번째 제보자를 K라고 불렀다. 그 남자의 영문 이니셜이 사실은 R이지만, 비밀 유지를 위해서 일부러 다른 이니셜로 부르기로 했다.

닥터 K.

그를 만난 뒤로 만근이나 되는 쇳덩어리가 어깨를 짓눌렀다. 하루도 제대로 잠을 잘 수가 없었다.

Ch.
03

물밑에서

내공을 쌓다

첩보 보고, "극비 사항입니다."

6월 4일 토요일, 아침 일찍 일어나 전날 K를 만나면서 적었던 취재일지를 꼼꼼히 정리했다. 자정을 넘기면서까지 이어진 4시간 동안의 인터뷰였기 때문에 정리할 내용이 많았다. 도중에 알아들을 수 없는 용어들이 나오면 나중에 다시 확인하기로 하고 적은 것들도 많았다. 정리를 마치고, 가만히 한 걸음 물러나서 생각을 해 보았다.

K의 말이 사실이라면 이것은 학문적 사기를 넘어서 범죄가 아닐까? 지난 몇 년간 수백억에 이르는 세금이 연구비로 지원되었는데, 지원 근거 자체가 거짓이라면 이건 명백한 사기가 아닌가? 핵심 내용은 우선 2005년 《사이언스》지 논문을 조작했다는 것이고, 둘째는 영롱이가 복제소가 아니라는 것이다. 그 외에 몇 가지 프로젝트들은 과장이거나 언론 플레이에 불과한 것들이다.

그런데 이걸 입증할 수 있나? 2005년 논문은 증명하기 힘들다. 영롱이도 복제소인지 아닌지 확인하기는 어려운 일이다. 말

진실, 그것을 믿었다

못 하는 영롱이한테 "너, 복제소 맞냐?"라고 따져 볼 수도 없는 일이다. 이것은 실험된 데이터와 증거에 의해 과학적으로 논증되어야 한다. 상대는 세계 최고의 권위를 자랑하는 《사이언스》지의 표지 논문이다. 그동안 무수한 전문가 집단을 보아 오지 않았는가? 전문가들의 권위, 특히 125년 전통의 권위를 자랑하는 《사이언스》에 어떻게 대항할 수 있는가? 나는 어제 K한테 들은 내용 중에도 이해 못하는 용어가 한둘이 아니다. 참으로 암담하다!

어찌어찌 조작을 입증했다고 해도 과연 언론이 우리 편을 들어 줄 것인가? 그들은 이미 너무나 많이 개입하지 않았는가? 지난 몇 년간 황우석 교수를 영웅으로 만드는 데 너나없이 나서지 않았던가? 보수든 진보든 이념을 불문하고 각종 언론사들이 황 교수를 끌어들이려고 노력하지 않았던가? 만약에 내가 황 교수를 조금이라도 흠집 낸다면, 아마 언론사 기자들이 나를 먼저 잡아먹으려고 덤벼들지 않을까? 자신들의 지난 몇 년간 행적이 오보와 과장으로 얼룩졌다는데, 어떤 기자가 가만히 있겠는가? 생각만 해도 두려운 일이다.

설혹 용기 있는 언론인들이 내 편을 들어 준다고 해도 과연 국민들을 설득할 수 있을까? 이미 황우석 교수는 신화神話가 된 인물 아닌가? 국민들 다수가 이미 황 교수의 장래를 대한민국의 장래와 동일시하고 있지 않은가? 황 교수가 상처를 받는다면, 아마 국민들은 자신이 당한 것처럼 느끼지 않을까? 분노한 대중이 보이는 무분별한 공격성은 이미 역사에서 수차례 겪어 오지 않았던가? 이게 과연 나 개인에 대한 공격으로 멈출까? 이건 그야 말로 전쟁이 아닌가 말이다. 돌겠네, 정말!

생각의 파문이 멈추지를 않았다. 재떨이를 비워야 했다.

월요일인 6월 6일, 정리한 내용을 K에게 보냈다. 혹시 내가 잘못 이해한 부분이 있으면 수정하고 보충할 부분이 있으면 적어 달라고 요청했다. 일단 K의 진술을 정리했으니 그 진술이 신빙성이 있는 것인지 확인할 필요가 있었다. K의 말이 100% 맞는다고 단정할 수는 없었다. 비록 그의 제보가 절절했고 동기도 순수해 보였지만, 사람 일이라는 것은 모르는 게 아닌가?

7일 화요일은 〈PD수첩〉 방송이 있는 날이다. 당일 방송 점검하느라 최승호 팀장은 눈코 뜰 새 없이 바빴다. 이런 날, 뭘 보고하기는 힘들다. 마침 황우석 교수가 관훈 클럽 토론회를 하고 있는 모습이 생중계되고 있었다. 기자들은 설설 기고 있었고, 황 교수는 여유만만이었다. 황 교수의 뛰어난 언변과 좌중을 장악하는 능력이 돋보이는 자리였다. '과학에는 국경이 없지만, 과학자에게는 조국이 있다'는 말도 나왔다. 노벨상을 거론하며 기염을 토하기도 했다.

노벨상을 받으려면 어떻게 해야 하는지 전혀 모릅니다. 그것은 제 목표도 아닙니다. 제가 만약 역사에 한 줄 기록된다면 '참 과학도였다'

는 기록이 어느 가치보다 소중한 재산으로 남을 것입니다.

- 6월 7일 관훈 토론회에서 황 교수가 한 말 중에서

무엇보다 극적이고 가슴 두근거리게 하는 말은 "난치병 치료를 위해 마라톤의 반환점을 돌았다"는 말이었다. 그러나 황 교수는 이미 나에게 어제의 황 교수가 아니었다. 모든 것이 달리 보였다. 그의 화려한 수사修辭도 이제는 '사람을 현혹하는 기교가 아닐까?' 하는 생각이 나게 했고, 난치병 치료를 곧 이루어 내겠다는 호언장담도 왠지 '신기루가 아닐까?' 하는 의심을 안겨 주었다. 만약에 저 호언장담이 신기루에 불과하다면, 한껏 기대를 걸었던 난치병 환자들은 얼마나 상처를 받을까?

저녁 8시경, 스튜디오 녹화가 끝난 뒤 한숨 돌리고 있는 최승호 팀장에게 면담 신청을 했다. 평소 같으면 팀장 자리 옆에서 간단히 보겠지만, 각별한 보안이 요청되는 사안이라 조용한 곳으로 갔다. 7층 라디오 부조정실 옆에 있는 휴게실의 맨 구석으로 갔다. 제보의 내용을 간략히 보고했다. 팀장은 황당해했다. 믿을 수 없다는 표정이었다. 일단 제보자가 믿을 만한 사람인지, 그리고 어떻게 입증할 수 있는지 질문이 이어졌다. 내 보고가 쭉 이어진 뒤, 팀장은 '중대 사안'이라고 했다.

다음날 국장실에서 최진용 국장을 만났다. 팀장이 간략히 보고하고 내가 보충설명을 했다. 국장도 긴 한숨을 쉬었다. 당시 보고 내용은 '미확인 첩보'에 불과한 수준이지 아직 '확인된 정

보'는 아니었다. 그렇지만 사실로 확인될 경우 엄청난 파장을 일으킬 수밖에 없다는 데 공감했다. 만약에 사실이라면 '국민적 쇼크 상태'가 초래될 것이기 때문에 이것을 어떻게 다독거리고 추스를 수 있는지도 함께 검토되어야 한다고 국장이 말했다. 일단 제보자 K의 증언을 검증하는 작업이 조심스럽게 진행되어야 한다는 결정이 내려졌다.

나는 이 사안이 확인될 때까지 당분간 황 교수와 관계된 아이템을 시사교양국에서 시작하지 말아 달라고 요청했다. 황 교수의 성과 자체가 근본적으로 의심되는 상황이므로, 섣불리 황 교수 관련 내용을 방송했다가는 위험을 초래할 수 있기 때문이었다. 아울러, 이 취재는 내용이 새나가면 끝장이므로 당분간 극비사항으로 해 달라는 주문을 했다. 즉, 윗선에 보고하는 것을 늦춰 달라는 요청을 했다. 황 교수 측에서 우리의 취재 내용을 알게 되면 틀림없이 로비와 압력이 거세질 것이었다. 취재의 특성상 이해할 수 있는 일이라며 국장도 수용했다. 이후 두 달간 팀장과 나는 동료들인 〈PD수첩〉팀원들에게도 비밀로 하며 조용하고 은밀하게 움직여 갔다.

이 취재의 절대조건은 극도의 보안이었다.

"모든 것을 의심하라."

제보 내용과 이제까지 취재한 내용을 종합해 취재라인을 만들었다. 취재라인은 중요 취재 내용과 핵심인물, 그리고 그들의 연락처 등을 일목요연하게 정리한 것이다. 그야말로 핵심만 모은 것이다. 짧은 아이템은 한두 페이지가 되기도 하고, 호흡이 긴 다큐멘터리의 경우 100페이지가 되기도 한다. 취재가 진행될수록 취재라인에 살이 붙어 가면서 양이 많아지는 게 보통이다. 당시에는 불과 대여섯 페이지에 불과했다.

드라마 PD들에게는 이야기꾼 자질과 예술적 표현력이 필요하고, 예능 PD들에게는 젊은 감각과 순발력이 요구된다. 시사교양 PD에게는 세상과 인간에 대한 호기심과 함께 이를 뒷받침할 균형 감각이 강조된다. 시사교양 PD의 영역은 다큐멘터리, 논픽션, 르포르타주reportage 등으로 다양한데, 탐사 PD는 바로 〈PD수첩〉과 같은 르포르타주를 연출하는 사람들이다. 이쪽 아이템은 '의심'으로부터 시작한다. 의심을 혐의로 확증하고 더 나아가 일반인들이 볼 만하게 영상으로 표현하는 것이 탐사 PD의 능력이다.

나는 취재라인의 제목을 '한국의 생명과학'이라고 했고, 그
밑에 다음과 같은 말을 써넣었다.

모든 것을 의심하라. (독일의 철학자)
황 선생에 대해, 우리 눈으로 확인되지 않은 모든 것을 의심하라. (한
학수)

독일 철학자의 경구를 굳이 써넣은 것은, 무엇보다 합리적
의심이 중요하다는 생각 때문이었다. 그와 아울러 우리 취재의
접근법을 표현했는데, 황우석 교수를 굳이 '황 선생'이라고 한 것
은 내 나름대로의 결심을 담은 호칭이었다. 조사 대상에 대해서
어떤 권위도 인정하지 않고 어떠한 성역도 없이 철저하게 중립
적인 자세로 임하겠다는 것이었다. 존대도 아니고 하대도 아닌,
그냥 '선생'으로 바라봐야 한다. 〈PD수첩〉의 취재 대상이 되는
순간, 대통령이 아니라 그 할아버지래도 그 순간부터는 '선생'이
되어야 한다.
　취재라인의 '제목'과 '접근법'을 적고 나서 '목차'를 이어 갔
다. 목차에 나오는 한줄 한줄이 구체적인 취재 내용이 되는 것
이다.

진실, 그것을 믿었다

목차

'진이'는 1999년 3월 27일에 태어났다고 황 교수가 언론에 발표한 세계 최초의 복제 한우다. 영롱이 발표 후 한 달 만에 이루어진 성과였다. 이 부분도 검증 대상이었다. 2004년 2월 연구는 1번 줄기세포를 만들었다고 하는 《사이언스》 논문이고, 2005년 5월 연구는 2번부터 12번까지 환자 유래 줄기세포를 만들었다는 《사이언스》지 발표를 말한다.

무엇을 추적할 것인지 확정했으니, 시작은 한 셈이다. 시작이 반이다. 고독하지만 뚜벅뚜벅 해 나가면 된다. 하면 된다는 신념으로.

과학의 벽 앞에서 절망하다

황 교수의 논문부터 찾았다. 난생 처음으로《사이언스》온라인 사이트에 들어가서 논문을 뒤져 보았다. 나는 문과 출신이라서 그동안《사이언스》와는 담쌓고 살아왔다. 황 교수의 2005년《사이언스》논문은 모르는 말 투성이었다. 이 논문의 의미에 대해서 언론에서 소개한 짧은 몇 줄의 신문기사 외에는 참고문헌이 없었다. 지금 놓고 보면 그리 어려울 것도 없는데, 당시에는 완전히 맨땅에 헤딩하는 꼴이었다. 알고 나면 쉬운데, 알기 전까지가 고통이다.

블라스토시스트BLASTOCYST(배반포), 파세노제네시스 PARTHE-NOGENESIS(처녀생식), 테라토마 포메이션TERATOMA FORMATION(줄기세포의 생체실험) 등은 난생 처음 들어보는 말들이었다. 축구에서 4-4-2 포메이션이라는 말은 들어 봤어도, 테라토마 포메이션은 도대체 무슨 말인지 감이 잡히지 않았다. 이런 이해 못 할 말들이 논문에 수두룩했고, 이상한 도표와 사진들도 있었다. 그렇다고 그걸 줄기세포 전문가에게 물어볼 수도 없었다. 〈PD수첩〉 프로듀서가 무언가를 조사하고 있다는 사실만으로도 소문은 새어 나가고 상대는 긴장하기 마련이었다. 더구나 배아 줄기세포 분야는 누가 전문가인지가 빤한 동네였다.

6월 8일, K에게 메일을 보냈다.

제가 연구하느라 머리에 쥐가 날 정도입니다.

다음 질문사항을 간단히 훑어 보시고 첨부 문서를 검토해 보시면 질문의 맥락이 짚일 것입니다. 제가 아마추어라서…….

당시 위스콘신대 톰슨 박사의 논문 중에서 '두 줄'에 대한 해석이 비밀에 휩싸였는데, 호주에서 투른슨 박사가 1년 만에 성공했다고 나옵니다. 도대체 투른슨 박사가 무엇을 해석했으며, 그 의미는 뭔가요? 2000년 10월에는 미국의 생명공학 회사인 ACT가 핵이 제거된 여성의 난자에 인간의 체세포에서 추출한 핵을 이식해 세계 최초로 배아복제에 성공했다고 합니다. 이게 황 교수의 2004년, 2005년 《사이언스》 논문과 어떤 차이가 나는 건가요?

메일에는 수많은 질문이 이어졌다. 어찌 보면 한국 생명공학의 역사를 완전히 재구성하는 문제였으며, 세계 생명과학의 흐름을 파악하는 문제이기도 했다. 그 속에서 황 교수의 위치와 논문의 의미, 그리고 각론에 있어서 어떤 부분이 조작된 것인가를 파악해 가는 수순이었다. '머리에 쥐가 난다'는 말은 문학적 표현이 아니라 실제로 일어나는 물리적 현상을 나타낸 것이 아닐까 하는 생각이 들었다. 느껴 본 사람은 알 것이다.

　당시에 우리가 도움을 받을 수 있는 유일한 전문가는 제보자 K였다. 그러나 K도 언제든지 우리를 위해 시간을 내줄 수 있는 형편이 못 되었다. 그도 전문의 과정에 있는 사람으로서 어지간히 바빴다. 일주일에 한 나절 쉬는 것을 감사히 여기고 사는 사람이었다. 전문가의 안내와 조언이 절대적으로 필요했으나 친절하게 도움을 줄 만한 이가 없는 상황이었다. 그런 상황이다 보니, 나는 그야말로 과학의 바다에서 혼자 허우적거리고 있었다. 그 벽은 높았다. 누가 말했는가? 시작이 반이라고? 하면 된다고? 그런 말을 만들어 낸 사람을 때려 주고 싶었다.

'벌거벗은 임금님'과 '영롱이'

1999년 이전에 세상은 황우석 교수를 주목하지 않았다. 그를 일약 스타 과학자의 반열에 올려놓은 것은 복제소 '영롱이'였다. 세계에서 다섯 번째인 복제소 성공 사례였으며, 한국에서는 최초였다. 한국도 이제 생명공학의 선진국에 도달할 수 있다는 희망을 품게 한 사건이었다.

황 교수는 영롱이가 태어나고 1주일 후인 1999년 2월 19일 과학기술부 기자실에서 브리핑을 했다. 12일 오후 1시쯤 어미소가 진통을 하기 시작해 오후 5시쯤 송아지가 나오기 시작했으며, 영롱이는 자궁에 거꾸로 들어앉아 다리부터 나오는 역산逆産이었다며 상세한 설명을 덧붙였다. 황 교수는 출산 과정을 찍기 위해 일부러 외부의 전문 카메라맨을 불러서 촬영을 했으며, 이 테이프는 친절하게 방송사로 전달되었다.

당시에도 황 교수는 호언장담을 했고 과학기술부는 그 '말'을 근거로 보도자료를 만들어 배포했다. 복제소 사업을 통해 이제 수많은 농가가 혜택을 볼 것이며, 농가에는 7,000억 원의 경제적 효과가 발생할 것이라고 밝혔다. 그로부터 한 달 뒤인 3월 27일에는 세계 최초의 한우 복제소가 태어났다는 발표가 있었다. 김대중 대통령이 친히 황 교수를 불러서 격려했으며, 대통령은 그 자리에서 직접 한우 복제소를 '황진이'라고 작명했다. 황 교수의 성씨를 고려한 것이었다.

당시 황 교수 측에서 과기부에 제시한 자료는 복제소인지 아닌지 검증한 데이터가 아니라, 교과서에 나오는 '동물 복제의 방법'을 약간 바꿔서 서술한 것에 불과했다. 과학계에서는 복제 동물의 경우 생후 몇 개월이 지나 복제 여부에 대한 검증을 마친 후에 논문을 발표하고, 그런 다음에야 비로소 언론에 공개하는 것이 보통이다. 황 교수의 경우, 언론에 발표는 있었지만 영롱이와 관련된 논문은 없었다. 복제소인지 아닌지를 검증하였다는 발표는 있었지만, 정작 검증과 관련된 데이터는 과기부에도 제출되지 않았고 학계에도 발표되지 않았다.

논문이나 검증 데이터 하나 없이 당시에는 무명에 가까웠던 황 교수를 과기부가 그토록 신뢰했던 이유는 무엇일까? 과기부와 황 교수는 영롱이를 통해 각자 무엇을 얻었는가? 영롱이 복제로 인해 황 교수는 일약 스타덤에 오를 수 있었고, 과기부는 자신들의 성과라며 대외적으로 과시할 좋은 홍보 재료를 얻었다. 황 교수와 과기부의 이 밀월 관계는 이후에 벌어질 모든 불행을 잉태하고 있었다.

진실, 그것을 믿었다

이미 각계각층의 여러 선생님들이 황 교수의 행적에 대하여 알고 있으며, 여러 차례 언론기자에게 알려 왔습니다. 그러나 언론이 매번 그것을 무시해 왔습니다. 학문적 사실에 관한 전문적 정보를 가지고 있던 사람들이 '이런 게 현실'이라는 판단하에, '침묵의 길'로 돌아서게 된 계기가 된 것입니다.

아시겠지만, 안데르센의 동화 중에 〈벌거벗은 임금님〉이라는 게 있지 않습니까? 없는 옷을 있다고 하면서, '이 옷은 마음이 깨끗한 자만이 볼 수 있다'는 명분으로 임금의 사치와 허영을 이용해 속이게 됩니다. 주변 사람들은 임금의 노여움을 받는 표적이 되기 싫어 쉬쉬하는 것입니다. 그런 상황에서 거리행진을 하다가 한 아이가 "임금님이 벌거벗었다"라고 하여 진실이 밝혀지는 내용이라고 기억합니다.

현재 우리나라의 기초 실험실에서 일하는 일개 석박사 과정 학생이나 연구원들도 황 교수의 행태에 대해 다 한마디 할 수 있는 상황입니다. 서울대 산과 교실 출신 연구원들은 항시 갈등을 느끼고 있는 상황이지만, 대답을 회피하면 했지 자신이 진실을 알고 있다고 말하지는 않을 것입니다. 언론만 진실을 중시하는 분위기를 만들어 주면 이런 분들은 얼마든지 입을 열 것입니다. 지금까지 학계에서는 '황 교수가 어려운 연구 현실에 도움을 줄 수도 있다'는 동업자 의식 때문에, 거짓이 횡행하는 행태를 방관해 왔습니다. 이제라도 원칙과 진실을 지키는 사람이 득세하는 현실이 되었으면 좋겠습니다.

− 6월 18일 K가 보낸 메일에서

제작진은 그 뒤에도 혹시 영롱이 관련 논문이 발표되었는지 확인에 확인을 거듭했다. 서울대 도서관과 국회 도서관 데이터베이스를 뒤졌으며, 그 외 수의학계 관련 유수 잡지들을 국내외를 막론하고 뒤져 보았다. 결국 영롱이 논문은 없었다.

현실보다 강한 드라마는 없다고 했던가? 21세기 백주 대낮에 '동화 같은 현실'이 대한민국에 구현되고 있었다. 안데르센이 살아온다면 울고 갈 일이었다.

아직, 내공이 부족하다

방송 일정이 다가왔다. 나와 김만진 PD가 6월 28일 〈PD수첩〉 방송을 해야 할 차례였다. 김만진 PD는 몇 년 후배인데 활력이 넘치고 거침이 없는 정의파다. 그동안 내가 황 교수에 대해 물밑에서 취재한 내용을 상의했다. 여러모로 검토했으나, 준비 부족이었다. 그 정도의 취재로 방송을 하기에는 너무 위험하다고 판단했다. 사실 황 교수에 대한 의혹을 제기할 정도는 되지만, 방송이 어디 의혹과 음모만으로 이뤄져서야 되겠는가? 더군다나 상대는 국민적 영웅 아닌가? 딱 되치기당하기 쉬운 수준이었다.

아직, 내공이 부족했다. 최승호 팀장도 공감했다. 나는 수면 아래에서 황 교수 취재를 계속하면서, 일단 눈앞에 닥친 방송 일정은 다른 아이템으로 만들어 내야 했다.

6월 14일경, 나는 2002년에 있었던 '미군 전차 사건'에 다시 한 번 주목하게 되었다. 한국 법원에서 당시 수사기록을 공개하기로 결정한 것이다. 이 사건과 〈PD수첩〉은 사연이 깊다. 2002년 사건 당시 〈PD수첩〉은 '미군 전차와 두 여중생, 그 죽음의 진실'

(연출: 조능희, 김현철)을 시사 프로그램 최초로 보도했다. 뒤이어 이 사건의 제도적 성격을 보여 준 프로그램인 〈PD수첩〉 'SOFA, 미군 범죄의 면죄부인가?'(연출: 이우환, 한학수)가 나왔다.

그 뒤에 이어진 미군 병사의 재판에서 전차장長과 조종수 모두에게 무죄를 선고하는 판결이 나왔다. 피해자는 있으나 가해자가 없다는 판결이었다. 당시 〈PD수첩〉팀은 마지막으로 '그들만의 재판, 미군은 무죄인가?'를 내보냈다. 이 프로그램은 11월 26일 방송되었는데, 이것을 본 아이디 '앙마'라는 한 젊은이가 몇 시간 뒤에 촛불시위를 최초로 제안하게 된다. 이 제안은 인터넷을 달구더니 며칠 뒤 전국을 뒤흔든 촛불시위로 번졌다. 사실, 한국 최초의 촛불시위를 일으킨 도화선은 바로 〈PD수첩〉 자신이었다. 그 뒤 대통령 탄핵 때 두 번째 대규모 촛불시위가 있었다.

2005년 6월 28일 방송된 〈PD수첩〉 '최종분석, 미군 전차 사건의 진실'을 준비할 때는 세 번째 촛불시위가 어떤 식으로 벌어질 것인지 전혀 예감하지 못했다. 더구나 몇 달 뒤, 황우석 지지자들로 구성된 촛불시위대가 분노의 표적으로 삼는 것이 바로 나 자신이 될 줄은 꿈에도 몰랐다.

진실, 그것을 믿었다

동물 복제의 끝은 어디인가

6월 24일, 최고과학자위원회는 황우석 교수를 '제1호 최고과학
자'로 선정했다. 최고과학자에게는 매년 30억 원씩 5년 동안 최
대 150억 원을 지원하게 된다. 몇몇 과학자들이 후보에 올라 함
께 심사를 받았다고 하지만, 그들은 들러리에 불과했음이 나중에
드러났다.

한 PD님, 눈코 뜰 새 없이 바쁘신 줄 압니다. 주말이라 짬이 나서 편
지 드립니다. 현재 황 교수의 연구는 전혀 통제가 되지 않는 상황입니
다. 《사이언스》 논문 조작과 같은 사례는 허술한 관리 상황에서 일어
날 수 있는 인재라고도 보여집니다. 인간 복제 가능성에 대해서도 황
교수는 앞으로 100년 안에 불가능하다고 하는데, 그렇지 않습니다.

― 6월 18일 K가 보낸 메일에서

이때 알게 된 사실이 있다. 복제를 하는 데 동물 종별로 차이
가 있다는 것이다. 일단 그 동물의 난자를 대량으로 구할 수 있

어야 하고, 체세포를 핵이식하는 데 별다른 지장이 없어야 한다. 그런 뒤 대리모에도 착상이 잘 된다면 그 동물은 비교적 복제하기가 쉬운 편에 속한다. 단계 단계의 이런 어려움 때문에 비교적 복제가 쉬운 동물과 복제가 잘 안 되는 동물로 나뉜다. 그러나 본질적으로 복제 기술은 같은 것이어서, '원천 기술'은 1996년 7월 5일 최초로 복제양 돌리Dolly를 탄생시킨 영국 로슬린 연구소의 이언 윌머트 박사와 키스 캠벨 박사팀이 가지고 있다고 보면 된다. 현재까지 양, 고양이, 돼지 등 10여 가지가 넘는 동물이 복제되었는데, 이것은 같은 기술을 종이 다른 동물들에 적용한 사례라고 볼 수 있다.

한 마리의 복제동물을 만들기 위해 수백 마리, 많게는 수천에 이르는 생명이 희생된다. 대부분 유산되기 일쑤며 어쩌다 복제동물이 태어나도 장애가 생기는 경우가 많고 수명도 짧다고 보고되고 있다. 인간 복제의 기술은 이미 동물 복제에 성공한 각 나라에 기본적으로 있다고 볼 수 있다. 다만 복제 전문가들이 사람을 대상으로 실험하지 않을 뿐이다.

인간 복제를 실제로 시도한 자들이 있었다. 외계인을 만나고 돌아왔다는 프랑스인 라엘을 추종하는 라엘리언 무브먼트Raelian Movement라는 종교 집단은 "당신을 복제해 드립니다"라는 문구를 앞세워 사실상 복제 장사를 했다. 이들이 복제 능력이 있는지 밝혀지지 않은 상황에서 이들에게 투자를 한 사람들이 생겨났으며, 매번 인간 복제를 했다고 하나 그 증거는 밝히지 않은 채 여

진실, 그것을 믿었다

전히 사업을 이어오고 있다. 그러나 이들이 실제로 인간 복제를 위해 사용했던 실험실은 조악하기 그지없는 것으로 언론에 보도되었다. 라엘리언 무브먼트에서 그 뒤에 얼마나 새로운 설비와 기술자들을 모았는지는 여전히 의문이다. 물론 이들처럼 비상식적인 신념을 공유하는 과학자 집단은 아직까지 '공식적으로는' 나오지 않았다.

줄기세포 전문가인 K의 견해를 듣고 나는 놀랐다. 사람의 난자를 이용해 체세포 핵이식을 실험해 본 자신의 경험에 비추어 볼 때, 인간 복제 자체가 어려운 일은 아니라고 했다. 소와 돼지를 복제하는 것과 똑같은 방법으로 인간을 복제할 수 있지만, 문제는 사람 난자를 어떻게 대량으로 구할 것이며 더구나 누가 그 대리모 역할을 할 것이냐였다. 설혹 태어나도 장애가 있을 가능성이 높은데, 그처럼 무책임하고 비윤리적인 일을 보통의 과학자가 나서서 실행하기는 힘들 것이라고도 했다.

복제는 또한 일반인의 상식과는 달리 완전한 '100% 복제'가 아니었다. 체세포에서 떼어 낸 핵만 복제될 뿐, 그 체세포의 나머지 부분은 복제 과정에서 배제되기 때문이다. 체세포에서 핵을 제외한 나머지 부분은 세포질이라고 하는데, 이 세포질에 포함된 유전형질은 그냥 버려지고 체세포 핵과 결합하는 난자의 세포질이 그 역할을 대신 떠맡게 된다. 그리고 이때 난자의 세포질에 있는 미토콘드리아가 유전형질에 영향을 미치게 된다. 미토콘드리아가 유전형질에서 맡는 기능은 1%라고 보면 된다. 따라서 체세포 핵을 이식해 99% 복제를 이룬다 해도 1%의 미토콘드리아는 전혀 다른 사람의 난자에서 얻게 되는 것이다. 즉, 현재의 복제동물은 '99% 정도만큼만' 대단히 흡사한 새로운 동물인 셈이다.

2000년 8월 서울대 황우석 교수는 "36세 한국인 남성의 체세포를 핵이 제거된 난자에 주입한 뒤 전기충격을 가해 융합시키는 방법으로 배아를 복제해 배반포 단계까지 배양했다"고 발표했습니다. 황 교수는 '세계 최초의 성공'이라고 발표했으며, 언론에 대대적으로 보도되었습니다. 물론 이게 세계 최초라는 주장은 생명과학계 심○○ 교수님의 반박에 의해 거짓임이 바로 드러났습니다. 하지만 거기에는 여러 가지 요소들이 섞여 있었습니다.

이때는 인간 난자를 이용한 것이 아니고 '소의 난자에 사람의 체세포를 이식'한 것이었습니다. 이른바 이종간異種間 핵이식이었습니다. 그 뒤에도 황 교수는 들어온 지 얼마 안 되는 저에게 이 임무를 맡겼고, 저는 정말 열심히 했습니다. 당시에는 생명윤리법이 발효되지 않아 법적인 문제는 없지만, 지금 생각하면 착잡합니다.

– 7월 10일 K가 보낸 메일에서

소의 난자에 사람의 체세포를 이식하면 뭐가 나올까? 그 반대로 사람의 난자에 소의 체세포를 이식하면 어떻게 될까? 이종간 배아가 자라서 성장한다면 어떤 모습일까? 반인반수半人半獸의 그 모습이 쉽게 상상이 되지 않는다. 당시 한국의 실험실에서는

진실. 그것을 믿었다

인간이 상상해 볼 수 있는 다양한 실험들이 그야말로 다채롭게 이뤄진 것이다. 법이 없었으니 규제할 근거도 없는 시대였다. 물론 상식을 가진 과학자라면 상식적인 윤리 기준을 잘 지키겠지만, 모든 것을 과학자의 윤리의식과 양심에 맡길 수만은 없는 일이다. 더군다나 한국에서 난자와 배아에 대한 관리는 사실상 방치 상태라고 해도 과언이 아니기 때문이다.

오죽하면 '한국은 난자 실험의 천국'이라는 말이 나오겠는가?

내가 죽거나,
〈PD수첩〉이 막을 내릴 수도 있다

7월 7일, K를 다시 한 번 만났다. 이번에도 저녁 9시 무렵부터 자정까지 이야기를 나눴다. 조사하면서 막혔던 내용들을 체크해 놓았다가 한꺼번에 물어볼 수 있는 기회였다. 어쩌면 8월 30일에 방송을 하게 될지도 모른다고 언질을 주었다. 만약 방송을 하게 되면 K의 신분을 보호하기 위해 국가청렴위원회나 시민단체의 도움을 받아야 할 것이고, 〈PD수첩〉팀이 이를 주선할 수 있다고 했다. K는 덤덤하게 받아들였다.

7월 13일에 윤희영 작가와 김보슬 조연출에게 메일을 보냈다. 그동안 준비한 취재라인 50여 페이지를 첨부해서 보낸 것이었다. 당시에는 8월 30일 정도에 황우석 교수 관련 아이템을 할수 있을 것이라는 낙관적인 전망을 하고 있었다. 하지만 비장함도 담고 있었다. 두 명은 처음으로 황우석 교수에 대한 그동안의 취재 내용을 듣게 되는 셈이었다.

말씀드린 대로 8월 30일 아이템 '황우석 교수 관련 건'에 대해 첨부

진실. 그것을 믿었다

합니다. 첨부하는 취재라인은 한 달 반 전부터 준비된 것입니다.

제보자는 신뢰할 만하며, 취재라인을 다 읽으면 제보자가 누군지 짐작하게 될 것입니다. 취재라인에 대해서는 팀장과 저 그리고 제보자만 공유하고 있습니다. 김만진 PD와 국장은 개요를 알고 있습니다. 이제 윤 작가님과 김보슬 조연출이 취재라인을 공유하게 되었습니다. 촬영이 중반에 다다르게 될 8월 15일까지 절대 보안을 유지해 주시기 바랍니다.

저는 삼성과도 그리고 국정원과도 그리고 국방부와도 다뤄 왔습니다. 이번 사안은 제가 다뤄 왔던 어떤 아이템과도 질을 달리하는 것입니다. '제가 죽거나 혹은 〈PD수첩〉 프로그램이 막을 내릴 수도 있는' 사안입니다.

– 7월 13일 윤희영 작가와 김보슬 조연출에게 보낸 메일에서

물론 내가 죽을 수도 있다는 말은 한 번만 삐끗해도 프로듀서로서 사회적 삶이 끝날 수 있다는 뜻의 비유적 표현이었다. 어떤 아이템을 다루면서 취재하는 PD가 자신의 사회적 생명과 프로그램 자체의 존폐 여부를 걱정해야 하는 상황은 그 자체로 비장한 것이었다. 이 아이템은 성격상 상대와 정면승부를 해야 하며, 끝내는 외나무다리에서 피할 수 없는 대결을 벌여야 한다. 승부의 끝에 가서는 내가 작두 위에 서야 한다. 아무도 대신해 주지 않는다. 내가 거기에 나서야 하며, 결연하게 말해야 한다. "이 논문은 거짓입니다"라고.

그러나 나는 죽는 것도 무서웠고, 더군다나 〈PD수첩〉 프로그램이 막을 내리게 할 수도 없었다. 여러 모로 정확한 계산이 필요했다. 여전히 우리는 황 교수가 논문을 조작했다는 증거를 잡지 못했다. 우선 7월 26일 방송을 또 하나 해야 했다. 타순이 돌아오면 오만가지 잡념이 들어도 일단 타석에 서야 한다.

최승호 팀장 앞으로 시각장애인 안마사들의 애처로운 처지를 호소하는 메일이 들어와 있었다. 이 제보 메일을 통해 김만진 PD와 나는 시각장애인들이 벌이고 있는 시위에 주목했다. 유흥 자본에 붙들려서 어쩔 수 없이 퇴폐적인 영업을 해야 했던 시각장애인 안마사들의 눈물겨운 실상이 보였다. 김만진 PD의 부모님도 몸이 편찮으신 상태고 나 또한 어머님이 한쪽 눈을 잃고 살아가시는 상황이라 더욱 각별했다.

우리는 안마사 제도의 아프고도 슬픈 맥락을 드러내고, 그 속에서 시각장애인들이 정상적인 방식으로 활로를 찾을 수 있는 길을 모색한다는 취지의 프로그램을 기획하게 되었다. 이 프로그램은 7월 26일에 〈PD수첩〉 '벼랑에 몰린 시각장애인'이라는 제목으로 방송되었다. 취재 과정에서 눈물 없이는 들을 수 없는 장애인들의 수많은 사연을 만나게 되었다.

그런데 어떻게 이런 장애인들 마음속에 거짓된 희망을 불어넣고 그것으로 자신의 명성을 유지할 수 있단 말인가? 황 교수에게 들어간 수백억의 연구비는 진정으로 난치병 치료를 연구하는 정직한 기초과학자들에게 돌아가야 하지 않는가? 그것만이 난치병 치료를 앞당길 수 있는 길이다. 많은 장애인들을 만나면서 황 교수의 진실을 반드시 캐내야 한다는 의지가 더욱 강해졌다. 누가 진정으로 장애인을 위했는지는 역사가 판단할 것이다.

⟨PD수첩⟩이 태스크포스를 구성하다

7월 28일 아침에 산부인과 병원을 찾았다. 둘째를 낳는 날이다. 이미 며칠 전에 여러 모로 산모를 체크하고 의사와 상의를 한 끝에 제왕절개 수술을 하기로 결정을 했다. 오전 11시경 무사히 둘째를 낳았다. 산모도 건강했다. 우리 부부가 맞벌이를 하다 보니 둘째 갖는 것이 여간한 결심으로는 되지 않았다. 고심 끝에 낳은 둘째였다.

아내는 7월 초에 내가 황우석 교수를 취재한다는 사실을 알게 되었고, 당시에 서로 상의를 한 적이 있다. 보통은 ⟨PD수첩⟩의 아이템에 대해 말하지 않는데, 이번에는 사안이 사안이다 보니 얘기를 안 할 수가 없었다. 나 개인의 문제로 끝나지 않고 가족에게도 영향을 줄 수 있다는 판단 때문이었다. 아내는 이 아이템에 반대했다. 너무 위험하다는 의견이었다. 나는 법적인 테두리를 벗어나지 않고 취재할 것이니까 염려하지 말라고 했고, 아울러 논문 조작의 확증을 잡기 전에는 방송하지 않을 테니 안심하라고 덧붙였다. 그러나 전쟁에 나가는 남편이 아무리 좋은 갑

진실. 그것을 믿었다

옷을 입고 반드시 승산이 있는 싸움만 한다고 안심시켜도 어떤 아내가 두 다리 뻗고 잘 수 있겠는가? 아내는 심하게 내색은 하지 않았으나 불안감을 여실히 드러냈다. 아내의 바람은 '안전한 전쟁'이 아니라 '전쟁 없는 세상살이'였던 것이다.

오후 5시경에 입원실에 누워 있는 아내를 어머님께 맡기고 회사에 출근했다. 이날은 바로 최승호 팀장과 함께 제보자를 만나기로 한 날이었다. 팀장 입장에서는 그동안 나에게 구두보고만 받았으니 직접 제보자를 만나 보고 나서 판단하고 싶었던 것이다. 저녁 8시경 병원에서 제보자를 만났다. 이때에도 만남은 은밀했다.

팀장은 우선 제보 동기에 대해 재차 확인을 했다. 그리고 그동안 곰곰이 생각해 봐도 쉽게 수긍되지 않았던 몇 가지 의문들에 대해 물었다. '황 교수의 논문 조작 동기는 과연 무엇일까?'와 같은 기초적이고도 상식적인 질문이었다. 마지막으로, 팀장은 제보자 K가 혹시 황 교수 측에 약점을 잡힐 만한 것이 있는지 확인했다. K는 자신이 특별히 잘못한 점이 없기 때문에 약점이라고 할 만한 것이 없으며 또 황 교수팀이 자신을 공격할 만한 것도 없다고 확인해 주었다. 저녁 11시경 우리는 헤어졌다.

팀장은 병원 앞에서 담배를 피웠다. 제보자의 인상이 나쁘지 않으며 제보 동기도 순수하다는 생각이 든다고 했다. 신경외과 의사로서 침착함과 강인함도 엿보인다고 했다. 내가 두 달 전에 K를 처음 만났을 때 받은 인상이나 방송 생활 20년차 팀장의 느낌이나 그 감각이 서로 일치하는 셈이었다. 다소 안심이 되었다. 그러나 논문 조작을 입증할 뾰족한 수가 보이지 않는다는 데 역시 커다란 벽이 놓여 있었고, 팀장과 나는 그 점을 잘 알고 있었다.

"하긴 해야 할 것 같은데, 참 걱정이다."

그날 밤, 헤어지면서 팀장이 혼잣말처럼 되뇌었다. 이심전심인가? 지난 두 달간 내가 고민해 온 바를 정확히 담고 있었다. 제보 내용을 아예 몰랐다면 지나칠 수 있겠지만, 이미 거짓이라는 강한 심증이 드는 상황에서 피해 갈 수는 없는 것이다. 걱정이 앞서 아예 사건 자체를 회피해 버린다면 우리는 이미 저널리스트가 아니다. 자기 양심에 스스로 못을 박을 수는 없는 노릇이었다.

8월 3일, 〈PD수첩〉팀 회의가 소집되었다. 이 자리에는 〈PD수첩〉 PD 7명과 정재홍 작가가 참석했다. 회의의 마지막 안건은 바로 '황우석 교수 아이템'이었다. 이때까지 동료 PD들은 진행 상황을 몰랐기 때문에 최초 보고를 듣게 되었다. 보통은 담당 PD와 팀장이 개별적으로 합의하는 과정을 거쳐서 아이템이 결정되지만, 이번 경우는 특별 사안이라 〈PD수첩〉 PD들의 전체 의견을 묻기로 한 것이다. 이날 나는 그동안의 상황을 간략히 간추린 보고서를 발표했다.

제목: 황 선생과 관련한 첫 번째 보고

지난 두 달간 50여 페이지에 달하는 취재라인을 만들면서, 저도 괴로웠습니다. 사안이 중대하기 때문에 심적인 압박이 있었고,

또 〈최종분석, 미군 전차 사건의 진실〉과 〈벼랑에 몰린 시각장애인〉 편을 병행해서 취재하다 보니 스트레스도 있었습니다.

(중략) 우선 현재까지의 상황과 앞으로 전개될 방향에 대해서 간략하게나마 보고 드리는 게 좋겠다는 생각에 이렇게 글을 쓰게 되었습니다.

황 선생의 '주요 문제점'은 다음과 같습니다.

첫째, 1999년 체세포 복제소라고 발표했던 '영롱이'와 그 후 한우 복제소라고 발표했던 '진이'가 가짜라는 것입니다. 둘 다 복제소가 아니라는 것입니다.

둘째, 2005년 5월 남녀노소 환자들의 체세포를 이용해 배아 줄기세포를 만들었다는 《사이언스》 발표는 가짜라는 것입니다. 이 사안에 참여한 자는 최소한 6인이며, 논문 공저자 25인 중 다수는 이 사실을 모르고 있습니다.

황 선생의 '작은 문제점과 의혹들'은 다음과 같습니다.

첫째, 황 선생의 연구 과정에 동원된 수많은 난자는 불법적인 매매에 의해 얻어진 것들이 대부분입니다. 심지어 연구원 두 명과 환자 어머니의 난자가 동원되었는데, 이는 현행법상 허용되지 않는 것입니다. (중략)

이미 황 선생의 문제점에 대해서 적지 않은 수가 알고 있으나 입을 다물고 있습니다. 그들은 문제의 일부를 알고 있기도 하고, 주요 문제점을 알고 있기도 합니다. 다행인 것은 주요 문제점 중 '2005년 5월 《사이언스》 논문' 조작은 극소수만 알고 있다는 것입니다.

이것은 시간과의 싸움이기도 합니다. 《네이처Nature》지 일본 특파원이 작년부터 이미 황 선생에 대해 의혹을 갖고 있었습니다. 의혹의 일부는 이미 작년에 《네이처》지에 발표되었는데, 불법적인 난자 매매와 연구원 난자 이용에 대한 것이었습니다. 즉 언젠가는 사실이 폭로될 텐데, 누가 먼저 하느냐는 것입니다. (중략) 3주 정도 후에 다시 한 번 보고를 드리겠습니다. 그때가 되면, 황 선생과 '단판 승부'를 할 것인지 아니면 제가 정규팀으로 복귀하고 '장기 항전'해야 할지가 드러날 것이라고 봅니다. 문제가 있는 것은 확실합니다. 다만, 그것을 어떻게 입증하느냐의 문제입니다. 집요하면서도 침착하게…….

보안에 신경을 써 주시면 고맙겠습니다. 비밀을 알면 말하고 싶어 미치는 것이 인간이라고 하더군요. 앞으로 황 선생은 또 다른 모종의 '언론 플레이'를 연말에 터뜨릴 것이라는 첩보가 들어오고 있는 상황입니다.

2005. 8. 3. 한학수 올림

보고는 20여 분 정도 이어졌고, 그 뒤 잠시 적막이 흘렀다. 몇 가지 질문들이 쏟아졌고, 사이사이 한숨과 탄식이 이어졌다. 현 상황에 대한 냉정한 분석이 뒤따랐다. 결론은 역시 '증거는 부족하지만 취재를 통해 반드시 확인해 봐야 할 사안'이라는 것이었다. 전원 일치로 태스크포스Task force 구성이 합의되었다. 7

진실, 그것을 믿었다

명의 동료 PD가 십시일반으로 조금씩 더 일을 분담하며 내 몫을 대신하겠다는 것이었다. 그렇게 해서 내가 별도의 특공대로 물밑에서 취재할 수 있는 시간을 확보해 주자는 희생적인 결의였다. 그것은 〈PD수첩〉 동료 PD들의 정의감이 바탕이 된 결과였다.

최승호 팀장의 조치가 뒤따랐다. 첫째, 황 교수 관련 태스크포스는 한학수 PD와 김보슬 조연출 그리고 이정아 리서처로 구성해 당분간 정규팀과 별도로 취재에 돌입한다. 둘째, 이 취재는 방송 날짜를 확정하지 않고 취재에 돌입하되, 외부에는 이 태스크포스의 존재를 당분간 알리지 않는다.

그렇게 태스크포스는 결성되었다. 본격적인 취재를 위해 팀이 구성되었다. 마침내, 닻이 올랐다.

Ch.

04

미즈메디 라인의
유전자 지문을
입수하라

'한국의 생명공학' 다큐멘터리팀으로
위장하다

황 교수 관련 태스크포스의 첫 번째 회의를 가졌다. 태스크포스
래야 3명인데, 그나마 김보슬 조연출은 다른 프로그램을 지원하
느라 아직 합류하지 못했다. 나와 이정아 리서처가 모이면 전원
회의인 셈이다. 이날 두 명이 모인 전원회의에서는 그동안의 취
재 내용에 대한 공유가 우선이었다. 8월 4일 당시 내 취재수첩에
는 이렇게 적혀 있다.

리서처 이정아 씨와 취재라인을 공유하다. 비밀을 아는 사람이 늘어
만 간다. 비록 언젠가는 모든 것이 드러나겠지만······.

이정아 리서처는 당시의 느낌을 이렇게 회상했다.

취재라인을 받아보고 얼마나 놀랐는지······. 취재라인을 처음 봤을
때는 당황스럽다기보다 솔직히 무서웠다. 당시에 나 역시 황 교수에
대해 일반인들과 별다르지 않은 정도의 정보를 가지고 있었기 때문

진실, 그것을 믿었다

에, 그가 무슨 연구를 하는지도 정확히 알지 못했다. 막연히 난치병 환자들을 고칠 수 있는 유일한 사람이 황우석이고, 그런 훌륭한 과학자가 한국에서 나왔다는 것에 자부심을 가지고 있었다.

그런데 그게 다 거짓말이라니……. 그의 거짓말을 밝혀내 방송을 하면 정말 세상이 뒤집히고 모든 것이 혼란에 빠질 게 뻔한데, 그 악역(?)에 작은 부분이나마 참여한다는 것도 솔직히 부담스러웠다.

당분간은 누구에게도 말하지 말자는 당부 때문에 아이템 생각만 하면 더욱 조바심이 나고 겁이 났다. 믿어지지도 않았다. 엄마에게 조심스럽게 말했더니, "그거 안 하면 안 되겠냐"며 "빠질 수 있으면 빠졌으면 좋겠다"고 눈만 마주치면 말하곤 했다.

- 이정아 리서처의 회고 메일에서

판도라의 상자를 열면 이런 심정일까? 이제 대한민국 국민 누구나가 이런 기분을 겪게 될 것이다. 결국 대한민국 국민 모두가 한 번씩 판도라의 상자를 열어 보는 충격을 맛보게 될지도 모른다.

8월 4일, 최승호 팀장과 함께 최진용 국장을 만났다. 이 자리에서 최승호 팀장은 태스크포스 구성을 보고했다. 여전히 국장은 '국민적 상처'를 어떻게 해소할 것인지 고려하라고 지적했다. 입증이 어려울 테니 신중하게 접근하라는 당부도 이어졌다. 아울러, 한국의 생명공학이 어떤 미래를 설계해야 할지 제시하는 것이 또한 우리의 몫으로 남을 것이라는 의견도 제시했다. 비록 즉시 대안을 마련할 수는 없지만 충분히 공감할 수 있는 내용이었다.

　나는 이 자리에서 태스크포스가 〈PD수첩〉의 이름으로 취재를 이어 가기는 힘들 것이라고 했다. 사안의 성격상 〈PD수첩〉팀이 취재를 하고 있다는 사실을 상대가 알면 너무나 강력하고 집요한 로비가 들어올 것이 뻔하기 때문이었다. 당분간 '한국의 생명공학' 다큐멘터리팀으로 위장할 수밖에 없다는 사정을 전했다. 이 점에 대해서는 국장도 이해를 했다. 다만, 나중에 프로그램이 방영될 때 취재 목적을 위해 그런 조치가 불가피했음을 국민들께 알리고 양해를 구해야 한다는 단서가 붙었다. 합리적인 판단이었고, 최승호 팀장과 나는 수용했다.

　〈PD수첩〉에서 최고참이었던 조능희 PD가 〈PD수첩〉 인터넷 사이트에서 내 이름을 삭제해 주었다. 거기에는 제작 PD들 소개란이 있는데, 그중에서 내 이름을 삭제하는 것이 보안을 위해 필요할 것이라는 지적이었다. 조능희 PD처럼 경험 많고 세심한 선배가 곁에 있다는 사실에 나는 더없이 든든함을 느꼈다.

진실, 그것을 믿었다

복제개 스너피는 조사하지 않는다

8월 4일, 황우석 교수가 다시 한 번 조명을 받았다. 세계 최초의 복제개 '스너피Snuppy'를 만들었다는 소식에 국내뿐 아니라 세계적으로도 찬사가 이어졌다. 이미 10여 종 이상의 동물이 복제되었지만, 개는 복제과정의 어려움 때문에 그동안 많은 난관을 겪었다.

　나는 이미 개가 복제되었다는 첩보를 한 달 전에 알고 있었다. 그리고 황 교수가 이전에 보여 준 수많은 언론 플레이와는 달리, 이 복제가 진실일 가능성이 크다고 내 나름대로 판단하고 있었다. 왜냐하면 이전에 발표했던 영롱이와 진이 그리고 광우병 내성소와는 달리, 이 복제개는 정상적인 절차에 따라 발표가 이루어졌기 때문이었다. 영롱이와 진이 그리고 광우병 내성소 등이 논문도 발표되기 전에 언론에 공개되고 그 이후에 아무런 검증자료도 내놓지 않고 유야무야 지나간 것과는 대조적이었다. 복제개 스너피는 일단 태어난 뒤 일정한 관찰 기간을 거쳤고, 이어서 논문이 검증자료와 함께 발표되고 난 후에 비로소 언론에 공개된 것이다. 이것이 과학자라면 지키는 상식적인 절차인데, 그간 황 교수는 이를 무시하고 언론 플레이를 우선해 온 것이다.

스너피의 탄생은 물론 이병천 교수팀의 업적이었다. 복제개 스너피를 발표하는 자리에서 황 교수와 섀튼 교수가 조명을 받았지만, 우리는 이 연구의 '실제 주역들'이 누군지 취재를 통해 알고 있었다. 개 연구팀에서 실제로 핵이식을 하며 스너피의 탄생에 결정적인 공헌을 한 연구원들은 전혀 언론의 조명을 받지 못했다. 사실은 이들이 스너피 논문의 상위 저자 자리를 차지하는 것이 '실험실의 정의'이건만, 그러한 정의는 실현되지 못했다.

황 교수팀은 스너피의 탄생이 난치병 치료와 직결되는 것처럼 홍보하고 있었다. 사람과 개는 함께 오랜 세월을 살아왔기 때문에, 복제개를 이용해서 인간 임상을 위한 다양한 실험을 할 수 있다는 내용 등이 보도되고 있었다. 참으로 어처구니없는 장난이 아닐 수 없었다. 이것은 '복제' 기술과 '줄기세포' 기술을 구분하지 못하는 어이없는 이야기에 불과하고, '동물실험'과 '임상'의 관계를 전혀 모르고서 하는 말이었다. 설혹 그런 비과학적인 추측이 사실이라고 해도 수억 원에 가까운 개발비를 들여서 얻은 복제개를 구태여 실험동물로 사용할 필요는 없는 것이다. 왜냐하면 널려 있는 것이 개이기 때문에.

이 부분에 대해서 서울대 수의대 우희종 교수의 의견은 명확했다.

진실, 그것을 믿었다

복제된 개를 "실험동물로 사용할 수 있다"고 하는데, 그것도 넌센스입니다. 그 개를 복제하려면 체세포 핵이식을 하고 그 뒤에 대리모에다가 몇 개월을 키워야 되거든요. 그래서 나온 복제개를 실험동물로 쓰기 위해서는 한두 마리가 아니고 굉장히 많은 수의 복제개가 필요해요. 복제개 한 마리 가격이 얼마가 되겠습니까? 제가 이병천 교수에게 직접 들었지만, 지금 애완견을 복제해 달라고 수천만 원을 준다고 해도 복제 비용에 턱없이 부족해요. 근데 그게 무슨 실험동물로 활용이 되겠습니까?

개를 복제했다는 것은, 사실 과학적인 의미는 있습니다. 전 과학적인 의미를 폄하하는 건 아니에요. 그런데 과학자라면 자기가 얻은 과학적 사실의 의미를 사람들한데 명확히 알려 줘야 하는데 호도했다는 겁니다. 치료용 동물로서 개가 사람과 병이 비슷한 게 많다고도 하는데, 그렇게 많은 건 아니에요. 그런데 막 의미를 포장합니다. 사람하고 비슷한 병이 많으니까 치료용 동물로 사용할 수 있다고 하면서…….

그런 게 없다면 결국 개 복제가 무슨 의미가 있냐고 물으면, 사실 답을 하기가 옹색해집니다. 결국은 개 복제는 애완견 복제사업 연구에요. 그런 복제사업 연구에 나라의 돈을 투자하고 국민의 세금을 투자한다는 건, 저로서는 이해할 수가 없습니다. 바이오벤처라면 애완견 사업을 위해 투자할 수도 있죠. 복제 사업 또는 애완견 사업을 하면서 나라의 돈을 받아서 연구하고, 그걸 괜히 치료용 동물로 사용할 수 있다고 과장하고 또는 멸종된 동물을 금방이라도 살릴 수 있다고 포장한다는 건 '과학자적 양심의 문제'라고 저는 생각해요.

- 2005. 9. 29. 서울대 우희종 교수와의 인터뷰에서

10여 종 이상의 동물이 이미 복제된 상황에서, 복제 자체는 새로운 것이 아니었다. 동물 복제 자체가 즉시 어떤 실용적 이익을 가져다줄 것이라고 호들갑을 떠는 것은 그야말로 언론 플레이에 불과한 것이다. 복제소라고 주장되는 영롱이는 6년째 산에 갇혀서 세상과 담을 쌓고 살고 있다. 논문도 없고 증거도 없지만 영롱이가 복제된 것이라고 믿어 준다 하더라도, 6년이 지난 지금 우리 생활에 아무런 영향도 못 끼치고 있는 것이다. 엄밀히 말해서 복제 자체는 이제 '기술의 영역'이 된 것이며, 다만 복제의 메커니즘과 형질 전환 등에 대한 다양한 연구는 여전히 과학의 관심사로 남아 있는 것이다.

이런 점들은 전혀 고려하지 않은 채, 황 교수팀의 나팔수가 되어서 몇 걸음 더 나아간 언론도 있었다. 이미 황 교수팀에서도 백두산 호랑이팀이 해체된 마당인데, '곧 이어질 복제동물은 백두산 호랑이나 멸종 위기에 처한 동물'이라는 소설이 버젓이 기사라는 이름으로 쏟아져 나왔다.

당시에 우리가 스너피에 대해서 내린 판단은 세 가지로 요약된다. 첫째, 스너피는 양, 고양이, 쥐 등에 이어 열 몇 번째 되는 새로운 복제동물의 탄생이다. 이는 복제하기 힘들었던 개를 복제함으로써 최소한 한국의 복제 기술이 수준급임을 드러낸 것이다.

둘째, 이것은 줄기세포 기술과 직접적인 연관성은 없는 것이고, 난치병 치료와 직결되는 것은 더더욱 아니다. 셋째, 이전의 복제동물과 달리 자신의 개를 복제해 달라는 소비자들의 수요가 발생할 수 있다. 즉, 애완견 복제사업을 통해 상업적 성과를 얻을 가능성도 있다. 여기까지가 우리의 판단이었다.

그 나름대로 성과를 낸 사업에 대해 굳이 〈PD수첩〉팀이 나설 필요는 없는 것이었다. 우리는 황 교수 자신의 연구를 조사하는 것만으로도 벅찼다. 우리는 스너피에 대해서 더 이상 조사할 필요를 느끼지 못했다. 혹시 우리가 감지하지 못한 무언가가 있을 수도 있기 때문에 주시하는 정도에 그치기로 했다.

여기저기 신경을 분산할 만큼 한가하지 않았다. 우리는 소수 정예이기 때문에 정곡正鵠을 찔러야 했다.

'황우석 전문가'들을 만나다

8월 9일, 인터넷에 '한국의 생명공학'이라는 비공개 카페를 개설했다. 〈PD수첩〉팀 태스크포스의 인터넷 아지트를 연 셈이다. 이 카페는 그날그날 자신이 취재한 내용을 올리고 서로 자료를 쉽게 교환하는 창구 역할을 했다. 팀원들끼리 인터넷 메신저를 통해서 소식을 전하기도 하지만, 중요한 정보들은 계속 보관할 필요가 있기 때문에 아무래도 인터넷 카페를 여는 것이 바람직했다. 나중에 참가하게 되는 팀원들도 카페의 기록을 훑어보면 자연스럽게 그동안의 진행상황을 따라잡을 수 있을 터라 더욱 그랬다.

8월 17일, 오후 2시에 광화문 세종문화회관 앞에서 이충웅 씨를 만나기로 했다. 며칠 전부터 팀에 합류한 김보슬 조연출과 함께 나갔다. 6월 1일 제보를 받은 날로부터 두 달 반이 지난 시점에 외부의 전문가들을 직접 만나 보기로 한 것이다. 그 첫 번째 인물을 만나는 날이었다. 이충웅 씨는 과학사회학을 전공한 학자인데, 두 달 전에 대단히 주목할 만한 책을 출간했다. 그 책

진실, 그것을 믿었다

은 우리의 시선을 끌기에 충분했다. 〈PD수첩〉에 의해 황우석 파문이 제기되기 몇 달 전에 쓰였다는 것을 감안하면, 대단한 용기이며 탁견이 아닐 수 없었다.

> '황우석 신드롬'은 과학이 '실험실 밖'과 분리될 수 없는 것임을 말해주는 좋은 예다. 그 신드롬은 '과학'이 아닌 '영웅담'과 관계한다. '복제 배아'에 관한 것이라기보다 '승리한 한국인'에 대한 열광이다. 월드컵에서의 응원과 많이도 닮아 있다. 배아 줄기세포 연구의 과학적 가치에 대한 검토와는 별개로, 한국에서의 이러한 현상은 인문 사회학적 연구 과제이기도 하다. (중략)
> 한국의 '근대'는 과학 기술에 대한 독특한 '열등감'을 만들어내기도 했다. 이 '열등감'은 앞에서 얘기한 '열망'을 탄생시키는 데 기여했다. 열등감이 열망을 낳고, 열망이 열광을 불러일으키는 것이다. 국가주의나 민족주의는 그러한 일련의 과정을 '매개'한다. 이 과정에서 과학기술에 대한 '성찰'의 부재不在라는 심각한 부작용이 생겼다.
>
> – 《과학은 열광이 아니라 성찰을 필요로 한다》, p.271, p.273, 이제이북스

비가 추적추적 오고 있었다. 세종문화회관 뒷골목 찻집에서 여러 가지를 물었다. 이충웅 씨는 황 교수의 연구에 대해 대단히 회의적이었다. 《사이언스》 논문을 제외하고는 무엇 하나 검증된 것이 없다는 것이었다. 특히 광우병 내성소에 대한 판단은 정확히 우리와 일치했으며, 우리의 생각을 풍성하게 엮어 주었다.

아직 인류는 광우병이 무엇인지 모른다. 즉, 광우병이 왜 생기고 어떤 메커니즘에 따라 작동하는지 정확히 모른다는 것이다. 그래서 광우병을 설명하는 여러 가지 학설이 있는데, 그중에서 프루시너Stanley B. Prusiner라는 학자가 세운 '프리온prion 학설' 이 가장 그럴듯한 것으로 받아들여지고 있다. 간단히 말하자면 프리온이라는 물질이 광우병을 일으키는 인자라는 것인데, 입증된 것은 아니다.

황 교수팀은 이 프리온이라는 유전자를 과발현시킨 소를 생산하는 데 성공했다고 언론에 알렸다. 그리고 이 소가 광우병에 대하여 내성을 가진 소라고, 혹은 광우병으로부터 해방된 소라고 발표했다. 물론, 이를 뒷받침하는 논문은 현재까지도 발표된 바가 없다. 게다가 그 소가 정말로 광우병에 안 걸릴지는 아직 실험을 정확히 해 보지 않아서 모른다는 것이다. 이것이 그토록 언론에 대서특필된 이른바 '광우병 내성소'의 전말이다. 이충웅 씨는 정말 언론이 해도 해도 너무한다고 분개했다. 나는 언론인으로서 부끄러웠다.

이충웅 씨는 그 말 뒤에 뼈있는 말을 덧붙였다. 설혹 백보 양보해서 그 광우병 내성소가 정말로 광우병에 안 걸리는 소라고 확인이 되더라도 산업적으로는 전혀 쓸모가 없다는 것이다. 그는 멀쩡한 소가 많은 판에 굳이 유전자 변형을 통해 만들어진 광우병 내성소를 소비할 사람이 누가 있겠느냐고 했다. 이른바 유전자 변형식품GMO을 수출할 데가 어디에 있겠으며, 어느 누가 먹

진실, 그것을 믿었다

겠느냐는 것이었다.

우리는 나중에 광우병 내성소 관련 취재를 좀 더 보강하는
과정에서 이 사업의 말로를 신문의 한 귀퉁이에서 발견할 수 있
었다.

광우병 내성소가 국민소득 2만 달러 달성을 위한 먹거리 창출 사업
으로 적합하지 않다는 판단이 내려졌다. 이에 따라 광우병 내성소는
정부의 차세대 먹거리 창출 사업인 대형 국가 연구개발R&D 실용화
사업 대상에서 탈락한 것으로 알려졌다.

- 《연합뉴스》 2005년 1월 24일

황 교수를 떠받쳤던 중요한 프로젝트 중 하나였던 이 사업은
2005년 1월에 국민들이 눈치 채지 못하는 사이에 조용히 퇴장하
고 있었다. 이미 이 소재가 황 교수에게나 과학 관료들에게나 더
이상 언론 플레이로서 가치가 없어질 무렵, 영롱이나 백두산 호
랑이가 한때의 붐을 뒤로 하고 잊힌 것처럼 초라하게 사라져 간
것이다. 아무도 책임지지 않았다.

국가 원수의 방문까지 받았던 광우병 내성소. 2003년 12월
초, 모든 미디어는 수술복을 입고 나온 황 교수가 세계 최초의 결
과라며 광우병 내성소를 소개하는 모습, 그리고 실험실을 방문한
대통령 내외의 모습을 대대적으로 보도했다. 결국 이 사업의 마무
리는 일본 쓰쿠바 연구소에 2005년 5월 13일 광우병 내성소를 보

내는 것으로 일단락되었다. 발표된 지 2년 만에야 비로소 실험 성과를 입증하기 위해 보내지는 것이라고 했다. 그야말로 광우병 내성소의 검증이 몇 년 뒤에 끝나게 될지 기약도 없이 떠난 것이었다. 하지만 국내 언론 중에서 일본에까지 가서 검증 과정을 추적할 데는 없을 것이다. 몇 년 후에 설혹 이 광우병 내성소의 효과를 의심케 하는 결과가 나온다 하더라도 '일본 과학자들의 질시나 일본 실험실의 사실 곡해'라는 식으로 언론 플레이를 하면 된다. 참으로 '뒤탈 없는 깔끔한 마무리'가 아닐 수 없다.

2004년 1월, 한국에서는 뜻밖의 책이 출간되었다. 《수상한 과학》이라는 책이 바로 그 주인공이다. 지은이는 서울대를 졸업하고 현재는 강릉대 생물학과 교수로 재직 중인 전방욱 교수다. 이 책에는 1999년부터 2004년 직전까지 학계에서 암암리에 논의되던, 이른바 '베일 속의 인물, 황우석'에 관한 의혹들이 과학적으로 분석되어 있다.

특히 이 책의 '복제인간', '豚벼락, 돈벼락', '섹시한 과학자' 부분에서는 황 교수의 연구 성과에 대해 직접적이고도 비판적인 고찰이 이루어지고 있다. 학계의 자정 노력으로 볼 수 있는 이 귀중한 저서는 그러나 2004년 2월에 황 교수의 《사이언스》 논문 발표가 불러일으킨 환호 속에 묻혀 버리고 말았다. 그야말로 황 교수에 대한 모든 합리적 의심이 그대로 사장되는 순간이었다. 황 교수가 《사이언스》 논문을 발표하자, 도리어 전방욱 교수 쪽이 잘나가는 동료 과학자를 질시하고 심지어 딴지를 거는 못난

진실, 그것을 믿었다

사람처럼 치부되었다.

8월 18일, 강릉으로 출발했다. 강릉대에 도착해 곧바로 전 교수의 실험실로 향했다. 연구에 전념하는 과학자들은 왠지 조심스러워한다. 그들은 과학계 외부의 사람들이 어떻게 살아가는지 잘 모르는 것 같기도 하고, 때로는 수줍어하는 모습을 보여 주기도 한다. 전방욱 교수는 대단히 조심스럽게 말하는 스타일이었다. 책에서 만났을 때는 딱 부러진다는 느낌이었는데, 직접 보니 대단히 겸손하다는 느낌을 주었다.

무균돼지에 대한 학계의 평가, 청와대 과학기술 보좌관 박기영 씨에 대한 기억들, 생명윤리에 대한 견해 등 다양한 정보를 얻었다. 그러나 무엇보다도 황우석 교수와 접촉한 경험에 관한 이야기가 가장 인상적이었다. 2003년 하반기에 전 교수는 《수상한 과학》을 집필하고자 복제소 영롱이와 관련된 논문을 찾았다고 한다. 찾아도 찾아도 논문이 없기에, 하도 이상해서 황 교수에게 직접 메일을 보냈다고 한다. 영롱이 관련 논문이 있으면 보내 달라고 동료 교수로서 요청했다는 것이다. 며칠 뒤 황 교수로부터 답장이 왔다.

전 교수가 이해해 주기 바랍니다. 저는 한가하게 논문을 쓰는 사람이 아닙니다. 영롱이 관련해서는 자료를 첨부합니다.

황 교수가 보내 준 자료는 전문가들이 볼 만한 자료가 아니라 그야말로 일반 대중이 보는 그런 신문 보도자료였다고 한다. 당시에 전 교수는 "저는 한가하게 논문을 쓰는 사람이 아니"라는 말에 말문이 막혔다고 한다. 연구하는 교수에게 논문 이상으로 중요한 것이 무엇인지 묻고 싶었으나, 더 이상 질문하고 싶은 마음이 없어져서 황 교수와 접촉을 끊었다고 한다.

나는 이 대목에서 중요한 시사점을 얻을 수 있었다. 영롱이에 관한 논문이나 데이터가 있었다면 황 교수가 그런 답장을 하지 않았을 것이고, 그때까지 우리가 확인한 바대로 영롱이와 관련해서는 특별한 자료가 없다는 사실을 황 교수가 스스로 인정한 것으로 볼 수 있다는 점이었다. 이후에도 우리는 과학적으로 모르는 내용들이 나오면 전 교수와 같은 정직한 과학자들에게 자문하고 많은 조언을 들을 수 있었다. 일단 친해지면 과학자들은 참 친절했다.

나는 '황우석 전문가인 양 행세하는 비전문가'들도 책을 통해 만날 수 있었다. 2004년 이후 황 교수에 관한 책들이 출판가에서 쏟아지기 시작했는데, 저마다 황우석 전문가라고 자처하는 사람들이 낸 것들이었다. 황 교수를 주인공으로 하는 아동용 도서들도 한두 권이 아니었다. 그야말로 '황우석 신드롬'이라는 말이 결코 지나치지 않음을 증명하는 결과였다. 나는 그중에서 몇 권을 훑어보았다. 신춘문예 작가 출신의 소설가가 쓴《세상을 바꾼 과학자, 황우석》도 보았고,《매일경제신문》의 기자들이 쓴《세상을 바꾸는 과학자, 황우석》도 읽었다. 책 이름도 비슷해서

진실. 그것을 믿었다

헷갈리거니와, 내용도 '황비어천가' 일색이라는 점에서는 별반 차이가 없었다. 그 외의 다른 책들은 도저히 언급할 가치도 없는 것들이 수두룩했다.

대한민국에는 이른바 '황우석 전문가'들이 왜 이토록 많아진 것인가? 황우석 교수와의 각별한 인연을 강조하는 사람들이 왜 이토록 늘어난 것인가?

조작 방법에 따른 세 가지 검증법

우리는 황 교수의 2005년 《사이언스》 논문을 검증하기 위해, 우선 논문에 나와 있는 줄기세포와 체세포 제공 환자의 유전자 지문 검사DNA fingerprinting에 주목했다. 사람은 누구나 자신만의 고유한 유전자DNA를 갖고 있다. 세포에서 DNA를 추출하면 실험실에서 이 유전정보를 파형으로 나타낼 수 있다. 이를 'DNA 지문검사'라고 한다. 사람마다 유전정보가 다르기 때문에 파형도 사람마다 다르게 나온다. 환자맞춤형 줄기세포에서 사용된 체세포와 복제 배아 줄기세포는 같은 유전자를 갖기 때문에 DNA 지문도 당연히 같아야 한다. 논문에는 11개 줄기세포와 체세포 제공 환자의 유전자 지문이 똑같은 것으로 공개되어 있다. 논문이 조작되었다면 틀림없이 유전자 지문 검사에서 단서가 잡힐 수밖에 없다고 생각했다.

당시까지 우리의 가설은 '미즈메디병원의 수정란 줄기세포를 황 교수팀이 체세포 복제 줄기세포라고 속이고 논문을 조작했다'는 것이었다. 그렇다면 논문에 나온 유전자 지문 검사는 어

진실, 그것을 믿었다

떻게 된 것인가?

〈줄기세포의 진위에 대한 새로운 검증법〉

일단 2005년 《사이언스》 논문에 줄기세포와 체세포 제공 환자의 DNA 유전자 지문분석이 나와 있는 것을 주목해야 한다. 11개 모두 줄기세포와 체세포 제공 환자의 DNA 유전자 지문이 완전히 일치하는 것으로 나와 있다. 그렇다면 논문은 논리적으로 보자면 아래 세 가지 경우 중에 하나의 방법으로 조작되었을 것이다.

첫째, '미즈메디병원 수정란 줄기세포의 유전자 지문'을 각각 줄기세포와 체세포 제공 환자의 지문이라고 속이고 논문에 실은 경우.

둘째, '체세포 제공 환자의 유전자 지문'을 둘로 복사한 뒤, 그중에 하나를 줄기세포라고 속이고 논문에 실은 경우.

셋째, '아무 관계없는 사람의 유전자 지문'을 논문에 싣고, 이를 각각 줄기세포와 체세포 제공 환자의 유전자 지문이라고 속이는 경우.

- 당시에 만들어진 '황 선생 취재라인'에서

당시의 판단으로는 첫 번째 가능성이 가장 클 것으로 보았다. 왜냐하면 당시까지 미즈메디병원에는 15개의 수정란 줄기세포가 개발되어 있었지만, 그중에서 외부 연구기관에 분양된 것은 3개에 불과했기 때문이었다. 분양되지 않은 수정란 줄기세포가 12개라는 것은 뭔가 의미 있는 숫자라고 추정되었다.

특히 줄기세포 전문가들도 '수정란 줄기세포와 체세포 복제 줄기세포'를 구별할 수는 없었다. 둘은 모양이 같을 뿐 아니라 세포들이 보이는 다양한 특성 분석에서도 같은 결과를 보였다. 유일한 차이라고는 유전자 지문 차이밖에 없었다. 그러니 누군가 이를 의심하고 유전자 지문 검사를 하지 않는다면 감쪽같이 속을 수밖에 없었다. 그야말로 체세포 복제 줄기세포의 '완벽한 짝퉁'이 세상에 존재하는 셈이었다. 사실이 이러하니 가장 손쉽게 조작하자면 첫 번째 방법이 제일 나을 것이라는 판단이었다. 두 번째 방법은 11명의 환자를 계속 숨겨야 한다는 단점이 있었다. 세 번째 방법은 가장 무식한 방법이지만 막상 우리가 단서를 잡기는 더 어려울 것으로 보였다.

첫 번째 방법으로 조작되었는지를 확인하려면, 우리는 미즈메디병원의 수정란 줄기세포 15개, 즉 미즈Miz 1번부터 15번까지 유전자 지문을 입수해야 했다. 그것을 얻어야 논문과 대조해 볼 수 있었다. 우리가 예상한 대로 미즈메디 줄기세포의 유전자 지문과 논문의 유전자 지문이 일치한다면, 영락없이 논문은 조작된 것이다.

설혹 체세포 제공 환자의 유전자 지문을 둘로 복사해서 두 번째 방법으로 논문을 조작했다고 하더라도 미즈메디 수정란 줄기세포의 유전자 지문은 필요했다. 왜냐하면 서울대 수의대 황교수 연구실에는 뭔가 '줄기세포의 실체'가 있다고 전해졌는데, 미즈메디 수정란 줄기세포일 가능성이 컸다. 공동 연구자들이나 그럴 만한 권한이 있는 사람들이 줄기세포를 보자고 했을 때, 황

진실, 그것을 믿었다

교수는 실험실에서 줄기세포를 보여 주어야 했다. 그것을 반출해서 유전자 검사하는 걸 막을 수는 있지만, 보여 주지 않을 방법은 없는 것이었다. 그리고 황 교수의 이전 수법으로 추정해 보건대, 서울대 수의대에 아무것도 없다기보다는 뭔가 짝퉁을 가져다 놓고 속이는 고단수의 방법을 쓴 것이라고 생각되었다. 영롱이는 있는데, 실제로는 아무도 그 영롱이의 복제 진위를 검증할 수 없게 차단하고 있는 것과 유사한 수법! 바로 그 방법!

그런데 미즈메디병원의 수정란 줄기세포나 그 유전자 지문을 어떻게 구할지 막막했다. 논문 조작에 함께 참여했다면, 그들이 조작의 증거를 쉽게 내놓을 리가 만무하잖은가?

"난감하다"는 말이 절로 나왔다.

감질나는 제보자 C

수가 막히면 손을 빼는 것도 한 방법이다. 정면 공격이 아니라 측면 돌파나 우회 전술에서 좋은 수가 찾아질 때도 있다. 그동안 미뤄 두었던 지방 출장에 나섰다. 서울에서는 이정아 리서처가 지원을 했다. 김보슬 조연출과 단출하게 떠났다. 어느새 김보슬 조연출에게서 많은 위안을 얻고 있었다. PD의 길은 본래 고독한 것이건만, 함께하는 동료들이 있어서 휴식을 얻는다. 특별히 대책이 없어도 그저 상의할 수 있는 상대가 있다는 것만으로도 많은 도움이 된다. 조연출과 이런저런 말을 나누다 보면 사안이 정리되기도 하고 뜻밖의 아이디어가 떠오르기도 했다.

8월 22일, 진주 경상대로 향했다. 이곳은 일찍부터 박충생 교수를 필두로 동물 관련 연구가 활발히 진행되던 곳이다. 학풍이 엄격한 곳으로 알려져 있다. 10시경에 노규진 교수를 만났다. 노 교수는 소의 형질전환과 복제 등에 관한 연구에서 권위자다.

그때 제가 1998년에 한국에 귀국해서 얼마 지나지 않아 황 교수가

진실, 그것을 믿었다

영롱이를 발표했어요. 나로서는 당시 우리 학계의 관행이 지나치게 관대하고 검증이 제대로 이뤄지지 않는다는 점에 문제를 느꼈어요. 심ㅇㅇ 선생과 함께 '학계의 검증 위원회'를 만들자고 여러 차례 학계에 제안을 했어요. 그런데 그런 말을 하는 제가 오히려 이상한 사람으로 취급된다는 느낌을 받았어요. 결국 검증 위원회는 무산되고, 저도 그 뒤로는 어떤 벽을 절감한 것 같아요.

- 노규진 교수와의 인터뷰에서

노규진 교수의 말을 들어 보니 영롱이 문제가 단지 황 교수 개인의 문제가 아니라는 것이 분명하게 느껴졌다. 오늘은 또 어떤 과학자가 한국 교수 사회의 잘못된 문화와 실험실 관습에 질식하고 있을까? 이것이 과연 과학계만의 문제인가? 인문사회계에서는 과연 젊은 학자들이 자신의 학문적 양심에 따라 선배 교수의 이론에 자유롭게 이견을 제시할 수 있는가?

노 교수는 오히려 황 교수가 지금 국가 요인급 경호를 받는 것에 애처로움을 느낀다고 했다. 경호요원들에 둘러싸여 있는 황 교수 자신도 불쌍하거니와, 도대체 전 세계 어느 곳에 대학교수를 국가에서 경호하는 곳이 있겠느냐며 혀를 찼다. 하긴, 생각해 보니 노벨상을 받은 어떤 과학자도 국가에서 경호를 받았다는 말은 들어보지 못했다.

올라오는 길에 다른 지방에 들렀다. 거기서 연구원 C를 만났다. 그는 지방 대학에서 강의도 하고 연구기관에서 줄기세포 연구도 병행하고 있는 사람이었다. 저녁 무렵에 도착했기 때문에 우리는 곧 삼겹살집으로 가서 요기를 하면서 소주 한잔을 했다. 황 교수의 이런저런 행태에 대해서 '학자답지 못하다'며 속내를 털어놓기도 했다. 술을 몇 잔 나눈 뒤 내가 보통의 과학기자와는 다르게 접근하고 있다는 것을 눈치채게 됐을 무렵, 그는 뜻밖의 발언을 했다.

"황 교수의 2005년 《사이언스》 논문이 아무래도 이상해요. 줄기세포를 실험하고 연구하는 제가 볼 때, 의문스런 구석이 눈에 띕니다. 그 줄기세포가 가짜라는 소리도 들었습니다."

앗, 이게 무슨 소리지? 순간 귀를 의심했다. 어떻게 그가 논문 조작에 대해서 들었단 말인가? 제보자 K는 이 연구원에게 2005년 논문에 대해서 한 번도 말한 적이 없다. 말한 적이 없는 정도가 아니라 최근 2년 사이에는 만난 적도 없다. 그렇다면 누구에게 줄기세포가 가짜라는 정보를 얻은 것일까?

몇 가지를 더 캐물었으나 그는 더 이상 부연하지 않았다. 다만, 다음 기회에 촬영에는 임하기로 했다. 우리는 이 감질나는 취재원을 '제보자 C'라고 불렀다. 그러나 그 뒤 제보자 C는 우리와의 약속을 어기고 촬영에 임하지 않았다. 그리고 자신이 2005년 논문 조작에 대해서 누구에게 들었는지 알려주지 않았다. 제보자 C의 경력으로 볼 때, 당시 황 교수팀 연구원 중에 한 명과 친분이 있는 것으로 드러났고, 아마도 그에게서 뭔가를 들었으리라고 추정할 수밖에 없었다.

진실, 그것을 믿었다

제보자 C는 어찌 보면 대단히 상식적인 사람이었다. 그에게는 주말이 오면 찾아가서 만날 가족이 있었다. 그는 인간적인 갈등을 많이 한 것으로 보였다. '전 국민이 성원하는 권력자' 황 교수와 누가 전쟁에 나서려 하겠는가? 제보자가 된다는 것은 전쟁에 나선다는 것을 의미했다. 아무리 익명을 보장해 준다고 하더라도 자칫하면 자신은 물론 가정까지 일거에 파괴될 위험이 도사리고 있었다.

나와 제보자 K가 오히려 예외적이고, 제보자 C는 어쩌면 대단히 평범하고 현실적인 판단을 하는 사람이었다. 제보자 C가 황 교수를 두려워하는 것을 탓할 수만은 없었다.

제보자 K를 촬영하다

8월 25일은 바쁜 날이었다. 아침부터 연세대 100주년 기념관에서 열리는 '국제 줄기세포 학술대회'에 참석했다. 물론, 김보슬 조연출이 6mm 카메라로 촬영했다. 이날 발표자로 나온 사람은 투른슨Trounson 박사와 서울대 오선경 박사, 그리고 포천 중문의대 정형민 교수였다. 그들의 발표를 듣고 있자니 별로 막히지 않고 대략 이해가 된다. 나도 이젠 줄기세포 연구원 못지않은 내공을 갖췄나 보다!

가장 눈길을 끄는 사람은 역시 투른슨 박사였다. 지난 몇 달간의 조사과정에서 투른슨의 업적에 대해 이미 우리 나름대로 연구를 했기 때문이다. 책으로만 보던 외국 학자를 이렇게 가까이서 보니 반가웠다. 오선경 박사는 2005년 《사이언스》 논문의 공동저자 가운데 한 명이기 때문에 주목해서 관찰했고, 발표가 끝난 뒤에는 조만간 찾아가서 인터뷰를 하고 싶다고 인사를 했다. 세포응용사업단장인 문신용 교수도 이때 처음으로 만나게 되었다. 문신용 교수는 주최 측이라서 눈코 뜰 새 없이 바빠 보였다. 인사를 했으나 건성으로 받았다. 노성일 병원장도 잠깐 모습을 드러냈으나 멀리서 촬영만 하고 인사는 나누지 않았다.

이날 〈KBS 스페셜〉팀과 일본 〈NHK 스페셜〉팀이 현장에서 촬영을 함께 했는데, 황우석 교수 관련 다큐멘터리를 준비한다고 했다. 그 취재 방향이 염려스러웠지만 내가 나설 형편도 아니었다.

오후에는 프레스센터에서 생명공학감시연대가 주최하는 공개토론회 '인간 배아 연구, 이대로 좋은가?'를 촬영했다. 당시만 해도 황 교수에 대한 대중적 지지가 하늘을 찌르고 있을 때라 인간배아 연구를 둘러싼 다양한 쟁점에 대한 사회적 논의는 거의 없었다. 이날 토론회는 황우석 신드롬이 형성된 이후에 시민단체들이 개최한 첫 토론회였으나 주류 언론들은 침묵했다. 신문매체 조중동과 지상파 방송은 외면했고, 오히려 작은 언론사들과 인터넷 매체를 중심으로 취재진이 형성되고 있었다. 성공회대 김명진 강사, 울산의대 구영모 교수를 주목해서 보았다. 토론회를 기획했던 생명공학감시연대 김병수 정책위원에게 인사를 했더니 뜻밖의 말을 건넸다.

"한 PD님이시군요. 찾아오실 줄 알았습니다."

앗, 우리 〈PD수첩〉팀의 정체를 아는 사람이 있나? 혹시 보안이 샌 거 아닌가 하는 불안감이 생겼다. 나중에 제보자 K에게 확인해 보니 2004년 말에 K가 찾아간 시민단체는 참여연대였고, 당시에 김병수 위원은 참여연대 시민과학센터의 간사였다. K는 난자수급 과정의 문제점을 김병수 씨에게 제보하고 이 문제의 공론화 방법과 제보자 보호 등에 대해 상담했다. 김병수 씨는 K에게 황우석 교수의 사회적 권력이나 정부 정책을 고려했을 때 난자문제만으로는 공론화가 쉽지 않을 것이라고 조언했다. 아울러, 공익 제보자들이 겪는 고통 또한 설명했다고 한다. 2005년 6월에 K는 〈PD수첩〉팀에 제보한 뒤, 약 보름 후에 동일한 내용을 김병수 위원에게 전달하고 도움을 요청했다. 어찌되었든 그 뒤로 김병수 위원은 〈PD수첩〉의 취재에서 중요한 역할을 했다.

저녁 6시에 제보자 K를 회사 앞에서 만났다. 간단히 저녁을 먹고 MBC 직원들이 퇴근하기를 기다렸다. 저녁 7시경에 임원 회의실을 빌려 촬영을 시작했다. 촬영은 역시 김보슬 조연출이 했고, 조명팀은 조명 기구를 설치한 뒤 다른 곳에서 대기하도록 했다. 인터뷰 내용이 밖으로 새나가서는 안 되었으므로 조명팀이 함께할 수는 없었다.

인터뷰는 3시간 동안 진행되었다. 이날 촬영은 중요한 의미를 갖고 있었다. 왜냐하면 제보자가 아무리 굳건해 보인다 하더라도 언제든지 마음을 바꾸고 돌아설 수 있기 때문이었다. 제보 내용을 영상으로 촬영하는 순간, 그 자체로 중요한 증언이 자료로 만들어지는 것이다. 이날 김보슬 조연출은 제보자를 처음 만났다. 그녀는 이날의 증언이 "3시간 내내, 영롱이부터 줄기세포까지 정말 '생생'했다"고 기억했다.

> 황 교수의 실험실에 들어갔을 때는 영롱이나 진이를 논문으로 직접 만

든 사람의 이야기를 듣고 싶은 욕구도 있었겠네요?

상당히 그런 걸 원했죠. 선배들한테 이것저것 물어보고 싶었지만, 처음부터 신출내기가 선배들한테 말하는 것 자체가 잘 안 되는 분위기였습니다. 그렇지만 저는 나이도 있고 의대 출신으로 특이하니까, 얼마 지나지 않아 선배들과도 종종 이야기를 하게 됐습니다. 제 스스로 영롱이 관련 논문을 찾다 찾다 안돼서, 그때 선배님들한테 도움을 요청했습니다. 그런데 기가 막힌 결과가 나와서 충격을 받았죠.

> 선배들한테 어떤 이야기를 들었나요?

영롱이와 진이는 논문이 없다는 걸 선배들이 처음에 이야기했어요. "논문이 없으면 어떻게 과학적으로 입증이 됩니까?" 그렇게 되물으니까, 그냥……나를 데리고 나가서 음료수 사 주고, 담배 피우시고……무언의 이야기를 그때부터 하시는 거죠. 그런 건 없다는 거죠.

> 그러면 영롱이 같은 경우 한국 최초의 체세포 복제소인데, 논문이 없나요?

없습니다. 그 이후에 만들 수도 있었겠지만, 그것도 안 했습니다.

> 유전자 기록이나 실험 기록은 남아 있나요?

없습니다. 그때 저희 실험실이 동물의 유전자 검사인 초위성체 검증법microsatellite typing을 할 수 있는 그런 실험실도 아니었고, 그 샘플을 다른 기관에 맡겨야 하는데 그걸 맡기는 절차가 없었습니다.

> 선배인 ○○○팀장이 영롱이와 진이에 대해 한 말은 무엇인가요?

영롱이나 진이에 대해서는 검증한 바도 없고, 자기가 매일 이식을 따라 나갔지만 그게 어떻게 섞여서 어떻게 됐는지는 모른다, 어떤 경우에는 수정란을 이식한 소에다가 체세포 핵이식을 한 알을 같이 넣는 경우도 많았고, 소 번호가 헷갈리는 경우도 부지기수고, 그래서 실제로 수정란 이식하는 사람이랑 키우는 사람이랑 소를 받아 내는 사람이랑은 전혀 다른 사람들이기 때문에 그걸 검증할 수 있는 방법이라고는 DNA 지문 검사뿐인데 그걸 안 한다는 거죠.

> 그걸 안 하는 이유가 따로 있나요?

그건 나중에 들은 이야긴데, △△△선배님이 뭐라고 하냐 하면, 그때 당시에 축산연구소에서 첫 복제소가 임신 진행 중이라는 첩보를 듣고 황 교수님이 선수를 쳐야겠다고 마음먹었다는 거예요. 그때 그 일을 벌이기 전에 애들도 반대하고 선배들도 반대했는데도 불구하고, 후에 다 일이 잘 될 거라는 식으로 황 교수가 이야기를 하면서 덮어 버렸다고 하더라고요. 그리고 ○○○이 황 교수님한테 그런 질문을 할 수 있는 그런 위치가 전혀 아닙니다. ○○○ 선배만 해도 황 교수한테 뺨 맞고 조인트 까이는데, 그렇게 따지고 물을 그게 아니죠. 1999년 당시에 황 교수님이 급하셨죠. 난국을 뚫었으면 좋겠고, 두 번째는 복제라는 주제가 백년에 한 번 올까 말까 한 수정란 이식 분야의 큰 테마인데, 그걸 서울대에서 놓치면 그게 말이 안 되거든요. 그래서 황 교수님이 작정하고 승부수를 던진 거지요.

- 제보자 K와의 인터뷰에서

영롱이에 대한 이야기를 마치고 나니 답답한 마음이 밀려왔다. 그런데 당시 황 교수는 소나 백두산 호랑이와 같은 동물을

진실, 그것을 믿었다

복제하던 수의대 교수이기 때문에, 인간 난자나 줄기세포는 전혀 연구해 보지 않은 새로운 분야라고 볼 수 있었다.

> 황 교수는 소를 다루고 연구하던 분입니다. 인간의 난자를 다루는 분야는 좀 다른데 어떤가요?

황 교수님이 진짜 잘하는 부분이 있습니다. 이식할 때 소 직장검사처럼 실제로 농장에서 할 수 있는 일은 진짜 잘해요. 다른 사람보다 경험도 많고, 굉장히 센스가 있습니다. 임기응변이 빠르거든요. 그런 부분에서는 굉장히 손기술도 좋고 한데, 실험실에서는 꽝입니다. 소나 돼지를 필드에서 만지고 수술하는 건 잘하시는데, 실험실에 대해서는 전혀 모르세요.

> 아니, 배아 줄기세포 연구도 실험실에서 일어나는 일인데, 잘 모를 수 있나요?

우리가 정식화시켜서 '이건 이렇습니다' 이야기를 하면, 황 교수님이 외우는 걸 잘해서 그것만 딱 외워서 다른 사람에게 이야기를 하죠. 일반 사람 눈높이에서 일반 사람들 귀에 쏙쏙 들어오게 하죠. 그래서 황 교수님 특징이, 학회 발표하고 나서 부리나케 싹 없어지는 게 황 교수님 특징입니다. 질문을 안 받는 거죠.

> 이전에 촬영한 것을 보면 현미경도 조작하고, 난자에서 핵을 제거하는 탈핵 장면도 촬영돼 있고 그렇던데요?

현미경을 조작하는 게 아니라 그냥 눈으로 보시는 거고, 체세포 탈핵하는 것은 다른 사람 손입니다. 한번 황 교수님이 해 봤으면 좋겠습니다. 허허…….

> 체세포 핵이식이나 줄기세포 라인을 만드는 과정에서 황 교수님이 어
> 떤 일을 하시나요?

손 한 번 댄 적이 없습니다. 난자를 픽업하고 운반해서 나중에 줄기
세포를 만들 때까지 손을 한 번도 대 본 적이 없어요. 그 전체 과정에
서 손 한 번 대지 않습니다. 현미경 조작하는 것뿐 아니고 실험용 접
시를 한 번 손에 올리는 동작도 없었어요. 근데 그건 이렇게 볼 수도
있습니다. 보스가 되면 전에 다 해 봤기 때문에 자기들은 밖에 나가
서 발표하시고 하기 때문에 그걸 안 한다 할 수는 있습니다. 그런데
실제로 못 하시니까, 그건 문제죠. 근데 외국 사례, 가령 투른슨 박사
같은 사람은 자기가 다 할 줄 압니다.

— 제보자 K와의 인터뷰에서

믿기 힘든 일이었다. 그렇게 실험복을 잘 차려입고 현미경
앞에서 줄기세포를 관찰하던 황 교수의 모습이 사실은 그저 카
메라 앞에서 벌어진 쇼란 말인가? 난자를 다룰 줄도 모르고 핵이
식도 안 해 보고 더군다나 줄기세포 배양 기술도 없다면, 도대체
황 교수는 뭐하는 사람이란 말인가? 자기가 '직접 하기는 힘든'
분야에서 밑엣사람들을 독려하고 관리하는 것이 전부란 말인가?

나는 그 뒤에 MBC에서 그동안 황 교수 실험실을 방문해서
찍었던 동영상 원본을 여러 개 빌려다 보았다. 동물과 관련해서

진실, 그것을 믿었다

현미경 앞에서 포즈를 취하고 있는 황 교수. 한창 연구에 열중하다 잠시 숨을 돌린 듯한 모습이다. 그러나 믿기 어려운 사실이지만, 제보자의 말에 따르면 그는 현미경을 조작할 줄 모른다고 한다.

는 다양하게 황 교수의 직접 시연이 있었다. 소의 직장검사나 인공수정 등 황 교수가 할 수 있는 것들은 정말로 화려하고도 볼 만하게 찍혀 있었다. 황 교수는 마치 카메라가 뭘 원하는지 아는 것처럼 다양한 상황을 만들어 가며 재치 있게 자신의 능력을 보여 주었다. 그러나 사람 난자나 줄기세포로 들어가면 얘기가 달라졌다. 그 어디에도 황 교수가 직접 난자를 다루거나 핵이식을 시연하거나 배양 기술을 보여 주는 모습을 찾아볼 수 없었다. 심지어 현미경을 조작하는 모습마저 찍혀 있지 않았다. 다만 연구원들이 맞춰 놓은 현미경과 장비 앞에서 눈으로 보면서 뭔가를 아랫사람에게 지시하는 것이 다였다.

> 청와대 박기영 보좌관은 어떤 역할을 했나요?

2004년 2월 《사이언스》 논문이 발표되기 이전에 서울대 의대 임상의학연구소에서 큰 행사가 하나 있었습니다. 그 행사가 광우병 내성소 생산 경축과 인공장기 이식을 위한 형질전환 돼지 생산 경축 행사였습니다. 그때 대통령 내외를 모신 적이 있죠. 근데 인간 복제 줄기세포가 있다는 것은 박기영 보좌관을 통해서 대통령께 보고가 되었습니다.

근데 박기영 선생님이 실험에 실제로 도움을 준 건 없습니다. 도움을 주었다고 하면, 저희에게 피자를 한 판 사 준 것이 다입니다. 실험보다는 대통령과 줄을 놓아 준 거……그게 크죠. 실제로 대통령의 '참 잘했습니다. 지원하겠습니다' 이 말이 떨어지자, 정부의 지원이 일사천리로 돌아간 거죠. 그 전에는 누구 하나 나서서 윤리 문제 같은 것을 막아 주겠다는 사람이 없었어요.

> 어찌 보면 비사라고도 할 수 있겠네요. 노무현 대통령의 결단이 많이
> 작용했군요.

그때 실험실 전체를 서울대 의대로 옮기다시피 했거든요. 왜냐면 수의대 실험실을 대통령 내외분이 방문하려는데, 보안 때문에 안 된대요. 미로같이 생겼고 위치가 외지고 이래서 안 된다고 경호실에서 그랬대요. 그래서 저희 수의대 실험실 전체를 다 뜯어서 그때 서울대 의대 임상의학연구소 한 층에 실험실 하나를 새로 만들었거든요.

그 실험실에서 제가 25kg짜리 도사견의 허리를 잘라서 수술을 했습니다. 노무현 대통령께서 막 도착하시면 현미경을 보여 드리고, 척수마비 있는 개에게 줄기세포를 넣었습니다. 다른 한편에서는 그런 실

　　　　　　　　　　　　　진실. 그것을 믿었다

험을 통해 걸어 다니게 된 개를 보여 드리고, 그러고 나서 제가 뛰어서 마지막 방에 가서 다른 실험을 보여 드릴 수 있게 세팅을 했습니다. 대통령 내외가 들어오면 원래 우리가 만든 인간 줄기세포 라인과 신경 줄기세포로 분화된 것을 만들어 놓는 게 제 임무였죠.

정작 저는 그렇게 세팅만 해 놓고 그 방을 나왔습니다. 그 방에는 황우석 교수와 대통령 내외분만 딱 들어갔다고요. 그때 그 방에서 황 교수님이 승부를 봤죠. '이게 세계 최초로 인간 배아복제로 만든 줄기세포입니다. 앞에서 보신 거와 같이 우리가 열심히 해서 세계 최초로 했는데, 너무나 반대도 심한 상황입니다. 이건 특허를 내면 전 세계를 휘어잡을 수 있는 국부를 창출할 수 있는 겁니다' 이런 소리에 노 대통령은 안 넘어갈 수가 없겠죠. '이거 특허 준비 다 돼 있습니다. 언제 발표할 겁니다. 대통령 내외분만 알고 계십시오' 하는데, 노 대통령이 '야, 하지 마라. 내 정치 생명에 지장 있다' 이렇게는 안 한다고요. 노 대통령 또 강단 있지 않습니까? 한다면 또 하는 분이거든요. '걱정하지 마시라. 대통령인 제가 밀어 드리겠습니다' 하신 거죠.

- 제보자 K와의 인터뷰에서

K는 2004년 《사이언스》 논문이 실리는 과정을 자세히 설명했다. 2003년 2월에 1번 줄기세포가 수립된 후,《네이처》지에 논문을 투고했으나 받아들여지지 않았다고 한다. 황 교수팀에서는 《사이언스》지에 논문을 내기 전에 이번에는 영향력 있는 외국인 학자를 끌어들여야 했고, 그 사람이 바로 호세 시벨리Jose Cibelli

교수였다고 한다. 과학 전문지는 오로지 과학으로만 논문 게재를 결정하는 줄 알았는데, 그렇게 간단한 문제는 아니었다. 거기에도 나라별 영향력이 평가되고 '과학자들의 정치'가 작동하기는 마찬가지였다. 어쨌든 시벨리 교수는 그 나름대로 역할을 했으나 충분치는 않았다고 한다. 황 교수팀은 더욱 강한 조력자가 필요했고, 바로 그 인물이 한국에 방문하는 기회를 놓치지 않았다. 그가 바로 섀튼 교수였다.

> 2004년《사이언스》논문 발표하기 전에 섀튼 교수가 한국에 왔잖아요. 2003년 12월경으로 알고 있는데, 당시 섀튼 교수한테는 어떤 걸 보여 준 겁니까?

황 교수님이 "지금 섀튼 교수 들어간다" 하면 우리가 난자를 준비해 놨다가 보여 주었죠. 핵이식을 하고 넣는 과정까지 일사천리로 돌아가는 그 과정을 보여 주었죠. 우리가 그때는 손발이 엄청나게 잘 맞았기 때문에, 쫙 돌아가게 보여 드린 거였는데, 그걸 딱 보는 순간 섀튼이⋯⋯영어로 된 형용사는 다 쓰더군요. 원더풀, 판타스틱⋯⋯우리의 등을 두드리며 칭찬했죠. 저희가 여기까지 오면서 난관을 뚫은 과정에 대해 브리핑을 잠시 하는데, 섀튼은 그거 귀담아듣지도 않으면서 저희에게 잘했다고 말했어요.

제가 섀튼 교수에게 2000년에 원숭이 배아복제에 대해 그가 쓴 논문을 내밀었거든요. 사인해 달라고 했죠. 그랬더니 섀튼이 '당신들 이 논문보고 얼마나 웃었겠느냐. 난 영장류의 줄기세포 복제가 안 된다고 이 논문에서 말했는데, 당신들은 내가 안 된다고 했던 거를 이미 했지 않냐. 부끄럽다' 이런 이야기를 하고 나가셨죠. 우리가 그때 얼마나 빨리 난자를 다루었는지, 그걸 보고 그때 섀튼 교수가 우리를 확 믿게 된 거죠.

> 난자를 다루는 기술이라고 하는 게, 다른 나라에 비해 어느 정도 차이가 나는지요?

10배는 빠릅니다. 우리가 다른 나라에 비해서. 또 난자의 손상을 최대한 줄이는 노하우를 총동원했기 때문에, 지금이 2005년이지만 후속 논문으로 우리를 따라오는 집단이 없어요. (중략)

2003년 2월 이후에 우리가 첫 논문을 《네이처》에 투고했지만, 《네이처》에서 정중히 거절했습니다. 그때 한국 학자들만 저자로 넣으니까 안 됐을 확률이 높다고 생각을 했나 봐요. 그 뒤 《사이언스》에도 똑같은 데이터를 보강했지만, 거절하는 반응을 받아서 우리가 낙담했습니다. 섀튼 교수가 그 사실을 알고 《사이언스》지 편집장과 직접 담판을 지었습니다. 그때 당시에 섀튼의 도움이 없었으면 이루어지지 않았을 투고인데, 섀튼의 힘으로 2004년 《사이언스》 논문 게재가 이루어졌단 말입니다. 섀튼이 우리를 보증하기 시작한 겁니다. 우리의 기술을 보고 보증을 하기 시작한 거지만, 전체적으로 실험 과정을 다 보진 않았죠. 10단계 중에 초반 1단계만 보고 감탄한 거였어요.

아주 좋아서 어쩔 줄 모를 정도로 우리를 믿었지만, 실제로 10단계를 다 같이 검증한 건 아니거든요. 근데 섀튼도 줄기세포 연구자들 간의 정치역학에서 자기가 헤게모니를 잡기 위해서 노력하던 사람이었어요. 미국 내에서 자기도 정치적 목적으로 황 교수님을 이용해야 하기 때문에, 자기도 실험 전 과정을 다 감수하지는 않았지만 위험을 무릅쓰고 우리를 지지했던 셈이지요. 그렇게 우리와 섀튼이 관계를 하게 된 건데, 결론적으로 처음에 믿다 보니까, 두 번째 2005년 《사이언스》 논문 낼 때도 황 교수를 믿어 줬던 것 같아요. 그런데 섀튼이 그 2005년 《사이언스》 논문도 함께 검증한 것은 아닌 것 같아요.

– 제보자 K와의 인터뷰에서

섀튼이 2004년 논문에서 《사이언스》지에 영향력을 행사해 줬기 때문에 2005년 《사이언스》 논문 조작에도 관여는 되어 있겠지만, 아마도 '큰 틀에서는 황 교수에게 속지 않았을까' 하는 것이 K의 추정이었다. 물론, 섀튼이 2005년 논문 조작 과정에 얼마나 관여했는지는 당시에도 그리고 지금도 여전히 의문으로 남아 있다. 그러나 최소한 11개의 환자 유래 줄기세포에 수상쩍은 구석이 있으며, 데이터들이 완벽하지 않다는 것을 줄기세포 전문가로서 알아채고 있었을 것으로 나는 추정했다.

황 교수의 실험실에서 '월화수목금금금' 실험을 하는 석박사급 연구원들은 어떻게 지내는지 궁금했다. 나는 이미 황 교수 실험실에서 흘러나오는 안 좋은 소문을 알고 있었다.

> 실제로 저희 MBC의 PD 한 명이 1997년에 복제양 돌리가 처음 나왔을 때, 황 교수를 복제 전문가로서 인터뷰한 적이 있습니다. 그때 황

진실, 그것을 믿었다

교수가 촬영을 마치고 뜻밖에 돈 봉투를 PD에게 내밀기에 담당 PD

가 거절하고 왔다고 합니다. 그 PD는 당시에 황 교수에 대해서 대단

히 좋지 않은 인상을 받았다고 저에게 말했습니다. 황 교수팀 연구원

들이 명절이 되면 언론인들에게 고기를 갖다 주러 다닌다는 소문도 있

습니다. 사실인가요?

사실입니다. 우리 있을 때도 황 교수님은 차마 나한테는 그 고기 배

달을 못 시켰어요. 소갈비 한우 세트 수십 짝을 사 오면, 우리 실험실

중간 방에 있는 냉동고에 재 놓습니다. 그러면 ○○○ 보고 "어느 집

에 누가 배달 갈지, 계획표 짜라" 이렇게 해 놓거든요. 그럼 ○○○

이 "이거 또 악역을 맡아야 되네" 하면서, 어느 집은 누구 어느 집은

누구……, 이런 식으로 할당합니다.

△△△ 연구원은 실험하다가 그런 소리 들으면 접시 뒤집어 깨고 씩

씩거리면서 나가 버리고. □□□ 연구원은 한바탕 울고불고 난리를

치고 가고. ◇◇형이나 남자들은 "아이 씨……" 그러면서 소갈비 세

트 들고 배달 나가고 그랬지요. 실제로 배달한 이야기를 들어 보면,

"모씨 집에 들어가면 개가 있었는데, 무섭기도 하고……부끄럽더

라" 이런 이야기도 하면서 연구원들이 분개를 하죠.

> 과학하는 사람들이 명절 때마다 소갈비를 돌릴 만한 사람들이 누구인

가요?

경기도 퇴촌 소 농장에 행사가 있다 이러면, 우리가 고기를 절여 가

지고 김치랑 나르거든요. 퇴촌 행사라는 게 뭐냐면, 우리를 도와주는

공무원들이나 고위 관료들을 모시는 겁니다. 그분들에게 소갈비 돼

지갈비랑 술을 잔뜩 먹이고 또 황 교수님이 키우는 사슴의 피를 먹이고 하는 그런 행사였어요.

연구원이 직접 고기를 들고 갔다는 것은 '당신들이 우리에게 베풀어 준 것을 학생들도 잘 알고 있으며, 학생들이 고마움을 표시한 거다' 이런 의도로 황 교수님이 보냈겠죠. 하지만, 연구원들은 그거에 전혀 동의를 안 하죠. 고기를 왜 배달해야 하는지도 모르고 있는데, 황 교수님은, '해! 다 너희한테 득이 돼' 이런 거죠. 연구원들은 꼭 중요한 실험을 해야 하는데, 그거 하지 말고 고기 배달 가라고 하니까 속에서 천불이 나죠.

- 제보자 K와의 인터뷰에서

이날 인터뷰는 저녁 11경에 마쳤다. K는 익명을 보장해 달라고 했고, 나는 모자이크 처리와 음성변조를 약속했다. 다만, 제보자의 신원을 내레이션에서 어디까지 표현할지는 좀 더 고민하기로 했다. 우리는 소정의 출연료를 드리고 싶다고 했으나, K는 그러지 말라고 했다. 순수한 뜻에서 증언하는 것이니 따로 사례할 필요는 없다고 했다.

중요한 인터뷰를 영상으로 기록했다. 인터뷰를 하고 나니 질문하는 나도 무척이나 진이 빠졌다. 아마도 인터뷰 중에, 뇌 속에서는 복잡한 회로가 쉴 새 없이 돌아갔나 보다.

황 선생과 관련한 두 번째 보고

8월 24일, 나는 다시 한 번 〈PD수첩〉 동료들에게 보고를 했다. 이번 보고의 내용은 그동안의 취재 내용을 요약하고 앞으로의 계획을 논의하는 것이었다.

제목: 황 선생과 관련한 두 번째 보고

현재 우리 팀은 '1라운드 자료조사'를 마쳤다. 자료조사를 통해 90여 페이지에 달하는 방대한 취재라인을 확정하게 되었다. 이러한 취재라인은 생명공학에 관한 한 국내 언론에서는 최강이라고 감히 말할 수 있다. 이것은 우리의 취재원 K 선생이 황 선생 사단의 최중심부에 있었기 때문에, 우리가 대단히 고급스러운 정보를 얻게 된 것에서 연유한 바가 크다.

취재라인의 확장을 통해 우리가 얻게 된 것은 첫째, 황 선생 사건의 개요와 중심인물들에 대한 파악. 둘째, 지난 10여 년간 일어난 한국 생명과학계의 주요 사건과 흐름에 대한 재구성. 셋째, 황 선생의 학풍에 이의를 제기하는 한국 생명과학계의 다양한 연구 인맥들에 대한 파악 등이다.

지금 진행하고 있는 것은 자료조사를 통한 취재라인의 확장을 넘어서 '2라운드 탐색전'이다. 이것은 이후 진행될 3라운드 '근접 육박전'과 4라운드 '최종 공격'을 위한 것이다. (중략)

앞으로의 일정 및 시민사회와의 연대 방안 등에 대한 논의가 필요합니다. 프로그램으로서 완결성을 갖기 위해서는 최소한 다음의 3가지 테마가 필요할 것으로 보입니다.

1) 진상과 폭로: '영롱이 · 진이 사건'과 '2005년《사이언스》논문'을 중심으로

2) 신화 탄생 과정: 황 선생의 수법과 언론 플레이

3) 한국 생명공학의 현 단계: 윤리와 시스템

2005년 8월 24일 한학수 올림

나는 보고를 마치며 이것이 단편으로 끝날 수 없는 사안이라고 했다. 무엇보다 황 교수에 대한 '진상과 폭로'가 우선되어야 하고, 두 번째는 왜 그런 일이 가능했는지 역사적인 맥락을 짚어 보는 '황우석 신화 탄생 과정'이 이어져야 하고, 마지막으로 한국 생명과학에 대한 '점검과 대안 모색'이 필요하다고 보았다.

그렇지만 여전히 정확하게 입증된 것은 없었다. 의심되는 정황 증거와 증언은 있으나 물증이 없는 상황이었다. 동료 PD들은 '신중하게 그리고 더욱더 근접해서 조사의 심도를 높이라'고 주

문했다. 〈PD수첩〉 일정에서 내가 빠진 틈은 걱정하지 말고, 취재에만 만전을 기하라고 했다. 동료들의 희생 속에서, 다시 뛸 수 있는 시간을 얻었다.

"노성일 병원장,
몰라도 너무 모르네."

황우석 교수팀의 전前 호랑이 팀장에게 넌지시 탐문을 했다. 반응이 빠르고 상대가 급속하게 움츠러들었다. 자신은 황 교수팀을 나왔으니, 아무런 일도 협조할 수 없다고 했다. 촬영은 하지 않고 내가 직접 대전으로 찾아가서 소주나 한잔 마시자고 해도 요지부동이었다. 안 만나 주는 사람에게는 장사가 없다. 상대가 이상한 눈치를 채지 못하도록 '별일 아니니 걱정하지 말고, 인터뷰를 안 해도 좋다'는 수습 성격의 메일을 보내며 일단 봉합했다.

8월 26일, 안규리 교수에게 메일을 보냈다. '한국의 생명공학' 다큐멘터리팀으로 자리를 바꾸게 되었고, 이 때문에 앞으로 잘 부탁드린다는 내용이었다. 서울대 수의대팀에 대한 접촉 자체가 안 되고 있었다. 그들은 모두 안규리 교수에게 미루기만 할 뿐 우리를 만나 주지 않고 있었다. 돌파구가 필요했다. 미즈메디병원 관계자들을 먼저 접촉하면서 응수 타진을 하기로 의견이 모아졌다.

노성일 미즈메디병원장에게 전화를 했다. 곁다리부터 시작

진실, 그것을 믿었다

하지 않고 핵심에 바로 다가가서 탐색하기로 했다. 노성일 병원장은 미즈메디병원의 수정란 줄기세포를 이용해 논문이 조작되었다는 것을 알고 있을 것이라고 판단했다. 이 정도의 일이라면 미즈메디병원 측 김선종 연구원이 개입되지 않을 수 없으며, 병원장은 그러한 사실을 보고받았을 것이라고 생각했다. 더군다나 2005년 논문에서 제1저자 황우석 교수 다음으로 제2저자가 바로 노성일 씨가 아닌가? 이것은 노성일 씨가 논문 조작에서 중대한 역할을 했다는 정황으로 보기에 아귀가 잘 맞아떨어졌다. 일단 노성일 병원장을 만나 보면서 부산물을 얻을 수 있는지 탐색하기로 했다.

'한국의 생명공학' 다큐멘터리팀이라고 하자, 노성일 병원장은 "〈KBS 스페셜〉팀이냐"고 되물었다. 당시 〈KBS 스페셜〉팀도 황우석 관련 다큐멘터리를 준비하느라고 노성일 병원장을 접촉하고 있었기 때문에 혼동이 있었나 보다. MBC라고 하자, 노성일 병원장은 선선히 응해 주었다. 의외였다.

8월 30일 오후 2시에 노 이사장의 집무실에서 만났다. 노 이사장은 갸름하고 작은 눈에 약간 넓은 미간을 가졌다. 시원시원하게 말하고 너털웃음을 종종 짓는 사람이었다. 카메라로 촬영하는 정식 인터뷰가 아니라 사전에 자문을 구하는 자리라고 소개해서 그런지 상당히 편하게 대화가 이뤄졌다. 2002년 10월 31일 전경련 회관 3자 회동에 대해 먼저 물었다.

그때가 아마 2002년이었을 겁니다. 전경련 회관 커피숍에서 문신용, 황우석, 그리고 저 이렇게 셋이서 만날 기회가 있었습니다. 당시에 황 교수가 복제 연구를 하자고 제안했지요. 저는 클로닝cloning(복제)을 말하는 것이면 할 수 없다고 했더니, "치료 복제therapheutic cloning를 말하는 것이다"라고 황 교수가 말했습니다. 치료 복제라면 동의한다고 했죠. 그렇게 해서 3명이 의기투합한 셈이죠. 황 교수와의 인연은 그때부터 시작되었다고 볼 수 있습니다.

- 노성일 이사장과의 인터뷰에서

전경련 회관의 3자 회동은 배아복제 줄기세포 연구의 분수령이었다. 황 교수는 이 자리에서 중요한 협력을 얻게 되는데, 먼저 노 이사장으로부터는 난자 공급과 미즈메디 연구소의 배양 기술을 얻게 되었다. 애초에 황 교수는 '5명 정도의 여성에게서 난자를 얻었으면 좋겠다'고 시작했으나, 그 이후에 밝혀진 대로 2,000개 이상의 난자를 공급받게 되었다. 이미 세포 배양 기술을 갖고 있던 미즈메디 연구소는 당시 소장이던 윤현수 박사의 지원과 함께 연구원이던 박종혁, 김선종 씨를 서울대 수의대에 직접 파견해 연구를 돕게 했다.

서울대 의대 문신용 교수팀은 오선경 박사 등과 함께 국내에서는 최초로 시험관 아기를 성공해 낸 실력 있는 팀이다. 동물의 난자만 다뤄 보았던 서울대 수의대 팀은 문신용 교수팀 연구소로 연구원들을 파견해 노하우를 전수받았다. 여기에서 사람의 난자와 세포를 다루는 방법을 터득해 나갔다. 동물 복제 영역에 머물러 있던 서울대 수의대 황 교수팀이 이른바 '줄기세포'를 고리로 해서 인간의 난자를 다루는 곳으로 성큼 다가가는 형국이었다.

노 이사장의 이야기가 이어졌다.

이제까지 의료는 '대량 치료'였습니다. 그러나 앞으로 다가올 의료는 '맞춤 치료'입니다. 환자 개인의 특성에 맞는 새로운 의료 환경이 만들어질 것입니다. 저는 여기에서 줄기세포가 상당한 역할을 할 것으로 기대하고 있습니다. 의사로서 저는 이 분야를 중점적으로 연구해 보고 싶습니다.

– 노성일 이사장과의 인터뷰에서

나는 묵묵히 들었다. '별로 아는 게 없으니 도와 달라'고 이미 섭외하면서부터 말했으므로, 아는 척하고 끼어들 수도 없었다. 노 이사장은 파워포인트로 만들어진 강의 노트를 꺼내 우리에게 설명해 주기 시작했다. 1시간가량 인내심을 가지고 강의를 들었다. 귀를 쫑긋 세우면서 자신의 얘기에 몰두하는 내가 가상했던지, 노 이사장은 많은 이야기를 더 들려주었다.

저는 황 교수가 난치병 치료를 위해 반환점을 돌았다고 말하는 것을 보고 깜짝 놀랐어요. 의사인 제 입장에서 봤을 때 이제 겨우 줄기세포를 만든 것에 불과한데, 반환점을 돌았느니 뭐 사립문이 세 개밖에 남지 않았느니 하는 것은 대단히 위험한 발언으로 보여집니다.

스탁데일 패러독스Stockdale paradox라고 들어 보셨는지 모르겠어요. 베트남 전쟁 때 하노이 포로수용소에 수감된 미군 스탁데일 장군에 관한 이야깁니다.

그는 수용소에 갇혀 있는 8년 동안 많은 고문을 당했습니다. 전쟁이 끝난 뒤 신기하게도 스탁데일 장군의 휘하에 있던 포로들은 거의 죽지 않았고, 바로 옆에 있던 다른 포로수용소에서는 수많은 사람이 죽었습니다. 포로들이 많이 죽은 수용소에서는 포로 중에 있던 지도자가 매번 낙관적인 다짐을 했다고 합니다. "이번 크리스마스에는 반드시 이곳을 나갈 수 있다"고도 하고, "돌아오는 부활절까지는 반드시 나갈 것이다"라고도 했답니다. 결국 이 약속은 실현되지 않았고, 포로들은 크게 실망한 나머지 삶을 포기하거나 무리하게 탈주하면서 많이 사살되었다고 합니다. 그러나 스탁데일 장군은 포로들에게 거짓된 희망을 주지 않았습니다. "우리가 언제 나갈지는 모른다. 그러나 이곳을 나가는 그 날까지 희망을 잃지 말고, 반드시 건강하게 살아서 버티자"고 말했다고 합니다.

의사들이 스탁데일 장군과 다른 게 뭐가 있겠습니까? 거짓된 희망을 주면 환자들은 상처를 받습니다. 스탁데일 장군처럼 우리 의사들이 할 수 있는 것만을 환자들에게 약속해야 합니다. 의술이라는 것은 하루아침에 기적같이 이뤄지는 것이 아닙니다. 환자들이 나중에 상처받지 않도록 백번 생각해서 말해야 합니다. 그래서 의사의 입은 무거워야 합니다. 나는 황 교수가 지나치게 과도한 환상을 갖게 하는 게 아닌지 걱정스럽습니다.

- 노성일 이사장과의 인터뷰에서

나는 한국의 의료계가 '황우석 신드롬'에 대해 전문가로서
전혀 발언하지 않는 것이 못마땅했다. 과도한 환상은 환자에게
도리어 치명적 해가 될 수도 있다는 것을 의사 자신들이 누구보
다 잘 알면서, 어떻게 황 교수의 발언들에 대해서 견제하는 목소
리가 그토록 작은지 참으로 유감이었다. 스탁데일 패러독스를 언
급하는 노 이사장에 대해서 '최소한 의사로서 양심은 있는 사람'
이라고 생각되었다. 좀 더 깊숙한 이야기를 물어보았다.

> 황 교수가 외국에서 '1조 원 제의를 받았다'고 언론에서 대서특필한

  적도 있었는데요. 그건 어떻게 된 것입니까?

1조 원? 허허허. 아무리 뛰어난 과학자라도 어느 누가 1조 원을 주
겠습니까? 미국에서 줄기세포 연구에 가장 열의를 보이고 있는 곳이
캘리포니아 주인데, 최근에 '바이오 밸리Bio valley를 만드는 데 10년
계획으로 3조 원의 주 예산을 투입한다'는 결의를 한 적이 있습니다.
모든 연구비와 제반 프로젝트를 포함해서 10년 동안 3조 원을 쏟아
붓겠다는 겁니다. 이게 세계에서 가장 큰 규모로 이뤄지는 줄기세포
연구 플랜입니다. 그런데 생각해 보십시오. 개인에게 1조 원을 준다
는 것이 말이 되나요?

황 교수가 1조 원 제의를 받았다는 것은 사실이 아닙니다. 나는 이런

점도 언론에서 너무 앞서간다는 생각을 지울 수가 없어요. 연구하는 사람들이 너무 부담 갖지 않고 연구에 전념하도록 분위기 조성을 해 주는 게 언론 아닌가요? 한 PD도 좀 균형감을 갖고 줄기세포 연구자 들에게 도움이 되는 좋은 프로그램을 만들어 보세요.

- 노성일 이사장과의 인터뷰에서

2004년 8월 10일 《매일경제신문》은 황우석 교수와 인터뷰를 한 뒤, 이른바 '1조 원 제의' 기사를 특종으로 내보냈다. 《매일경제신문》의 이 기사는 바로 모든 언론이 받아쓰면서 황 교수를 일거에 '1조 원의 사나이'로 만들었다. '미국 유수의 연구기관이 황 교수 유치를 위해 1조 원 이상의 연구비를 제시해 왔지만, 황 교수는 이를 완강히 거부했으며 줄기세포 연구가 국가 발전의 기틀을 마련하고 국가적으로 활용되어야 한다는 뜻을 굳혔다'는 것이 당시 전 언론의 공통된 보도였다. 어떤 언론은 1조 원 제의를 한 곳이 미국의 연구소라고 하고 어떤 데는 미국의 주정부라고 보도하기도 했다.

우리가 나중에 《매일경제신문》의 당시 담당 부장을 취재했더니 다음과 같이 답변했다. "미국의 A라는 곳에서 황 교수에게 연구비를 1조 원 제의했다는 사실을 B로부터 들었다. 당시 인터뷰 과정에서 황 교수에게 확인을 했더니 '더 이상 묻지 말라'고 했다"는 것이다. 과연 그 소문의 진원지인 B는 누구일까?

1조 원 기사를 MBC에서도 보도했는데, 당시 취재기자를 확인했더니 윤곽이 드러났다. 보도국의 최 기자는 당시 《매일경제신문》의 기사를 보고 이를 확인하기 위해 청와대 박기영 보좌관에게 전화했다고 한다. 박기영 보좌관이 바로 1조 원 제의 사실을 확인해 주었다고 한다. 나중에 2005년 10월 31일 황 교수를 정식으로 인터뷰할 때 이 문제를 물었더니, 황 교수는 도리어 그런 보도를 한 언론인들에 대해서 화를 냈다. 박기영 보좌관이 확인해 주었다는 저간의 사정을 말하자, 황 교수는 박기영 보좌관도 못 믿을 사람이라고 탓을 했다. 그동안 이 1조 원 기사에 대해서 본인인 황우석 교수는 모른 척하고 있다가, 그 진위가 문제가 되니 도리어 그 기사를 쓴 언론인들에게 화를 냈다. 황 교수는 이 문제에 대해 화를 낼 자격이 있는가?

노성일 이사장에게 본론을 물었다. 황 교수와 함께 11개의 줄기세포를 만들었으니 앞으로 계획은 어떤 것이 있느냐고.

제가 명색이 병원장입니다. 줄기세포 연구의 세세한 내용을 제가 다 관여할 수는 없습니다. 다만, 우리 병원에 있는 연구소 인력들이 황 교수와 공동 연구를 할 수 있도록 최대한의 지원을 했습니다. 이제 줄기세포를 만드는 것까지는 성공한 것 아닙니까? 저로서는 이제 의사로서 줄기세포 관련 연구를 해서 환자들에게 기여해 보고 싶습니다. 기회가 되면 논문도 써야겠지요. 가야 할 길이 멉니다.

근데 사실 공동 연구자로서 황 교수에게 좀 섭섭합니다. 제가 줄기세포를 가지고 연구를 하려고 해도 황 교수가 주지를 않습니다. 2004

년에 처음 만들어진 줄기세포도 가져가 버리고, 이번에 만들어진 환자 유래 줄기세포는 몇 달 전부터 좀 달라고 해도 주지를 않고 있어요. 환자 유래 줄기세포니까 이제 의사들이 본격적으로 연구할 영역이 있는데, 줄기세포를 좀 달라고 해도 넘겨주지를 않으니 안타깝습니다. 그게 뭐 닳아 없어지는 것도 아닌데 그래요. 공동 연구자에게 이런 대우를 해도 좋은지 그것이 섭섭합니다.

뭐, 2005년 연구나 줄기세포 관련해서는 우리 연구소의 김선종 연구원이나 이○○ 연구원, 그리고 김○○ 연구원 등에게 물어보시고 인터뷰하세요. 필요하면 박종혁 연구원이나 윤현수 교수에게도 도움을 청하세요..

– 노성일 이사장과의 인터뷰에서

줄기세포라는 것은 무한증식의 성질이 있기 때문에 그 일부를 얼마든지 분양해도 양이 줄지 않는다. 이것을 공동 연구자인 자신에게 황 교수가 넘겨주지 않는다고 노성일 이사장이 섭섭해하고 있었다. 이런 상황을 어떻게 해석할 것인가? 더군다나 노 이사장은 줄기세포가 만들어졌다고 철석같이 믿고 오히려 후속 연구를 계획하고 있었다. 아무런 스스럼없이 연구원들의 인터뷰를 주선하기까지 했다.

이 모든 것을 종합해 볼 때, 노성일 이사장은 2005년 논문 조작에는 직접 참여하지 않은 것으로 판단되었다. 논문 제2저자이고 또한 황 교수와 호형호제하는 사이라는 것으로 미뤄 볼 때,

진실, 그것을 믿었다

그가 틀림없이 논문 조작의 주범 중에 한 명일 거라고 추정한 가설은 틀릴 가능성이 컸다. 다음에 정식 인터뷰를 하기로 하고 우리는 발길을 돌렸다. 노 이사장 집무실의 문을 나서고 나서 김보슬 조연출이 한마디 했다.

"노성일 병원장, 몰라도 너무 모르네."

마침내 미즈메디 라인의
유전자 지문을 얻다

노성일 병원장을 만나고 나서 우리는 바로 미즈메디 연구소로 향했다. 병원 바로 뒤편에 있는 연구소는 대략 5층쯤 되는 건물이었다. 2층은 병리학 관련 연구를 하는 곳이고, 3층이 바로 줄기세포 연구가 진행되는 곳이었다. 이미 김선종 연구원은 미국 피츠버그 섀튼 연구소로 박사후 과정을 밟기 위해 떠난 직후였다. 이곳에서 우리는 2005년《사이언스》지 논문 저자 중에 한 명인 김○○ 연구원의 안내를 받았다.

미즈메디 연구소에서 우리는 미즈메디 줄기세포의 유전자 지문을 얻어야 했다. 왜냐하면 '미즈메디병원 수정란 줄기세포의 유전자 지문'을 각각 줄기세포와 체세포 제공 환자의 지문이라고 속이고《사이언스》논문에 실었을 가능성이 크다고 보았기 때문이다. 우리는 미즈메디 줄기세포 라인의 저장 탱크와 실험실을 둘러보며 촬영을 했다. 미즈메디 1번에서 15번까지 모두 있었고 관리 장부도 얼핏 볼 수 있었다. 특별한 경계감은 없었으나 유독 2005년《사이언스》논문이나 체세포 복제 줄기세포에 관한 질문에는 "황 교수님 허락 없이 인터뷰할 수 없다"며 대답을 회피했다. 더군다나 자신은 별로 아는 것도 없다고 했다.

다른 이유를 둘러대며 미즈메디 라인의 유전자 지문을 얻고 싶다고 했다. 연구소장의 허락만 있으면 전해 줄 수 있으니 돌아가서 기다리면 연락을 준다고 했다. 쉽게 넘겨주지는 않으리라 생각하고 일단 철수했다. 김○○ 연구원은 뭔가를 알고 있으나 말할 수 없는 형편인 것으로 보였다. 그녀의 역할은 무엇이며 어디까지 알고 있는지 의문이었다.

9월 2일 금요일에 미즈메디 라인의 유전자 지문을 넘겨준다는 연락이 김○○ 연구원으로부터 왔다. 그러나 약속된 금요일이 되자 컴퓨터에서 찾는 데 시간이 걸린다며 월요일로 미뤘다. 월요일이 되자 미국에 있는 전 팀장 김선종 연구원의 허락을 받아야 한다며 또 미뤘다.

그사이에 우리는 줄기세포학회의 자료들을 뒤져, 미즈메디 라인에 대한 정보를 더 얻었다. 미즈메디 라인 15개 중에서 1번, 4번, 6번은 외부 연구기관에 분양된 것이니 이것을 가지고 논문을 조작하기는 힘들 것이고, 13번은 기형종이니 너무 튀는 줄기세포라서 이용할 수 없을 것이다. 그렇다면 15개의 줄기세포 중에서 남은 것은 11개이고, 이것은 2005년에 발표된 《사이언스》지 논문의 줄기세포와 정확히 맞아떨어진다. 빙고!

일이 그렇게 쉽게 풀리면 얼마나 좋을까? 조사가 깊어질수록 우리의 가설은 뭔가 이상했다. 일단 미즈메디 라인 11개의 성별이 여자(XX) 8개, 남자(XY) 3개였다. 그런데 《사이언스》지 논문은 그 반대로 남자(XY) 8개, 여자(XX) 3개 였다. 이왕 조작할 거라면 성별을 맞춰서 할 것이지 왜 이렇게 다르게 했겠는가? 의문이 풀리지 않았다. 더군다나 《사이언스》지 논문은 4, 5번 줄기세포와 6, 7번 줄기세포가 각각 동일인의 줄기세포였다. 달리 말하면, 11명 환자의 줄기세포가 아니라 '9명의 환자로부터 얻어낸 11개 줄기세포'인 것이다. 이것도 설명하기가 쉽지 않았다. 퍼즐을 풀어나가기가 점점 어려워지고 있었다. 오만가지 경우의 수를 염두에 두고 추론해 봐도 퍼즐이 맞춰지지 않았다.

미즈메디 연구소 측이 우리에게 유전자 지문을 보내지 않으면 뭔가 그쪽 줄기세포에 문제가 생긴 것으로 의심을 받을 수밖에 없다는 메시지를 보냈다. 줄기세포에 문제가 없고 또 의심받지 않으려면 유전자 지문을 내놓으라는 일종의 압박인 셈이다. 그렇게 서로 기 싸움을 하던 중, 9월 6일 마침내 미즈메디 라인의 유전자 지문이 메일로 왔다.

떨리는 심정으로 2005년 《사이언스》지 논문의 유전자 지문과 비교해 보았다. 만약 미즈메디 줄기세포 라인의 유전자 지문이 《사이언스》에 있는 유전자 지문과 동일하다면 우리는 조작의 증거를 잡은 것이었다. 결코 같게 나올 수 없는 것이 동일하다고 나오면 논문은 틀림없이 조작된 것이었다. 마치 대학 합격자 발표 명단을 훑어보는 수험생처럼 우리는 떨렸다. 결과는 우리의 예상을 빗나갔다. 미즈메디 라인의 유전자 지문은 황 교수 논문의 유전자 지문과 전혀 달랐다. 우리는 이후에 김선종 연구원 등 미즈메디 연구원이 발표한 논문을 뒤져 재차 확인을 했다. 미즈메디 연구소에서 우리에게 보낸 유전자 지문은 미즈메디 라인의 유전자 지문임이 분명했다.

첫 번째 도전은 보기 좋게 실패했다. 미즈메디 라인의 유전자 지문이 《사이언스》지 논문의 유전자 지문과 같을 것이라는 가설은 완전히 틀린 것으로 드러났다. 서울대 수의대에 있는 줄기세포가 여전히 미즈메디 라인일 가능성은 있지만, 논문 자체는 그런 방식으로 조작된 것이 아니었다.

'황 교수가 그렇게 쉽게 탄로 나게 논문을 조작했겠어? 그래도 전 세계를 상대로 한 건데!'

깨달음을 얻었다. 상대는 역시 고수였던 것이다. 그러나 어렵게 얻은 미즈메디 라인의 유전자 지문은 결코 헛된 것이 아니었다. 훗날 그것이 얼마나 긴요하게 쓰이게 될지 당시에는 몰랐다.

Ch.
05

체세포 제공
환자의
머리카락을
얻어 내라

영롱이가 아니라면,
무엇이 한국 최초의 복제소인가

미즈메디병원과 일합一合을 겨뤘으나, 조작의 단서를 잡지 못했다. 줄기세포의 검증을 어떤 식으로 해야 할지 새로운 접근법을 찾아야 했다. 나는 내 자신에게 영화 〈공공의 적〉 2편에 나오는 강철중 검사처럼 되뇌었다. '범인은 반드시 잡힌다. 쫓기는 범인이 나보다는 더 괴로울 것이다. 증거의 한 자락이 어딘가에 꼭 있을 것이다'라며 자기 최면을 걸었다. 방법을 찾을 때까지 잠시 영롱이 문제를 조사하며 호흡을 조절해야 했다.

소牛 팀장으로부터 영롱이가 가짜라는 말을 들었습니다. 이것은 황 교수 실험실 내부에서도 어느 정도 심급에 오른 사람들에게는 공공연한 비밀이었던 겁니다. 저보다 앞서서 실험실에 들어온 사람들은 정말 황 교수에 대한 적대감이 심하였으나, 황 교수에게 대놓고 말하는 사람은 ○○○ 연구원뿐이었습니다. 그러나 이런 거짓을 발설하면 판 자체가 깨지기 때문에 쉬쉬하는 상황이었습니다.
1999년 당시 축산기술연구원에서 복제소 발표를 한다는 첩보가 있

　　　　　　　　　　　진실. 그것을 믿었다

어서 먼저 선수 친 것에 불과합니다. 이쪽 계통의 인물을 취재하다 보면 자연히 알 수 있을 것입니다.

- 제보자 K가 보낸 메일에서

서울대 농업생명과학대학에서 한○○ 교수를 인터뷰했다. 같은 대학의 임○○ 교수는 지난번 인터뷰에서 한 교수가 바로 영롱이를 검증한 당사자라고 지목한 바 있다.

> 99년에 영롱이와 진이 복제할 때, 황 교수와 함께 일한 적이 있나요?

네. 함께 일한 적이 있습니다. 저는 유전이 전공이기 때문에, 예를 들어 황우석 선생님이 하시는 일들의 일부를 검증한다든가 할 때 같이 한 적이 있습니다.

> 그럼 영롱이와 진이의 유전자 검사를 담당하신 건가요?

(표정이 굳어지며) 네. 그렇습니다. 그런데 이 내용은 사실 알려지지 않았으면 좋겠는데, 왜냐하면 황우석 선생님하고 관련된 내용들은 되게 조심스러운 부분들이 있어서 그런 부분들은 가능하면 얘기 안 했으면 좋겠습니다.

근데 사실은, 이게 되게 부담스러운 부분이……제가 하고는 있어요. 하고는 있는데, 황우석 선생님한테서 나오는 결과라든가 이런 부분은 다 비밀로 하고 있어요. 왜냐면 먼저 복제가 됐는지 안 됐는지를 아는 것도 내가 먼저 알 수 있고, 우리 방에서 검사를 하니까요. 그런데 어떤 샘플을 어떻게 갖고 왔는지 이런 것은 제가 직접 챙기고 그래서 그건 다 비밀로 하고 있기 때문에, 제가 누구한테 해 줬다는 소리도 안 하고 있어요. 근데 이걸 어떻게 아셨는지는 모르겠지만, 누구한테 내가 해 줬다는 소리도 해 본 적도 없고 이것을 얘기하는 것도 아니고……일부 해 드리고 있는 것은 사실인데, 그냥 그것은 제가 아니라 황우석 선생님께 직접 확인해 보시는 것이 좋을 것 같아요.

– 한○○ 교수와의 인터뷰에서

우리는 임○○ 교수로부터 이 이야기를 듣고 왔다고 한 교수에게 말했으나, 한 교수는 더 이상 이와 관련된 인터뷰를 극구 사양했다. 당시 검증자료를 보고 싶다고 했으나, 그것도 황 교수에게 직접 구하라고 답변했다. 인터뷰 마지막에 한 교수는 의미심장한 말을 했다.

제가 여태까지 해 드린 거 황우석 선생님도 제가 딴사람한테 얘기 안 할 거라고 아시고 있고, 저도 얘기를 안 해 왔고, 그것은 서로……황우석 선생님이 나 믿고서 여태까지 한 거고, 저도 황우석 선생님하고는 고등학교 선후배간이고 하기 때문에, 교수로 들어오기 전부터 아주 옛날부터 잘 알던 사이란 말이에요.
그렇기 때문에 황우석 선생님이 부탁하면 그거 안 해 줄 입장도 안 됩니다. 대 선배님이고, 들어오기 전부터 잘 아는 선생님이란 말이에요. 그러니까 옛날부터 잘 알았기 때문에 황우석 선생님이 나 믿고서 했는데, 내가 나 이거 했다고 떠벌리고 다니고 기자들 와서 어떻게

　　　　　　　　　　　　　　진실, 그것을 믿었다

됐냐고 물어보고 그러면, 사실 되게 곤란한 거예요. 서로……그래서 나는 여태까지 그런 부분들은 얘기도 안 했고, 할 필요도 없습니다. 어떻게 갑자기 알고 오셨는지…….

— 한○○ 교수와의 인터뷰에서

내가 한 교수를 불편하게 한 것만은 틀림없었다. 고등학교 선배인 황 교수가 몇 년 전에 부탁한 일이었으며, 이것은 서로 '암묵적인 비밀'로 해 왔는데 이제 와서 뜬금없이 그 사실을 확인하자고 하니 적잖이 당황한 것으로 보였다. 한 교수가 실제로 영롱이의 유전자 검증을 해 보기는 한 것인지 여전히 의문이었다. 왜냐하면 그와 관련된 증거자료가 단 한 개도 없기 때문이었다. 그러나 '한 교수가 영롱이를 검증했다'고 임 교수뿐 아니라 나중에 황 교수도 우리에게 공식적인 인터뷰에서 밝혔다. 한 교수는 이 부분에 대해서 해명할 책임이 있다.

같은 날에 우리는 당시 서울대 수의대 황 교수팀에서 영롱이 복제에 참여했던 연구원으로부터 메일을 받았다. 이 연구원은 당시에는 최고참급 연구원이었으며, 현재는 다른 대학의 교수로 재직하고 있다.

영롱이 친자 확인한 곳은 정말 기억이 나지 않는군요. 서울대 황 교수님 연구실로 문의해 보세요. 들으면 기억이 날 텐데……. 그 당시엔 하도 정신이 없어서 말이죠. 수의과학 검역원인지, 서울대 농생대

인지 정말 헷갈립니다. 아니면, 지금 생각해 보니 같은 수의대 내에
서 했던 것 같기도 하고…….

— 당시 영롱이 복제팀 연구원이 보낸 메일에서

영롱이 복제팀의 최고참급 연구원도 사실은 어떻게 검증된
것인지 모르고 있었다. 이 연구원은 나중에 우리를 만나 인터뷰
를 하면서 '당시 영롱이의 유전자 검증자료를 보기는 본 것 같
다'고 애매하게 증언했으나, 자기는 현재 다른 대학 교수로 나와
있기 때문에 아무것도 갖고 있지 않다고 했다. 영롱이 복제팀은
당시 아무리 넓게 잡아도 10명이 넘지 않는 조그마한 팀이었다.
팀 내 최고참급 연구원도 영롱이의 진실을 정확히 알지 못한다
면, 결국 이 비밀을 아는 사람은 황우석 교수와 이병천 교수 두
명이었다.

K의 말대로 수의학 계통의 인물들을 취재하다 보니 영롱이
에 대한 의문은 깊어만 갔다. 영롱이가 복제되었다는 어떤 증거
도 찾을 수 없었기 때문이다. 영롱이가 복제소가 아니라면 실제
로 한국에서 최초로 복제소를 만든 사람이 누구일까 궁금해졌다.
어찌 보면 그 과학자야말로 최대 희생자가 아닐까? 국내 최초의
복제소를 만든 사람으로 각별하게 조명받아야 할 사람이 바로
그 사람 아닌가?

당시의 축산기술연구원은 현재 축산연구소로 이름이 바뀌었
다. 당시 연구팀을 수배하고 논문들을 뒤져 보니 몇 명의 인물들

이 떠올랐다. '두 번째' 복제소의 주인공도 찾아졌다.

1999년 12월 31일 강원도 평창군 농촌진흥청 축산기술연구소 대관
령 지소에서 국내 기술진에 의해서는 사실상 2번째로 한우 복제 송
아지가 태어났다. 축산기술연구소 육종번식과 발생공학연구팀은 지
난 3월 우량 한우의 체세포를 이용, 복제 수정란을 만든 뒤 34마리의
암소에 이식해 그중 5마리가 임신에 성공했다.

5마리 중 4마리는 유산을 하거나 조사산早死産했으나 그중 한 마리가
이날 오전 11시 40분께 제왕절개 수술을 통해 35kg의 건강한 암컷
송아지를 낳았다. 이번에 태어난 복제 송아지는 새 천년을 앞두고 태
어나 '새빛'이라는 이름을 부여받게 됐으며, 대관령 지소에서 자라게
된다.

— 《연합뉴스》 1999년 12월 31일

8월 24일, 축산연구소를 찾았다. 영롱이가 진짜 복제소라는
증거가 없기 때문에, '새빛'이가 한국 최초의 복제소일 가능성이
많았다. 당시 '새빛'이 관련 팀들은 고스란히 남아 있었다. 이곳
에서 임기순 박사와 양보석 박사를 만났다. 바로 이 두 명이 실
험의 중추적인 역할을 했던 사람이었다. 양 박사는 바빠서 잠깐
인사만 나누고 주로 임기순 박사에게서 당시 상황을 들었다. 임
박사는 아주 순진한 인상을 가졌는데, 수줍음을 타는 편이었다.
말은 대단히 신중하게 하는 스타일이었다.

제가 축산연구소에 오기 전에, 그러니까 1998년 10월경에 일본 축산시험장에서 한 달 정도 복제에 관해서 연구한 적이 있습니다. 그 전에 복제에 관한 실험을 할 때는 융합이라든가 이런 조건에 관해서 상당히 어려운 점이 있었습니다. 근데 일본 축산시험장에 가서 있으면서 융합 조건, 활성화 조건, 배양 조건 등에 관해서 자세하게 같이 공동으로 연구할 기회가 있었습니다.

> 일본에서는 어떤 기술이 진행되고 있었나요?

일본에서는 이미 스퀴징squeezing 방법, 즉 '쥐어짜기' 기술을 이용해서 핵이식 연구를 다양하게 하고 있었습니다. 스퀴징 방법 이전에는 일반적으로 난자의 투명대에 구멍을 낸 다음에 세포질을 빨아들여서 난자에 있는 핵을 제거했습니다. 근데 스퀴징이라는 것은 난자의 투명대를 바늘로 약간 자른 다음에 그 부분을 눌러서 난자의 핵을 제거하는 기법입니다.

> 스퀴징 기법은 황 교수팀이 처음 개발한 것이라고 언론에 보도된 것으로 아는데요?

우리나라에서 처음 된 건 아니라고 볼 수 있습니다. '98년도에 일본 축산시험장에 갔을 때, 그 실험실에서 이미 하고 있던 것들입니다.

- 임기순 박사와의 인터뷰에서

그동안 황 교수는 기회가 있을 때마다 스퀴징 기법을 자신들이 개발했다고 자랑해 왔다. 혁신적인 아이디어인 '쥐어짜기' 스퀴징 기법을 개발하면서 난자에서 핵을 제거하는 부분이 질적인 비약을 하게 되었다고 누차 말해 왔다. 이것이 한민족만이 갖고 있는 이른바 '쇠젓가락 문화'에서 비롯한 것이라고 입에 침이 마르도록 강조해 왔다. 나 또한 그런 이야기를 들을 때마다 내가 한민족이라는 사실에 자랑스러움을 느끼곤 하지 않았던가? 그런데 그게 일본에서 이미 보편화한 기술에 불과했다니, 참으로 말문이 막혔다.

제일 어려운 첫 번째 단계가 여기 핵을 제거해야 복제가 되는데 핵 제거가 만만치가 않아요. 그런데 석사 1학년 ○○○이라는 아이가 마이크로 니들micro needle로 찔러 가지고 핵과 가장 가까운 위치를 슬슬 문질러서 구멍을 내 이 피펫으로 적당한 위치에 대고 쭉 미니까 쏙 빠지더라는 말이지요. 전 세계에 대한민국의 이름을 낸 우리의 원천기술이지요. 이 구멍을 통해서 환자의 몸에서 떼어 낸 세포 하나를 저렇게 넣어 줍니다.

        - 2004. 11. 8. 황우석 박사의 대전 법원 아카데미 강연에서

임기순 박사의 말은 이후에 다른 수의학자들을 통해 재확인해 보니 그대로 사실이었다. 스퀴징 기법은 이미 1990년대 후반에 여러 실험실에서 상용화된 기법이었다. 이런 일을 겪을 때마다 나는 뒤통수가 멍했다. 황 교수 취재를 하면서 한두 번 당한 일도 아닌데, 그때마다 충격이 왔다. 황 교수는 정말 취재하는 사람을 깜짝깜짝 놀라게 했다.

본격적으로 저희 연구소에서 복제에 대한 연구가 진행된 것은 1998
년도부터였습니다. '97년에 복제양 '돌리'가 생산된 후에 우리 연구
소에서도 그 기술을 정립해야 한다는 요구들이 있어서 시작하게 됐
습니다. '98년에는 쉽게 말해서 수정란을 잘게 쪼갠 것으로 볼 수
있는 '수정란의 할구'를 이용해서 주로 복제 연구를 했습니다. 그 뒤
'99년부터는 체세포를 이용해서 복제를 해 왔습니다.

초창기에 난구세포를 이용한 핵이식 방법을 정립한 후에 거기에서
생산된 복제란을 이식했습니다. 그런데 초창기에는 유산될 확률이
높았고, 그 이후에 점점, 한 1년 정도 연구가 진행되면서 임신되는
확률이 높아졌습니다.

그 당시에는 서울대 황우석 교수 연구팀, 저희 축산연구소팀, 강원대
정희태 교수팀, 대전 생명공학연구원의 한용만 박사팀 등이 선의의
경쟁을 해 가면서 연구를 수행했습니다.

— 임기순 박사와의 인터뷰에서

당시 축산연구소에서는 임기순 박사가 체세포 핵이식을 직
접 하면서 이것을 배양하는 과정을 담당했고, 대리모에 실제로
착상시키는 일은 양보석 박사가 주로 했다. 이것은 한두 번 해서
될 일이 아니고 수백 회를 해야 되기에 끈질긴 인내가 필요했다.
대리모가 임신이라도 할라치면 그야말로 외양간에서 살아야 할
정도로 지속적인 관리가 필요했다. 그런 과정에서 황 교수팀이
복제소 영롱이를 낳았다는 언론 보도를 접했다고 한다.

진실, 그것을 믿었다

> 처음을 놓쳐서 아쉬움이 많았겠네요?

사실 그 당시에는 상당히 아쉬움이 컸습니다. 경쟁하던 팀들끼리라서 서로 정확하게 정보 공유는 안 했지만, 그쪽에서도 연구를 하고 있고 저희도 연구를 하고 있었기 때문에 솔직히 좀 더 먼저 생산하려는 욕심들이 있었던 것은 사실입니다.

> 황 교수팀이 생산했던 '영롱이'와 '진이'에 대해 유전자 감별이 제대로 된 것이라고 생각하십니까?

글쎄……그거에 대해서는 제가 언급하기가 곤란합니다.

— 임기순 박사와의 인터뷰에서

임기순 박사팀의 복제소 '새빛'이는 전혀 빛을 보지 못했다. 2등은 아무도 조명해 주지 않았다. '새빛'이와 관련해서 몇 개의 논문을 썼지만 이미 언론의 관심은 1등을 한 황 교수에게 쏠아졌고, 황 교수는 일약 국민적 스타로 부상하기 시작했다. 임 박사에게 당시 자료가 있느냐고 물었다. 다행히도 당시 실험노트는 모든 데이터들과 함께 여전히 잘 보관되고 있었다. 체세포 핵이식 실험 사진들과 실험 날짜, 그리고 어떤 대리모에 착상되었는지 또 당시 실험 조건은 어떤 것이었는지 외부인인 내가 봐도 명확하게 기록되어 있었다. 피와 땀이 고스란히 배어 있는 실험 기록들이었다.

'새빛'이는 12월 말에 태어났습니다. 그래서 2000년 1월 1일에 보도가 됐는데요, '새빛'이가 생산되기까지는 총 5마리가 임신을 했습니다. 그중에서 중간 중간에 유산을 하고 최종적으로 한 마리만 생산됐는데, 유산을 할 때마다 굉장히……굉장히 안타까운 마음이 들었습니다.

실험노트 맨 왼쪽에 보시면 수정란을 이식받은 수란우牛의 명호가 나와 있고요. 두 번째에는 며칠에 이식을 했는지 이식일이 나와 있고, 세 번째는 어떤 수정란이 이식됐는가, 수정란의 내역이 나와 있고요. 임신을 했는지 안 했는지 재발 여부를 통해서 확인해 주고 있습니다.

> 이렇게 '새빛'이 관련 기록이 뚜렷하게 나와 있는데, 당시 12월 31일
> 에 출산하고 나서 정확하게 유전자 검사를 해 볼 수 있었을 텐데요?

그렇게 할 수도 있었는데, 그 당시에는 중요성이 많이 부각되지 않았습니다. 또한 이전에 이미 '영롱이'가 생산이 되었고 '새빛'이는 두 번째로 생산된 것이라서 학문적으로 그럴 필요성을 느끼지 못했습니다.

> 굳이 유전자 검사를 하지 않아도 증거로 뒷받침할 수 있는 게 충분하
> 다고 생각해서 그런 건가요?

네, 그렇습니다. 지금 보시는 바와 같이 여기에 사진이라든가 대리모의 고유번호라든가 그런 게 정확하게 나타나 있기 때문에 저희 자신으로서는 충분히 이게 유전자 검사를 하지 않아도 정확하다고 볼 수가 있었습니다.

> 만약 그게 첫 번째 복제소였다면 어땠을까요?

첫 번째였다면 상황이 달라졌을 수도 있었지요. 만약에 첫 번째였다면 아마 유전자 검사도 하고, 이것보다 좀 더 구체적으로 이루어지지 않았을까······그런 생각이 듭니다.

- 임기순 박사와의 인터뷰에서

영롱이가 복제되었다는 증거는 물론 관련 실험 기록 어느 것도 외부에 공개된 적이 없다. 거기에 비하면 '새빛'이는 충실하게 실험 과정에 대한 기록과 데이터가 남아 있다. 다만, 2번째(?) 복제소라서 불행하게도 유전자 검사까지는 하지 않았다고 한다. 누가 당시에 '영롱이'를 의심했겠는가? 더욱더 불행한 것은 보통의 복제소들이 대체로 수명이 짧다는 통계를 입증이라도 하듯이, 그 뒤 몇 달 만에 '새빛'이가 죽었다는 것이다. 지금에 와서는 아무리 통탄해도 '새빛'이가 복제소라는 것을 과학적으로 입증할 근거 자체가 없어져 버린 셈이다.

"이럴 줄 알았으면 그때 '새빛'이 유전자 검사를 해 놓을 걸 그랬어요. 세포라도 잘 보관해 놓는 건데······."

임기순 박사가 씁쓸하게 웃으면서 한마디 했다. 세상이 이럴 수 있는가? 과연 한국 과학계에 정의는 있는가? 나는 울화를 참을 수가 없었다. 증거 없이 언론에 먼저 터뜨리는 사람이 대접받는 세상이라면, 누가 실험실에서 밤늦게까지 일하겠는가? 그 뒤로 임기순 박사의 선한 눈빛이 여러 번 떠올랐다. 임기순 박사팀이야말로 한국 최초의 복제소를 만든 사람들로 조명받아야 했다.

어쩌면 나에게 '영롱이의 진실'을 파헤치는 것은 사명과도 같은 것이었다. 만약에 이 일을 밝히지 못하면, 내가 임기순 박사를 어떻게 다시 볼 수 있겠는가? 무거운 마음을 안고 축산연구소를 나섰다.

2번 줄기세포의 주인공을 수배하다

8월 27일, 우리는 체세포 제공 환자에 대한 모든 정보를 모았다. 가천의대 길병원과 한양대 구리병원에서 몇 명의 환자들이 황 교수에게 체세포를 제공한 것을 알고는 있었으나, 이들이 2005년 《사이언스》지 논문에 발표된 줄기세포의 주인공이라는 증거는 없었다. 이들의 나이를 비교해 보았을 때, 논문과는 한두 살씩 차이가 나곤 했다. 논문을 조작한다 하더라도 굳이 환자의 나이까지 속일 이유는 없다고 생각했다. 아무리 정보를 모아도 체세포 제공자, 즉 줄기세포의 주인공 환자를 찾을 수가 없었다.

황 교수팀은 체세포 제공 환자의 신원을 철저히 보안사항으로 숨기고 있었다. 단 한 명도 공개하지 않았는데, 이것은 납득하기 어려웠다. 왜냐하면 난자 제공자의 경우 개인의 프라이버시 때문에 공개하는 것이 어려울 수 있지만, 체세포 제공 환자를 그토록 철저히 숨긴다는 것은 상식적으로 이해가 가지 않는 대목이었다. 왜 그러냐고 황 교수팀에게 물어볼 수도 없는 상황이라 그야말로 숨바꼭질이 시작된 것이다. 황 교수와 그 측근들의 모든 발

새튼 교수 연구소의 홍보 사이트에 실린 사진. 휠체어를 탄 어린이 환자와 부모, 황
교수가 포즈를 취하고 있다. 이들에게 황 교수는 유일한 희망이었다. 그러나 황 교
수는 열 살밖에 안 된 이 어린 환자에게 줄기세포를 이용하는 임상실험을 제안했
다. 위험천만한 제안이었다. 동물실험의 경우, 줄기세포를 주입한 개체 중 30% 정
도가 즉시 암에 걸린다는 연구 결과가 나와 있기 때문이다.

언과 행동들을 추적하면서 환자의 단서를 찾아야 했다. 애는 썼지
만, 줄기세포 주인공 환자의 꼬리를 좀처럼 잡을 수 없었다.

　뭔가 돌파구가 필요한 순간, 김보슬 조연출이 흥미로운 단서
를 찾았다. 새튼 교수의 연구소 홍보 사이트에서 의미 있는 환자
사진을 찾은 것이다. 사진에서는 어린이 환자가 휠체어를 타고
있었고, 환자의 부모와 함께 황 교수가 포즈를 취하고 있었다.
제보자 K에게 이 사진을 보내니 환자의 이름을 알려 주었다. 자
신이 2003년에 직접 길병원에서 환자의 체세포를 떼었다는 것인
데, 교통사고를 당한 어린이라고 했다. ○○에서인가 △△에서
인가 환자의 아버지가 목사를 했다는 것이 기억에 남는다고 했
다. 환자의 나이는 8살 정도였다고 기억했다.

우리는 논문을 다시 보았다. 2번 줄기세포 환자는 10살로 기록되어 있고 척추손상 환자였다. K가 2003년에 체세포를 떼었다고 하니 지금 나이는 10살이다. 더군다나 좀 더 조사해 보니 황교수가 여러 차례 강연에서 이 어린이에 대한 에피소드를 비중 있게 홍보한 것으로 확인되었다. 뭔가 맞아떨어졌다. 어쩌면 이 환자가 2번 줄기세포의 주인공인지도 모른다는 생각이 들었다.

총력을 다해 이 어린이를 수배했다. ○○과 △△지역에 있는 목사들을 파악한 뒤 척수장애 어린이를 자녀로 둔 사람이 누군지 탐문해 갔다. 이정아 리서처가 결국 해냈다. 마침내 8월 29일, 경기도 △△지역에 있는 감리교회 김○○ 목사의 아들이 그 주인공이라는 것을 밝혀냈다.

이정아 리서처가 전화로 아들 이야기를 꺼냈다. 서울대 황교수 측에서 외부에 아들의 존재를 노출시키지 말라고 부탁해서 그동안 아무도 모르게 지내 왔다고 김 목사는 말해 주었다. 어떻게 알고 전화 했냐며 무척 놀란 기색이었으며, "황 교수의 연구에 방해가 될지 모르니, 아들 이야기는 해 줄 수 없다"고 했다. 아들이 2번 줄기세포의 주인공이 맞느냐는 질문에 망설이다가 조심스럽게 맞다고 확인해 주었다. 아들이 연구 대상자에 뽑혀서 감격스러웠다는 말도 했다. 이 부모는 황 교수를 은인으로 생각하고 있었으며, 전적으로 의지하며 따르고 있었다. 어떤 부모인들 안 그러겠는가? 아들의 장애를 치료해 주겠다는 사람에게 부모가 무엇을 못 해 주겠는가?

내가 직접 김○○ 목사와 통화를 하고 약속을 잡았다. 며칠 뒤 만나기로 했다. 우리에게도 어떻게 대처할 것인지를 생각할 시간이 필요했다.

진실, 그것을 믿었다

암 덩어리 줄기세포의 딜레마

그동안 언론에서는 배아 줄기세포의 긍정적인 모습만 부각시켰지 그것이 갖는 암세포로서의 부정적인 측면은 애써 숨겨 왔다. 배아 줄기세포는 양성 종양인데, 쉽게 말하면 암 덩어리라고 볼 수 있다.

배아 줄기세포의 가장 큰 특징은 '전분화全分化 능력'과 '무한 증식성'이다. 배아 줄기세포는 사람의 씨앗이니 결국 사람 신체의 모든 장기로 분화할 잠재력을 가졌는데, 이것을 전분화 능력이라고 한다. 무한 증식성은 말 그대로 무한히 증식한다는 것인데, 이것은 배아 줄기세포가 종양이라는 사실을 의미한다. 암세포가 무한히 커지는 것과 같은 이치다.

특히 배아 줄기세포로 치료를 하려면 암이 안 생겨야 해요. 줄기세포가 여러 가지 방식으로 분화를 합니다. 정분화에서 역분화까지 그 안에서 저희끼리 지지고 볶고 하는데, 암이 안 된다는 보장이 없어요. 배아 줄기세포는 특히 쥐에 줄기세포를 주입하는 생체 실험을 통해 양성 종양인 테라토마가 만들어져야 됩니다. 원래부터 종양이 만들어져야 하고 또 그 종양 자체가 줄기세포이기 때문에, 줄기세포로 치료를 하려면 종양이 만들어지지 못하도록 해야 합니다. 이 암 덩어리 줄기세포가 치료제로 사용되기 위해서는 얼마나 많은 시간이 걸리겠습니까?

황 교수님은 그런 세포를 가지고 난치병을 치료하겠다고 합니다. 10단계 중에 7단계를 도달했다고도 합니다. 그런 거는 사기입니다, 사기. 전문가들이 보기에…….

– 제보자 K와의 인터뷰에서

배아 줄기세포는 무한히 증식하는 종양이다. 바로 여기에 딜레마가 있는 셈이다. 나는 이러한 배아 줄기세포의 한계를 '암 덩어리 줄기세포의 딜레마'라고 이름 붙였다. 아직 인류는 암세포를 통제하지 못하고 있으며 암세포의 메커니즘도 정확히 알지 못하고 있다. 바로 그런 이유로 암을 정복하지 못하고 있다. 줄기세포를 치료 목적으로 사용하기 위해서는 마치 암세포와도 같은 이 줄기세포를 통제할 수 있어야 하는데, 그러려면 세포 분화를 자유자재로 할 수 있어야 한다. 줄기세포가 악성 종양이 되지 않도록 조절할 수 있어야 한다. 돌려 말하면, 암을 정복해야 줄기세포를 임상에 적용할 수 있다는 말로 해석해도 과히 틀린 말이 아니라는 이야기다.

동물의 경우 줄기세포를 주입한 개체 중 30% 정도가 암에 걸린다는 연구가 있으며, 설혹 척추가 손상된 쥐가 일부 회복되는 경우에도 정체를 알 수 없는 혹을 동반하는 경우가 많은 것으로 보고되고 있다.

우리는 이 문제에 대한 자세한 설명을 듣기 위해 조직은행 관련 벤처를 찾았다. 줄기세포의 해동 분야 전문가로 알려져 있는 도○○ 박사를 만나기 위해서였다. 도○○ 박사는 배아 줄기세포에 관해서도 실제 연구 경험이 많은 것으로 알려져 있었다. 이 문제에 대해 그의 주관은 뚜렷했다.

물론 배아 줄기세포는 윤리적으로 문제가 있습니다. 다만, 그에 대해서는 사람마다 생각이 다를 수 있으니 논외로 하더라도, 암세포로의 역분화 가능성은 쉽게 해결될 성질이 아닙니다. 제가 이 분야에서 대가는 아니지만, 이 문제가 쉽게 해결될 수 없다는 것은 확고하게 말씀드릴 수 있습니다. 이건 줄기세포를 다뤄 본 사람이라면 누구라도 알 것입니다. 배아 줄기세포는 그야말로 어디로 튈지 모르는 럭비공과 같습니다. 우리는 이 럭비공을 전혀 통제할 수 있는 위치에 있지 않습니다. 인류는 그야말로 걸음마 단계에 와 있는 것입니다.

이 문제가 해결되는 방향에 따라서 아예 배아 줄기세포 분야는 포기해야 할 상황이 올 수도 있습니다. '이 산이 아니구나' 할 수도 있는 것입니다. 낙관만 할 수 있는 상황은 아닙니다. 이것이 냉정한 현실입니다.

이 말을 하면서 도○○ 박사의 얼굴이 약간 붉어졌다. 섬세한 인상을 가진 사람이었다. 이제 막 출발한 벤처 회사인데 앞으로 있을 황우석 사태 때문에 공연히 선의의 피해를 입지 않을까 걱정이 되었다. 그렇다고 뭐라 말해 줄 수도 없었다. 사태가 시작되면 바이오 거품은 빠질 것이고, 진정한 실력자만이 시장에서 생존하고 또 성장해 갈 것이다.

사실, 문신용 교수와 황우석 교수가 결정적으로 갈라선 곳도 바로 이 대목이었다. 의사인 문신용 교수는 누구보다 배아 줄기세포의 한계에 대해서 잘 알고 있었다. 더군다나 현재 상황에서 임상 운운하는 것은 당치도 않다는 것을 체감하고 있었다. 2004년 2월 《사이언스》지에 논문을 발표하고 귀국 기자회견을 하는 자리에서 황 교수와 문 교수는 임상 적용 시기에 대해 상당한 의견 차를 보였다. 황 교수는 임상 적용도 멀지 않았다고 기염을 토했고, 문 교수는 이제 겨우 걸음마에 불과하다고 했다. 언론은 문 교수의 말은 일언반구도 싣지 않고 오로지 황 교수의 발언만 대문짝만하게 실었다. 문 교수는 그 뒤로 황 교수를 경계했고, 2004년 후반기에는 사실상 결별하게 되었다.

문 교수의 증언에 따르면 2005년 9월경 국가정보원에서 문 교수를 두어 시간 인터뷰했다고 한다. 황 교수가 만든 복제 배아 줄기세포의 의학적 가능성에 대한 견해를 듣는 자리였다고 한다. 문 교수는 당시 '의사로서 볼 때 줄기세포의 임상 가능성이 지나치게 과장되어 있고, 아울러 황 교수가 주도하고 있는 서울대 줄

　　　　　　　　　　　　진실, 그것을 믿었다

기세포 허브 사업도 사실상 사기에 가깝다'는 견해를 피력했다고 한다. 그러자 국가정보원의 기관원이 말하기를, "황 교수를 지금은 건드리기가 힘듭니다"라고 했다고 한다.

8월에 진주에서 만난 노규진 교수는 다음과 같이 전망했다.

사실 배아 줄기세포는 암세포로의 역분화 가능성이 있습니다. 줄기세포가 암세포로 많이 갈 수 있어요. 줄기세포 자체가 암세포랑 비슷하거든요. 이게 인체에 들어가서 정확한 요소에 찾아가서 자기 자리에서 기능을 해야 하는데, 그렇지 않고 마음대로 돌아다닐 수 있습니다. 그런 경우가 바로 암세포죠. 암세포로 갈 확률이 높습니다.

> 그렇다면 그런 암세포로의 분화 가능성이 있기 때문에 현재 상황에서 환자에게 임상 적용하는 것은 위험하다고 볼 수 있겠군요?

그러니까 황 선생님도 임상은 안 할 겁니다.

— 노규진 교수와의 인터뷰에서

그러나 나는 며칠 뒤 9월 8일에 임상과 관련된 충격적 사실을 듣게 되었다.

등골이 서늘했다

참여연대 사무실에서 생명공학감시연대 김병수 위원과 참여연대 투명사회국장 이재명 씨를 만났다. 9월 1일 저녁 6시 30분이었다. 그 자리에서는 내부 고발자인 제보자 K를 어떻게 보호할 것인가에 대해서 토론이 이뤄졌다. 이재명 국장으로부터 내부 고발자의 보호 문제에 대해 지원 약속을 받았다. 당시까지의 상황으로 볼 때 제보 내용이 입증되지 않은 난점이 있지만, 그 부분이 어느 정도 사실로 확인된다면 참여연대로서는 내부 고발자 보호 프로그램을 작동하겠다는 것이었다. 왜냐하면 K가 2004년 말에 제일 먼저 찾아간 곳이 바로 참여연대였기 때문이다. 제보자 보호 문제는 아무래도 우리보다 참여연대 쪽이 경험이 많은 터라서, 이 문제에 관해선 앞으로 긴밀하게 상의해 가기로 했다.

이날 밤 K와 10시 30분경에 통화를 했다. 제보자 보호 문제에 대한 논의 사항을 전해 주기 위해서였다. 그런데 의외의 소식이 있었다. 서울대 치대 쪽으로 황 교수팀의 줄기세포가 다음 주쯤에 온다는 첩보가 있다는 것이었다. 그럴 리가?

진실, 그것을 믿었다

논문이 조작되었고 줄기세포가 실체가 없는 것이라면, 가짜 줄기세포를 다른 기관에 분양할 수는 없는 것 아닌가? 물론, 공식적인 분양이 아니라 아는 교수들끼리 비공식적으로 연구하는 것이기 때문에 문제가 생기면 잡아뗄 수는 있다. 그러나 서울대 치대 연구팀이 황 교수의 통제권 안에 있다 하더라도, 이건 황 교수에게 너무 위험부담이 큰 것이 아닌가? 누군가 이 줄기세포의 유전자 지문 검사를 해 보면 바로 거짓이 드러날 수도 있는 상황이기 때문이었다.

여러 모로 추론이 시작되었다. 가장 가능성이 큰 것은 2004년 개발된 줄기세포를 포함해 줄기세포 한두 개가 만들어졌을 가능성이 많다는 것이었다. 논문 발표 후에라도 어찌되었든 한 개는 만들어졌기 때문에 다른 연구기관에 넘기는 것이라고 추정했다. 아주 작은 가능성이긴 하지만 가짜 복제 줄기세포, 즉 수정란 줄기세포를 치대에 넘길 수도 있는 것이라고 보았다. 서울대 치대의 ○○○ 교수에게 세포 분화 연구만 맡기면 유전자 지문 검사를 굳이 할 필요가 없기 때문에, '치대에서 설마 유전자 지문 검사를 하랴' 하고 황 교수가 방심할 수도 있다는 가설이었다. 실제 줄기세포가 오는지 관심을 갖고 주시할 것을 K에게 요청했다.

9월 5일, 서울대 의대 황상익 교수를 만났다. 생명윤리학회장이기도 하고 그간 지속적으로 생명윤리에 관해 균형 잡힌 글들을 써 온 분이었다. 생명윤리학회에서 어떤 계기로 황 교수에게 공개질의를 하게 되었는지 물어보려고 간 자리였다. 황상익 교수는 한국 생명과학계의 이런저런 역사에 대해 소상히 알려 주었다. 만나 봐야 할 전문가들도 친절하게 추천해 주었다.

대화하면서 오랜만에 편안함을 느꼈다. 마치 원로에게서 좋은 가르침을 얻는 듯한 기분이었다. 나는 우리 사회에 존경받는 원로가 너무 부족하다는 생각을 종종 해 본다. 격동하는 반세기 동안, 민주주의적인 질서가 자리 잡히기 전에 선배들이 어려운 세월을 살아왔다는 점이 크게 작용했을 것이다. 그러나 앞으로는 원칙과 상식을 지켜 온 수많은 각계 원로들이 진정으로 후학들에게 존경받으면서 두텁게 사회적 층을 이루었으면 하는 마음이 들었다.

9월 8일 오후 2시에 경기도 △△지역으로 출발했다. 2번 줄기세포의 주인공을 만나러 가는 길이었다. 가는 길에 체세포를 얻는 방법을 다시 한 번 생각해 보았다. 환자 어린이에게서 체세포를 얻는 방법은 두 가지였다. 하나는 머리카락을 세 개쯤 얻어 오는 것인데, 이때 가능하면 머리카락의 뿌리인 모근세포가 손상되지 않도록 조심스럽게 떼어야 한다. 또 다른 방법은 면봉으로 입안을 두어 번 긁어낸 뒤 그 면봉을 그대로 가져오면 된다. 그런데 과연 환자의 부모가 머리카락을 얻게 허락해 줄까?

아파트 단지에 작은 상가 건물이 있었고, 그 지하에 아담한 교회가 있었다. 약속된 3시가 조금 지나서 김○○ 목사가 왔다. 훤칠한 키에 사람 좋은 인상이었다. 아들이 학교 끝날 시간에 맞쳐서 데리러 갔다가 집에 내려 주고 오느라고 늦었다고 했다. 2002년 사고가 난 이후로는 김 목사가 꼬박 이 일을 해 왔고, 그나마 건강 상태가 좋지 않아 학교를 못 나가는 날이 태반이라고 했다.

김 목사에게 인터뷰를 요청했다. 그동안 황 교수와 어떤 일들이 있었는지 알고 싶다고 했으며, 아울러 아들의 머리카락을 3개쯤 얻고 싶다고 했다. 우리가 나름대로 분석해서 프로그램에 사용하고 싶다고 했다.

> 황우석 교수님께서는 저에게 "방송이나 이런 것들을 안 탔으면 좋겠습니다" 이렇게 직접 말씀을 하셨습니다. 요즘도 간간이 연락은 하십니다. 제가 사실은 한 PD 만나는 것을 망설였어요. 집사람은 오늘 만나는 것을 상당히 반대했는데, 제가 한 PD와 통화하고 나서 '이것이 어떤 의미로는 황 교수님 연구에 보탬이 될 수도 있겠다'고 생각을 했어요. 그래서 이렇게 만나게 된 것입니다.
>
> 사실은 제 생각 같아서는 감춰야 할 건 없다고 봅니다. 황 교수님이 어떻게 생각하실까가 사실 염려가 됐습니다. 나로서는 그분에게 내 아들의 장래를 맡기고 있는데, 그분의 뜻을 따를 수밖에 없습니다.
>
> – 김○○ 목사와의 인터뷰에서

나도 자식을 키우는 입장에서 충분히 수긍이 가는 얘기였다. 어느 부모가 이런 경우에 황 교수에게 의지하지 않겠는가? 김 목사에게는 황 교수가 또 다른 희망이었다. 김 목사는 황 교수에게 직접 허락을 받아야 한다며, 우리의 만류에도 불구하고 직접 황 교수에게 연락을 취했다. 나와 김보슬 조연출은 간담이 서늘해졌다. 우리가 환자의 체세포를 은밀하게 채취하러 왔다는 것을 황 교수가 알게 된다면, 이제까지의 모든 노력이 수포로 돌아갈 수도 있는 상황이었다.

웬일인지 황 교수는 전화를 받지 않았다. 다행이다 싶었는데, 김 목사는 황 교수에게 전화를 요청하는 문자 메시지를 날렸다. 커피 한잔 마시면서 황 교수의 전화를 기다리자고 했다. 그때 마신 커피는 사약과도 같았다. 진땀이 난다는 말은 이런 경우를 두고 하는 말인가 했다. 그렇게 10여 분을 기다려도 전화가 오지 않자, 김 목사는 기다리는 우리에게 미안해하기 시작했다. 나는 세상에서 가장 애절한 표정으로 김 목사를 쳐다보았다. 김 목사가 단안을 내렸다. 사실 환자 부모가 이 정도 인터뷰하는 것이 무슨 문제가 되겠느냐며, 오늘 인터뷰하고 나중에 황 교수에게 이 사실을 알리겠다고 했다. 잠시 위기는 벗어났다. 그래도 방심할 상황이 아니었다. 도중에 황 교수의 전화가 오면 산통이 깨지는 것이었다.

우리 아들 줄기세포의 경우, 이미 미국 뉴욕에 가 있다고 하고요. 한양대하고 미즈메디병원 같은 데서 공동으로 연구를 하고 있어서, 이것이 학술적으로 인정을 받기 위해서는 그 자료를 공유하고 있어야 된다고 합니다. 그런 것 때문에 지금은 줄기세포가 전부 다 분산되어 있다고 제가 알고 있습니다.

황 교수가 우리 아들과 저 그리고 집사람 이렇게 세 명을 동물들 실험하고 있는 서울대 실험실로 안내하셨죠. 어떻게 실험이 이루어지는가를 현장에서 보여 주셨어요. 가능성들에 대해서 설명해 주셨고요. 제가 뭘 알겠어요. 그분이 자세히 설명해 주셨고, 아 그런가 보다 했죠. 그런 뒤에 아들의 치료를 위해 가장 좋은 방법으로 우리 집사람의 난자가 채취됐으면 좋겠다고 황 교수가 말했습니다. 그래서 집사람의 난자를 채취했고요.

– 김○○ 목사와의 인터뷰에서

나중에 우리가 확인하기로는 환자의 부모가 이렇게 난자를 직접 제공한 경우는 달리 없었다. 연구원 두 명을 제외하고는 모두 매매에 의한 것이거나 그와 유사한 대가를 제공하고 난자를 얻은 것이었다. 그때까지만 해도 2번 줄기세포는 제대로 만들어졌겠거니 했다. 그러지 않고서야 어찌 환자의 부모에게 난자를 제공하라고까지 할 수 있겠는가?

이어서 충격적인 이야기가 이어졌다. 나는 내 귀를 의심하지 않을 수 없었다.

우리 아들이 어떤 의미로는 특혜를 입었다고 말씀드렸는데, 맞습니다. 특혜를 입은 것 맞고요. 냉정하게 보면 이 아이는 이제 줄기세포에 의한 인체의 첫 번째 실험자가 되는 겁니다. 인체 적용에……무슨 말씀인지 이해되셨죠?

> 줄기세포가 만들어진 것이지, 아직 임상으로 갈 정도는 아닌데요?

임상에 대한 첫 번째 적용자가 된다고요.

> 그건 아닌데요. 아직 동물 실험도 안 거쳤고, 줄기세포와 임상은 다른 거기 때문에……이게 치료를 하기 위한 가장 큰 근거가 되는 거지, 바로 임상으로 갈 수는 없어요.

사람에게 치료할 때 제일 첫 번째 아이라는 겁니다. 그래서 굉장히 민감한 사안이신 것 같아요.

> 황 교수님이 그렇게 말씀하셨나요?

네. 굉장히 빠른 시간 내에 이런 것들이 이루어질 거라고 제게 언질을 주셨어요. 황 교수님은 굉장히 빠를 것이라고 얘기를 하셨어요. 사실은 "올 5월에 한번 임상실험을 해 보자"고 말씀하셨어요. 그런데 올 5월에 임상실험을 하시자는 말씀이 윤리적인 이슈 때문에 안 돼서, "올 연말에 임상실험을 해 보자"고 바꾸셨어요.

> 임상실험을요?

네, 그렇습니다. 그분이 함부로 말할 분은 아니기 때문에, 지금도 계속 아들의 면역 거부 반응을 검사하고 있어요.

> 그 뒤로 아드님의 혈액 샘플을 가져간 적이 있나요?

계속 있었죠. 최근에도 마지막 면역 반응을 검사하기 위해서 안규리 교수팀의 김○○ 박사님이 다시 혈액 샘플을 떼 갔어요."

- 김○○ 목사와의 인터뷰에서

나는 이 말을 믿을 수가 없어서 여러 차례 확인했다. 김 목사는 이런 사실을 황 교수가 외부에는 알리지 말라고 했다고 설명해 주었다. 김 목사의 임상계획 이야기를 들으면서 정말로 등골이 서늘했다. 줄기세포의 동물실험 결과는 30% 이상이 즉시 암에 걸리는 것으로 나오며, 나머지 경우도 결과를 장담할 수 없다. 이런 상황에서 줄기세포를 임상에 적용한다는 것은 살인 행위에 다름 아닌 것이다. 더구나 환자의 나이 겨우 10살이라면 더 무엇을 말하겠는가? 환자는 휠체어를 타는 척추 장애인이지 마루타는 아니지 않은가?

무리한 임상으로 환자가 죽고 나면 누가 책임지겠는가? 이미 1990년대에 유전공학이 붐을 일으킬 때 임상환자가 한 명 죽은 경험이 인류에게는 있다. 환자도 죽었고 유전공학의 거품도 꺼졌다. 그런데 지금 황 교수는 2005년 말에 줄기세포 임상실험을 한다고 환자의 부모에게 말했다고 한다. 환자의 부모는 줄기세포를 이용해 치료되었다고 하는 개를 보았지만, 줄기세포를 주입하고 암에 걸려 죽은 수많은 동물 이야기는 듣지 못했을 것이다. 심지어 동물실험에 대한 입증된 결과도 없이 어떻게 줄기세포를 환자에게 주입할 생각을 하는가? 감기약 하나를 개발해 시장에서 실험 적용하는 경우에도 최소 5~6년의 세월이 걸린다. 환자를 실험 대상으로 생각한 건 아닌지 의심스러웠다. 자신의 자식이라면 과연 이런 상황에서 임상실험을 하겠는가?

환자 부모의 말처럼 이 임상실험은 남모르게 진행될 예정이었나 보다. 환자가 암에 걸리면 쉬쉬하고 덮어지고, 조금이라도 호전되면 언론에 대서특필될 것이다. 이미 성체줄기세포 분야에서는 이런 식의 언론 플레이가 몇 번 진행되었고, 그런 추악한 행태가 드러난 마당에조차 그 의사들은 여전히 건재한 상황이었다. 하물며, 황 교수가 쉬쉬하자는데 어느 누가 반기를 들 수 있겠는가? 소름 끼치는 현실이었다. 황 교수가 임상실험을 허가받기 위해 식약청 직원들과 회동했던 사실은 한 달쯤 뒤에 확인되었다. 김 목사가 알고 있는 것과는 달리, 5월에 임상이 이뤄지지 않은 것은 '윤리 논란' 때문이 아니라 식약청이 무모한 임상실험에 주저했기 때문이었다.

내가 하고 있는 취재가 단지 '특허나 연구비'의 문제가 아니라 '사람의 생명'이 오고갈 수 있는 심각한 사안이라는 것을 다시 한 번 뼈저리게 느꼈다. 이날, 김보슬 조연출이 황 교수를 향해 처음으로 쌍욕을 했다.

진실, 그것을 믿었다

머리카락 3개의 유전자 지문 결과

김 목사와 인터뷰를 마치고 곧바로 근처에 있는 김 목사의 자택으로 갔다. 조그마한 연립주택인데, 휠체어가 잘 지나갈 수 있도록 문턱에 신경을 쓴 집이었다. 10살짜리 아이가 휠체어를 타고 우리를 맞았다. 밝은 표정이었고, 무척이나 개구쟁이 같은 인상이었다. 목에 작은 구멍을 내고 거기에 고무호스를 끼고 있었다.

　김보슬 조연출이 아이 방에 가서 함께 놀아 주고 있는 사이에 집을 둘러보았다. 옥상에는 채소들이 좀 있었고, 전망은 틔어 있었다. 집 나가기가 쉽지 않으니 김 목사가 아이와 함께 자주 올라와 바람을 쐬는 곳이라고 했다. 그래서 그런지 작은 평상도 하나 눈에 띄었다. 아이는 얼마 있으면 자신이 휠체어를 털고 일어날 것이라고 생각하고 있었다. 그러나 앞으로 논문 조작이 밝혀지면 일어날 심리적 충격에 대비할 수 있도록 도와주어야 했다.

　"○○이는 아주 의지가 강한 친구지? 무슨 일이 있어도 꾹 참고 견딜 수 있지? 어쩌면 ○○이가 휠체어에서 일어나는 날이 좀 길어질 수도 있어. 그래도 꼭 그런 날은 올 거야. 아저씨가 하는 말 믿지?"

그 말밖에 해 줄 말이 없었다. 우리 애도 다섯 살이었다. 부모 마음을 생각하니 가슴에서 눈물이 나왔다. 아이는 뭐든지 견딜 수 있다고 힘줘서 말했다. 다행이었다. 김 목사와 함께 머리카락 3개를 떼었다. 아이가 약간 엄살을 피웠고, 김 목사는 웃었다. 머리카락을 가져간 비닐봉지에 담았고, 입 안을 두세 번 긁은 면봉도 조심스레 담았다. 마치 영화에서 나오는 과학수사대원들처럼 하고자 했으나, 손과 마음은 떨리기만 했다.

인사를 하고 나오니 4시가 넘었다. 머리카락 1개와 면봉 하나는 우리가 따로 냉장 보관을 했고, 나머지는 바로 유전자 검사업체에 맡겼다. 혹시 우리가 체세포를 떼갔다는 사실을 황 교수 팀이 알아도 손을 쓰지 못하도록 일부러 작은 업체를 선택했다. 유전자 검사업체는 우리를 의심하지는 않았다. 그도 그럴 것이 조연출과 나는 그야말로 유산 상속을 둘러싸고 친자감별을 원하는 어떤 '특별한 여자와 그 여자의 친정 오빠'쯤으로 보였을 것이다. 결과는 이틀 뒤에 나온다고 했다.

그 뒤로 김 목사를 두 번 더 만났다. 두 번째 만난 9월 22일에 나는 임상실험에 대해서 보수적으로 판단하라고 했다. 그리고 굳이 하신다면 몇 명의 의사 선생님들에게 알리고 공개적으로 하시라고 했다. 김 목사는 왜 그러냐고 물었고, 나는 줄기세포에 대한 그간의 우려를 전달했다. 김 목사는 내 손을 꼭 잡았다. 자신도 사실은 불안했었다고 하면서.

진실, 그것을 믿었다

10월 13일에 세 번째로 만났을 때는 우리 취재 내용 전반에 대해 알려주었다. 김 목사는 놀랐고, 자신도 이제부터는 황 교수와의 전화 통화를 녹음해 두어야겠다고 말했다. 우리가 처음 만난 뒤에 김 목사는 안규리 교수에게 우리가 다녀갔다는 사실을 알렸다고 하니, 황 교수팀도 우리의 취재를 예의 주시하고 있었을 것이다. 또한 바로 얼마 전 황 교수팀의 이병천 교수가 자신에게 진술서를 받아갔다는 말도 해 주었다. 그동안 〈PD수첩〉팀이 김 목사를 속이거나 괴롭힌 내용이 있으면 빠짐없이 적으라는 내용의 진술서였다고 했다. 김 목사는 황 교수팀의 요구대로 진술서를 써 줄 수밖에 없었다고 했다.

월요일에 2번 환자의 유전자 지문 검사에서 어떤 결과가 나오느냐에 따라 중대한 결단을 할 수가 있습니다. 만약에 논문과 다르다면, 우리는 황 교수와 전면전으로 갈 것입니다. 논문과 같다면, 어떻게 조작된 것인지 밝혀낼 수 있는 새로운 검증법을 찾아야겠지요.

우리 팀에도 시간이 많지 않습니다. 제가 얻은 시간은 추석 전까지입니다. 그때까지 결정적 증거를 하나도 얻지 못하면, 일단 저는 수면 아래로 내려가 다른 아이템을 하면서 '장기 항전'해야 하는 상황입니다. 사기의 정황이 확실하기 때문에, 어떤 경우에도 저는 좌절하지 않습니다. 그리고 진실은 반드시 밝혀집니다.

– 9월 10일 제보자 K에게 보낸 메일에서

유전자 지문 결과는 약간 늦게 나왔다. 주말이 끼어서 작업이 늦어졌다고 했다. 9월 12일 오후 2시경에 메일로 결과가 들어왔다. 즉시 논문과 대조하는 작업이 이뤄졌다. 논문과 유전자 지문을 대조해 보는 내 눈길과 손길이 모두 떨렸다. 결과는 예상 밖이었다. 환자의 체세포는 논문에 나온 2번 줄기세포와 정확히 일치했다. 조작이 아니라는 유력한 증거가 아닐 수 없었다.

우리가 뭔가를 잘못 생각하고 있는 것 아닌가? 제보자가 오판하고 있는 것 아닌가? 설마 황 교수가 사기를 쳤겠어? 훗날 최승호 팀장이 말한 바대로 '상식의 저항'이 물밀듯이 밀려왔다. '상식의 저항'이라는 녀석은 어려울 때마다 뱀 대가리처럼 고개를 쳐들었다.

제보자 K로부터 저녁 10시에 위로의 메일이 들어왔다.

한학수 선생님께

오늘 결과로 큰 실망을 했을 줄 압니다. 일단 좀 한숨 돌리면서 다시 한 번 방법을 생각합시다. 당사자인 저는 그곳 서울대 수의대 실험실의 상황을 뻔히 알기에, 이번 결과가 나와도 제 해석에는 흔들림이 없습니다. 하지만 한학수 선생님은 오로지 보여지는 증거만으로 접근을 해야 하기에 힘이 빠지리라고 봅니다.

천신만고 끝에 2번 줄기세포가 완성되었거나 혹은 11개의 줄기세포가 모두 진실일 논리적 가능성은 있으나, 현실의 가능성은 저는 없다고 봅니다. 힘을 내시고 진실이 뭐든 간에 밝혀지기를 바랍니다.

진실, 그것을 믿었다

이번처럼 환자에게서 얻은 유전자 지문이 논문과 일치하는 것은 '아, 이 사람이 체세포 제공 환자 맞구나' 하는 것을 확인해 주는 1단계에 불과합니다. 힘내시고, 일단 11명 중 최대한 많은 환자의 신원을 파악하는 것이 중요합니다.

K 배상

Ch.
06

아무래도 HLA가
수상하다

제보자 B의 증언

9월 13일, 제보자 K에게 편지를 했다. 위로 메일에 대한 답장이었다.

> 위로 편지 감사하구요.
>
> 저는 좌절하지 않습니다. 그렇게 쉽게 검증된다면, 누구나 황 교수를 추적하게요? 이것을 할 수 있는 사람이 한국에 몇 명 있을까요? 최초에 결심했듯이 저는 해낼 것입니다. 부인의 인터뷰를 했으면 합니다. 그동안 논문 검증 문제 때문에 미뤄 왔는데, 이제는 미룰 일이 아니네요.
>
> – K에게 보낸 메일에서

우리는 제보자 K의 부인에 대해서 인터뷰를 요청했다. 우리는 이 부인을 '제보자 B'라고 불렀다. B는 처음에 남편 K가 방송사에 제보하는 것을 말렸다고 했다. 이 문제로 K와 B 부부는 많은 토론과 갈등의 시간을 보냈다고 했다. K가 먼저 용기 있게 우리를 만났고, B는 이 과정을 쭉 지켜보다가 마음이 기울었다고 했다. 그녀라고 왜 가정을 지키고자 하는 마음이 없었겠는가? 자식을 둔 엄마 입장에서 〈PD수첩〉의 취재에 응하기로 결심하는 것은 쉽지 않은 결정이었으리라.

나는 그때 좌절하지는 않았지만 어쩌면 이 취재가 몇 달 내에 끝나지 않을 것이라고 판단했다. 제보자 B가 마음이 변하기 전에 촬영을 해 둘 필요가 있었다. 이번에는 나와 김보슬 조연출이 카메라를 들고 병원으로 찾아갔다. K 부부가 함께 맞아 주었다. 병원의 외진 사무실에서 저녁 8시경부터 촬영이 시작되었다. 제보자 B는 간호학을 전공했고, 남편을 따라 황 교수 실험실에서 함께 연구를 시작했으며, 그 성과로 2004년 《사이언스》지 논문의 공동 저자가 되었다.

> 황 교수는 힘을 가진 사람이고 신화인데, 제보를 하면서 고뇌가 많았을 텐데요?

많이 그렇지요. 인터뷰를 해서 나가게 되면 혹시나 불똥이 튀지 않을까 염려하는 마음이 있죠. 이게 인터뷰가 잘 돼서 사회적 파장을 일으키고 정말 옳고 그름이 가려져서, 황 교수란 사람이 정말 잘못됐다고 국민들이 생각하면 좋겠지요. 잘못한 황 교수님도 '내가 잘못했구나' 이렇게 생각하면 좋은데, 그게 아니라 방송이 나갔을 경우에 황 교수님에 대한 안 좋은 이런 말들이, 대중들한테는 아무리 과학적인 증거를 제시하고 설득을 해도 다는 설득이 안 될 거라고 생각이 되거든요.

모든 사람을 다 설득시키지는 못할 거라고 생각이 되고, 황 교수님 자체도 자기가 잘못했다는 그런 생각을 안 할 수도 있다는 생각이 들거든요. 그럴 경우 황 교수님이 지금은 굉장히 세력이 크고 권력이 있기 때문에, 어떤 식으로든 저희에게 불이익이 생길 수도 있죠.

> 두려운 마음이 드시나요?

있죠.

– 제보자 B와의 인터뷰에서

제보자 B의 불안한 예측이 맞을지도 모른다. 커다란 위험을 감수하면서 이어지는 증언이었다. 황 교수 실험실의 P 연구원이 난자를 제공하게 된 경위를 물었다.

한번은 어떤 일이 있었냐면, P가 한 번 실수를 한 게 있었어요. 저희가 인간 난자를 가지고 실험을 하고 있는데, 잘못하다가 P가 난자가 들어 있는 접시를 엎어 버린 거예요. 그래서 그걸 엎으면서, '큰일 났다' 그러면서 걱정하고 있는데, "안 되면 언니, 제가 난자를 제공하지요" 막 그런 식으로 말했어요. 그때는 농담인 줄 알고, 그렇게 얘기하고 넘어갔어요. 그런데 그게 발단이 됐는지, 이 이후에 P가 직접 난자를 제공하게 됐다고 그렇게 얘기를 하더라고요.

> 그 얘길 P 연구원에게 어떻게 들었나요?

계속적으로 P하고는 실험을 같이 했기 때문에 P가 고민 같은 게 있으면 저한테 곧잘 상의도 하고 상담도 하고 그랬어요. 한번은 난자를

진실, 그것을 믿었다

기증하게 됐다고 얘기를 하더라고요. 그래서 나는 "안 된다. 네가 아직 결혼도 안 했고, 제공했을 경우에 시술 과정에서 어떤 불상사가 생길지도 모르는데 그런 거 하면 안 된다. 절대 하지 마라"며 몇 번이나 말렸죠. P도 갈등하던 중에 자기가 '안 하겠다, 하겠다' 막 왔다 갔다 했어요. 마지막으로 설득 과정 중에서 결국은 자기가 안 하겠다고 얘기를 하게 됐어요.

그런데 나중에 알고 보니까 병원에서 검진 다 받고 과배란 촉진제 주사까지 가져와 가지고는 "이 주사를 맞아야 된다"고 얘기를 하더라고요. 그래서 내가 절대 하지 말라고 말렸어요. 결국에는 난자 채취하기 전날 밤, 얘기를 길게 했어요. 절대 그런 거 하면 안 되고, 하는 과정에서 일어나는 부작용에 대해서도 설명해 주었죠.

그때는 자기가 포기를 했어요. 그래서 자기가 안 하겠다, "언니, 저 안 할 거예요. 무서워요" 이러면서 안 하기로 했는데, 그 다음날 아침에 P가 학교를 안 와서 궁금해하던 차에 전화가 왔어요. 자기가 지금 병원에 있다고 하면서……지금 난자 채취 수술하기 전이라고……무섭다고. 그런 식으로 얘기를 하더라고요.

> 당시에 P 연구원이 제보자 부부에게 보낸 메일에는 "선생님께 대적 못한 것을 후회한다"는 표현이 있던데, 왜 그랬을까요?

제가 생각하기에는 그 말이, 그 전까지 제가 계속적으로 하지 말라고 설득하는 과정에서 P가 난자 채취 수술을 안 받겠다고 결단을 내린 상태에서 황 교수님한테 얘기를 했어요. 자기가 안 하겠다고 얘기를 했대요. 그러니까 황 교수님이 막 화를 내면서 "왜 안 하냐"고 그런 식으로 얘기를 해 가지고 걔가 마음이 그랬어요. 그래서 거의 끌려가다시피 한 거죠.

> P 연구원이 난자를 제공하고 나서, 그 뒤 반응은 어땠나요?

난자 채취 수술을 한 그 날, 자기 난자를 들고 와서 자기가 핵이식을 했죠. 난자 채취 수술을 하고 나니까 배가 아프잖아요. 아파서 배를 움켜쥐면서 핵이식도 하고, 마치자마자 울면서 가야 되겠다고 했어요. 아파서 병원 가야 되겠다고 말하고 갔습니다.

- 제보자 B와의 인터뷰에서

P 연구원이 맨 먼저 난자 제공 이야기를 꺼낸 것은 물론 난자 접시를 엎지르고 나서 농담처럼 한 말이었다. 그러나 그런 실수를 한다고 해서 모두가 난자를 제공하게 되는 것은 아니었다. 황 교수는 여성 연구원들에게 난자 기증 동의서를 일괄적으로 받았다. 이 과정에서 P 연구원은 갈등했고 끝내는 난자 채취 수술을 안 하겠다고 황 교수에게 말했으나 거절당했던 것이다. 그 후에 서울대 조사위에서 밝혀낸 바에 따르면, 2003년 3월 10일 황 교수는 직접 P 연구원을 자신의 승용차에 태우고 미즈메디병원에 가서 난자 채취 수술을 한 것으로 드러났다.

> 설혹 그런 게 있어도 P 연구원 본인이 난자 채취 수술을 하기 싫으면
> 안 하는 거 아닙니까?

근데 그게 대적을 못 하는 이유가 P는 학생이고 나이도 어린데다가

황 교수님의 권력이나 권한이 너무 크다 보니까요. P가 만약 거기에서 황 교수님을 대적하고 난자 제공을 못 하겠다고 하면 이 교실을 나가야 되고, 졸업하는 자체도 불안 불안했어요. 자기가 외국에 가려고 하면 지도교수의 추천이 있어야 되는데, 좋은 데 가려면 영향력 있는 사람의 추천서가 필요하죠. 그런 거를 받기 위해서는 대적을 할 수가 없죠.

그 전에 어떤 일이 있었냐면, 황 교수님이 논문 저자를 정하는 데 있어서 원래는 몇 명만 딱 넣으려고 했어요. 일한 사람 중에 진짜 딱 2004년 《사이언스》 논문과 관련된 실험에 참여한 사람이 남편이랑 박종혁, 김선종 연구원이랑 저랑 P랑 ○○언니랑 이렇게 6명이 했어요. 거기에서 논문 저자를 남편하고 박종혁 연구원만 넣고 나머지는 다 안 넣어 준다고 황 교수님이 그런 얘기를 하신 적이 있거든요. 그것 때문에 P는 자기의 꿈이 미국에 유학 가서 좋은 조건으로 일하는 게 꿈인데……그렇게 좋은 국제 학술지에 나가게 됐고, 자기도 참여해 고생하면서 만든 줄기세포 라인이잖아요. 그런데 자기 이름이 안 들어가는 그런 논문이 나간다는 것에 대해서 수긍을 못 하기도 하고 불안감도 있었어요.

'황 교수님이 잘하면 내 이름도 뺄 수 있겠다' 하는 불안감에 난자 제공도 불안 불안해하면서 결심을 하게 됐죠. 그 불안감이 ○○언니한테 전염이 된 거죠. 그러면서 P가 ○○언니한테 가서 울고불고하면서, 잘못하면 우리가 논문 저자에서 빠질 수 있다고 말한 거죠. 난자 제공을 하면, 자기가 논문 저자에 들어갈 수 있는 탄탄한 그게 되지

않겠느냐, 공로가 있으니까······그렇게 울고불고 막 하다가······"나
혼자 하기에는 언니, 너무 불안해요. 무서워요" 그러니까 ○○언니
가 거기에 발동이 됐어요. "그럼 나랑 같이 하자. 내가 옆에서 같이
해 줄 테니까, 불안해하지 마라" 그렇게 된 것 같습니다.

– 제보자 B와의 인터뷰에서

이 난자 제공의 저변에는 지도교수와 학생 간의 권력관계가
있고, 연구원이 자신의 연구 성과에서 부당하게 배제될 수도 있
다는 뼈아픈 현실이 놓여 있었다. P 연구원의 경우, 한편으로는
논문 저자로 이름을 올리지 못할지도 모른다는 불안감이 다른
한편으로는 논문에 자신의 이름이 실릴 경우에 얻게 될 유학의
기회가 난자 제공의 동기였다고 B는 분석했다. 이후 검찰 수사
에서 P 연구원은 난자 제공의 과정에서 "황 교수의 강압은 없었
다"고 진술하였으나, 황 교수에 대해서는 노골적인 적대감을 드
러냈다고 한다.

어쨌든 여러 어려움이 예상되지만 이제 B도 우리와 한 배를
탔다. 우리가 함께 탄 배가 그 뒤로 얼마나 거친 풍랑을 만나게 될
지, 그때는 서로가 미처 몰랐다. 알았다면 과연 그 배를 탔을까?

진실, 그것을 믿었다

면역적합성 검사를 의심하다

HLA(조직적합성 항원) 검사는 면역적합성을 알아보는 검사인데, 예를 들어 각종 장기를 이식하는 경우에 면역 거부 반응은 없는지 확인해 보는 것을 생각하면 쉽다. HLA는 손가락 지문처럼 사람마다 다르고 완전히 같은 경우는 없다. 2005년 《사이언스》지 논문의 경우, 줄기세포가 체세포 제공 환자에서 유래한 것임을 증명하기 위해 하나는 '유전자 지문 검사'를 해서 그 동일성을 확인했고, 두 번째는 'HLA 검사'를 해서 같다는 것을 입증했다. 환자의 '혈액'과 환자로부터 유래한 '줄기세포'의 면역적합성을 대조해 보니 똑같다는 것이었다.

근데 저희가 모르는 것이 HLA typing(조직적합성 항원 유형) 검사 절차입니다. 일견 드는 의문은 유전자 지문 검사처럼 줄기세포째로 보내는 게 아니라, '유전자 샘플로 처리해서 의뢰'한다면 속이기가 쉽겠지요. 그렇지만 HLA 검사에서는 환자의 혈액과 비교하게 됩니다. 그렇다면, 이것은 줄기세포 라인과 환자의 혈액을 비교 검증한다는

것인데, 이 경우 두 개가 외관상 차이가 나지 않나요? 피는 빨간색이

지만, 세포 라인은 그렇지 않잖아요?

- 9월 13일 K에게 보낸 메일에서

당시에 우리는 유전자 지문 검사를 체세포 두 개 가지고 한

건데, 하나는 줄기세포라고 속여서 논문에 실었을 것이라고 추

정했다. '유전자 샘플로 처리해서 의뢰'한다는 말은 곧, 체세포에

서 유전자를 뺀 뒤 각각 줄기세포와 체세포라고 속이는 것을 의

미했다. 그렇게 했기 때문에 2번 줄기세포 환자의 유전자 지문이

논문과 같이 나온 것이라고 생각했다. 조작이 틀림없다면 그 방

법밖에는 없기 때문이었다. 우리는 그와 동일한 방법으로 HLA

검사를 한 것이 아닐까 하는 추론을 했다.

그렇다면 HLA 검사는 누가 한 것일까? 황 교수팀에서 이 부

분을 담당한 사람은 면역학 분야의 안규리 교수로 알려져 있었

다. 그렇다고 안규리 교수에게 이걸 대놓고 물어볼 수는 없었다.

단서를 찾고 상황 파악을 한 연후에야 안 교수에게 '뭔가를 확

인하는' 인터뷰를 할 수 있는 것이었다. 이것은 마치 추리소설에

나오는 탐정과 같아야 했다. 완전 범죄는 없다는 확신을 갖고 증

거를 찾아나서야 했다. 어디서부터 시작할까?

나는 막힐 때마다 논문을 읽어 보았다. 이 사건을 취재하면

서 2005년 《사이언스》 논문을 백 번 정도는 읽었다. 처음에는 어

렵기만 하더니 하나씩 하나씩 수수께끼가 풀려 갔다. 이번에도

진실, 그것을 믿었다

논문을 유심히 뜯어보니 황 교수가 단서를 남겨 놓았다. 논문 후기References and Notes 32번을 보니 당사자가 나와 있었다. 논문 후기에는 논문을 쓰기까지 도움 주신 분들에 대한 감사의 인사가 들어 있다. 여기에 HLA 관련해서 서울대학교의 'J. Y. Kim and M. H. Park'이 도움을 준 것으로 나와 있었다. 이 이니셜의 주인공은 누구일까?

김보슬 조연출이 안규리 교수 실험실 인원과 서울대 의대 교수들을 뒤지기 시작했다. 이것은 인내심이 필요한 작업이었다. 모든 교수들과 연구원들의 이름을 일일이 대조해 보고, 그중에서 유력한 후보군을 골라내는 일이었다. J. Y. Kim은 안규리 교수팀의 김○○ 박사로, M. H. Park은 진단검사의학과의 박○○ 교수로 압축되었다. 그렇다면 이것은 황 교수팀의 누군가가 안규리 교수팀의 김○○ 박사에게 환자의 혈액과 줄기세포를 '유전자 샘플 형태'로 전달했고, 이것을 박○○ 교수팀이 검사했다는 것을 뜻했다.

이런 경우, 수순은 '실제 실험이 진행된 방향의 역순'이었다. 밑에서부터 기반을 다지고 핵심 인물로 접근해야 했다. 실제로 HLA 검사를 한 실무자부터 역순으로 타고 올라가, 안규리 교수까지 가야 했다. 무슨 일이나 마찬가지 아닌가 싶다. 기반 공사가 잘 되어야 마무리에서 좋은 성과를 얻을 수 있다는 것.

왜 줄기세포가 14개나 되지?

9월 21일 오후 2시에 서울대 의대 진단검사의학과 박○○ 교수를 만났다. 박 교수는 일단 HLA 검사가 무엇인지 친절하게 설명해 주었다. 혹시 우리가 방송에서 잘못된 용어나 개념을 사용하지 않을까 염려하면서 세심하게 관련 내용들을 복사해 주었다. 얼굴에서는 정갈함과 깐깐함이 함께 묻어 나왔다. 어떤 거짓도 느껴지지 않았다.

2005년 《사이언스》지 논문과 관련해서 물었더니, 시원시원하게 답해 주었다. 안규리 교수팀에서 의뢰한 HLA 검사를 올 3월에 해 주었으며, 유전자 샘플 형태로 건너왔다고 했다. 실험의 자세한 내용을 확인하고 싶다고 하니, 담당자를 연결해 주었다. 세포 검사실을 간단히 촬영하고 바로 담당자를 만났다.

담당자에게서 실험노트를 받아 촬영했다. 2005년 3월 22일에 안규리 교수팀의 김○○ 박사가 세포 검사를 의뢰했다. 첫 번째는 'T2, T3과 D2, D3'가, 두 번째는 'T4~T15와 D4~D15'가 왔다. 모두 14쌍이었다. 5월에 논문이 나왔으니 3월 22일이라면

진실, 그것을 믿었다

대단히 임박해서 검사 의뢰를 한 것이었다. 담당자는 T와 D가 정확히 무엇을 의미하는지 모른다고 했다. 실은 검사의학과에서는 그것을 알 필요도 없다고 했다.

회사로 복귀해서 촬영된 테이프를 정밀하게 확인해 보았다. 실험노트에서 다른 단서는 발견되지 않았다. 아마도 D는 체세포 제공 환자인 Donor를 의미하는 것일 테고, T는 실험에서 검사하고자 하는 대상, 즉 줄기세포인데 바로 이것을 Test해야 하니 T라고 했을 것이라고 추론했다. 그리고 환자의 혈액과 줄기세포를 각각 실험에 맡겨야 하니 '쌍쌍이' 된 것이 틀림없었다.

그런데 왜 15번까지 있지? 1번은 2004년 1번 줄기세포라서 따로 검사할 필요는 없는 것이고, 그렇다면 논문에서와 같이 2번

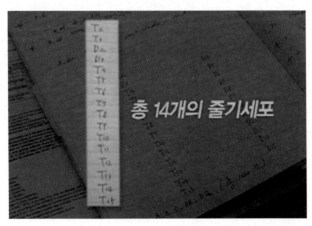

안규리 교수팀이 서울대 진단의학과에 의뢰한 HLA 검사 실험노트. 《사이언스》 논문에 실린 줄기세포는 11개인데, 검사를 의뢰한 것은 총 14개였다. 왜 이런 차이가 생긴 것일까?

부터 12번까지 11개의 줄기세포만 실험해 보면 되지 않을까? 도대체 T15는 무엇이지? 15번 줄기세포가 3월 22일에 이미 확립되었단 말인가? 그렇다면 왜 논문에는 11개만 발표한 거지? 줄기세포 11개와 14개는 엄청난 차이가 있었다. 논문에는 몇 개의 난자에서 몇 개의 줄기세포가 만들어졌는지, 그리고 그게 몇 개의 배반포로부터 형성된 것인지가 정확히 기재되어 있었다. 이것은 줄기세포의 실용화 가능성과 직결되는 것이기 때문에 결코 소홀히 할 수 없는 것이었다.

그렇다면 황 교수팀은 3월 22일까지 줄기세포를 11개로 발표할지 14개로 발표할지 정확히 판단하지 못했던 것일까? 아마도 14개로 발표하려다가 어떤 이유에선지 논문에서는 11개로 줄였을 것이라고 우리는 추정했다. 우리가 이런저런 시나리오를 그리고 있는 사이, 이병천 교수로부터 우리의 섭외에 대한 답장이 왔다.

먼저 과학을 하는 한 사람으로서 프로그램의 취지 및 방향에 관해서 전적으로 동감하고 감사드립니다. 아시겠지만 현재 저희는 연구에 열중하기 위해 실험실 촬영이나 인터뷰를 극도로 자제하고 있습니다. 이제는 미디어에서 한걸음 뒤로 해서 실험에만 전념하려 하고 있으며, 이를 아끼시는 마음으로 이해해 주셨으면 감사하겠습니다.

－ 9월 21일 제작팀 앞으로 보낸 이병천 교수의 메일에서

진실, 그것을 믿었다

황 교수팀은 여전히 우리를 만나 주려고 하지 않았다. 9월 22일, 안규리 교수는 우리의 인터뷰를 거절한 채 논문과 관계없는 교수 3명을 추천해 주었다. 안규리 교수가 추천하는 교수 3명은 우리의 관심 대상이 아니었다. 안규리 교수팀의 김○○ 박사에게 사정사정해서 겨우 김 박사와 약속을 잡았다. 9월 27일에 겨우 한 시간 정도 시간을 내주기로 하고 만났다.

전체적으로 황 교수와 안규리 교수 두 분이 다 계속 커뮤니케이션하면서 두 분이 주도하신 거죠. 수의대는 황우석 선생님이 주도하시고, 의대 쪽은 안 교수님이 주도하시고…….

> 안규리 교수님은 올해 5월 《사이언스》지 연구와 관련해 어떤 역할을 하신 건가요?

수의대 선생님들은 주로 복제 기술을 계속 업그레이드해서 복제 효율을 계속 높이고 있으시잖아요. 수의대에서는 어떤 복제 기술적인 면에서 기여를 많이 하신 것이고, 그걸 궁극적으로는 어떤 질환에 적용을 해야 되는데 그런 백그라운드를 다져 주는 게 안규리 선생님의 역할이죠. 그래서 어떤 질환을 선택하는 것이 가장 보편타당하고 효율적일까 이런 거를 결정하는 역할을 하는 거죠.

> 그러면 김 박사님은 황 교수팀에서 줄기세포 샘플과 환자의 혈액을 받아서 유전자를 넘기신 거네요? 몇 개를 넘긴 건가요?

그것이 줄기세포인지 아닌지 제 눈으로 확인할 수는 없죠. 줄기세포째로 온 것이 아니니까요. 그리고 그때 12개씩 했나? 양쪽에 그랬을

것 같은데요. 제 기억에는 세포 12개와 환자의 피 12개를 의뢰한 것
같아요.

- 김○○ 박사와의 인터뷰에서

김 박사는 두 번째 의뢰한 12쌍만을 기억했다. 사실, 자기
는 샘플을 받아서 검사의학과에 전달만 해 주었기 때문에 특별
히 논문에 기여한 것이 없다고도 했다. 다만 서울대 수의대에서
세포의 샘플을 가져온 것은 미즈메디병원의 김선종 연구원이라
는 것을 확인해 주었다. 대단히 중요한 사실이었다. 복제 줄기세
포가 아닌 것에서 유전자를 뽑은 뒤에 이것을 줄기세포의 유전
자라고 하면서 가져왔을 가능성이 높았고, 이것을 안 교수팀으로
전달한 사람은 아무래도 논문 조작에 직접 개입했을 가능성이
컸다.

진실, 그것을 믿었다

황 교수팀의 '입'을 만나다

안규리 교수팀과 밀고당기기가 시작되었다. 우리는 서울대 진단
검사의학과에서 HLA 검사 데이터를 얻고자 했다. 14개 줄기세
포의 샘플을 검사한 셈이니 과연 그 결과가 논문과 같은지, 그리
고 검사한 것 중에서 과연 논문에 발표한 11개는 어떤 것인지 확
인하고자 했던 것이다. 논문에 발표된 것처럼 도표로 처리된 숫
자가 아니라 '실제 최종 데이터 자료'를 얻어야 의미가 있었다.

진단검사의학과에 얻으러 갔으나 담당자는 "안규리 교수팀
에 자료가 다 넘어갔다"고 했고, 안규리 교수팀에 갔더니 "진단
검사의학과에서 데이터를 가지고 있다"고 발뺌했다. 결국, 이 데
이터는 양측 모두 가지고 있는 것으로 확인되었다. 진단검사의학
과는 가운데 끼어서 대단히 괴로운 형국이 되었는데, 끝내 "의뢰
자인 안규리 교수팀의 허락 없이는 실험 데이터를 보여 줄 수 없
다"며 피해 나갔다.

안규리 교수팀에서는 미루고 미루다가 결국 데이터를 보내
준다고 약속했으나, 최종적으로 우리에게 건네 준 것은 '줄기세

포 2번과 3번의 데이터'뿐이었다. 우리의 의심은 깊어만 갔다. 이미 논문에 공개되었기 때문에 비밀이랄 것도 전혀 없는 HLA 자료를 왜 2번과 3번만 공개하고 나머지는 저렇게 주지 않으려고 하는 것일까? 2번과 3번 줄기세포 두 개만 완성된 것이라는 추정을 하기에 충분한 상황이었다. 상대도 우리가 어떻게 움직일지 긴장감을 갖고 주시하는 기색이었다.

10월 12일 오후 3시에 안규리 교수를 인터뷰했다. 그토록 많은 논문의 공저자들이 무엇이라도 물어볼라치면 항상 들이대는 말이 "논문에 대해서는 안규리 교수에게 물어보라"는 것이었다. 안 교수는 황 교수팀의 공식적인 언론 관계 대변인이었고 '입'이었다. 바로 그 안 교수를 만나는 것이었다. 이번에는 '인터뷰 시간 제한 30분'이라는 단서가 붙었다.

우리는 표면상으로는 '한국의 생명공학'을 제작하는 다큐멘터리팀으로 인터뷰를 하는 형식이었다. 그러나 이때쯤에는 우리가 무엇을 취재하고 있는지 안 교수도 잘 알고 있었을 것이다. 서로가 웃으면서 만났지만, 안 교수는 나름대로 방어를 잘해서 우리의 의혹을 잠재우려 했고, 우리는 안 교수의 빈틈을 잘 공격해서 논문 조작의 단서를 잡아야 했다. 이렇게 안 교수와 공식적으로 인터뷰를 할 수 있는 기회는 마지막이 될 것이라는 예감이 있었다.

> 2005년 사이언스 논문의 줄기세포는 몇 개나 HLA 검사를 하셨나요?

진실, 그것을 믿었다

11쌍을 다 하죠. 환자분 혈액과 줄기세포를 하는 거니까 22개를 동시에 실행했고, 체세포 혈액도 분양한 시기에 따라서 다시 재검합니다.

> 11쌍이라고 말씀하셨는데, 실제 의뢰하신 건 14쌍인데요?

……(잠시 머뭇거린 뒤) 옛날에 3개가 있었지 않습니까? 처음에 우리가 만든 거. 처음에 우리가 발표할 때 하나 발표하고, 그 후 2개가 더 있었지요.

> 그게 무슨 말씀이시죠? 2004년 2월 《사이언스》에 1번 줄기세포가 있었고, 올해 2005년 5월에 발표된 게 11개인 걸로 알고 있는데요.

우리가 옛날 거에 검사를 넣었을 거예요. 3쌍을 보냈어요. 1번 줄기세포의 도너하고 셀을 3쌍을 보냈어요. 이걸 1번으로……그리고 나머지가……(논문을 다시 훑어보고) 이쪽에 넘버 1이 우리가 2개를 더 넣었어요. 테스트할 때.

> 작년 2004년에 맨 처음 개발된 1번 줄기세포를 검사하셨다는 말씀입니까?

이게 아마 서브 컬처sub culture를 하면서 진짜 똑같은 건가를 봤을 겁니다. 1번이 3쌍이었어요, 테스트한 것은……. 그리고 나머지 11쌍. 그래서 합하면 14개가…….

> 1번 줄기세포만 3개나 검사를 한 이유가 있나요?

세포 배양을 하면서 혹시 바뀌었을까 봐.

– 안규리 교수와의 인터뷰에서

안규리 교수는 11쌍을 검사했다고 자신 있게 말했으나, 실제로는 14쌍을 했다고 확인해 주니 당황하는 기색이 역력했다. 그 와중에 안 교수는 14쌍, 즉 14개의 줄기세포 중에서 3개는 '1번 줄기세포를 3번 검사'한 것이라고 해명했다. '3+11=14'라는 쉬운 등식을 만들어 낸 것이다. 나는 이 해명에 놀라지 않을 수 없었다. 한 가지 줄기세포를 세 번씩이나 동시에 HLA 검사를 한다는 것도 상식적으로 이해할 수 없는 일이지만, 2005년 논문을 검증하는 실험에 왜 2004년 논문의 줄기세포가 들어가야 하는지도 의문이었다. 의문은 일단 뒤로 하고, 그 실험 데이터라도 볼 수 있는지 물었다. 이 대목에 이르자 안 교수의 언성이 점차로 높아졌고, 사이사이 영어로 된 표현들이 늘어났다.

> 그럼 그 HLA 검사 결과가 나온 걸 볼 수 있을까요?

이걸 너무 마치 그렇게 서치search하지 않으셨으면 좋겠습니다. 벌써 검사의학과 박○○ 선생님한테까지 가서서 발표해야 될 이외의 걸 다 알고 계신데, 이게 조사도 아니고 좀 그렇지 않으십니까? 우리가 말씀드리는 거는 11개가 풀 매치full match냐를 봐 드렸고, 1번 줄기세포를 보냈던 건, 아마 그때 제가 1번을 세 번 했다고 생각하는데, 이 테스트가 사이클별로 이퀄equal하냐를……테스트는 14번 했던 걸로…….

> 어쨌든 그 검사 결과 받으신 걸 볼 수 있을까요?

글쎄, 우리 팀 김 박사님이 받으셨고, 우리 연구팀은 저 외에는 매스컴에 잘 나가지 않는 게 습관인데요.

진실, 그것을 믿었다

> 검사 결과가 여기 없습니까?

그게 왜 필요하세요?

> 궁금해서 그렇습니다. 어려운 건 아니지 않습니까?

글쎄요, 이게 방송에 나가서 무슨 도움이 될지 모르겠네요.

> 상식적으로 생각할 때 교수님이 11쌍이라고 하셨는데 14쌍을 검사하
셨으니까 이상하잖아요.

그렇게 기억해요. 우리 사이언스라는 게 여러 번 실험 중에서 파이널
데이터를 선별하는 겁니다. 무슨 취조하듯이 뭐는 요리로 가고 뭐는
요리로 가고 하는 트레이싱tracing을 하진 않습니다.

> 그 데이터를 촬영하고 싶어서 그렇습니다.

글쎄요, 그만큼의 여유는 없는데요. 별로 중요하지 않으실 거 같아요.

− 안규리 교수와의 인터뷰에서

검사 결과는 보여 줄 수 없다고 안 교수가 딱 잘라 말했다.
이미 검사 결과는 논문에 나와 있지만 과연 그게 실제 데이터인
지 보고자 했으나 결국 거절당했다. 돌려서 말했지만, 나는 '그게
의심스러우니 내 눈으로 직접 확인해야겠다'고 말한 셈이고, 안
교수는 '그렇게는 못 하겠다'고 한 것이었다. 이쯤 되면 서로 의
사표시를 분명히 한 것이었다. 나는 마지막으로 한 가지를 더 물
었고, 안 교수는 뼈 있는 말을 남겼다.

> 논문 저자들이 어떤 역할을 했는지 알고 싶습니다.

그건 황 교수님이 절대로 허락하지 않을 일입니다. 그건 왜냐면 팀 내에 위화감이 생기기 때문입니다.

> 논문 공동저자인 ○○ 산부인과의 구○○ 씨나 장○○ 씨는?

안 됩니다. 아무도 인터뷰가 안 될 겁니다.

> 그럼 그분들이 하신 역할이라도 말씀해 주시면 안 될까요?

역시 그분들은 산부인과 의사의 롤role을 했죠. 손이 굉장히 좋아요. 정말 잘합니다.

> 그분들이 세포 배양을 하신다는 말씀인가요?

아니오. 조직의 비밀을 알려고 하지 마세요. 저 가야 돼요. PD님이 이렇게 취재하면 다 도망가고, 아마 주변에 아무도 안 남을 거예요. 이런 팩트fact는 캐지 마세요. 이 사람들이 논문에 자기 이름이 있건 없건, 자기네들이 어떤 역할이 주어지건 안 주어지건……연구팀을 이끌어 가는 건 장난이 아니었어요. 이번에 논문에 들어오건 다음에 논문에 이름이 들어오건 간에, 우리는 그냥 우리의 최선을 다할 뿐입니다. 사심도 없었고, 그냥 주식 한 장 산 거 없어요. 그래서 이해해 주기를 바라면서 연구해야 되기 때문에 너무 힘들었어요.

> 오늘 귀한 시간 빼앗았습니다. 인터뷰에 감사드립니다.

– 안규리 교수와의 인터뷰에서

안 교수는 자리에서 일어나 나갔고, 나는 정중히 인사했다. 마지막 말을 통해 안 교수는 분명히 경고의 메시지를 보낸 것이다. '조직의 비밀을 알려고 하면, 언젠가 당신 주변에 사람들이 아무도 없는 상황을 맞을 것'이라는 그 말, 바로 그 말이 무슨 뜻인지 그때는 잘 몰랐다.

HLA에 대한 조사는 이것으로 일단락되었다. 분명히 무언가 의심스러웠지만 딱히 증거라고 내세울 만한 것은 없는 상황이었다. 말하자면 정황증거만 있는 셈이었다. 이 정도를 가지고 황 교수에게 논문 조작이라고 들이대기는 힘들었다. 딱 되치기당하기 좋은 수준이었다. 우리는 HLA를 조사하는 막바지에 와서 취재의 한계를 느꼈다. 마지막이라는 각오로 조사 범위를 넓혔다. 승부수를 던진 셈이다. 그것이 바로 테라토마였다.

궁즉통窮則通, 궁하면 통한다고 했던가?

07

치열한 접근전, 테라토마

2004년 테라토마에도 비밀이 있었다

몇 년 전 일어난 모 양의 비디오 파문이 대한민국 남자들의 인터넷 검색 수준을 한 차원 높였고, 황우석 파문이 전 국민의 생명과학 수준을 한 단계 업그레이드시켰다는 우스갯말이 생겼다. 지금은 테라토마가 생명과학을 전혀 모르는 국민들에게도 낯설지 않은 용어지만, 당시만 해도 우리는 테라토마가 무엇인지 정확히 몰랐다.

줄기세포는 암세포처럼 무한 증식의 성질이 있어야 하고, 신체의 모든 장기로 분화할 잠재력을 갖고 있어야 한다. 즉, 피부나 뼈 혹은 근육 등 내배엽, 중배엽, 외배엽으로 모두 분화할 수 있어야 한다. 이것을 확인하려면 사람에게 줄기세포를 주입해야 하지만, 너무 위험하기 때문에 대신 쥐에 주입해서 확인하게 된다. 이때 쥐에 주입된 줄기세포가 무한 증식해서 자란 실제 조직 덩어리를 테라토마라고 한다.

보통 쥐는 줄기세포를 주입하면 면역세포가 작동해서 바로 외부 세포를 모두 죽여 버리기 때문에, 테라토마 실험에는 '면

진실. 그것을 믿었다

역력이 제거된 실험용 쥐'를 사용하게 된다. 이 쥐는 면역력이 없기 때문에 외부의 줄기세포가 들어와도 마치 자신의 세포인 양 착각하고 이것을 암 덩어리만 하게 키우게 된다. 이 면역력 없는 쥐가 바로 '스키드SCID 마우스'라는 쥐인데, 줄기세포는 보통 이 쥐의 고환에 주사기로 주입한다. 줄기세포를 주입한 지 3개월 정도 지나면 쥐의 고환에 탁구공만한 양성 종양 암 덩어리가 생기는데, 그때 쥐를 죽이고 그 종양을 꺼낸 뒤 분화 과정을 살피게 된다. 이 과정에서 암 덩어리 세포가 변질되지 않고 오래 보존되도록 양초와 같은 성분인 파라핀으로 처리를 한 뒤, 절편처럼 아주 얇게 잘라 슬라이드로 만들어서 분화상태를 파악하게 된다.

9월 9일에 우리는 2005년 《사이언스》 논문 후기에서 테라토마 관련자를 한 명 찾았다. 논문 후기에는 'D. H. Chung(Seoul National University Hospital) for teratoma histopathology'라고 적혀 있다. 서울대 의대 병리학 교수실에 동일한 이니셜을 가진 교수가 있었는데, 바로 정○○ 교수였다. 그러나 테라토마를 실험하는 과정에서 어떤 역할을 했는지 알 수는 없었다.

2005년 논문의 테라토마를 만약 정 교수가 했다면, 분명히 테라토마 조직 슬라이드를 한 장이라도 가지고 있을 확률이 있습니다. 이것을 만약 얻는다면 11개 줄기세포의 유전자 지문과 비교하여 가짜인 것을 알 수 있습니다. 현재 우리나라의 유전자 검사 기술력으로도 가능하리라고 봅니다. 이것을 얻으면 결정적 증거입니다.

- 9월 13일 제보자 K가 보낸 메일에서

그렇다. 테라토마는 줄기세포 덩어리니까 줄기세포 자체나 다름없다. 이 테라토마 조직의 슬라이드를 한 장이라도 구하면 된다. 그 슬라이드에 묻어 있는 세포를 긁어내서 유전자 지문 검사를 하면 된다. 이것은 '유전자 지문'이나 'HLA 검사'처럼 체세포를 가지고 줄기세포라고 속일 수도 없다. 이 테라토마 슬라이드를 구하기 위해, 이후 우리는 황 교수팀과 숨 막히는 물밑 전쟁을 벌였다.

테라토마와 관련해서 K가 메일을 통해 2004년에도 테라토마에 문제가 있었다고 전해왔다. 자신과 박종혁 그리고 김선종 연구원만이 아는 사실인데, 황 교수가 2004년 《사이언스》 논문의 테라토마 사진을 조작했다고 했다.

2004년의 것은 정○○ 교수를 속인 것입니다. 황 교수는 제가 기르던 다른 줄기세포로 만든 테라토마를 정 교수에게 주었습니다.

- 9월 13일 제보자 K가 보낸 메일에서

테라토마는 군이 체세포 복제 줄기세포가 아니더라도 만들어질 수 있다. 수정란 줄기세포나 혹은 성체 줄기세포를 통해서도 만들어질 수 있는 것이다. 당시 K는 성체 줄기세포를 통해 테라토마를 만들었는데, 바로 이 테라토마를 감쪽같이 복제 줄기세포의 테라토마라고 황 교수가 속였다는 것이었다. 이 말은 2004년 《사이언스》 논문에서 이미 테라토마 사진이 조작되었다는 중요한 증언이며, 이 조작의 당사자가 바로 황 교수라는 점에서 의미심장한 것이었다. 이 부분에 대해서 좀 더 자세한 정황을 물었더니, 당시에 황 교수의 조작에 대해 황 교수 몰래 대책회의까지 있었다고 한다.

> 2004년 《사이언스》 논문 1,672쪽 Figure2를 보면 일부가 가짭니다. 당시 대책회의에 나, 박종혁, 김선종이 머리를 모았습니다. "황 교수가 너무 서둔다. 아무리 경쟁이라지만 이렇게 테라토마 사진을 조작하는 것은 너무한 것 아닌가?"라고 다같이 의견을 모았습니다. 제가 당시에 "《사이언스》 쪽에서 테라토마 슬라이드를 달라고 하여 유전자 지문 검사를 하면 황 교수의 조작 사실이 걸리는 것 아닌가?"라고 하자, 박종혁이 "그건 실제로 있을 수 있는 일이다"라고 말했습니다.
> — 9월 14일 제보자 K가 보낸 메일에서

논문 지도교수가 직접 테라토마 사진을 조작하자, 그 밑의 연구원 세 명이 대책회의를 한 것이었다. 당시에 K는 1번 줄기세포가 제대로 된 복제 줄기세포라고 알고 있었기 때문에 굳이 그런 조작을 할 필요를 느끼지 못했고, 황 교수의 그런 조작에 대해 우려를 했다고 한다. 이렇게 연구원 세 명은 대책회의까지 했으나, 차마 황 교수에게 조작을 멈추라고 직언하지는 못했다. 다행히(?) 《사이언스》에서는 데이터만을 검증했기 때문에 테라토마 슬라이드를 직접 보내라고는 하지 않았다. 어쩌면 《사이언스》를 속이는 방법이 이때부터 서서히 체화된 것이라고 볼 수 있었다. '영롱이'나 '백두산 호랑이' 혹은 '광우병 내성소' 정도로 대한민국을 주무르는 데 머물렀던 황 교수가 2004년 세계적 학술지 《사이언스》에 논문을 내는 과정에서 그 맹점을 일찌감치 알아차린 것이었다.

나중에 검찰 수사를 통해 밝혀진 일이지만, K가 알고 있는 것과 같이 '일부' 테라토마 사진만 조작된 것이 아니라 2004년 《사이언스》 논문의 테라토마 사진은 '모두' 조작된 것이었다. 황 교수는 미즈메디병원의 수정란 줄기세포에서 만들어진 테라토마를 1번 복제 줄기세포의 테라토마라고 속였던 것으로 드러났다. 직속 연구원들도 이 조작의 전모를 정확히 알지 못했는데, 그 이유는 이 테라토마의 전달자가 바로 황 교수였기 때문이었다. 황 교수가 직접 서울대 병리학과 정 교수에게 찾아가 가짜 테라토마를 복제 줄기세포의 테라토마라며 검사를 의뢰한 것이었다.

진실, 그것을 믿었다

세포주은행에 기탁된 줄기세포가 없다

서울대 정○○ 교수에 대한 탐문에 들어갔다. 그가 과연 2005년 《사이언스》 논문의 테라토마 검증에 참여한 것인지 확인하기 위한 것이었다. 여러 군데에 조심스럽게 확인해 보니, 정 교수는 2004년 《사이언스》 논문의 테라토마만 검사해 준 것으로 첩보가 들어왔다.

> 제목: 황 선생과 관련한 세 번째 보고
>
> 더 이상 어찌할 수 없어서 수면 아래로 내려가려는 순간, 새로운 아이디어가 생겼습니다. 궁즉통窮卽通입니다. 굳이 황 선생의 줄기세포 라인을 '훔치지' 않더라도, 그것과 똑같은 조직이 있다는 것을 알아낸 것입니다. 그것은 테라토마입니다. 논문에는 그 테라토마 검증을 한 사람이 서울대 정○○ 교수로 나와 있습니다. 그런데 확인해 보니 그는 올해 논문의 테라토마 검증을 하지 않았다고 합니다.
>
> 그러나 이것도 일부 한계는 있습니다. '테라토마 조직을 얻어 내

서 우리가 직접 거짓을 입증하는 것'만은 못하다는 것이고, 황 교수가 '테라토마에는 문제가 있지만, 어찌되었든 줄기세포는 있다'고 변명할 여지도 있는 것입니다. (중략)

지난번에 말씀드렸듯이 저희는 '1라운드 자료조사'와 '2라운드 탐색전'을 마쳐 가는 상황입니다. 다만, 예상했던 '3라운드 근접 육박전'으로는 완전히 넘어가지 못한 상황입니다. (중략)

현재 황 선생은 마음이 급할 것입니다. 왜냐하면 그는 11월 20일경까지 11개의 배아 줄기세포를 '세포주은행'에 기탁해야 하기 때문입니다. 이것은 특허법상 논문을 발표한 5월 20일 이후 '6개월 이내에' 세포주를 기탁하지 않으면 특허 출원에 문제가 생기기 때문입니다. 물론, 지금까지 기탁을 하지 않은 것도 이해하기 힘든 상황이죠. 저도 요즘 잠을 설치지만, 황 선생도 좋게는 잠을 못 잘 것입니다. 없는 세포주를 기탁할 수도 없고, 기탁을 안 하면 관련학계에서 강한 의혹을 제시할 수밖에 없기 때문입니다.

지난 보름간 속이 많이 탔습니다. 제가 빠진 틈을 메우느라 분주하게 뛰고 있는 동료들을 보면, 제가 마음의 부담이 많았습니다. 동료들의 도움으로 여기까지 왔습니다. 우리가 힘을 합쳐 '황 선생 3부작'을 하게 될 날도 멀지 않았습니다. 제보자 K는 방송 전에 국가청렴위로 가고 싶다고 의견을 전해 왔습니다.

물론, 황 선생의 올해 논문이 맞을 가능성도 있습니다. 그러나 그 가능성은 5% 정도에 불과하다고 봅니다. 황 선생과 관련한

진실, 그것을 믿었다

그 외 기타 사안은 모두들 머리 복잡해지니, 이번 보고에서는 생략하겠습니다. 보안을 유지해 주셔서 감사드립니다. 이 글은 인쇄하지 말아 주십시오.

2005년 9월 16일 한학수 올림

'황 선생과 관련한 세 번째 보고'를 통해 어느 정도의 시간을 더 얻었다. 그러나 언제까지나 수면 아래에서 조사할 수 없다는 점도 지적되었다. 〈PD수첩〉팀의 다른 PD들도 서서히 지친 기색이 드러났다. 혹시 이 취재가 '끝이 없는 수렁'이 아닌가 하는 회의적인 시각도 등장했다. 바로 이 대목에서 최승호 팀장이 결단을 내렸다. 여러모로 종합해 볼 때 황 교수에게서 냄새가 너무 많이 난다는 것이며, 여기서 취재의 고삐를 늦추었다가 다시 시작하기는 어려울 테니 하는 데까지 하라는 것이다. 나중에 휴게실에서 팀장이 의미 있는 한마디를 건넸다.

"이런 취재는 도중에 꺾이면 안 된다. 학수야, 좀 더 취재해라."

테라토마에 대한 의혹을 조사하는 한편, 우리는 황 교수의 줄기세포주가 과연 세포주은행에 기탁되었는지 확인하는 작업을 해 나갔다. 특허법시행령 제2조 '미생물의 기탁'에 따르면, 미생물에 관계되는 발명으로 특허 출원을 하려면 공인된 기탁기관에 그 미생물을 기탁해야 한다. 특허에 관한 국제 협약인 '부다페스트 조약'에 의해 국제적으로 인정된 기탁기관에 미생물을 맡겨야 국제적으로 인정을 받는 것이다. 즉, 줄기세포도 새로운 생명체를 발명한 것이나 마찬가지니 이를 실물로서 공인된 기관에 맡겨야 특허 심사를 진행할 수 있다는 것이다.

우리나라에는 부다페스트 조약에 따른 공인된 기탁기관이 3개인데, 이 중에서 사람의 세포를 받아 주는 곳으로는 서울대 세포주은행이 유일했다. 그렇기 때문에 2004년에 개발된 1번 줄기세포도 여기에 기탁되어 냉동 보관되고 있었다. 황 교수의 특허를 담당하는 곳이 어딘지 알아보니, 서울대 산학협력재단이었다. 서울대의 경우 국립대이기 때문에 교수들의 특허는 서울대 산학협력재단이 총괄 관리하고 있었다.

9월 20일, 서울대 산학협력재단에서 황 교수의 특허를 전담하는 김○○ 변리사를 인터뷰했다. 김 변리사는 서울대 수의대 출신이라서 황 교수에 대해 잘 알고 있는 듯했다.

> 황 교수님이 특허를 출원한 것이 언론에도 많이 보도되었고, 또 몇 가지는 실제로 등록된 것이 있는 걸로 알고 있습니다. 혹시 이런 특허로 수익을 얻은 것이 있나요?

아직까지는 기술이전 계약 협상이 이루어지거나 그런 건 없고요, 특허로 등록된 거는 시기적으로 봤을 때 예전에 동물 복제기술 관련된 것들입니다. 큰 프로세스process라기보다는 조그만 실험 과정에서의 조건들에 대해 등록된 게 있죠. 그리고 실험하시면서 어떤 고안 사항에 대해 특허가 된 것도 있고요. 중간 중간에 나온 것들에 대해 특허를 받은 게 있는데, 그런 것들이 상업적으로 활용될 수 있을지는 잘 모르겠어요.

- 김○○ 변리사와의 인터뷰에서

그동안 황 교수가 특허 문제로 조명받은 것은 한두 번이 아니었다. 언론은 매번 '무슨 무슨 동물 관련해서 황 교수가 특허를 출원했는데, 엄청난 경제적 성과를 낼 것이다'라고만 보도하고 말았다. 특허를 '출원'하는 시기이기 때문에 사실 그 특허 내용을 공개하기도 힘들고, 언론 스스로 알려고도 하지 않았다. 출원은 그저 출원일뿐인데도 언론은 너무나 앞서 나갔다. 그 특허가 나중에 정식으로 심사에 통과해서 '등록'된 것인지도 관심사가 아니었다. 황 교수가 그 많은 특허를 출원하였다고 하지만 정작 등록된 것은 몇 개 안 되는데, 그중에서 수익을 창출하는 것은 아직까지 단 한 개도 보고되지 않은 상황이었다. 이것이 현실이었다.

> 그럼 황 교수님은 올해 만든 줄기세포 라인을 언제 기탁하실 생각인가요?

글쎄요. 이 건은 방송에 나가고 그런 거는 아니죠? 기탁 문제가 어느 정도나 방송에 나갈 수 있는지 모르겠는데요,

> 시청자들이 이해하기는 힘든 내용입니다. 궁금해서 여쭤 보는 겁니다.

제가 알기로는 일단 걸려 있는 게 보안의 문제입니다. 줄기세포 라인

황우석 사태 취재 파일   2 1 9

자체가 가지는 기밀성이랄까 그런 것 때문에, 제가 정확하게 언제라고 말씀드리지는 못하겠어요. 일단 기탁에 대한……글쎄요……제가 알고 있지 못하다는 게 맞을 것 같아요. 어떤 플랜이나 그런 것조차도 모르죠.

　＞　황 교수팀으로부터 언제 기탁하겠다는 내용은 못 들어 보셨나요?

그렇죠. 그건 아마 저까지 오는 정보 내용이 아닌 것 같은데요."

– 김○○ 변리사와의 인터뷰에서

　김 변리사는 말을 아꼈다. 황 교수팀은 줄기세포를 기탁하지 않은 이유로 우선 2004년 1번 줄기세포가 기탁되어 있기 때문에 '특허 내용의 연속성'이나 '우선권'이 있다고 주장했으나, 옹색한 논리였다. 2004년 1번 줄기세포가 이미 기탁되었다는 이유를 들어 2005년 환자의 줄기세포들을 굳이 기탁하지 않고도 국제 특허로 출원할 수는 있지만, 각 나라별로 특허를 실제 등록하는 과정에서는 문제가 발생할 수 있었다. 즉 줄기세포를 기탁하지 않으면 특허 자체를 등록하기 힘든 나라들이 있기 때문에, 굳이 이러한 불이익을 자초한다는 것은 이해하기 힘든 일이었다.

　두 번째로 내세우는 '보안상의 이유'도 옹색하긴 마찬가지였다. 줄기세포를 '만드는 방법'이 보안 사항이라면 보안 사항이지, 이미 만들어진 줄기세포는 수정란 줄기세포와 성질이 같기 때문에 특별히 보안을 강조할 이유가 적었기 때문이다. 더구나 기탁한 사람, 즉 황 교수 측이 허락하지 않는 한 기탁된 세포를 외부에 분양할 수 없게 시스템이 이미 갖춰져 있었다.

김 변리사로부터 1번 줄기세포의 특허 출원과 관련해 WIPO(세계 지적 재산권 기구)에 제출된 서류를 받았다. 노성일 미즈메디병원장이 서울대 산학협력재단과 공동 출원인으로 되어 있었다. 이 특허로 인한 수익은 서울대 산학협력재단이 60%를 갖고 공동 출원인인 노성일 병원장이 40%를 갖게 된다. 산학협력재단이 갖는 60%는 공동 발명자, 즉 논문 공저자들에게 배분되며, 그 나머지는 산학협력재단에 귀속된다.

노 이사장의 몫은 난자와 특허 출원 비용을 대는 대가였지만, 노 이사장은 이 40%를 황우석 교수, 문신용 서울대 의대 교수와 13.3%씩 다시 나누는 것으로 약속했다. 문제는 서울대 몫인 60%였다. 서울대는 특허에 대한 이익금의 최대 70%(총 지분 중 42%)를 황우석 교수에게 떼 주도록 돼 있다. 2003년 1월부터 교수들의 '직무 발명'을 권장하기 위해 특허의 지분은 서울대가 소유하되 그로 인해 발생하는 이익의 상당 부분이 해당 교수에게 돌아가도록 한 규정에 의해서다. 이런 사정을 감안하면 황 교수가 줄기세포 특허로 인해 가져가는 이익은 총 지분의 55% 이상이 된다.

— 2006년 2월 13일 《프레시안》과 《시사저널》

그러나 이런 사실은 그동안 숨겨지고, 황 교수가 특허 지분을 모두 국가에 헌납한 것으로 언론은 보도해 왔다. 그야말로 돈에는 전혀 관심이 없는 청렴한 순수인간이 바로 황 교수인 것처럼 언론에서는 보도해 왔다.

9월 26일, 우리는 서울대 세포주은행을 방문해 촬영했다. 이곳에는 2004년 만들어진 1번 줄기세포만 기탁되어 있을 뿐, 2005년 줄기세포는 기탁되지 않았다. 의혹은 더욱 깊어 갔다.

그렇다면 10월 19일 개소한 세계줄기세포허브에는 줄기세포가 기탁되었는가? 이곳은 황 교수가 소장이고 더구나 다른 줄기세포는 이곳에 보관할 수도 없으며 오로지 황 교수의 체세포 복제 줄기세포만 관장하게 되어 있다. 혹시나 하고 확인했으나 여기에도 줄기세포는 없었다. 환자는 수만 명을 접수받았으나 정작 줄기세포가 없는 곳, 거기가 바로 줄기세포허브였다. 줄기세포허브는 그야말로 황우석 신화의 허상을 상징하는 역사적 유물이었다.

"내가 11개 다 테라토마 실험했어요."

9월 16일, 제작진 회의가 있었다. 제작진이래야 나와 김보슬 조연출, 그리고 이정아 리서처뿐이었다. '서울대 치대로 보내진다는 올해 줄기세포에 대해 지속적인 점검이 필요하다는 것, 무균 돼지 관련해서 황 교수가 무엇을 과장했는지 김윤범 교수에게 정황을 파악할 것, 윤현수 교수와 인터뷰 일정 잡을 것, 2005년 논문 Figure1의 사진들이 무슨 의미인지 그리고 누가 만든 것인지 파악할 것' 등이 논의되었다.

이때 우리의 주목을 끌게 된 '2005년 논문 Figure1의 사진들'은 YTN 사태 이후 반전의 포인트를 만들게 된 바로 그 중복된 조작 사진들이었다. 이 사진들은 줄기세포의 상태와 성질을 드러내기 위해 여러 가지 시약을 넣어 확인하고 촬영한 것인데, 보통 '스테이닝staining 사진'이라고 부른다. 우리는 10월에 접어들어 미즈메디병원을 취재하는 과정에서 이 사진을 찍은 사람이 김선종 연구원이라는 것을 파악하게 되었다.

9월 17일, 추석 연휴가 시작되었다. 모든 것을 놓고 일단

2~3일 쉬기로 했다. 둘째가 태어난 날인 7월 28일에 병원에 누워 있는 아내 곁에 오래 있지 못하고 회사에 나온 게 두고두고 화근이었다. 팀장과 제보자 그리고 내가 함께 만나기로 했기 때문에 약속 시간을 미룰 수 없었다는 사정이 있었지만, 그건 전혀 변명이 되지 못했다. 아내는 '마취가 완전히 풀리기 전에 회사에 나간 무정한 남편'으로 나를 심판한 지 오래되었다. 이건 꽤 오래갈 것 같았다. 아무튼 황 교수에 대한 생각이 어깨를 짓누르니 쉬어도 쉬는 것이 아니었다.

9월 21일, 한양대 윤현수 교수를 찾았다. 2004년《사이언스》논문에서 테라토마 실험을 담당한 사람은 바로 윤 교수였다. 그러나 윤 교수는 2004년《사이언스》논문의 공동저자로 올라 있지는 않았다. 윤 교수가 우리 취재를 어느 정도까지 파악하고 있는지 의문이었다.

> 2005년《사이언스》논문에서 테라토마 실험을 담당한 사람은 누구인지요?

테라토마요?……제가 스키드 마우스에 줄기세포를 주입했어요.

> 쥐에 줄기세포를 주입하셨다고요? 그럼 한두 마리로는 안 되겠네요? 11마리를 맞춰서 주입하신 건가요? 도중에 쥐가 죽을 수도 있으니까 여분으로 좀 많이 주입하셨겠네요?

선생님도 그렇게 생각하시는데 우리라고 그렇게 안 하겠어요?

> 그럼 이게 만만치 않은 일이네요?

진실, 그것을 믿었다

그렇죠. 그건 각각의 것이, 실은 다 노하우를 가지고 있는 그런 것들인데, 그런 요소들이 다 합쳐져야 되는 거죠.

> 11개 줄기세포를 다 테라토마로 검증하신 건가요?

네.

> 사진 찍고 그런 것도 직접 하신 건가요? 아니면 병리학 교수들한테 의뢰하는 건가요?

그냥 우리들이 직접 가지고 했어요.

　　　　　　　　　　　　　　　　　　　　－ 윤현수 교수와의 인터뷰에서

윤 교수는 우리를 특별히 의심하지는 않은 것으로 보였다. 아마 황 교수 측으로부터 우리 취재 상황을 전달받지 않은 것이라고 생각되었다. 다만 꼬치꼬치 캐묻는 나를 유심히 쳐다보곤 했다. 나는 윤 교수에게 2005년 《사이언스》 논문 후기를 보여 주면서, 정○○ 교수가 한 역할은 무엇인지 확인하고자 했다.

> 논문에서는 정○○ 교수 이 분이 테라토마를 검증한 걸로 나와 있는데요?

뭐 이 사람뿐만 아니라 찔러서 만들어 주면 찌르는 사람이 있을 거고, 찔러 놓은 거 떼 내는 사람이 있을 거고, 그걸 관찰하고 검증하는 사람이 있을 거 아닙니까?

> 그럼 이 분이 한 역할은 뭔가요?

그건 안규리 선생에게 물어보세요. 테라토마를 만드는 것까지는 제가 만들었으니까.

> 테라토마 조직을 안규리 교수님한테 넘겨준 건가요?

저는 황 교수님한테 넘겨준 것이죠. 황 교수님이 알아서 시켰겠죠. 한 PD, 이러다가 그냥 PD 그만 하시고 대학원이나 갈 생각 없으신가요? 너무 열심히 하셔 가지고……너무 연구를 잘하실 것 같아…… 우리《사이언스》페이퍼 하나 더 써 보자고……허허.

- 윤현수 교수와의 인터뷰에서

윤현수 교수는 논문 후기에 왜 정 교수가 테라토마 검증자로 들어가 있는지 몰랐다. 윤 교수의 말대로 스키드 마우스에 줄기세포를 주입한 것은 윤 교수 자신이었다. 나중에 안규리 교수와 인터뷰할 때 "정○○ 교수가 왜 테라토마 담당자로 논문후기에 들어갔느냐"고 확인했더니, "2004년 논문 쓸 때 정 교수가 도움을 주었는데, 그때 깜빡해서 논문에서 빠뜨린 점이 죄송해 2005년 논문에 적은 것"이라고 해명했다. 깜빡하면 다음 논문에 대신 이름을 넣어 줄 수 있는 것인가? 참으로 '해명 아닌 해명'이었다.

어쨌든 윤 교수는 테라토마 관련해서 나름대로 방어한다고 말을 하긴 했으나 허술했다. 더군다나 2005년《사이언스》논문 조작에 참여했다고 보기에는 너무 모르는 내용이 많았다. 조연출이 윤 교수 인터뷰를 마치고 나오면서 한마디 하고 웃었다.

"이참에 프로듀서 직업 때려치우고, 윤 교수의 스카우트 제의를 받아들이시죠."

"제가 했다고 나와 있나요?
전 그런 적 없어요."

9월 21일 윤현수 교수를 만나고 나서 오후 3시에 서울대 의대 병
리학교실의 정○○ 교수를 인터뷰했다. 병리학은 그야말로 의학
분야의 기초 학문이다. 우리나라의 의료계는 최근 부쩍 '돈 되고
인기 있는' 임상 전공분야로만 너무 쏠려 가고 있는 느낌이다.
병리학과 같은 기초학문에 국가적인 투자를 하지 않고서 의료계
가 발전하기를 바라는 것은 그야말로 '도둑 심보'다. 정○○ 교
수는 친절하게 우리를 맞아 주었지만, 도대체 왜 방송사에서 자
기를 찾아왔는지 의아해하는 눈치였다. 본론을 바로 물었다.

> 2005년 황 교수의 《사이언스》 논문에서 테라토마 검증을 하신 건가요?

아니오. 저는 2004년 《사이언스》 논문의 테라토마를 검증해 줬죠.

> 그럼 작년 2004년 《사이언스》 논문은 혼자서 테라토마를 검증하신 건
  가요?

아니오. 그건 아니고, 황 교수팀에서 좀 도와 달라고 해서 제가 도와

준 정도예요. 제가 리서치도 하지만, 병원에서 환자 진단하고 또 세

포조직을 검색하면서 그런 진단 및 리서치를 하거든요. 그래서 그런 면에서 저한테 좀 도와 달라고 해서 제가 도와 드린 거구요. 특별히 그 내용에 대해 잘 알거나 언급할 내용 같은 건 없어요.

> 2005년 《사이언스》 논문은 누가 테라토마 검증을 했을까요?

제가 했다고 나와 있나요? 글쎄요……그건, 잘 모르겠네요.

> 2005년 《사이언스》 논문 후기에 교수님 이름이 나온 거는 논문이 나온 뒤에 아셨나요?

네. 그렇습니다.

> 따로 이 일로 황 교수와 얘기를 나눈 적은 있나요?

없어요.

— 정○○ 교수와의 인터뷰에서

정 교수는 2004년 《사이언스》 논문 낼 때에 황 교수가 한 번 찾아와서 테라토마 슬라이드를 분석해 달라고 해서 도움을 준 것이 전부라고 했다. 당시만 해도 누구나 황 교수와의 인연을 강조할 때였는데, 오히려 정 교수는 "하찮은 일이었다"고 말하며 사실관계를 잘 설명해 주었다.

이날 5시경에는 오선경 박사를 인터뷰했다. 오 박사는 문신용 교수와 함께 우리나라 최초로 시험관 아기를 성공한 장본인이다. 2005년 《사이언스》지에 어떤 이유로 공동저자가 되었는지를 물었더니, 자신은 한 일이 없다고 솔직하게 말했다. 2003년경 황 교수팀이 초기에 실험실 세팅하는 과정에서 이런저런 도움을

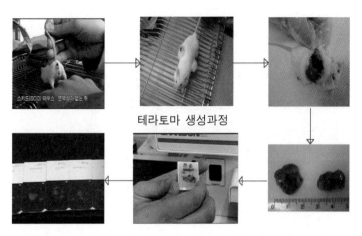

테라토마 생성과정

테라토마 슬라이드 제작 과정. 면역성이 제거된 스키드 마우스에 줄기세포를 주입
하면 분화를 통해 양성 종양으로 자라난다. 종양을 얇게 잘라내서 각각의 조직으
로 분화하는 능력을 확인하는 것이 테라토마 실험의 목적이다.

준 것 외에는 달리 기여한 것이 없다고 했다. 논문 공동저자가
된 것도 논문이 나온 이후에 알았다고 했다. 간명한 답변이었다.

문신용 교수팀에서는 문 교수와 오 박사 그리고 ○○○ 연구
원 이렇게 세 명이 2005년 《사이언스》 논문의 공동저자로 참여
했다. 그렇지만 이들 셋은 모두 자신이 논문의 공동저자로 올라
있다는 말을 논문 발표 이후에 들은 것으로 확인되었다. 그렇다
면 이들은 《사이언스》 논문 작성 과정에는 개입한 바가 없는 것
으로 보는 것이 타당했다. 우리는 이 실험실에서 테라토마 생성
과정을 잘 설명해 주는 사진 몇 장을 얻어왔다. 테라토마가 무엇
인지를 백 마디 말보다도 잘 설명해 주는 훌륭한 사진이었다.

9월 23일, 제보자 K에게도 메일을 보냈다. 주말에 쉬는 틈에
황 교수의 2005년 《사이언스》 논문을 다시 한 번 읽어 보고 단서

를 찾아 달라는 부탁이었다.

제보자 B도 꼭 2005년 《사이언스》 논문을 면밀히 읽어 보고 허점을
찾아 주십시오. 저희도 노력은 하나 그만한 안목은 없습니다.
올 논문에 있는 테라토마의 사진은 대체로 비슷합니다. 작년 논문의
테라토마 사진에서 가짜 4개는 대단히 선명한 반면, 아래에 있는 다
섯 번째 진짜 사진은 약간 흐릿하고 조직 분화가 덜 된 듯합니다. 올
해 것은 꼭 같은 것은 아니지만, 약간 흐릿하고 분화가 덜 된 느낌입
니다. 작년 논문의 진짜에 가깝다는 것입니다.
그리고 모든 테라토마가 한꺼번에 길러져서 사진이 찍힌 듯한 인
상을 받습니다. 아니면 한 개의 테라토마 사진을 가지고 장난친 듯
한……. 제 아마추어적 식견으로는 일감이 그렇습니다. 면밀한 검토
부탁드립니다.

- 9월 23일 제보자 K에게 보낸 메일에서

나는 그때 뭔가 논문에 조작이 있다면 그 많은 사진에도 뭔
가 이상한 점이 있을 거라고 생각했다. 그렇지만 나는 이 분야의
전문가는 아니라서 그것을 발견할 수가 없었다. 한편, 이 메일을
K로부터 전해서 받아 본 '제보자 B'가 사진에서 뭔가를 찾았다
고 한다. 스테이닝 사진을 검토해 보니 사진이 중복되어 보였다
는 것이다. 그래서 제보자 K에게 "'아무래도 사진이 똑같아 보인
다"고 말했더니, "세포 모양이 다 똑같지 뭐" 하고 쉽게 넘어갔

　　　　　　　　　　　　　　　　진실, 그것을 믿었다

다고 한다. 우리로서는 정말로 결정적인 단서를 놓쳐 버린 셈이었다.

조작된 사진을 찾고자 했던 절박했던 내 바람은 그렇게 묻혀버린 듯했다. 그러나 하늘은 진실을 저버리지 않았다. 이로부터 두 달이 지난 뒤, 이 사진 조작 문제는 한 명의 의인義人 '무명씨 anonymous'에 의해 드라마처럼 튀어나왔다.

"줄기세포 두 개만 실험했어요."

9월 26일, 미즈메디병원 연구소를 찾았다. 김○○ 연구원은 막 실험실로 들어갈 참이었는데, 우리가 양해를 얻어서 인터뷰를 했다. 한번 줄기세포 실험실에 들어가려면 소독하고 옷 갈아입고 하는 절차가 까다롭기 때문에 서너 시간은 그냥 나오지 않고 한다고 했다. 취재를 하는 과정에서 느낀 거지만, 세포 관련 분야의 연구는 그야말로 밤낮도 없고 주말도 없었다. 세포에게는 밤낮이나 주말이 없는 것이고 연구하는 사람이 거기에 사이클을 맞춰야 하기 때문이었다. 이날, 김 연구원에게 모든 것을 물어보아야 했다. 지난번 만남이 탐색전이라면 이때가 본 게임이었다.

> 스키드SCID 마우스가 면역력이 없다면 병균에 감염 안 되게 어떤 조치를 해야 하나요?

그래서 스키드 마우스는 무균실 같은 데서 키워요.

> 여기 미즈메디 연구소도 키우는 데가 있겠네요?

진실, 그것을 믿었다

사육실이 따로 있는데, 저희는 그렇게 무균 시스템이 잘된 건 아니에요.

- 김○○ 연구원과의 인터뷰에서

윤현수 당시 소장이 쥐에 줄기세포를 주입했고, 그 쥐를 이곳 사육실에서 키웠다고 했다. 윤 소장은 이 부분과 관련해 논문을 쓴 권위자라고 했다.

> 2005년 《사이언스》 논문 관련해서도 테라토마를 여기서 키웠나요?

테라토마요? 네.

> 쥐를 11마리 다 키우려면 꽤 힘든 일이겠어요?

저희는 11개 다 하지는 않았어요. 나머지는 서울대 쪽에서 했고, 저희는 한두 개 했죠.

> 여기서 한 거는 그럼 몇 개지요? 줄기세포 주입해서 실제로 한 거는?

저희는 대략 3개 정도 되는 것 같습니다. 테라토마하는 거는 제가 관리한 게 아니라서요. 제가 알고 있는 거로는 3개입니다. 그런데 제가 《사이언스》 나간 것에 대해서는 얘기 못 하는 걸로 돼 있어서요. 윗선에서 하지 말라고 그렇게 말씀하셔서요. 윗분들이 다 인터뷰하시고 얘기하시는 거라서요.

> 테라토마 담당은 따로 있나요?

아니오, 없습니다. 그냥 김선종 선생이 거의 주관하셨고요, 김선종 선생님 컨트롤하에 병원에서는 일이 많이 진행이 됐어요.

- 김○○ 연구원과의 인터뷰에서

김○○ 연구원은 2005년 《사이언스》 논문과 관련해 말하는
것을 대단히 조심스러워했다. 뭔가 입단속이 내려왔다는 느낌을
받았다. 그래도 적극적으로 회피하지는 않고 물으면 사실대로 답
변해 주었다. 김○○ 연구원이 함께 구체적으로 한 일에 대해 좀
더 자세하게 물었다.

　　＞　김○○ 연구원은 올해 논문에서 한 일이 무엇입니까?

저는……한 일은 없습니다. 줄기세포 라인 받아서 불리고, 테라토마

주사할 때 같이 세포 준비하는 거 했죠. 세포 관리하는 거 같이 한 거

구요.

　　＞　줄기세포 라인을 황 교수 방에서 받아서 배양을 시킨 건가요?

(머리를 긁적긁적) 체세포 핵이식 말고 물어봐 주세요. 그러니까, 그

게 저희가 말씀 드리기가 참……. 저희 쪽에서는 별 상관없는데, 황

우석 교수님 쪽에서 워낙 조심스러워하시기 때문에 저희가 함부로

말씀드리기가 좀 그렇죠. 그냥 자유롭게 오픈해서 얘기하라고 하신

것도 아니라서요. 근데 실험적인 일은 김선종 선생님이 제일 많이 하

시고, 아마 제일 많이 아실 거예요. 전체적인 관리하고 그런 거는 그

분이 다 하셨으니까. 저는 논문 저자로 안 들어가도 되지만, 김선종

선생님 같은 경우는 안 들어가면 너무 억울하죠. 저야 김선종 선생님

하시는 것을 옆에서 도와준 거구요. 김선종 선생님이 메인으로 하셨

기 때문에 김선종 선생님이 다 관리하셨죠.

　　＞　김선종 선생님이 여기서 하셨던 일이 구체적으로 뭔가요?

저도 김선종 선생님이 뭐뭐 맡으셨는지는 정확하게 몰라요. 그렇게 하는 거는 황우석 교수님하고 김선종 선생님하고 이사장님하고 말씀하시는 거구요. 저는 김선종 선생님이 이거이거 해 달라 하는 것만 옆에서 도와 드리는 것뿐이라서요. 그렇게 정확한 내용은 모릅니다. 같이 한다고 해서 알리고 그런 것도 아니라서요.

- 김○○ 연구원과의 인터뷰에서

김선종 연구원이 줄기세포의 특성을 확인하는 스테이닝stain-ing 사진과 테라토마의 사진을 촬영하였으며, 김○○ 연구원은 이것을 부분적으로 보조했기 때문에 《사이언스》 논문 관련해서는 정확히 모른다고 했다. 그러나 취재팀이 관심 갖는 것이 무엇인지 이때는 김 연구원도 눈치를 챌 수밖에 없었다. 함부로 말해서도 안 되며 거짓을 말해서도 안 되는 자리라는 것을 직감적으로 느꼈을 것이다.

> 2005년 《사이언스》 논문의 테라토마를 하신 거죠? 아까 말씀하신 3개 줄기세포라는 게, 2004년 《사이언스》 논문이 아니죠?

세 개……세 개 아니에요. 두 개, 두 개의 줄기세포를 테라토마 실험했어요.

> 줄기세포 두 개라면 스키드 마우스 여섯 마리죠? 줄기세포 하나에 각각 세 마리씩 줄기세포를 주입한 건가요?

그렇죠.

이 부분은 중요한 의미를 띠는 것이었다. 윤현수 교수는 미즈메디 연구소에서 11개 줄기세포를 모두 테라토마 검증했다고 했지만, 이제 그 숫자가 2개로 준 것이었다. 다른 데에서 테라토마 실험을 나눠서 할 가능성은 별로 없기 때문에, 이것은 확인된 줄기세포가 2개에 불과하다는 것을 강력하게 시사하는 것이었다. 마지막으로 미즈메디 연구소에서 당시 실험했던 테라토마 조직 슬라이드를 얻을 수 있는지 물었으나, 자신은 잘 모른다는 답변을 들었다.

김○○ 연구원은 인터뷰를 마치고 실험실로 들어갔다. 지나가던 송○○ 연구원을 통해 스키드 마우스 사육실을 둘러보았다. 그 뒤에 송○○ 연구원에게 부탁해서 실험일지를 확인할 수 있었다. 2004년 11월 27일에 서울대 2번 줄기세포를 스키드 마우스에 주입했고, 2005년 1월 12일에 3번 줄기세포를 주입한 것으로 나와 있었다. 그 뒤 4월 6일에 쥐를 잡아 병리과에 테라토마 샘플을 넘긴 것으로 기록되어 있었다. 논문 발표에 임박해서 겨우 2번과 3번 테라토마 실험이 끝난 것이었다.

이날의 취재 결과를 요약하면서 K와 김병수 위원 등에게 메일을 보냈다.

오늘 사육실을 안내하고 장부를 보여 준 연구원의 경우, 거리낌 없이 장부를 보여 주고 인터뷰에 응한 것으로 보아 '전혀' 사안의 본질을 모르는 것으로 보이구요. 아마도 김○○ 연구원은 김선종을 통해서

진실, 그것을 믿었다

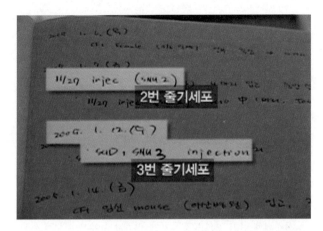

스키드 마우스에 줄기세포를 주입한 날짜가 기록된 미즈메디병원 사육실 테라토마 실험장부. 논문 발표가 임박한 시점에, 2번과 3번 줄기세포에 대해서만 테라토마 실험이 이루어졌음을 알 수 있다.

모종의 일이 기획된 것에 대해서 최소한 냄새를 맡았으며, 어쩌면 올해 실제로 만들어진 줄기세포는 2번과 3번 두 개밖에 없지 않느냐는 의혹을 갖고 있는 것으로 보입니다.

의문 사항: 올해 논문에는 테라토마 검증 사진으로 줄기세포 2, 3, 4라인이 제시되어 있습니다. 4번 라인은 어디에서 검증한 것일까요? 2번 라인과 3번 라인은 실제로 만든 것일까요?

- 9월 26일 K와 김병수 등에게 보낸 메일에서

실제로 줄기세포를 주입해서 만든 테라토마는 2번과 3번인데, 논문에는 4번 줄기세포의 테라토마 사진도 나와 있었다. 조작의 냄새가 강하게 풍겨왔다. 하루를 요모조모 추리해 보고 종합적인 의견을 다시 보냈다.

몇 가지 추정:

면역 적합성HLA 검사와 관련해, 이것은 환자의 '체세포'만 두 개씩 의뢰하면서 그중에 하나는 줄기세포의 유전자라고 속이고 장난을 쳤다는 이야기인데요. 물론, 줄기세포 2, 3번이 실제인지와는 무관하게⋯⋯. 그렇다면, 여기에 관여된 사람은 김선종 연구원과 ○○○ 입니다.

유전자 지문fingerprinting 검사와 관련해, 윤현수 교수가 국과수 이○○ 실장에게 넘긴 것은 사실이지만, 윤현수 교수는 전모를 모를 수도 있다는 것입니다. 윤현수 교수는 유전자 샘플을 별 의심 없이 자신의 후배인 이○○ 실장에게 의뢰했을 가능성이 있다는 것입니다. 이것도 결국 체세포만 두 개씩 의뢰하면서 그중에 하나는 줄기세포라고 속였겠지요. 결국, 면역 적합성 검사와 유전자 지문 검사는 굳이 줄기세포를 보여 주지 않고도 '유전자 샘플만으로' 무난하게 처리할 수 있는 것입니다.

테라토마는 그러나 줄기세포 없이는 만들 수 없는 것이라서 저희에게 꼬리가 잡힌 것입니다. 윤현수 교수는 작년 11월 27일에 2번 줄기세포를 쥐에 주입하고, 올 1월 12일에 3번 줄기세포를 다시 두 마리의 쥐에 주입했습니다. 쥐를 죽인 것은 4월 6일입니다. 윤 교수는 올 2월 이후에는 한양대로 넘어가서, 그 뒤로는 별로 관여를 하지 않았습니다. 그러므로 이것의 뒤처리도 김선종 연구원이 했다는 것입니다. 종합하면, 황 선생과 ○○○ 그리고 김선종 연구원이 '실제 중요한 것'을 했다고 봐야겠지요.

진실. 그것을 믿었다

올해 미즈메디 연구소의 스키드 마우스에 주사한 2번과 3번의 줄기세포가 '실제 복제 줄기세포인지'인지, 아니면 2004년에 만들어진 '1번 줄기세포'인지 의문입니다. 그것도 아니라면 미즈메디의 '수정란 줄기세포'인지도 의문이네요.

- 9월 27일 K와 김병수 등에게 보낸 메일에서

테라토마 검증에 대한 의문이 시작된 지 한 달이 지났다. 그동안 끈질긴 접근전이 있었던 것이다. 이제 테라토마에 대해서는 조작의 실체를 상당 부분 확인했다. 그때까지의 잠정 결론은 '실제 체세포 복제 줄기세포는 2번과 3번 두 개만 만들었는데, 11개를 만들었다고 과장했을 가능성이 높다'는 것이었다. 그러나 이때 비로소 새로운 고민이 등장했다. 그것은 '황 교수가 논문은 조작했지만 실제로 2번과 3번 줄기세포를 만들었다면, 어떻게 해야 하는가?' 하는 현실적인 문제였다. 이 문제를 둘러싸고 우리 내부에서는 강경한 흐름과 온건한 흐름 간에 논쟁이 있었다.

강경한 흐름에서는 설혹 2개의 줄기세포를 만들었다 하더라도 이것은 2004년 《사이언스》 논문과 하등 다를 것이 없다고 보았다. 2004년과 다를 것이 없는데 11개로 과장해서 세계를 속인 것은 용납되어서는 안 된다는 것이었다. 이것은 사실대로 국민과 세계에 알리고 2005년 《사이언스》 논문을 취소하도록 해야 한다는 의견이었다. 이렇게 되면 황 교수가 《사이언스》 논문과 함께 명예를 잃게 되지만, 그는 이미 만들어진 줄기세포 두 개를 기반으로 연구를 계속할 수 있다는 판단이었다.

온건한 흐름에서는 그것이 비록 2004년 《사이언스》 논문과 다를 바는 없을지라도, 국민감정은 그렇지 않다고 보았다. 2개를 11개로 과장했다고 아무리 우리가 그 논문 조작의 내용을 밝혀도, 국민들은 황 교수 곁을 떠나지 않을 것이라는 판단이었다. 황 교수에 대한 환상이 너무 심하게 한국 사회에 드리워져 있기 때문에 〈PD수첩〉이 돌파할 수 없다는 현실론이었다. 만약 2개가 만들어진 것이 사실이라면, 〈PD수첩〉은 난자와 생명윤리 정도를 제기하는 수준에서 멈추고, 냉정하게 자신이 '사는 길'을 선택해야 한다는 주장이었다.

이 논쟁은 팽팽했다. 원칙과 현실 사이에서 〈PD수첩〉이 어떤 길을 걸어야 하느냐에 관한 중대한 정책 대결이었던 것이다. 그러나 '여전히 2번과 3번이 실제로 만들어졌는지는 의문이기 때문에, 계속 취재해 본 뒤에 생각해 보자'는 식으로 봉합되었다.

대국민 사기극,
"황 교수가 외줄타기를 하는 거지요."

광우병 내성소 4마리의 탄생은 초긴장의 연속이었다. 지난달 출산
뒤, 두 시간마다 장호원의 목장에서 들려오는 송아지의 상태에 40여
명의 연구진은 가슴을 졸였다가 한숨을 내쉬는 초긴장의 연속이었
다. 우여곡절 끝에 광우병 내성소들은 어엿한 송아지로 자리 잡았다.
이들은 서울 나들이를 하고 서울대병원의 특수 시설 내에서 국가원
수 내외의 방문까지 받았다.

– 황우석, [특별시론] '바이오 혁명 이어 가면', 《조선일보》 2003년 12월 12일

9월 29일, 서울대 수의대에서 우희종 교수를 만났다. 우리가
만난 많은 교수들은 사적으로 만났을 때는 황 교수에 대한 이런
저런 비판을 얘기하지만 막상 인터뷰를 하자고 하면 한사코 사
양했다. 그러나 황 교수와 지적에서 함께 살아가는 우희종 교수
는 예외였다. 그는 정식 인터뷰를 수락했으며, 오히려 '황 교수에
대한 이야기'가 과연 방송 전파를 탈 수 있느냐고 되물었다. 몇
번 언론사 기자들이 찾아왔기에 황 교수에 대한 학문적 비판을

들려주었으나 그것은 모두 왜곡되거나 보도되지 않았다고 했다.

> 황 교수가 개발했다고 하는 '광우병 내성소'는 실제로 광우병을 극복한 소인가요?

황 교수가 '개발하고자 하는'이 맞는 표현이겠죠.

> 아니, 이미 개발해서, 광우병 내성소 한 마리를 올해 일본에 보냈다고 보도된 것 아닌가요?

'개발을 했다'고 하는 것은 저희가 말할 때 이미 연구가 종료된 거거든요. 그러나 아직 그런 거는 학계에 보고된 적이 없습니다. 그리고 그런 것을 일단은 만들었고, 그 결과가 성공했느냐 안 했느냐는 앞으로 한 4~5년 기다려야겠죠. 그건 연구의 과정입니다.

> 그럼 이것도 영롱이처럼 논문으로 발표된 게 없나요?

네. 논문이 없습니다. 이거는 광우병 안 걸리는 소를 지금 만들었다고 하지만, 어떤 식으로 어떤 조건에서 어떤 결과가 나왔는지는 아무도 모릅니다. 뉴스로 흘러나온 얘기가 그냥 이렇게 막 돌아다녀요. 그랬을 때, 저희도 그 뉴스에 나온 얘기만 가지고, "아, 이건 말도 안 된다. 뭐 이런 단순한 생각으로 이걸 만드나!" 이렇게밖에 얘기할 수 없는 상황이기 때문에, 참 과학자로서 우스운 상황이죠. 광우병 내성소 그 논문 있으면 좀 가져와 보십시오. 제가 좀 면밀히 검토해 볼 수 있게. 하하하.

– 우희종 교수와의 인터뷰에서

진실, 그것을 믿었다

황 교수가 세계 최초로 '개발했다'는 광우병 내성소는 광우병의 원인으로 알려진 프리온을 과발현시킨 소이다. 그러나 광우병의 원인이 프리온이라는 것은 어디까지나 학설일 뿐이다. 2005년 검증을 위해 일본 쓰쿠바 연구소로 보내진 광우병 내성소는 아직 이렇다 할 소식이 없다.

2003년부터 광우병 내성소를 개발했다고 그렇게 언론에서 떠들었지만, 정녕 광우병 내성소 논문은 없단 말인가? 제작팀은 나중에 광우병 내성소 관련 논문을 이 잡듯이 뒤졌으나, 황 교수의 논문은 없었다. 허망하고 허탈하기 짝이 없었다. 우 교수는 광우병 내성소 사업의 배경을 설명해 주었다.

제가 알기로도 2001년인가 영국에서 광우병이 굉장히 문제되어서 즉시 한국에서도 그해 초에 문제가 됐습니다. 근데 그 전 해에 제가 광우병과 관계된 미국 학자를 초대해서 학교에서 세미나를 했거든요. 그땐 아무도 안 왔어요. 관심도 없었어요. 그러더니 한 서너 달 후에 영국에서 문제가 되고 한국에서 막 시끄러우니까, 갑자기 황 교수가 나타나더니 '우린 2~3년 전부터 광우병 연구를 했다' 이런 얘기를 해요.

그건 거짓말이거든요. 우리가 뻔히 아니까. 그런데도 갑자기 정부에서 '우리는 이렇게 연구해 왔다' 이렇게 맞장구를 쳐 줍니다. 그런 걸 볼 적에 이게 정부야 어떻게 보면 그런 입장을 반영할 수밖에 없는 일이고, 학자나 교수들이 맞물리고 거기에 언론이 개입하면서…….
대국민 사기다, 저는 개인적으로는 그렇게 생각했습니다.

> 　진짜 그 전에는 황 교수가 광우병 연구를 하지 않았나요?

연구하지 않았습니다. 연구했다면 당연히 제가 몇 달 전에 미국에서 전문가를 불러왔을 때 당연히 그쪽에서 한 명이라도 와서 들었겠죠. 전혀 오지도 않고, 관심도 없었거든요.

― 우희종 교수와의 인터뷰에서

　　2001년 당시 한국 언론을 장식했던 기사를 조사해 보았다. 거기에는 황 교수가 비밀리에 3년 전부터 광우병 내성소를 연구해 온 '혜안을 가진 사람'으로 보도되고 있었다.

복제소 '영롱이'를 탄생시킨 서울대학 수의학과 황우석 교수가 지난 3년간 '유전자 복제기술'을 이용, 선천적으로 광우병에 저항성을 가진 가축을 생산하는 연구를 비밀리에 진행시켜 온 것으로 8일 확인됐다. 황 교수의 연구 내용은 소에게서 광우병에 관여하는 유전자를 찾아낸 다음, 유전자 조작을 통해 그 역할을 바꿔 저항성을 갖게 하는 것. 이 유전자를 배양한 세포로 암소와 수소를 복제해 교배시키면 선천

　　　　　　　　　　　　　　　　진실, 그것을 믿었다

적으로 광우병에 저항력을 가진 송아지가 탄생한다는 것이다. 황 교
수와 공동 연구를 진행 중인 미국 텍사스 주의 텍사스 A&M대학 연
구팀은 빠르면 3년 안에 이 연구를 끝마칠 수 있게 될 것으로 기대하
고 있다.

- 《연합뉴스》 2001년 2월 8일

우리는 미국 특파원 박상일 PD를 통해 A&M대학에 확인을
했다. 그들이 특별히 광우병 내성소 관련해서 연구한 흔적은 발
견하지 못했으며, 황 교수팀과 공동 연구를 한 기록도 찾지 못했
다. 서울대 수의대 출신 연구원 한 명이 그곳에 유학을 가 있던
것 외에는 아무것도 없었다. 이것이 이른바 '황 교수가 비밀리에
진행시켜 온 연구'의 진실이다. 물론, 이 기사를 기자가 창작하지
는 않았을 것이다. 황 교수팀이 이런 '보도자료'를 제공하지 않았
다면 나올 수 없는 기사라는 것은 자명했다.

크게 보면 언론 그리고 국가 과학정책 입안자들……이 사람들은 우
리도 이렇게 하고 있다는 대국민 홍보용으로 황 교수님을 저렇게 만
들었어요. 저희들끼리 하는 말이 있습니다. "황우석 교수님이 외줄
타기 한다"고……. 그리고 지금 어쨌든 이종 장기이식 연구가 성공
한다는 게 참 요원한데, 언론에다가는 "수년 내로 돼지에게서 사람
에게 장기이식을 할 겁니다" 이런 이야기를 합니다. 이것은 '언론과
황 교수 그리고 대국민 홍보를 위한 정부 관료들'의 삼박자가 이런

상황을 빚어낸 거죠.

> 외줄타기라면 무엇을 말하는 겁니까?

다시 말해서, 이미 같은 연구를 하는 전문가 입장에서 봤을 때, 가시적으로 지금 우리에게 말하고 있는 부풀린 장밋빛 결과가 나오지 않을 게 너무 뻔합니다. 그런데 이미 그렇게 이야기를 시작했고, 이렇게 이미지 메이킹을 하는 시점에서는 어쩔 수 없는 거죠. 계속 그게 굴러가야 되는 거죠. 이게 무너지지 않게 하기 위해 막 보수를 해 가면서 가겠죠.

- 우희종 교수와의 인터뷰에서

그 남자의 연기는 대단했다

지난번 미즈메디 연구소에 갔을 때, 우리는 칠판의 현황판에서 '한국 줄기세포 창립총회'가 10월 1일에 열린다는 공고를 볼 수 있었다. 인터뷰하는 사람을 만나러 가면, 그곳에 있는 소품과 자료 그리고 책자들을 통해서 다양한 정보를 얻을 수 있다. 이런 경우가 그랬다. 현황판의 한 귀퉁이에서 뜻밖의 행사 소식을 알아낼 수 있었다. 주목해서 조사해 보니 마침 발표 연사 중에 한 명이 강성근 교수였다. 주변을 눈여겨본 보람이 있었다.

9월 30일, 김보슬 조연출이 강성근 교수에게 섭외 전화를 했다. 다음날 한국 줄기세포 창립총회에서 잠깐이라도 만나 달라는 부탁 전화를 한 것이다. 강성근 교수의 비중과 역할을 알기 때문에 우리는 반드시 강성근 교수를 만나야 했다. 김보슬 조연출은 '최대한 순진하게 그리고 진심으로 간절하게' 사정해야만 했다.

조연출의 섭외 전화에 호소력이 있어서였는지 아니면 강 교수도 더 이상 피할 수는 없다고 판단한 것인지 '일단은 잠깐 만나 주기로' 했다.

아침 8시부터 발표가 시작되었다. 발표장에는 줄기세포를 연구하는 전문가들뿐이었다. 대부분이 석박사급 연구원들과 교수들이었다. 첫 번째 발표자의 주제는 대단히 구체적이고 실증적인 실험연구였다. 두 번째 연사는 노성일 이사장이었는데, '줄기세포와 미래 의료산업의 변화'에 대한 강연을 했다.

마침내 강 교수의 발표가 시작되었다. 무슨 말을 할까 호기심이 났다. 강 교수는 2005년 《사이언스》 논문을 설명했다. 그러나 구체적인 내용은 없고, 그 개념만 설명했다. 전문가를 상대로 하는 강연이 아니라 마치 줄기세포를 모르는 대중을 상대로 하는 것 같았다. 익히 보아 오던 애니메이션과 슬라이드들이었다. 이미 이것과 똑같은 강연을 황 교수가 수도 없이 대중을 상대로 해 왔는데, 오늘 또 강 교수가 똑같은 레퍼토리를 들고 나왔다.

발표가 끝나고 휴식 시간에 강 교수를 만났다. 사람들이 번잡하지 않은 조용한 복도 쪽으로 이동했다.

> 2005년 《사이언스》 논문에서 테라토마를 담당한 사람은 누구인가요?

거기 논문에 이름 다 들어간 연구팀이죠. 저희 연구팀이 다 하는 거죠.

> 직접 담당하신 분을 잠깐이라도 인터뷰하고 싶은데요.

쥐 키우고 이런 분은 논문에 안 들어가셨어요. 쥐는 사서 쓴 거예요. 사서 쓴 쥐에 저희 연구팀이 줄기세포를 주입한 거니까요. 스키드 마우스라고 파는데, 그건 상업적으로 사서 쓰는 거예요.

> 윤현수 소장은 그건 자신이 했다던데요, 미즈메디에서?

네. 그때 미즈메디 윤현수 소장님이 저희 쪽에 와서 한 거죠. 와서 한 것도 있고, 미즈메디 쪽에서 한 것도 있고.

> 와서 했다면?

저희 서울대 수의대 실험실에서요.

> 서울대 수의대에도 그런 실험실이 따로 있어요?

동물실이 따로 있죠.

> 저희가 촬영했으면 좋겠는데요.

동물실은 개방 못 할 수밖에 없는 게, 거기는 개방하면 거기에 있는 시스템들이 다 망가져요. 그래서 동물실은 웬만하면 개방을 안 해요. 들어갈 때도 저희가 샤워 다 하고 그렇게 들어가기 때문에 개방 자체가 힘들죠. 왜냐하면 스키드 마우스가 원래 면역결핍이기 때문에 일반 환경에다 키울 수가 없거든요. 컨디션이 좋은 데다 키워야 되기 때문에……그런 실험실은 개방 자체가 안 돼요.

> 11개 줄기세포 라인을 다 테라토마 검증을 하신 건가요?

그럼요.

> 11개를 다 키우시고?

네.

- 강성근 교수와의 인터뷰에서

강성근 교수는 우리 질문에 거침이 없었다. 이미 우리가 어떻게 질문할지 예상하고 있었던 것처럼 보였다. 그런데 당시까지만 해도 우리는 논문에 '테라토마 검증을 11개 했다'고 적혀 있는 것으로 오해하고 있었다. 그래서 강성근 교수에게도 그렇게 질문을 했던 것이다. 며칠 뒤에 우리는 논문에서 '테라토마 검증은 7개를 했고, 나머지는 배상체embroid body 실험으로 대체했다'는 것을 정확히 알아낼 수 있었다.

논문의 도표에는 줄기세포 11개 모두의 전분화능pluripotency, 全分化能을 확인한 것으로 나오기에 모두 테라토마 실험을 한 것으로 이해한 것이다. 그러나 도표의 다음 칸에는 분화differentiation, 分化가 7개만 되었으며 나머지 4개는 배상체EB, embroid body, 胚狀體로 표시되어 있었다. 즉, 테라토마 실험을 한 줄기세포는 7개이며, 나머지 4개는 미처 테라토마 실험을 하지 못했다는 뜻이었다. 논문의 도표에는 오로지 plurip, differ, EB 등의

2005년 《사이언스》 논문에는 11개의 체세포 핵이식 줄기세포 중 7개만 테라토마 실험을 했다고 되어 있다. 강성근 교수는 테라토마를 자신이 직접 했다고 말했지만 테라토마 실험을 한 줄기세포가 몇 개인지도 알지 못했다. 논문이 어떤 방식으로 쓰인 것인지 의구심을 품을 수밖에 없는 대목이다.

진실, 그것을 믿었다

약어로만 서술되어 있으니, 우리가 differ(분화)와 EB(배상체)가 갖는 의미를 뒤늦게 이해하면서 일어난 일이었다.

우리는 아마추어라서 혼동했다손 치더라도, 정작 논문을 쓴 강 교수가 11개 줄기세포를 모두 테라토마 검증했다고 하는 것은 참으로 의외였다. 피와 땀으로 실험한 것을 쓴 논문이라면 이런 착오는 생기지 않았을 것이다. 그러나 강 교수는 자신이 정확히 어떻게 논문에 적었는지 기억하지 못하고 있었던 것이다. 어찌되었든 당시에는 강 교수의 답변이 너무나 그럴듯해 보였다. 표정 또한 전혀 변하지 않고 대단히 안온했다. 그리고 프로그램을 위해 우리가 해야 될 일도 자문해 주었다.

예를 들어서 안규리 선생님한테 가서는 면역적합성 검사HLA나 실질적인 임상 적용 같은 것을 문의하시고요. 윤현수 선생님한테 가서는 테라토마 주입하는 거를 물어보면 됩니다. 가능할지는 모르겠지만 황 선생님한테 오셔서는 체세포 핵이식하는 거를 보시고요. 그렇게 하면 각각 필요하신 거, 예를 들어 DNA 핑거프린팅 같은 경우는 똑같이 저희 실험실에서 잠깐 해도 되죠.

> 김선종 박사는 어떤 역할을 한 건가요?

세포 배양하고 이런 거죠. 미즈메디에서 원래 하시는 게 그거니까.

> 이스테블리싱establishing 그러니까 세포주의 확립은 누가 한 건가요? 교수님이나 권대기 연구원 등의 이름이 논문에 있던데요. 혼자 다 하는 건가요?

저희 일이 혼자 딱딱 하는 일이 아니에요. 다 전공 분야에 따라서 분업화를 해야만 좋은 결과를 빨리 얻는 거죠. 누가 혼자 다 배워 가지고, 처음부터 혼자 다 배워 갖고 어떻게 다 해요. 논문에 혼자 들어가는 경우 없잖아요. 중요한 페이퍼들은 다 10명 정도…….

— 강성근 교수와의 인터뷰에서

강 교수는 더 도와주고 싶지만 시간 관계상 먼저 떠난다고 하며 떠났다. 완벽했다. 강 교수에 대한 모든 의심이 일시에 흔들렸다. 생각할 틈도 없이 능수능란하게 대처하는 그 모습에서 거짓을 읽어 내기는 힘들었다. 회사로 돌아와서 나는 아무래도 강 교수가 거짓말하는 것 같지는 않다는 느낌을 이정아 리서처에게 전했다.

상대를 대단히 의심하고 있는 상태에서 나는 강 교수를 만났다. 그리고 어떻게든 그가 거짓말하는 내용을 잡으려고 애썼다. 그러나 강 교수는 오히려 나를 설득한 셈이었다. 그의 말투나 얼굴 표정 등을 보건대, 그가 하는 말이 거짓말은 아니라고 생각했으니 말이다. 물론, 강 교수의 이날 주요 증언은 대부분 나중에 거짓으로 드러났다. 강 교수는 자신의 말을 상대가 믿도록 하는 능력을 가졌다. 과연, 그 남자의 연기는 대단했다.

그러나 이후에 보게 된 황 교수의 '온 몸을 내던진 연기'에 비하면 강 교수의 연기는 걸음마 수준에 불과한 것이었다.

진실, 그것을 믿었다

"스키드 마우스가 뭔가요?"

10월 4일, 섀튼 교수가 섭외되었다. 섀튼 교수는 10월 중에 〈지식포럼〉 참석차 한국을 방문할 예정이었고, 우리는 이 때 30분 정도 인터뷰를 하기로 했다. 섀튼 교수와는 비서를 통해, 그것도 메일로만 접촉이 되었다. 무지하게 바쁜 사람이었다.

오후 2시에 서울대 수의대를 찾았다. 지난번 강성근 교수의 증언대로 수의대 동물실험실에서 테라토마 검증을 한 것인지 확인하기 위해서였다. 10층에 동물실험실이 있었는데, 일단 수의대 앞 벤치에서 잠시 숨을 돌렸다. 나는 강성근 교수의 말이 맞을 것 같다고 예측했고, 김보슬 조연출은 아무래도 강 교수가 거짓말을 한 느낌이라고 했다. 답은 금방 나왔다.

> 그럼 스키드 마우스는 따로 있습니까?

우린 없습니다.

> 스키드 마우스는 여기서 키운 적이 없는 건가요?

네. 저흰 키운 적이 없어요. 스키드 마우스는 들어온 게 없는 걸로 아

는데요. 스키드 마우스라는 거는 저도 지금 어떻게 생겼는지 모르는
데요. 처음 듣는 이름 같은 느낌이 드네요. 저도 못 봤어요.

- 서울대 수의대 동물실험실 관리자와의 인터뷰에서

　　혹시 내가 잘못 들은 게 아닌가 싶어서 스키드 마우스에 대
해서 상세히 설명해 주었다. 관리인은 난감한 표정을 지었다. 처
음 들어 보는 쥐 이름을 대고 자꾸 그걸 봤냐고 물어보니, 약간
당황한 것처럼 보였다. 별일 아니라고 덮어 두고 관리인과 헤어
진 뒤, 수의대 앞 벤치로 다시 가서 잠깐 진정을 했다. 조연출의
예감이 맞았다. 강 교수가 거짓말을 한 것이었다.

　　이런 경우 증거를 확보하는 것이 무엇보다 중요했다. 실험동
물실 관리자가 압력을 받거나 매수될 수도 있기 때문이었다. 지
체 없이 실험동물실 관리 교수에게 찾아갔다. 황 교수팀의 쥐 실
험이 10층 동물실험실에서 있었는지 확인하고 싶다고 사실대로
말했다. 관리 교수는 장부를 확인하고 나서 정확하게 대답해 주
었다.

> 　여기 수의대 동물실험실에서는 따로 강성근 교수나 이병천 교수, 황우
　　석 교수가 스키드 마우스 가지고 실험한 적은 없는 건가요?

스키드 마우스를 일단 갖고 온 적이 없어요. 동물실험실에 갖고 온
적이 없어요. 그렇기 때문에 그분들이 그 실험을 하시는지 안 하시는
지는 제가 파악을 할 수가 없습니다. 제가 파악할 수 있는 것은 동물

실에 갖고 와서 그 실험을 할 때만 파악을 할 수 있는 거기 때문이죠. 아무튼 사용한 적이 없으십니다.

> 여기서는 황 교수님이 실험을 하신 적이 없네요. 스키드 마우스 가지고 는?

(굳은 표정으로) 한 적이 없습니다. 스키드 마우스 실험한 적 없습니다.

　　　　　　　　　　　　－ 서울대 수의대 실험동물실 관리 교수와의 인터뷰에서

나중에 관리 교수의 인터뷰 테이프를 보고 윤희영 작가는 이렇게 해석했다. "관리 교수는 인터뷰하는 내내 난처해하는 모습이었지만, 재차 확인했을 땐 힘주어 답변했다. 그 뉘앙스가, 황 교수와 척을 질 수도 있는데 그래도 거짓말은 못 하겠다는 그런 것"이었다. 어쩌면 이런 것이 정말로 '깐깐함'인지도 모른다. 아닌 것은 아니라고 말할 줄 아는 사람이 바로 그 관리 교수였다. 뭔가 심상치 않은 기운이 느껴지지만, 결코 자신의 책임을 남에게 미루거나 거짓을 말하지 않는 학자였다. 서울대 수의대에는 황 교수 같은 사람만 있는 것이 아니었다. 이로써 테라토마 관련해서 논문이 조작되었다는 것이 확인되었고, 줄기세포는 아마도 '2번과 3번 두 개일 것'이라고 강력하게 추정하게 되었다.

변명의 틈을 봉쇄하다

테라토마의 실체를 파악해 가며 우리는 한편으로 황 교수가 나중에 어떤 변명을 할 것인지 고민하게 되었다. 우리가 모르는 어딘가에서 혹은 누군가에게서 테라토마를 검증했다고 우기면 막상 그것을 확인하기는 어려운 일이기 때문이었다. 황 교수를 만나서 인터뷰하기 전에 변명할 여지를 없애는 것이 중요했다. 즉, 변명의 여지를 예상하고 그 변명을 쓸모없게 만드는 전술이었다. 한마디로 변명의 틈을 아예 봉쇄하는 것이었다.

이것은 또 하나의 정보전이었다. 상대가 어떤 식으로 말을 바꿀지 예상하는 게임이었다. 이미 정○○ 교수와 윤현수 교수 그리고 미즈메디 연구소 측의 증언은 촬영이 끝났다. 황 교수가 어떤 식으로 나올지 머리를 짜냈다. 아무래도 2004년《사이언스》논문을 제출하는 과정에서 테라토마에 관여한 사람을 찾아야 했다. 두 명이 나왔는데, 생명공학연구원의 최양규 박사와 서울대 수의대 병리학과 김대용 교수였다. 먼저 이 두 학자가 2005년《사이언스》논문에서 테라토마 검증을 하지 않았다는 것을 전화로 확인했다. 왜냐하면 우리보다 황 교수가 먼저 손을 써 놓을 수 있기 때문이었다.

후에 밝혀진 것이지만, 당시 2004년 《사이언스》 논문을 위해 황 교수는 윤현수 교수에게 1번 줄기세포를 쥐에 주입하게 하고, 최양규 박사에게 그 쥐를 키우게 했다. 그 뒤 서울대 수의대 김대용 교수에게 해석을 맡겼다. 그렇지만 황교수는 정작 테라토마 실험으로 만들어진 슬라이드 사진을 논문에 싣지 않고, 아무 관계없는 수정란 줄기세포의 슬라이드 사진으로 조작했다. 이것이 서울대 의대 병리학과 정○○ 교수에게 맡긴 가짜 테라토마 슬라이드였다. 이후 황 교수는 연구원들도 모르게 순전히 미즈메디 수정란 줄기세포 사진만으로 만들어진 가짜 테라토마 사진 5장을 2004년 《사이언스》 논문에 실었다.

'무언가 일이 진행되기는 하지만 정작 중요한 일은 진행되지 않는데, 이 과정에 참여한 사람들은 모두 무언가 일이 진행되는 것으로 착각하게 하는 고단수 수법'의 전형이었다. 기획 부동산업체가 특정 지역에 개발 바람이 있다고 거짓 정보를 흘리면서 나름대로 여기저기 일을 꾸미고, 결국 그런 부분적인 가짜 정보들이 모이면서 '새로운 개발정보로 가공'되는, 그야말로 부동산 사기단의 전형적인 패턴과 닮았다. 이 수법의 핵심은 무언가 여기저기에서 실제로 땅을 파고 무슨 무슨 기공식을 하는 등 그럴듯한 그림을 보여 주며 사람들을 몰려들게 하는 것이 성패를 좌우한다. 이런 부동산 사기단은 결국 상투에서 부동산을 판 뒤,

거품이 꺼진 뒤에 거리에 주저앉은 선의의 투자자들을 비웃으며 유유히 사라진다.

9월 29일, 서울대 수의대 김대용 교수를 먼저 인터뷰했다. 김대용 교수는 2004년 《사이언스》 논문을 위해 만들어진 테라토마 슬라이드에 대해 병리학적인 해석은 해 줬다고 증언했다. 당시 테라토마 슬라이드 사진은 강성근 교수가 모두 가져갔다고도 했다. 2005년 《사이언스》 논문에 대해서는 자신이 관여한 것이 전혀 없다고 밝혀 주었다. 특별히 숨길 것이 없는 사람들을 인터뷰하는 것은 간명했다.

10월 4일, 최양규 박사도 간명하게 인터뷰를 해 주었다. 2004년 논문을 위해 자신이 스키드 마우스를 직접 키우며 고생했다고 했다. 2005년 《사이언스》 논문은 김대용 교수와 마찬가지로 전혀 개입하지 않았다고 확인해 주었다. 이로써 황 교수가 변명할 여지가 현저히 줄어들었다. 10월 30일 황 교수를 만났을 때, 우리의 예상은 그대로 적중했다. 우리가 테라토마 관련해서 윤현수 교수와 서울대 정○○ 교수에 대해 취재한 바를 밝혔더니, 황 교수는 지체 없이 새로운 인물을 등장시켰다. 황 교수는 2005년 《사이언스》 논문의 테라토마 검증을 김대용 교수가 했다고 하다가 현장에서 반박당했다. 그러자 착오가 있었다며 이번에는 최양규 박사가 한 것이라고 주장했다. 물론, 황 교수의 이 터무니없는 주장도 바로 그 자리에서 여지없이 논박되었다. 황 교수의 얕은 수를 미리 읽어 낸 것이 주효했던 것이다.

진실, 그것을 믿었다

황 선생과 관련한 네 번째 보고

10월 5일, 〈PD수첩〉팀 회의가 있었다. 이날 회의에서 중요한 결정을 내려야 했다. 그동안의 황 교수 관련 취재를 PD들에게 총괄 보고하고, 아울러 방송 일정에 대해서도 윤곽을 잡아야 했다.

제목: 황 선생과 관련한 네 번째 보고

1. 2005년 5월 《사이언스》 논문(환자 체세포 복제를 통한 11개 줄기세포 라인 확립)

테라토마 검증 관련:

유전자 지문finger printing 관련:

면역 적합성HLA 검사 관련:

기관심사위원회IRB 관련:

기여 없는 자의 논문 공저자 참여 문제:

세포주은행에 기탁된 세포주가 없는 문제:

→ 현재까지 취재를 종합하면, 황 교수가 2개의 줄기세포를 만들었을 가능성이 어느 정도 있다. 물론, 이것도 가짜일 가능성을 배

제할 수는 없다. 어찌되었든 황 교수는 줄기세포를 11개 만들었다고 과장해서 '폭발적인 사업의 확대'를 꾀한 것으로 추정된다.

2. 황 교수 데뷔작, 1999년 한국 최초의 체세포 복제소 '영롱이' 관련

영롱이와 관련된 논문이 없다. 당시에도 서울대 수의대에서 객관적 검증자료를 요구했으나, 실제 논문으로 제시한 바는 없다. 영롱이에게 체세포를 제공한 소에 대한 언급이 일관되지 않다. 1999년《조선일보》2월 보도에는 체세포 제공 소가 '8살배기'라고 나오지만, 100일 후《조선일보》보도에는 '11살짜리'였다고 나온다. 황 교수는 "99, 1월에 영롱이가 태어난다"고 했으나, 실제 태어난 날은 2월 12일이다. 또한 '임신한 소들의 숫자들'이 오락가락한다. (중략)

영롱이에 대한 유전자 검증의 문제:

영롱이에 대한 후속 연구는 없으며, 영롱이가 2001년 4월에 새끼를 낳아도 이에 대한 연구는 진행되고 있지 않다.

　　　　　　　　　　　　　　– '황 선생과 관련한 네 번째 보고'에서

　　보고 중에 PD들과 토론이 진행되었다. 황 교수 아이템의 경우 '윤리적인 측면'과 '범죄적인 측면'이 공존하기 때문에 이를 구분해서 바라볼 필요가 있다는 점이 지적되었다. 그리고 영롱이는 동물을 가지고 장난친 것이지만, 2005년《사이언스》논문은

　　　　　　　　　　　　　　　　진실, 그것을 믿었다

결국 환자를 우롱한 결과이기 때문에 그 '죄질'이 다르다는 점도
거론되었다. 토론이 잠시 진행된 뒤, 보고가 계속 이어졌다.

3. 난자 관련

난자 매매 관련:

연구원의 난자 채취 문제:

2004년 2월 연구의 특허 출원인 문제:

4. 2004년 2월《사이언스》논문의 문제

테라토마 사진 5장의 조작 문제:

기관심사위원회IRB 문제:

5. 황 교수의 언론 플레이 및 과장 보도 관련

2000년 가짜 복제소 파동 문제:

백두산 호랑이 복제 프로젝트 문제:

광우병 내성소 문제:

UN 연설 오보 문제:

무균돼지와 이종간 장기이식 문제:

– '황 선생과 관련한 네 번째 보고'에서

보고서는 총 7페이지였다. 그동안의 모든 조사를 망라하다
보니 다소 길어졌다. 이번에도 PD들의 한숨이 새어나왔다. 누군

들 이 보고를 듣고 한숨짓지 않겠는가? 사소한 것은 제외하고 크게 문제될 것만을 추린 것이었다. 이 중에 세간에 잘 알려지지 않은 두 가지 사건이 있었다.

그 첫째가 '가짜 복제소 파동'이었는데, 이것은 그야말로 코미디 같은 사건이었다. 2000년에 축산 농가들에 체세포 복제 수정란이 보급되었다. 황 교수가 이미 1999년에 발표한 복제소의 임신율은 생각보다 높았고, 또 좋은 육종으로 만들어진 체세포 복제 수정란이라고 하니 축산 농가에서 많이 받아간 것이다. 그 뒤 그 복제소 송아지들이 39마리 태어났는데, 나중에 검사를 해 보니 6마리만이 진짜 복제소였고 나머지는 가짜였다.

이것이 국정감사에서 불거져 문제가 되었는데, 체세포 복제 수정란을 제공한 곳은 황 교수와 축산연구소였다. 황 교수가 제공한 복제 수정란으로부터 태어난 송아지에서는 단 한 마리도 복제소가 확인되지 않았으며, 축산연구소에서 제공한 수정란에서만 복제소가 확인되었다.

당시 농업진흥청에 복제소 수정란이라며 560여 개를 무상 지원했던 황우석 교수는 "서둘러 일을 추진한 데다 관리 소홀로 너무 어처구니없는 해프닝이 벌어져 국내 동물복제 기술이 국제사회에서 웃음거리가 되지 않을까 우려된다"며 해명했다. "실험 단계의 복제소 관리가 철저히 이뤄져야 할 것"이라고도 말했다. 사건 당사자가 오히려 남을 탓하는 식의, 어처구니없는 변명이었다. 이 사건은 뒤늦게나마 '영롱이'와 '진이'의 진위 여부를 판

진실, 그것을 믿었다

별할 수 있는 좋은 계기였으나, 언론과 정부는 황 교수의 변명만 듣고 유야무야 끝내 버렸다.

이 과정에서 실제 피해를 본 사람들은 애꿎은 축산 농부들이었는데, 이들의 실제 피해 사례를 취재하는 것이 필요하다는 의견이 PD들에게서 나왔다.

두 번째 코미디는 이른바 'UN연설 오보'였다. 이에 대해서는 이미 《프레시안》의 강양구 기자가 보도했는데, 별 반향 없이 지나가는 기사가 되었다. 2004년 6월 3일 MBC 보도를 예로 살펴보자.

앵커: 세계의 난치병 환자들에게 한국 과학자들이 희망으로 떠올랐습니다. 서울대 황우석 교수는 UN연설에서 수년 내에 난치병 치료제를 개발하겠다고 약속했습니다. 뉴욕에서 김○○ 특파원입니다.

특파원: 낙마 사고로 하반신이 마비된 슈퍼맨 크리스토퍼 리브가 UN에 메시지를 보냈습니다. 인간 배아복제 연구를 빨리 진척시켜 달라는 호소였습니다.

크리스토퍼 리브: 나와 비슷한 수백만 환자들이 여러분들의 중요한 연구를 예의주시하고 있습니다.

특파원: 복제 분야의 선두로 나선 서울대 황우석, 문신용 교수. 이들은 수년 안에 난치병 치료제를 반드시 개발하겠다고 약속했습니다.

황우석 교수: 바이오 의료산업이 여기에서 창출될 수 있도록 몇 년 안에 성공시킬 가능성이 저는 확실하다고 봅니다.

특파원: 복제양 돌리를 만든 영국 윌머트 박사 등 세계적인 석학들도 치료용 배아복제에 적극 찬성하고 나섰습니다. 이들은 올 가을 UN 에 상정될 인간복제 금지협약에 대해 공동 대응하기로 합의했습니다. 황 교수의 'UN 연설'은 본격적인 과학외교의 시작이라는 의미를 담고 있습니다. UN본부에서 MBC뉴스 김○○입니다.

- 〈뉴스데스크〉 2004년 6월 3일

물론 이것은 MBC뿐 아니라 거의 모든 언론이 받아쓴 기사였는데, MBC는 그나마 점잖은 축에 들었다. 심지어 어떤 신문사는 황우석 교수가 "국제연합UN에서 과학자로서는 국내 최초로 연설을 한다"고 크게 보도했다.

이것은 사실이 아니다. 2004년 6월 2일 황 교수 연설은 치료 목적의 배아복제를 찬성하는 한 민간단체가 UN 회의장을 빌려서 개최한 행사에서 진행된 것이었다. 미국의 민간단체가 자기 주장을 홍보하기 위해서 황우석 교수를 데려다 강연을 시킨 것이었다. 그 시민단체는 미국에서 배아 줄기세포 연구를 지지하는 단체들 가운데 하나인 유전정책연구소Genetic Policy Institute: GPI 였다. GPI는 플로리다의 한 가정법률 변호사인 버나드 시걸에 의해 세워졌는데, 헤리티지재단의 외곽단체 성격을 띠고 있다. 당시 UN 본부 회의장에서 이 시민단체가 연 행사의 이름은 'GPI UN Science Conference'였다.

한국의 시민단체가 국회에 있는 회의장을 빌린 자리에서 연설을 했을 때, 그것을 '국회 연설'이라고 하지는 않는다. 그러나 황 교수가 시민단체 행사장에서 한 연설은 'UN 연설'이 되고, 그는 일약 '과학외교를 한 애국자'로 둔갑했다. 한두 명의 기자도 아니고 수십 명의 기자들이 정도의 차이는 있을지언정 거의 비슷한 오보와 과장을 하게 된 이 시스템은 도대체 무엇인가? 더구나, 며칠 뒤《프레시안》에 이러한 오보가 낱낱이 보도되었는데도 어떻게 사과 한 번 하는 기자가 없단 말인가? 이런 것이 코미디가 아니면 무엇이 코미디인가?

내 보고를 듣던 PD들은 이 부분에 와서는 거의 믿을 수 없다는 표정이었다. 어쩌면 〈PD수첩〉 PD들은 그 뒤 국민들이 겪었던 쇼크를 일찍 체험한 셈이었다. 보고는 마무리에 이르렀다.

---

6. 취재진의 판단

2005년 5월 연구가 거짓이라면, 이에 관여한 자는 황우석, ○○○, 강성근, △△△, 김선종, 권대기 등이다. 그 외 안규리, 김○○, 김△△ 등은 이 논문의 거짓에 대해 부분적으로만 알고 있는 것으로 추정된다.

현재까지 취재한 것으로 5월《사이언스》 논문의 거짓을 입증할 수는 없지만, '테라토마 관련한 거짓'과 '난자 관련한 비윤리성' 및 '기관심사위원회IRB 조작'을 제기할 수 있다. 난자 관련한 부분은 미국 취재를 포함해 좀 더 보강하면, 어느 정도 단독 아이템으로까지 만들어 낼 수 있다고 보여진다. 난치병 환자들의 반발과 함께 여전히 황 교수를 신뢰하고 있는 국민들의 충격에 대한 대응방안이 필요하다.

황우석 교수와 서울대 수의대팀이 보안상의 이유를 들면서 우리의 취재를 계속 거절하고 있다. 의혹의 중앙에 접근하기 힘든 조건이다. 그리고 '한국의 생명공학' 다큐멘터리 3부작을 준비한다고 계속 우기는 것도 한계 상황에 다다르고 있다.

2005년 5월 연구의 거짓을 입증하기 위한 방안은

첫째, 미즈메디에 있는 테라토마 조직을 얻어서 유전자 지문을 확인하는 방법.

둘째, 김○ 외에 체세포 제공 환자를 찾아서 유전자 지문을 확인하는 방법.

셋째, 서울대 수의대 줄기세포팀의 내부 증언을 얻는 방법

넷째, 김선종, 김○○, 김△△ 등으로부터 양심선언을 이끌어내는 방법.

다섯째, 10월 19일에 서울대 의대에 만들어지는 세계줄기세포 은행에 황 교수의 줄기세포라인이 기탁된다면, 이를 분양 받아서 검증하는 방법.

여섯째, 시민단체가 몇 가지 의혹을 제시하고 우리가 이를 확인하는 방법.

일곱째, 〈PD수첩〉의 정체를 공개하고 육박전에 들어가는 방법.

2005년 10월 5일 한학수 올림

입증 방안은 나열되었으나, 어느 것 하나 쉽게 될 수 있는 것이 없었다. 우선, 이 회의에서는 미국 취재가 결정되었다. 또한, 황 교수와 더 이상 수면 아래에서 다툴 것이 아니라 가능하면 빨리 정식 인터뷰를 시도해야 한다는 점도 거론되었다. 난자 의혹 관련 부분도 더 이상 미루지 않고 취재에 돌입하기로 결정되었다. 이날 밤, 나는 이 회의에 참석하지 못한 동료를 위해 토론 결과를 정리하는 메일을 썼다.

> 3주 후부터는 황 선생 측에 공개적인 담판 인터뷰를 시도해야 한다는 의견이 다수였습니다. 오늘 논의된 사항은 시사교양국장께도 보고가 되었고, 10월 25일경에 다시 한 번 국장께 보고하기로 하였습니다. 물론, 사전에 동료들과의 최종 검토가 있어야 할 것입니다. 아울러, 국장님 '윗선'에 대한 보고는 10월 25일 이후가 될 것입니다. 참 힘든 아이템이네요. 그러나 우리가 취재한 현재의 성과도 만만한 것은 아닙니다. 첨부하는 7장짜리 보고서 만들기가 그토록 힘들었던 셈이네요. 인쇄는 하지 말아 주십시오.
>
> – 〈PD수첩〉 동료 PD들에게 보낸 메일에서

10월 25일을 분수령으로 삼은 것은 그때까지 미국 취재를 마치기로 했기 때문이었다. 피츠버그에 핵심 증인들이 있었다. 미국 출장을 준비해야 했다.

Ch.
o8

충격적인 증거와
피츠버그 증언

100억대 부자의 숨겨진 보물, 영롱이

미국 출장을 준비하면서 한편으로는 영롱이 부분 취재를 보강했다. 황 교수를 공식적으로 만나기 전에, 영롱이 관련해서 취재할 부분은 가급적 빨리 마쳐야 했다.

> 영롱이 복제의 총 책임자는 황 교수이지만 실무 책임자는 이병천 교수였습니다. 이 교수의 역할은 필드를 관할하면서 농장주들을 관리한 것이라고 보면 됩니다. 이것을 현장에서 지원한 것은 당시 수의사 김○○ 동물병원장입니다. 이때 영롱이와 관계된 축산 농부가 "내 말 한마디면 황 교수는 끝장"이라는 말을 술만 먹으면 발설한다고 합니다.
>
> — 제보자 K가 보낸 메일에서

축산 농부의 이러한 취중 발언은 당시에 영롱이 목장을 출입하던 수의대 연구원들에게 전해졌다고 한다. 연구원들끼리는 쉬쉬하는 상황이었다고 한다. 도대체 "관계된 축산 농부"는 누구며

진실, 그것을 믿었다

또 무엇을 알고 있는지 의문이었다.

이 정황의 당사자들을 추적하기 시작했다. 먼저 영롱이가 태어난 목장을 수배했는데, 그게 언론에 잘 드러나지 않았다. 경기도 화성 지역의 '대은행목장'이라고만 나와 있고, 다른 단서가 없었다. 영롱이는 지금 황 교수의 개인농장으로 옮겨져 있기 때문에, 당시 취재기자들을 탐문하고 이런저런 정보를 그러모으는 수밖에 없었다.

대은행목장의 농장주는 류○○이라는 사람이었다. 농장주 류○○ 씨에게 영롱이 출산 당시의 이야기를 인터뷰해 줬으면 한다고 전화했으나, 그는 뜻밖에 '황 교수의 허락'이 있어야 한다고 답변했다. 특별한 것도 아니고 출산 당시의 어려움과 소회를 듣는 정도라고 해도 마찬가지였다. 몇 년이 지난 지금 왜 영롱이 출산 당시의 이야기를 인터뷰하는 데 황 교수의 허락을 받아야 하는지 이해하기 힘들었다. 사정사정해서 일단 10월 7일에 만나기로 하고, 그 사이에 황 교수의 허락을 받기로 했다.

물론, 황 교수는 우리의 섭외를 거절하고 있는 상황이기 때문에 허락해 줄 리가 만무했다. 농장주의 마음이 그때까지 변하기를 기다려 보고, 그래도 끝내 인터뷰를 거절한다면 현장 탐문이라도 해 볼 심산이었다. 농장주는 인터뷰에 대한 확답을 주지 않았다. 10월 7일, 비가 부슬부슬 내리고 있었다. 우리는 영롱이가 태어난 경기도 화성의 대은행목장으로 찾아갔다. 젖소들은 많았으나 사람이 보이지 않았다. 농장 옆의 조그마한 집에 찾아 들어가니 뜻밖에 인부인 것처럼 보이는 사람이 살고 있었는데, 바로 이 사람이 류○○ 씨의 농장에서 영롱이가 태어날 때부터 지금까지 농장을 관리하는 사람이었다.

> 뭐 좀 여쭤 보려고 왔습니다. 류○○ 씨를 찾고 있는데요.

안집에 가 보세요. 근데 어디서 왔어요?

> MBC에서 왔습니다.

MBC에서 온 건 협조하지 말라고 연락이 왔어요. 나한테도 연락이 왔어요. 협조하지 말라고, 황 박사님한테서 연락이 왔어요. 그런 저기에 대해서는 협조하지 말아 달라고 그렇게 연락이 오셔 가지고, 우리가 드릴 말씀이 없어요. 자세한 얘기는 들었어요. 다 얘기는 들었고 담당 수의사도 어제 왔어요.

> 김○○ 동물병원장님요?

네, 왔어요. 와 가지고 하여튼 간에 그 문제에 대해서는 일절 말을 하지 말아 줬으면 좋겠다고 그렇게 연락을 받았어요, 우리가.

> 그럼 황우석 교수님한테서 직접 전화를 받으셨어요?

네.

— 영롱이 출산 농장 관리인과의 인터뷰에서

전날 밤 10시경에 이미 황 교수가 직접 전화를 했다고 했다. 농장 관리인과는 1시간가량이나 통화를 했다고 했다. 연구에 바쁘다던 황 교수가 지금은 아무 관계도 없는 농장 관리인과 1시

진실, 그것을 믿었다

간이나 통화를 하며, 'MBC에 절대 협조하지 말라'고 한 것이었다. 영롱이 출산과 관계된 수의사까지 찾아와서 입단속을 한 것을 보면, 뭔가 '부산한 움직임'이 있었던 것이다. 수의사는 두 번이나 왔다 갔다고 했다.

이 관리인은 뭔가 말을 할듯할듯하면서도 끝내 말을 하지 않았다. 다만, 당시 언론 보도에 대해서는 대단히 냉소적인 태도를 보여 주었다.

> 그건 어때요? 영롱이는 역산이어서 낳기가 힘들었다고 하던데⋯⋯. 거꾸로 나와 고생했다고 그러더라고요.

누가 그래요?

> 그때 언론 보도 같은 데 보면, 그렇게 나와 있던데요.

관리인: 허허허⋯⋯.

> 아까는 출산 장면을 보셨다고 했잖아요. 그때 같이 안 계셨어요?

보도가 그랬나 보지 뭐⋯⋯. 허허.

> 영롱이 같은 경우 예정일에 맞춰서 낳았나요?

글쎄 그건, 이병천 교수한테 가서나 아니면 황 박사한테 가서 물어보라니까. 영롱이에 대해서는 저한테 물어보지 마세요. 저는 몰라요, 이제⋯⋯.

— 영롱이 출산 농장 관리인과의 인터뷰에서

농장 관리인은 무언가를 아는 것처럼 보였으나, 대답을 회피했다. 농장주 류○○ 씨는 만날 수가 없었다. 당시 동물병원장 김○○ 수의사를 찾아갔으나 자리에 없었다. 전화로 연락해 보니, 김○○ 수의사는 "특별히 제작진과 만나서 나눌 이야기가 없다"고 했다. 이쯤 되면 화성에 있는 목장에서는 더 이상 볼일이 없어졌다. 상대의 블로킹이 강했다. 입단속이 아주 잘 돼 있었다.

경기도 퇴촌의 황 교수 개인농장으로 이동했다. 그곳에 영롱이가 있다고 했다. 대로에서 조금 들어가면 바로 목장이 있었는데, 약간 외진 곳이라 일반인들이 발견하기는 힘들었다. 이곳은 입구부터 출입제한 표시가 있었다.

이곳에는 사육 중인 소를 대상으로 인간에게 유용물질을 생산해 주는 유전자 적중 실험이 진행 중입니다. 방역과 안전관리를 위해 출입을 제한하고 있습니다. 서울대학교 생물공학연구실

입구에서 조금 더 들어가 철조망이 쳐진 경계까지 가 보았다. 위에 막사가 하나 있는데, 거기에 영롱이가 살고 있다고 했다. 지금은 중국 조선족 교포인 '태백이 아빠'라는 사람이 혼자 관리하고 있는데, 두문불출하며 영롱이를 지키고 있다고 했다. 영롱이는 평소에는 일반인들이나 언론에 공개되지 않고, 1년에 한 번쯤 황 교수가 지정하는 언론사에만 엄격히 통제된 상황에서 소개되었다. 농가에 수천억의 부가가치를 창출한다던 영롱이는 그저 산속에 홀로 갇힌 채 6년째 고독하게 살아가고 있었다.

진실, 그것을 믿었다

새끼를 돌보고 있는 영롱이. 영롱이는 2001년 자연교배를 통해 건강한 송아지를 출산한 후 서너 차례 더 새끼를 낳은 것으로 알려졌다. 그러나 일반적으로 복제동물의 새끼가 중요한 연구 대상인 데 반해 대한민국 최초의 복제소인 영롱이의 새끼는 출산 당시에만 관심을 받았을 뿐이다.

황 교수는 영롱이가 나라의 보물이라고 주장하지만, 그것은 국민 누구에게도 혜택을 주지 않는 '황 교수만의 보물'이었다.

보통의 복제소와는 달리 영롱이는 6년이 지난 지금도 여전히 건강하며, 2001년 4월 12일에는 새끼도 낳았다. 복제양 돌리가 새끼를 낳자 그 후속 연구가 활발하게 진행되던 것과는 달리, 영롱이는 새끼를 낳았을 때만 언론의 주목을 받았을 뿐 그 누구도 후속 연구를 하지 않고 있다. 진짜 복제소가 새끼를 낳았다면 그 얼마나 학문적으로 연구할 테마가 많겠는가? 정상소와 비교하기도 하고 복제 1세대, 2세대 소들을 비교하는 것만 해도 훌륭한 논문 주제였다.

황 교수가 우량소 복제를 했다며 떠들썩했던 것은 1999년이지만, 처음으로 서울대 수의대에서 실제 복제소가 나온 것은 그로부터 5년이 지난 2004년도입니다. 이때 실제로 복제된 첫 소가 나왔으나, 소팀 내부에서만 좋아하고 끝났습니다. 실로 5년이나 앞서서 거짓말을 해도 덮어져 가는 현실입니다. 영롱이가 태어난 지 5년이 지난 2004년, 서울대 수의대에서 실제로 처음 복제소가 나온 것은 책임자 ○○과 연구원 ○○○의 노력에 의한 결과였습니다.

- 제보자 K가 보낸 메일에서

목장의 경치는 좋았다. 이런 곳에서 언론사 기자들과 정부 관계자들을 데려다 놓고 황 교수는 고기 대접을 했단 말인가? 또 명절이면 소갈비 세트를 요처의 사람들에게 돌렸단 말인가? 목장 주변에는 훌륭한 전원주택들이 많이 있었다. 목장 일대의 야산이 상당히 넓었는데, 황 교수 명의로 되어 있는 목초지였다. 나오는 길에 부동산에 들어가 시가를 알아보았더니, 생각보다 비쌌다. 아무리 적게 잡아도 60~70억 원은 된다고 부동산에서는 평가했는데, 시세는 100억 원 정도로 보면 된다는 얘기였다. 놀라지 않을 수 없었다. 이미 황 교수는 여러 차례 자신의 가난한 처지에 대해 말해 오지 않았던가?

부끄러운 이야기지만 내 연봉은 5,000만 원이 채 안 되고 아직도 전세 아파트에 살면서 이사철만 되면 이리저리 옮겨 다닌다. 헝그리 정신으로 버티며 작으나마 국가 과학기술 발전에 일조하겠다는 자부심 하나로 지탱해 오는 나로서는 후배들의 이러한 고언苦言이 예사로 들리지 않는다.

— 황우석, '이공계 살려야 경제가 산다', 《조선일보》 2004년 2월 4일

나는 100억대의 땅 부자가 자신의 청빈함을 자랑하는 사회에 살고 있었다. 심지어는 자신이 전세에 살고 있다고 주장하기까지 했다. 물론, 100억대의 땅이 있다는 것이 잘못은 아니다. 100억대 자산가로서의 자신을 숨기고 청빈한 이미지로 위장해 온 그 '위선'에 도덕적 결함이 있는 것이었다. 그때 비로소 궁금증이 일었다. 도대체 황 교수의 부동산은 얼마인지, 그리고 통장은 몇 개나 되는지? 재산 형성은 어떻게 된 것인지? 이런 부수적인 것들을 조사하기에는 내게 시간이 없었다. 그것은 다른 사람의 몫이었다. 언젠가 누군가 밝혀내리라는 생각만 들었다.

이날 밤 K를 만났는데, 황 교수가 다른 교수를 통해 'K의 근황'을 물어 오고 있다고 했다. "황 교수의 줄기세포가 가짜라고 K가 말하고 돌아다닌다는데, 그런 게 사실이냐"고 물었다고 했다. 일단 제보자는 그런 사실이 없다고 부정했다. 그런데 황 교수가 제보자에게 이렇게 접근하는 이유가 무엇일까? 제보자에게 '거래'를 하자는 것인가 아니면 제보자를 '압박'하려는 신호인가? 어느 쪽이든, 그것은 나쁜 징조로 느껴졌다.

새튼의 머리는 어디에 있는가

10월 8일, 새튼 교수에게 인터뷰 질문지를 보냈다. 한국의 생명공
학에 대해 도움될 수 있는 조언과 평가를 듣고 싶다는 취지의 질
문 내용이었다. 인터뷰는 10월 11일에 이뤄졌는데, 이날 오후에
새튼 교수는 국내의 한 언론사에서 주최하는 〈지식포럼〉에서 연
사로 나섰다. 오전 10시 약속이었고, 새튼 교수가 약간 늦었다.
새튼 교수는 넥타이를 안 매고 왔는데, 잠시 우리와 인사를 나눈
뒤 촬영을 위해 밖에서 다시 넥타이를 매고 들어왔다. 카메라에
잘 찍히기 위해서는 무엇이 필요한지 잘 아는 사람이었다. 한국의
생명과학에 대한 평가라든가 조언 등에 대한 변두리 질문을 서너
개 던진 뒤, 조심스런 탐문으로 본 게임이 시작되었다.

> 2003년 12월경에 서울대 황 교수팀을 방문했을 때 체세포 복제 줄
> 기세포를 처음 본 것으로 알고 있습니다. 방문했을 때 상황이나 소감은
> 어떠셨습니까?

서울대 황 교수와 그의 팀이 거둔 성과를 처음 보았을 때 깜짝 놀랐

진실, 그것을 믿었다

습니다. 그리고 아주 고무되었습니다. 그것은 마치 의학 연구의 새로운 창이 열려 전혀 새로운 세계를 보여 주는 것 같았습니다. 오직 황 교수만이 그 창문이 존재하고 있었다는 것을 알았던 것입니다. 이는 정말 설명하기 힘든 정신적인 깨어남이었습니다. 황 교수는 의학 연구의 역사를 바꾸어 놓을 수 있는 성과를 얻은 것입니다. 그 순간 나는 예상치 못한 엄청난 산 아래에 서 있는 것 같았습니다. 그 산을 오르기까지 몇 달, 몇 년, 아니 몇십 년이 걸릴지 모른다는 것을 알았습니다. 그러나 나는 산 위를 쳐다보며 그 정상은 어떤 엄청난 모습일지, 어떤 발견이 있을지, 우리는 그 정상에서 무엇을 보게 될지, 전혀 알 수가 없었습니다.

황 교수와 나는 형제와 같이 끈끈한 관계에 있고 그 유대감은 깨진 적이 없습니다. 나는 그와 함께 이 산을 올라갈 수 있는 특권을 얻었습니다. 이렇게 길게 대답하는 것에 대해 미안하지만 나는 황 교수가 그 산을 점점 높이 오르고 우리가 함께 그 정상에 올라 의학적 발견의 측면에서 볼 수 있는 모든 것을 다 보고 싶습니다. 그러나 우리는 그 산이 얼마나 높은지, 산이 무너져 내려 밑으로 떨어지게 될지, 어두워졌을 때 어떤 일이 일어날지 알지 못합니다. 이는 고독하고 알지 못하는 위험들이 도사리고 있는 산행이 될 것이기 때문에 어쨌든 이 산을 오르는 것은 미지의 경험이 될 것입니다. 그러나 우리는 이 산을 오르기로 결심했습니다.

- 섀튼 교수와의 인터뷰에서

새튼 교수는 청산유수였고 동료인 황 교수를 한껏 추켜세우고 있었다. 황 교수의 업적에 비하면 자신은 아무것도 아니라는 그런 뉘앙스였다. 마치 선구자를 대하는 겸손한 학생의 태도라고나 할까? 나는 2005년 《사이언스》 논문에 대해서 새튼 교수가 한 역할은 무엇인지 물었다.

2005년 5월 획기적인 연구논문이 나왔고, 나는 이를 황 교수와 그 팀 전체와 함께 《사이언스》지에 발표하는 데 준비하는 일을 맡는 특전을 얻었습니다.

《사이언스》지는 과학 및 의학 저널에서 권위 있는 전문지입니다. 그들은 최고 논문의 가장 최고 부분만을 발표합니다. 이 저널의 표지 논문은 정말 대단한 내용들입니다. 우석과 내가 할 수 있었던 것은 말 그대로 날마다 하루 24시간 동안 이 작업에 매달리는 것이었습니다. 매일 밤 내가 아이들 재우기 전 목욕시키고 있을 때 전화벨이 울리면 우리 아이가 황 교수냐고 물을 정도였습니다. 그러면 난 그렇다고 대답했습니다.

우리는 매일 밤 내가 여기 미국에서 어떤 원고를 진행했는지, 과학자들과 《사이언스》지 편집자들이 무엇을 요구하는지에 대해 통화를 했습니다. 그리고 아이들이 잠자리에 들면 우리는 한 팀이 되어 과학 편집자들의 가장 큰 관심사에 대한 분석이나 실험을 합니다. 그리고 나서 다음 날 아침 내가 일어나면 황 교수와 다시 전화통화를 해 미국 과학자들이 제기했던 문제들에 대한 대답이 이메일로 보내졌음을

진실, 그것을 믿었다

확인합니다. 그러면 내가 원고를 고치고 보완하거나 설명을 덧붙인 다음 미국 측 과학자들에게 제출합니다.

그러면 《사이언스》지 과학 편집자들은 이렇게 잘된 원고가 그렇게 빨리 도착할 수 있는 것에 놀랍니다. 이렇게 빨리 작업을 할 수 있었던 것은 이런 합동작업 시에 태양이 결코 지지 않았기 때문입니다. 여기 한국이 낮일 때 실험을 하고 결과를 얻어 미국이 낮일 때 해석, 설명, 본문을 준비합니다. 우리는 말 그대로 이 논문을 위해 밤낮없이 일했습니다.

－ 섀튼 교수와의 인터뷰에서

섀튼 교수는 논문 작성 과정에서 자신이 얼마나 역할을 했는지 생생하게 설명했다. 그의 말대로라면 황 교수와 매일매일 실험 상황을 체크했다는 것이며, 논문 작성 과정에서 자신이 '충분한 역할'을 한 것이었다. 줄기세포임을 검증하는 실험 과정에 대해 섀튼 교수가 얼마나 개입했는지 좀 더 자세히 물었다.

> HLA 타이핑 검사나 유전자 지문 검사의 경우에 《사이언스》지가 분석된 데이터만 받은 것입니까? 아니면 유전자를 직접 받아서 확인한 것입니까?

그들은 유전자를 받을 수가 없습니다. 그들이 가지는 것은 실제 실험의 결과입니다. 그래서 분석가들이 정확히 그 결과를 분석하는 것입니다. 말라리아나 탄저병 유전자를 받는다면, 이것은 국제적으로 위험한 유전자를 우편으로 보내는 것을 금지하는 법에 위반되는 것입니다. 테러리스트가 개입될 위험도 있는 것이죠. 그들은 과학적 사실들을 재검토하는 전문가들로서, 그 연구에 대해 확장하고 증명하는 데 필요한 실험실을 가지고 있지도 않습니다. 그러므로 결과는 여기 황 교수의 실험실에 안전하게 있는 것이고, 그 결과는 제출받은 과학자에 의해서 분석되고 증거가 전문 과학자들에게 제출됩니다. 이것이 모든 과학 저널이 행하는 방법입니다.

> 11명의 환자들로부터 줄기세포 라인이 만들어졌는데 이 경우는 테라토마 검증을 몇 개나 한 것인가요?

이 질문에 대한 정확한 답을 가지고 있지는 않으나 확실한 것은 11개가 넘는다는 것입니다. 일반적으로 우리가 테라토마를 만들 때는 세포를 추출해서 보통 줄기세포 하나를 세 마리나 어떤 때는 네 마리의 쥐에게 주입합니다. 그러니 아마도 30 또는 40마리 쥐, 다시 말해 30 또는 40개의 테라토마들이 될 것입니다.

– 새튼 교수와의 인터뷰에서

《사이언스》 편집진뿐 아니라 새튼 교수도 실제 실험 과정에 참여할 수는 없으며, 단지 실험된 결과를 황 교수에게서 데이터로 받아보았을 뿐이었다. 결국 여기에 허점이 있었는데, 실험 과정을 조작하려고 한다면 아무리 전문 심사자peer reviewer라고 해도 속기가 쉽다는 것이었다. 다만 과학자의 양심을 믿고 그 데이터를 신뢰해 주는 것인데, 만약 나중에 그 데이터가 조작된 것으

진실, 그것을 믿었다

로 들통이 나면 그 과학자는 영원히 과학자 사회에서 추방된다.
이제 섀튼 교수에게 좀 더 단도직입적으로 물어야 할 때였다.

> 교수님은 11개의 줄기세포 라인을 확인하셨나요?

예. 본 적 있습니다.

> 어디서 언제 봤는지 자세하게 알려 주시면 좋겠습니다.

황 교수의 실험실에서 봤습니다. 몇 달 전입니다. 내가 현미경을 통
해 볼 기회를 가진 건 논문이 발표된 후였습니다. 그 전에는 많은 비
디오 기록을 보았는데 현미경을 통해 보이는 것을 찍은 것들이었습
니다.

> 줄기세포를 모두 다 보신 건가요? 아니면 몇 개만 보신 건가요?

음……기억이 나지 않습니다. 내가 한국에 올 때, 내 머리를 태평양
어딘가에 남겨 놓고 왔습니다. 12시간 시차가 나니까요. 11개 중 8개
만 봤는지 11개 다 봤는지, 아니면 12개를 봤는지 기억이 나지 않습
니다. 왜냐하면 나는 첫 번째 2004년 《사이언스》 논문의 최초의 것을
보았습니다. 그런데 왜 자꾸 이런 질문을 하는가요?

> 《사이언스》지에 논문을 싣는 과정이 얼마나 체계화된 것인지 알고 싶
  고, 이런 체계적인 출판 과정의 시스템도 프로그램에 소개하고 싶어서
  여쭤 본 것입니다.

– 섀튼 교수와의 인터뷰에서

처음엔 줄기세포 11개를 다 보았다고 했으나, 좀 더 추궁하

■ 제럴드 섀튼 교수 / 피츠버그 의대
기억나지 않아요. 한국에 올 때 머리를 태평양 어딘가에
남겨놓고 왔나봐요. 12시간 시차가 나니까요.

2005년 10월 8일 섀튼 교수가 〈PD수첩〉의 인터뷰에 응하고 있다. 교신저자는 공동 집필 논문에서 제1저자와 함께 논문의 모든 것을 총괄하고 책임지는 역할을 한다. 논문의 수정을 맡고 있기도 하다. 교신저자인 섀튼 교수가 논문의 조작에 어느정도 관여했는지는 분명치 않지만, 조작 사실을 전혀 몰랐을 가능성은 희박하다.

자 자신이 정확히 본 것은 1번 줄기세포 하나라고 정정했다. 그의 머리는 때때로 필요할 때마다 여기저기 두고 오는 편리한 물건이었다. 마치 용왕 앞에 끌려간 토끼가 '간을 육지에 두고 왔다'고 둘러대는 꼴이었다. 토끼는 귀엽고 재치라도 있지만, 섀튼 교수에게서는 그저 노회한 정치가 냄새만 풍겼다. 왜 학자에게서 이런 느낌이 들까? 아무튼, 섀튼 교수도 황 교수 못지않게 뛰어난 언변과 순발력을 가진 사람이었다. 마지막에 왜 이런 질문을 하냐고 섀튼 교수가 우리의 인터뷰 취지를 묻기에, 특별히 의심하지 않도록 그럴듯하게 둘러댔다. 이상한 낌새를 눈치채지 못하도록 몇 가지 주변적인 질문을 하고 웃으면서 헤어졌다.

이날 오후에 섀튼 교수가 연사로 나서서 발표할 때, 섀튼 교

진실, 그것을 믿었다

수의 뒤편에 황우석 교수와 안규리 교수가 강의 내내 병풍처럼 배석하고 있었다. 그들은 서로를 추켜세우면서 시너지를 창출하는 가공할 팀이었다.

황교수는 2004년 《사이언스》지 논문에는 외국인 학자로 호세 시벨리 교수를 저자로 인용했고, 2005년 《사이언스》지 논문에는 섀튼 교수를 교신저자로 포함시켰다. 섀튼이 참여하게 된 배경에 대해 제보자 B가 그 맥락을 들려주었다.

미국에서 유명한 사람으로 시벨리 교수라는 사람이 계셨는데, 그분이 원숭이의 처녀생식을 연구하시는 분이었어요. 처녀생식을 연구하시는 분이고 세계적으로도 유명한 분이죠. 그래서 한국에 한번 방문하신다고 해서 황 교수님이 저희 실험실도 한번 모시고 오자고 했죠. 그러니까 우리 편을 만들기 위해서 2003년에 서울대 수의대를 방문하도록 하셨어요.

당시에 저희 줄기세포팀은 실험실이 따로 있었는데, 거기는 아무나 데리고 오진 않았어요. 그런데 그분을 데리고 와서는 우리가 만든 줄기세포를 자랑하고 남편이 만든 프레젠테이션 자료를 가지고 설명을 하니까 시벨리도 감탄을 하면서 돌아갔죠. 그 이후에 섀튼 교수라는 사람이 실험실에 왔어요.

그런데 나중에 알고 보니까, 미국에서 시벨리보다는 섀튼이 더 영향력 있는 사람이었어요. 시벨리는 약간 언더그라운드적인 부분에 영향력이 있는 사람으로 그쳤기 때문에, 황 교수님이 선택한 사람은 섀

튼이 된 것이죠. 그 뒤 섀튼을 통해서《사이언스》에 논문을 내는 것
이 가능했던 거죠.

- 제보자 B와의 인터뷰에서

황우석 교수와 섀튼의 만남에 무슨 특별한 음모가 있는 것
은 아니었다. 그들에게는 각자의 이해관계가 있었을 뿐이었다.
황 교수는《사이언스》지에 논문을 내기 위해 영향력 있는 학자가
필요했고, 거기에 섀튼이 딱 맞는 인물이라 끌어들인 것이었다.
섀튼은 한국의 난자 다루는 기술에 놀랐고, 황 교수를 이용해 줄
기세포에 대한 미국 사회의 규제를 푸는 데 도움을 받고자 했다.
아울러, 줄기세포 분야에서 황 교수를 이용해 자신의 헤게모니
를 강화하고자 했고, 바로 그런 이유로 자신의 연구 업적이 아닌
데도 황 교수의 논문에 공동 저자로 편승한 것이었다. 그들 사이
는 일방적인 관계가 아니라 공생 관계였으며, 그 과정에서 섀튼
이 논문 조작을 어느 정도나 그리고 언제 알게 되었는지는 여전
히 의문으로 남아 있다.

난자 브로커와 기관심사위원회

10월 8일, 우리는 세 군데에 난자 관련 자료를 요청했다. 우선 생명공학감시연대의 김병수 위원에게 그동안 문제 되었던 난자 브로커들에 대한 자료가 있으면 보내 달라고 요청했다. 두 번째 는 한나라당 박재완 의원실에 난자 매매와 관련된 제보 자료가 있으면 보내 달라는 것이었다. 민주노동당의 정책실에 있는 한재 각 연구원에게도 관련 자료를 요청했다. 세 군데 모두 친절하게 맞으면서 자료를 보내 주었다. 그동안 자신들이 나름대로 자료를 공개해도 언론에서 계속 외면해 온 터라 더욱 우리를 반기는 것 처럼 보였다.

세 군데에서 온 정보를 취합해 보니 가장 먼저 눈에 띠는 것 이 'DNA뱅크'라는 난자 매매 업체였다. 이곳은 그동안 공격적인 마케팅으로 인해 몇 차례 언론의 주목을 받은 곳이었으며, 난자 매매로는 단연 선두를 달리고 있었다. 박재완 의원은 이미 이들 에 대한 공식적인 조사를 정부 측에 요청한 상태였고, 아마도 경 찰 측에서 나름대로 수사를 하는 것으로 관측되었다. 황 교수 측에 난자를 제공한 미즈메디병원과도 뭔가 거래가 있을 가능성이 큰 업체였다.

2004년 11월 23일에 〈PD수첩〉에서는 '불임의 그늘'이라는 프로그램을 통해 불임부부들의 고통을 소개했다. 이 프로그램에서 당시 〈PD수첩〉 장형원 PD는 DNA뱅크가 은밀한 방식으로 난자 매매를 하고 있는 상황을 드러냈다. 장형원 PD로부터 관련된 정보를 구체적으로 얻을 수 있었다. DNA뱅크는 일본에도 이미 지부를 내고 일본인 고객들을 유인하고 있었으며, 일본어로 된 별도의 사이트도 운영하고 있었다. 한국에서 난자를 얻으려는 일본인 불임부부들이 고객의 상당수를 차지하고 있는 것으로 파악되었다. 난자 매매 여성에게 주어지는 대가는 보통 300만 원 정도였는데, 유명대학 학생일 경우 1,000만 원에 가까운 고가로 거래가 성사되고 있다고 업체 스스로 자랑하고 있었다.

10월 10일에 우리는 중요한 사실을 알게 되었다. 제보자 K로부터 얻은 난자 실험노트를 통해 우리는 미즈메디병원을 조심스럽게 탐문하고 있었는데, 이 난자 매매 여성들의 절반 정도가 동일한 곳에서 사는 것으로 파악되었다. 사실을 확인해 보니 그곳은 강남의 한 빌딩이었다. 바로 DNA뱅크가 있는 빌딩이었다. 즉, 난자를 매매한 여성들이 DNA뱅크의 중개를 통해 미즈메디병원에서 난자 채취 수술을 받는 과정에서, 자신의 실제 주소를 숨기고 중개업체인 DNA뱅크 주소를 대신 올려놓은 것이었다. 황 교수의 실험실로 들어가는 난자가 매매된 난자였다는 사실을

진실, 그것을 믿었다

확인하는 순간이었다.

난자 매매 여성의 절반 정도는 주소란에 DNA뱅크가 아니라 다른 곳의 주소를 적어 놓았는데, 이마저도 절반 정도는 가짜였다. 2~3일 동안 난자 매매 여성의 실제 주소를 파악하기 위해 전력을 다했다. 난자 매매가 자랑할 일이 아니어서 그런지, 당사자들을 수배하는 것은 이만저만 어려운 일이 아니었다. 더군다나 DNA뱅크는 경찰의 추적을 받으면서 국내 영업을 사실상 두어 달째 중단하고 있었고, 사무실도 폐쇄되어 있었다. 이후에 우리는 DNA뱅크 사장과 어렵게 접촉했지만, 그는 만나는 것 자체를 거절했다.

10월 13일, 울산대 의대 구영모 교수를 인터뷰하러 갔다. 구교수는 황우석 교수의 연구 과정에서 발생하는 생명윤리 문제에 대해서 그동안 여러 차례 문제제기를 해 왔다. 그런 문제제기로 인해 많은 불편이 있었다고 했다. 사실은 인터뷰를 하는 것이 꺼려진다고도 했다.

우리끼리 얘기지만 기관에서 전화도 오고 그래요. 나한테 직접 하는 것도 아니고 우리 상관한테 전화했다는 걸 듣고, 난 경악을 금치 못했어요. 요즘도 그런가 하는 생각이 들었고, 음으로 양으로 압박감을 느꼈습니다. 국정원이라고 밝히고 전화가 왔대요. 저도 자세한 얘기는 못 들었고 "전화 왔다" 이런 얘기만 들었는데, 당신네 저런 교수가 있는데 까부니까 조심시켜라 그런 얘기겠죠.

> 황우석 교수의 연구 절차를 비판한 게 문제 있다고 본 거네요?

그렇죠. 우리 지도교수를 통해서도 좀 자제를 시켰으면 좋겠다고 얘기했다는 거 아닙니까?

> 근데 그게 국정원에서 나서서 대학교수에게 전화할 사안인가요?

나도 그게 이해가 안 되는 거예요. 왜 그걸 국정원에서 그러냐 말이지. 나도 이해가 안 됩니다. 작년 2004년 6월 말에 전화가 왔다는데, 나도 이해가 안 돼요. 왜 그게 국정원 사안이죠?

― 구영모 교수와의 인터뷰에서

연구 절차에 대한 학계의 정당한 비판적 목소리마저 국정원이 나서서 단속했다는 증언이었다. 참으로 어처구니가 없었다. 그것도 21세기 참여정부에서 이런 일이 벌어졌다니 도저히 믿어지지가 않았다. 이것은 국가 권력이 학문의 영역에 들어가서 그야말로 사상을 통제하는 것과 다름없는 일이었다. 정보기관은 말 그대로 정보를 '만들어 내고 다루는' 기관이지 정보를 '왜곡하거나 통제하는' 기관이 아니다.

국정원은 2005년 9월경 문신용 교수도 따로 만났다고 한다. 이 면담의 말미에 국정원 직원은 "지금은 황 교수를 누구도 건드릴 수가 없다"고 말했다고 한다. 이로 미뤄 볼 때, 국정원에서는 황 교수 연구의 경제적 효과에 대해 조사한다는 명목으로 〈PD수첩〉의 취재 내용을 역취재하고 있었던 듯하다.

2005년 9월경에 국정원은 제보자 K에게도 접근했다. 그러

진실, 그것을 믿었다

나 이 접근이 제보자임을 알고 이뤄진 것인지, 〈PD수첩〉의 역취
재를 위한 정보수집 차원의 활동이었는지는 명확하지 않았다. 아
무튼, 황 교수를 취재하는 것은 단지 '학자'를 취재하는 것이 아
니었다. 그 뒤에는 청와대나 국정원 같은 권력 기관이 묘하게 중
첩되어 있었다.

> 난자를 많이 확보하게 된 것이 황 교수 연구의 큰 특징인 것 같습니다.
> 세계적인 사례와 비교하면 어떻게 볼 수 있습니까?

저는 우리나라의 특수성 중의 하나가 체세포 핵이식 연구와 관련해서
풍부한 난자 공급이 이뤄지고 있다는 점이라고 생각합니다. 실제로
다른 나라 예를 봐도 우리나라 연구진만큼 풍부하게 난자를 확보해서
연구에 사용한 예가 없습니다. 그런 차이를 잘 보여 주는 예가 2001년
미국에 있는 ACT라는 생명공학 회사에서 대대적인 광고를 통해 난자
모집을 했을 때 1인당 4,000불씩 주겠다고 광고했음에도 불구하고 19
개 난자를 확보하는 데 그쳤다는 사실입니다. 그것과 비교해 봤을 때,
우리나라는 분명 특수한 경우에 해당한다고 생각합니다.

― 구영모 교수와의 인터뷰에서

우리나라가 난자 거래의 천국이 된 데에는 의료계의 책임이
컸다. 이른바 〈생명윤리 및 안전에 관한 법률〉이 2005년에야 제
정된 것도 늦은 감이 있지만, 사실상 난자에 대해 관리할 책임이
있는 기관들에서 너무나 '안이하고도 무책임한 처신'을 해 온 탓

이 컸기 때문이다. 어쨌든 난자는 의사들 외에는 누구도 채취할 수 없는데, 여기에서 의료계가 제 역할을 못한 것은 분명했다.

서울대 법대 박○○ 교수를 만났다. 황 교수 측이 국회에 제출한 서울대 수의대 기관심사위IRB의 위원 명단에 박 교수 이름이 들어 있었기 때문이었다. 박 교수가 양심적이고 바른 학자라고 전해 들었는데 어떻게 허울뿐인 IRB 위원이 되었는지 이해가 되지 않았다. 이런 의문은 만나자마자 해소되었다. 박 교수는 자신이 서울대 수의대 IRB 위원이라는 사실 자체를 모르고 있었다. 도리어 본인이 우리에게 되묻기를 "어디에 자신이 IRB 위원으로 나와 있느냐"고 했다. 자신은 금시초문이라며 간명하게 해명해주었다. 이것은 결국 당사자와 아무런 협의 없이 IRB 위원으로 박 교수를 '집어넣은' 것이었다. 서울대 수의대 IRB가 얼마나 어처구니없는 조직인지는 이 사례 하나만으로도 자명한 것이었다.

황 교수의 난자 관련 기관심사위원회IRB는 한양대 의대에 만들어졌는데, 실제 난자 채취는 거의 미즈메디병원에서 이뤄졌다. 심사한 병원과 실제 난자 채취 병원이 다르니, 한양대 의대에서 발행한 심사 서류는 그야말로 '가짜 서류'였다. 심지어 한양대 의대에서 얻어진 난자들 중에는 난소 적출 수술을 통해 얻은 것도 있다고 하는데, 환자의 동의도 없이 난자가 황 교수팀에 공급된 사례도 있었다.

> 연구비와 관련해 황우석 교수님의 영향력이 어느 정도나 되는지요?

제가 그걸 답할 입장에 있지는 않은데, 다만 그분이 국가과학기술위원회 위원입니다. 그리고 민간위원들이 이번에 다 바뀌었는데도 불구하고 그분은 계속 유임하고 있고, 뿐만 아니라 연구비 배정 정책을 기획하는 데 오래전부터 깊이 관여한 걸로 제가 알고 있습니다. 연구비 배정에 있어서 영향력은 막강하고, 오늘날 현존하고 있는 과학자 중에 어느 누구도 그 분보다 더 영향력 있지 않을 겁니다. 그런 현실을 잘 알고 있는 것이죠. 과학자들이…….

> 연구비를 덜 받게 되면 어떤 타격이 있는 건지요?

치명적인 타격이 있게 됩니다. 연구실을 유지해야 되거든요. 연구하는 동료 연구원들의 인건비가 당장 문제가 될 거고, 실험 기자재를 살 수 있는 돈도 다 연구비에서 와야 되는데 그건 고가입니다. 또 실험에 소모되는 약품비도 상당히 고가이고 많은 경우 수입에 의존하고 있습니다. 이 모든 게 연구비에서 다 해결돼야 하는데, 연구비가 들어오지 않는다는 것은 연구를 수행할 수 없게 되는 것이고, 연구자로선 사형 선고와 마찬가지입니다.

– 구영모 교수와의 인터뷰에서

2004년, 민주노동당에서는 정부 측에 이러한 의혹을 제기하고 한양대 IRB의 회의록 공개를 요구했다. 그러나 한양대는 이 회의록을 끝내 공개하지 않았다. 2005년에 접어들어서 민노당은 서울대 수의대에도 황 교수의 난자 관련 자료를 요청했으나 거센 역풍만 맞았다. 당시 상황을 민노당 한재각 정책연구원에게 물었다.

> 서울대 수의대 IRB 관련해서도 올해 자료를 요구한 걸로 압니다. 뭘 요구했습니까?

올해 요구한 거는 황 교수가 2005년 5월에 《사이언스》지에 발표했던 체세포 이식을 통한 줄기세포 연구에서 그때 이용한 난자의 확보라든지 그 외 여러 가지 윤리적 문제를 충분히 검토했는지, 검토했다면 그것이 아무런 문제가 없었는지에 대해서 알아보기 위해서 서울대 수의대에 IRB 회의록을 요구했습니다. 그러나 그것은 보안상의 이유로 제공할 수 없다고 주장했습니다. 제공할 수 없는 기준이나 규정에 대해서 문의했으나, 그것 또한 확인하지 못했습니다.

> 황 교수는 당시 민노당 국회의원이 이런 자료를 요청해서, 연구하는 데 지장이 많았다고 말한 적이 있습니다. 어떻게 생각하는지요?

그것도 납득할 수 없는 일입니다. 사실, 요청했던 자료는 황우석 교수가 새로 작성해야 될 필요가 없는 자료입니다. 기왕의 IRB에 제출했던 자료와 IRB가 작성했던 회의록을 요구한 것이기 때문에, 이 자료 요청 때문에 황우석 교수가 연구를 못 하고 지장을 받았다는 것은 전혀 납득할 수 없는 이야기입니다.

― 민노당 한재각 정책연구원과의 인터뷰에서

황 교수는 이때 민노당 측이 '황 교수가 조선족 처녀에게서 난자를 구했다'는 터무니없는 질문을 했다며 역공을 취했다. 황 교수는 이런 내용을 삼성전자 사장의 상가를 방문한 자리에서 《조선일보》 기자에게 말한 것으로 알려졌다. 《조선일보》는 2005

진실, 그것을 믿었다

년 10월 7일 신문에 〈황우석 교수, '민노당 때문에 연구 못 할 지경'〉이라는 기사를 냈다. 이 기사에서 "연구팀이 중국 연변 처녀들의 난자를 불법적으로 거래했다는 소문이 있다"고 민노당 측이 말한 것으로 보도했다. 그 후에 민노당은 대중의 엄청난 비난을 받았다. '감히 황 교수의 연구를 방해하는 세력은 이 땅을 떠나라'는 댓글들이 민노당 게시판에 폭주했다.

정당으로서는 유일하게 민노당만이 황 교수의 연구에 대해 윤리적 문제를 지적하고 또한 연구비의 집행 내역도 투명하게 하라는 지적을 했지만, 그런 지적을 '건강한 비판과 감시'로 인정하는 데 우리 사회는 너무 인색했다. 그런 내용은 비록 논문이 조작되지 않았다 하더라도 충분히 거론할 만한 것이었지만, 민노당은 그저 '딴지를 거는 몰상식한 집단'으로만 매도되었다. 물론, 황 교수는 나중에 이 보도에 대해 《조선일보》에 당시 정정 보도를 요청했다"고 〈PD수첩〉 취재진에게 말했지만, 그런 사실은 확인되지 않고 있다.

일국의 정보기관이 학자의 학문적 발언에 대해 '관리'하고 때로는 정보기관 자신도 황 교수를 두려워하는 현실! 국회의원 10명을 가진 대중정당의 국회의원도 황 교수 측에 자료 하나 요청했다가 된서리를 맞는 그런 세상! 그것이 2005년 한국의 또 다른 모습이었다.

난자 매매 여성들은 어떤 사람들인가

그동안 주소를 확보한 난자 매매 여성들을 찾아 나섰다. 찾아간 곳은 모두 가난한 지역이었다. 주소만으로는 찾기가 힘들어서 김보슬 조연출과 함께 부동산 중개소를 여러 차례 들어가 안내를 받아야 했다. 보통 하루에 10여 차례 이상 부동산 중개소에서 길을 물어야 했다. 중개소에서는 우리를 '집을 구하는 신혼부부'로 대하기도 했고, 어떤 곳에서는 '도망간 채무자를 찾는 채권자'로 보기도 하고 다른 곳에서는 '노련한 투기꾼'으로 대하기도 했다. 신혼부부로 대하는 부동산에서는 조연출의 얼굴이 뾰로통해졌지만, 나는 왠지 젊어진 것 같아 기분이 나쁘지는 않았다.

난자 매매 여성 김○○ 씨의 집을 찾기 위해 부동산 중개소에 들렀을 때, 우리는 '경매 물건을 싸게 사려는 투자자'로 오인받았다. 이유인즉슨 김○○ 씨의 집이 경매에 잡혀 있었기 때문이었다. 이 여성은 32세로 강서 미즈메디병원에서 난자 채취 수술을 받았는데, 특이하게도 2002년 12월과 2003년 10월에 두 번이나 병원을 찾았다. 집 앞에서 기다리다가 김○○ 씨를 만나 어렵게 몇 마디 나눌 수 있었다.

그랬죠. 난자 매매를 한 것은 돈 때문이었고, 필요에 의해서 난자 수술을 했어요.

> 생활에 보탬이 되기 위해서 그러신 거군요? 그때 어려웠던 시기였나 봐요?

그렇습니다.

> 자녀 분 데리고 생계를 꾸려 나가다 보니까 그러신 거군요. 그런데 지금 집은 경매로 나왔어요?

식당을 너무 크게 냈다가 실패했어요. 그래서 그렇게 됐어요.

> 난자 제공하신 건 남편 분은 아세요?

모릅니다.

> 숨기기가 쉽지 않잖아요, 주사를 계속 여러 차례 맞아야 되고 하니까?

아무래도 남편이 직장 다니니까 몰랐던 거 같아요.

– 난자 매매자 김○○ 씨와의 인터뷰에서

김○○ 씨는 집안 어른들이 알면 안 된다며 우리를 무척 경계했다. 어렵게 낸 가게가 생각대로 되지 않아 경제적 어려움에 처했고, 다만 얼마라도 얻기 위해 친구 소개로 DNA뱅크를 찾았다고 했다. 수술 전에 난자 기증 동의서라고 쓰인 문서에 사인을 했다고 하며, 의사로부터 특별히 부작용 가능성에 대해서는 듣지 못했다고 했다. 난자 채취 수술을 하고 나서 DNA뱅크 측으로부

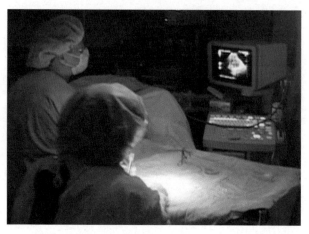

난자 채취 수술 장면. 연구용 난자 확보에는 많은 제약이 따르고, 그 때문에 음성적인 난자 매매가 이루어지고 있다. 그리고 결국 수술대에 오르는 것은 가난한 여성들이다.

터 200만 원 정도 받았다고 했다. 난자 매매를 처음하고 나서 한 번 더 하게 되었는데, 웬일인지 그 뒤로 배도 아프고 해서 다시는 난자 매매를 하고 싶지 않다고 했다. 인터뷰를 마치고 돌아서 나오는데 자꾸 안쓰러운 생각이 들었다.

난자를 채취하기 위해서는 과배란 주사를 맞아야 한다. 보통 한 달에 하나 나오는 난자의 숫자를 늘리기 위해서 과배란 주사를 맞는데, 복부에 하루나 이틀 간격으로 5~10회 정도 놓게 된다. 이렇게 과배란 주사를 놓으면 난자 수술 과정에서 보통 10여 개 정도를 얻을 수 있다. 난자 채취 수술은 난소에 있는 난자를 인위적으로 꺼내는 과정인데, 마취를 한 뒤 난자를 하나씩 꺼내는 것이다.

이 수술 뒤에 '난소과자극증후군OHSS'과 같은 부작용에 노

진실, 그것을 믿었다

출되는 환자는 대략 10~20% 정도인 것으로 추산되는데, 학자에 따라 약간의 편차를 보이고 있다. 난소과자극증후군은 이러한 수술 과정에서 나타나는 모든 부작용을 일컫는데, 물론 불임의 위험도 있는 것으로 보고되고 있다. 희귀한 경우지만 사망에 이르는 경우도 있다.

우리가 두 번째로 찾게 된 난자 매매자 김△△ 씨는 비정규직 노동자였다. 2003년 9월에 난자 채취 수술을 했는데, 황 교수 팀에 전달된 김△△ 씨의 난자는 12개인 것으로 나와 있었다. 수술 당시 나이는 21세였고 미혼이었다. 정부기관의 도우미 역할을 하고 있었기 때문에, 주변에서 눈치채지 못하도록 조심스럽게 접촉했다. 안전한 장소에서 우리의 신분을 밝히고 인터뷰를 요청했다. 정식 인터뷰를 할 때는 도우미 유니폼인 재킷을 벗게 했다. 모자이크 처리를 하더라도 색이 짙은 재킷은 눈에 띌 수 있어서였다. 물론, 김△△ 씨는 음성도 변조해 줄 것을 요청했다. 이것은 개인의 프라이버시와 관련된 문제이기 때문에, 우리는 수용했다.

> 그런 수술대 위에 누워 보신 건 처음 아닙니까? 느낌은 어떠셨어요?

굉장히 두려웠어요. 무서웠어요. 수술복 입은 간호사들이 몇 명 있고 수술 도구들이 있고 해서 좀 두렵고 무서웠어요. 그래도 일단 산소마스크 쓰고 숫자 세면 마취 때문에 편해질 거라는 간호사 말에 약간 심호흡하고 마음의 안정을 찾으려고 했어요. 여기까지 왔는데 안 한다고 할 수도 없는 거였어요. 약속을 하고 온 거니까요.

> 그 과정에서 의사 선생님이 가령 불임 가능성이라든가 기타 부작용, 후
  유증에 관해서 말씀하신 적 있나요?

아니오. 의사하고 1대 1로 면담해서 무슨 말을 나눴다든가 그런 건
없었어요. 근데 뭐라고 해야 될까, 수술하고 난 뒤에 후유증이 없다
고 하는데……저만 그런지는 모르겠어요. 난소가 좀 부었어요. 병원
가서 봤더니 누구한테나 자연스럽게 생기는 현상이라면서 물혹이래
요. 생겼다가 없어지니까 걱정할 필요는 없다고 하거든요. 제 체질이
원래 그런 게 자주 생기는 건지, 아니면 그 수술하고 난 다음에 부작
용 때문인지는 모르겠어요.

– 난자 매매자 김△△ 씨와의 인터뷰에서

김△△ 씨는 불안한 기색이 역력했다. 물혹도 물혹이려니와
불임의 가능성도 있다는 말은 처음 듣는다고 했다. 미혼이기 때
문에 더욱 민감한 문제였다. 받은 돈 150만 원으로 밀린 전화비
내고, 남은 돈은 용돈으로 썼다고 했다. 물론, 자신의 난자가 연
구용으로 쓰인다는 사실은 몰랐다고 했다. 불임부부들을 위해 사
용되는 줄 알고 있었고, 나름대로는 적선하는 심정이었다고 했
다. 난자 기증 동의서에는 연구용으로도 사용될 수 있다고 적시
되어 있지만, 난자 매매자들은 그런 내용을 꼼꼼히 읽어 보지 않
은 듯했다.

진실, 그것을 믿었다

> 후회한 적은 한 번도 없으셨어요?

제 난자가 연구에 사용된다거나 또 부작용도 있을 수 있다는 것을 까맣게 모르고 있었거든요. 막상 불임 가능성이 있고 여러 가지 후유증이 있을 수 있다고 하니까 후회가 되고 무섭기도 하고 그러네요. 좀 씁쓸하네요.

> 만약에 의사 선생님이 이 수술하기 전에 이러이러한 부작용이 있을 수 있고 후유증도 있을 수 있다고 설명해 줬더라면 선택은 어떠셨을까요?

안 했을 거 같아요. 그 자리에서 거절했을 거예요. 처음에 DNA뱅크에서 면접했을 때 왜 그런 말 안 하고 병원까지 오게 한 뒤에 수술대 올라가려고 하니까 그런 말이 있는 거냐고 따졌겠지요."

- 난자 매매자 김△△ 씨와의 인터뷰에서

난소과자극증후군의 사례를 확인하기 위해 난자 채취 수술을 한 불임부부도 만났다. 물론 이 경우는 황 교수와 직접 연관이 없고 또 미즈메디병원에서 시술한 경우도 아니지만, 난자 채취 수술의 부작용 정도를 파악하기 위해서는 필요한 사례였다. 이 환자의 경우는 정도가 심각했다. 난자 채취 수술 후 배에 물이 차서 응급실에 실려 갔고, 며칠간 죽을 고생을 해야 했다. 다행히 건강이 회복된 뒤 임신이 되어서 그나마 기쁜 마음에 우리와 인터뷰를 해 준 것이지만, 다시는 난자 채취 수술을 하고 싶지 않다고 토로했다.

또 다른 난자 채취자 이○○ 씨는 네 번이나 찾아갔으나 만날 수가 없었다. 토요일과 일요일에는 아예 밤 12시까지 눈치채지 않게 집 앞에서 기다렸으나, 나타나지 않았다. 주변에 탐문해 보니 옷 장사를 한다는 이○○ 씨는 집에 잘 들어오지 않는다고 했다. 그녀는 끝내 만나지 못하고, 그녀의 부모님 집에만 조심스럽게 찾아갔다. 부모님 두 분은 모두 일용직으로 일을 하는데, 신용카드 독촉장만 몇 개가 덩그러니 우편함에 있었다.

난자 매매 여성들은 가난했고, 돈을 필요로 했다. 그들은 부작용에 대해서는 자세히 듣지 못한 채, 자신의 건강을 팔아야만 했다. 성과를 위해서라면 가난한 여성들의 건강권은 형편없이 무시되고 있었다. 언론에서는 마치 간단하게 슈퍼마켓에서 물건을 구매하는 일쯤 되는 양 난자 채취 수술을 긍정적이고 관대하게 다루어 왔다. 난자 채취 수술의 부작용을 조금이라도 알고 있는 사람이라면, 과연 자신의 딸에게 이런 수술을 권할 수 있겠는가?

진실. 그것을 믿었다

왜 제보자 B는
2번 줄기세포를 가져왔는가

10월 10일, K로부터 메일이 왔다. 제보자 B쪽의 교수 실험실로 황 교수 측이 줄기세포를 보냈다는 것이었다. 연구의 목적 같은 것은 불명확했고, 연구원들도 정확한 실험 목적을 모르고 있었다. 아마도 세포 분화를 연구하기 위해서 온 것이 아닌가 하고 추정할 뿐이었다.

> 서울대 수의대에서 줄기세포 받은 것이 양이 아주 작아서 배양을 하고 있다고 합니다. 현재로서는 버려지는 게 없으니, 세포의 일부라도 얻기가 힘들다고 합니다. 최소 2~4주가 소요될 것으로 보입니다.
>
> − 10월 10일 K가 보낸 메일에서

제보자 B가 있는 연구실로 줄기세포는 1개가 왔으며, 2005년《사이언스》논문의 줄기세포라는 것은 확실하다고 했다. 줄기세포의 표지에 'NT-hESc 2'라고 적혀 있다고 하니, 틀림없이 2번 줄기세포였다. 'NT-hESc 2'는 '체세포 핵이식 인간 배아 줄기세포 2번'이라는 뜻이므로, 황 교수 측의 줄기세포인 것이 확실했다. 그렇지만 아무리 황 교수 자신이 믿는 교수라 하더라도 줄기세포가 가짜라면 이것을 외부 연구기관에 보내지는 않았을 거라는 생각이 들었다. 틀림없이 2번 줄기세포는 만들어진 것으로 보였다. 그렇지만 사실을 확인할 필요가 있었다. 비공식적이긴 하지만, 우리가 알기로는 유일하게 황 교수팀의 줄기세포가 분양된 사례였다.

2번 줄기세포의 주인공은 10살짜리 남자아이 김○으로, 우리가 만난 바 있는 김○○ 목사의 아들이었다. 이미 김○과 제보자 B는 서울대 수의대에서 인연이 있었다. 제보자 B는 간호학을 전공한 간호사로, 병원에 근무하다가 남편 K와 함께 서울대 수의대 황 교수팀에서 연구한 적이 있다.

제 전공은 간호학으로 임상에서 8년을 환자와 환자 가족들과 같이 보냈습니다. 8년 동안 환자들을 만나면서 이공계에 있는 그 누구보다도 환자와 가족들의 마음을 잘 헤아릴 수 있다고 자부합니다. 그렇기 때문에 전공과는 전혀 다른 줄기세포를 공부하고 실험실의 힘든 생활이 오히려 즐겁기만 했습니다.

제가 황 교수님의 실험실에 들어간 것은 2002년 결혼하고 난 직후였습니다. 그전까지만 해도 병원에서 환자를 간호하는 것밖에는 아는 것이 없었는데, 실험실이라는 생소한 곳에서 일한다는 것이 처음엔 두렵기도 했습니다. 처음엔 현미경도 제대로 볼 줄 몰라 한쪽 눈을

진실, 그것을 믿었다

감고 울렁거리는 속을 다스려 가며 배웠습니다. 피펫도 처음 잡아보는 것이라 다루기가 어려웠습니다. 다른 애들이 밥 먹으러 가고 현미경을 안 보는 시간에 밥 안 먹고 현미경을 들여다보는 연습을 했습니다. 이렇게 익힌 기술로 이후 인간 줄기세포팀이 꾸려지면서 그 일원으로 역할을 하게 되었습니다.

그렇기 때문에 제가 그만두고 난 뒤 2005년도에 발표된 황 교수님의 환자 맞춤형 줄기세포는 당연히 저에게도 큰 관심거리였습니다. 그것이 진짜 환자 맞춤형 줄기세포라면 난치병 치료에 한 발 내딛은 것이지만, 허위일 경우엔 난치병 환자나 가족들에게는 더욱 깊은 상처만 주리라는 것을 잘 알고 있기 때문이었습니다.

2004년 2월 《사이언스》에 논문이 발표된 이후 황 교수님의 실험실을 그만두게 되었고, 저는 그래도 줄기세포에 대한 미련을 못 버리고 좀 더 아카데믹한 실험실을 찾아 옮기게 되었습니다. 그 와중에 2005년 《사이언스》 논문이 발표되었고, 황 교수님 연구실의 환자 맞춤형 줄기세포 중 2번 라인이 우리 실험실로 온다는 사실을 알게 되었습니다. 그 라인은 황 교수님의 실험실에 있을 때부터 내가 만들고자 노력했던 김○의 줄기세포라는 걸 논문을 보고 알게 되었습니다. 흥분이 되었습니다.

— 제보자 B가 보낸 '경위서'에서

나는 K를 통해서 이 라인을 얻고자 했으며, 제보자 B는 다행히 우리의 뜻에 공감해 주었다. 우리는 이 줄기세포 라인을 확

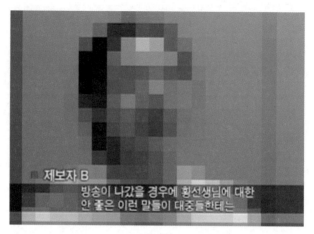

제보자 B

방송이 나갔을 경우에 황선생님에 대한
안 좋은 이런 말들이 대중들한테는

〈PD수첩〉과 인터뷰 중인 제보자 B. 황 교수팀 연구의 문제점을 인지한 사람은 많
았지만, 그에 대해 발언한 사람은 거의 없었다. 명백한 사실을 말하는 데에도 큰 용
기가 필요할 만큼, 황 교수는 이미 거대한 권력이었다.

인하고자 했으며, 제대로 된 줄기세포일 가능성이 대단히 높다고
생각하고 있었다. 제보자 B는 어려운 결심을 해 준 것이었는데,
왜냐하면 나중에 황 교수팀이 이 일을 갖고 어떻게 공격할지 아
무도 알 수 없었기 때문이었다.

저는 이미 〈PD수첩〉팀이 '황 교수님의 2005년 환자 맞춤형 줄기세포
논문의 진위' 문제를 취재하고 있다는 것을 알고 있었습니다. 또 저는
체세포 핵이식을 이용해 '인간 배아 줄기세포 1번'을 만들어 봤던 사
람입니다. 그래서 '2004년 1번 줄기세포를 만들고 나서 당시 핵심적
인 역할을 했던 사람들은 다 뿔뿔이 흩어졌는데, 어떻게 환자 맞춤형
줄기세포주를 만들 수 있었을까?' 하는 의문을 갖고 있었습니다.
물론 황 교수님의 새 팀에서 만들 수 있었으리라고 믿고 싶었지만, 1

진실. 그것을 믿었다

번 줄기세포 라인을 만들었던 우리들조차 수개월 동안 만들기 힘들었던 라인인데 짧은 시간에, 그것도 첫 라인을 만들었던 핵심 인물들이 없는 와중에 11개의 환자 맞춤형 줄기세포주가 확립되었다는 사실이 믿기 어려웠습니다. 지금 남아 있는 연구원 및 대학원생들의 실력을 뻔히 알기에 더욱 의심이 들었습니다.

그래서 황 교수님의 실험실에서 처음 오는 2005년 2번 줄기세포 라인이 더욱 궁금해졌습니다. 줄기세포는 배양접시4-well dish로 2개가 왔는데, 콜로니colony는 생각보다 많지 않았고, 다른 수정란 배아 줄기세포보다 너무 쉽게 분화하는 특성을 가지고 있었습니다. 그래서 첫 번째 계대하는 날 계대가 다 끝나고 난 뒤 정말 김○의 라인이 맞는지 알아보고 싶어서, 배양접시에 버려지는 세포를 떼어 모아서 트리졸에 녹여 얼려 뒀습니다.

이후 〈PD수첩〉팀 한학수 PD를 만나, 저는 김○의 라인만은 진실이길 바라며 세포를 내어 주었습니다. 그때를 생각해 보면 〈PD수첩〉팀도 그렇고 나도 그렇고 모두 그 라인이 진실이길 바랐습니다.

- 제보자 B가 보낸 '경위서'에서

계대passage 배양은 줄기세포를 5~7일째마다 배양접시에서 여러 개로 나누는 것을 말한다. 나눠진 배양접시에서 줄기세포는 다시 자라니까, 일주일 간격으로 계대가 나눠지는 만큼 한없이 줄기세포는 늘어나게 된다. 이 과정에서 제보자 B는 결국 버려지는 세포를 배양접시에서 긁어모았는데, 이 일은 마치 기자들이 뭔가 중요한 정보를 찾기 위해 '쓰레기통을 뒤지는' 것과 같은 일이었다. 황 교수를 지지하는 사람들은 나중에 바로 이 문제를 거론하면서 제보자 B의 행위를 '절도죄'로 그리고 나를 '절도 교사죄'로 몰아세웠다. 검찰에서는 2006년 수사 과정에서 이 문제에 대해 '버려진 세포를 떼어 모았기 때문에' 절도죄로 보기 어려우며, 또한 '살아 있는 세포를 유출한 것이 아니라, 트리졸에 녹여 세포를 죽인 것'이라서 사실상 유전자 지문 검사 외에 아무런 유용가치가 없다는 점을 감안했다고 전해졌다.

2번 줄기세포를 트리졸 용액에 담긴 형태로 받은 것은 10월 17일 월요일이었다. 트리졸은 물처럼 투명했고, 그 안에 세포 찌꺼기가 있다고는 하나 눈으로는 보이지 않았다. 내가 가져간 얼음 팩에 담아서 저온 냉장 상태로 운반했다. 국내 민간업체로서는 최고 수준의 실력을 자랑하며 또한 유전자 검사에 관한 법원 촉탁기관으로 인정되고 있는 '아이디진'으로 달려갔다. 아이디진의 김은영 팀장은 트리졸 용액에 담겨 있는 세포라면 아무 문제 없으니, 하루나 이틀이면 결과가 나올 것이라고 했다.

이때까지만 해도 이 검사 결과가 어떤 파장을 일으키게 될지 전혀 예감하지 못했다. 최소한 2번과 3번 줄기세포는 만들어졌고, 그랬으니 다른 학교에 연구하라고 비공식적으로 보낸 것이 아니냐는 '상식적인 판단'을 하고 있었다.

진실, 그것을 믿었다

피츠버그로 날아든 운명의 편지

미국 출장은 차근히 준비되고 있었다. 10월 11일에 피츠버그 섀튼 연구소에 있는 박종혁 연구원에게 섭외 메일을 보냈다. 10월 12일에는 김보슬 조연출이 박 연구원과 통화했다.

> 박종혁 연구원은 매일 연구소로 출근한다 합니다. 하지만 인터뷰는 못 할 것 같습니다. 황 교수가 인터뷰는 안 했으면 좋겠다고, 얼마 전에 〈KBS 스페셜〉팀이 취재할 때도 그렇게 말했다고 합니다. 지금 황 교수와 섀튼 연구소 쪽에서 연구하는 것 중에서 공동으로 진행되는 부분이 있어서 외부로 새어나가지 않았으면 한다고 그랬답니다.
>
> — 김보슬 조연출의 10월 12일 보고에서

섀튼 연구소에는 박 연구원과 함께 김선종 연구원, 그리고 난자를 제공한 P 연구원이 있었다. 우리가 가장 관심을 가진 것은 김선종 연구원이었는데, 김 연구원을 직접 섭외할 경우에 아무래도 취재에 응하지 않을 것 같아서 우회로로 선택한 것이 바로 박종혁 카드였다. 박 연구원을 일단 섭외해 만난 뒤, 김선종 연구원은 현장에서 어떻게든 인터뷰를 하자고 설득할 심산이었다. 물론 P 연구원도 민감하기는 마찬가지였기 때문에 직접 섭외를 하지는 않았다. 어쨌든, 황 교수는 새튼 연구소에 있는 세 명의 연구원에게 인터뷰에 협조하지 말라고 원격 조종을 하고 있었다. 그렇다고 박 연구원이 굳이 미국까지 찾아오겠다는 우리를 딱히 거절하기도 힘들었을 것이다. 인터뷰는 하지 않되 연구소를 안내해 주겠다는 것이 우리와의 마지막 약속이었다. 10월 19일, 나와 김보슬 조연출은 미국행 비행기를 탔다.

우리가 미국행 출장을 준비하고 있는 사이, 황 교수팀은 연일 기염을 토하고 있었다. 10월 11일 "황 교수와 공동연구를 진행하고 있는 미국 피츠버그대 의과대학의 제럴드 새튼 교수는 11일 서울 워커힐호텔에서 열린 세계지식포럼에서 기자들과 만나 '앞으로 1년 정도 이내에 시장을 선도하는 제약회사들이 척수손상 환자에 대한 배아 줄기세포 임상시험을 검토할 것'이라고 밝혔다"고 《연합뉴스》가 전했다. 10월 18일에는 《연합뉴스》에서 황 교수의 단독 인터뷰를 전했는데, "척수마비와 파킨슨씨병, 녹내장, 당뇨 등의 4대 질환자가 배아 줄기세포를 이용한 첫 임상 적용 환자가 될 전망"이라고 한 걸음 더 나갔다.

이렇게 언론에서 분위기를 띄운 것은 바로 10월 19일 있게 될 '세계줄기세포허브 World Stem Cell Hub' 개소식 때문이었다. 세계줄기세포허브에는 몇십 억 원의 예산을 투입한 것으로 전해

진실, 그것을 믿었다

졌으며, 기술 보안을 위해 국정원으로부터 24시간 보호를 받았다고도 했다.

행사에는 노 대통령을 비롯해 오명 부총리와 서울대 병원장, 새튼 교수 등이 참석해 언론의 집중적인 조명을 받았다. 노 대통령은 "이 시기에 제가 대통령 자리에 앉아서 여러분과 이 일을 함께할 수 있게 된 것은 무척 큰 행운"이라며 "옛날에는 제가 별로 도움이 안 됐지만, 지금은 좀 돕고 있고 앞으로 확실히 밀겠다"고 말했다. 이 모든 행사와 발언 그리고 이어지는 약속들은 무엇보다 황 교수의 《사이언스》 논문을 바탕으로 한 것이었다. 그런데 나는 바로 그 논문의 진위 자체를 추적하기 위해 비행기를 타고 있었다. 우리의 취재 결과에 따라서는 이 모든 것들이 '모래 위에 쌓은 성'이 될 수도 있는 것이 아닌가?

뉴욕에 도착하니 정오였다. 자동차를 타고 몇 시간을 달려 저녁 무렵에야 피츠버그에 도착할 수 있었다. 미국 출장은 피츠버그를 찍고 바로 워싱턴으로 가서 《사이언스》 편집장을 인터뷰하는 일이었다. 4박 5일의 짧은 일정이었다. 피츠버그 숙소는 작은 호텔이었는데, 저녁을 간단히 먹고 다음날 취재를 조연출과 상의했다. 간단히 짐을 정리하고 우리는 서울에서 온 메일 한 통을 확인했다. 이틀 전 17일, 아이디진에 맡긴 2번 줄기세포의 유전자 지문 결과였다.

일단 서울에 있는 이정아 리서처에게 이 결과에 대해 대조해 본 것이 있느냐고 전화로 물었더니, 답이 이상했다. 《사이언스》

논문과는 다르다는 것이었다. '그럼, 황 교수가 보낸 것은 2번 줄기세포가 아닌가? 이게 어떻게 된 일이지?' 하는 생각이 들었다. 나와 조연출은 아이디진에서 메일로 보내온 유전자 지문 결과와 《사이언스》논문, 그리고 미즈메디 라인의 15개 유전자 지문을 하나하나 대조해 나갔다. 간단치 않은 작업이었다. 왜냐하면 2005년《사이언스》논문은 특이하게도 마커를 16개나 썼기 때문에 마커별로 하나씩 숫자를 맞춰서 확인해야만 했기 때문이었다. 그런데……하나씩 맞춰 보다가 놀라운 사실을 발견했다. 미즈메디 4번 라인과 유전자 지문이 일치한 것이었다. 처음엔 내 눈을 의심하고 여러 차례 재확인해 보았다.

정말 믿어지지 않는 결과였다. 우리는 최소한 2번과 3번 줄기세포는 만들어 놓았을 거라고 생각했는데, 믿었던 2번 줄기세포가 가짜이며 그 정체도 미즈메디 4번 수정란 줄기세포라는 것이 너무도 뚜렷이 드러난 것이었다. 모든 것이 명확해졌다. 최초의 가설대로 황 교수는 미즈메디 라인을 가지고 논문 조작을 한 것이었다. 줄기세포는 만든 순서대로 번호를 매기니, 2번이 가짜라면 3번이 진짜일 가능성은 거의 없었다. 2005년《사이언스》논문은 줄기세포 한 개도 없이 11개를 만들었다고 조작한 것임이 너무나 명확했다. 도대체 어떻게 이런 일이 가능한가?

나와 조연출은 멍했다. 우리가 지난 5개월 동안 숨죽이며 취재하던 내용이 사실로 입증되는 순간이었다. 우리가 《사이언스》지의 표지 논문을 조작이라고 증명한 것이었다. 우리의 가설이

진실, 그것을 믿었다

결국 맞았다는 느낌도 잠시, 곧 우리는 할 말을 잃었다. 도대체 이 사실을 대한민국 국민들에게 그리고 세계에 어떻게 설명해야 할 것인가? 막막하고 씁쓸한 감정이 물밀듯이 다가왔다.

　냉정하게 돌아보면, 여기에도 큰 한계가 있었다. 우선 우리가 가져온 2번 줄기세포를 과연 무엇으로 2번 줄기세포라고 증명할 수 있느냐는 문제였다. 물론 제보자 B가 가져올 때 'NT-hESc2'라고 적힌 표지를 확인하고 휴대폰 사진기로 촬영했다지만, 막상 황 교수 측에서 이를 부정하면 우리가 곤란해질 것은 뻔한 이치였다. 즉, 이 유전자 지문 결과는 '비공식적'인 성격이 있기 때문에 공식적인 증거로 채택되기가 힘들다는 점이 문제였다. 황 교수팀이 마음먹으면 얼마든지 '그것은 2번 줄기세포가 아니라'고 변명할 수 있었다. 논문 조작의 실체는 이제 뚜렷해졌는데, 상대가 빠져나갈 구멍이 너무 컸다.

　조연출도 내일 촬영을 위해 자기 방으로 돌아갔다. 우두커니 창밖을 보았다. 캄캄한 밤이고 호텔이 약간 외진 곳이라서 아주 적막했다. 이 사태를 어찌할 것인가? 어떻게 이런 황당한 사기 사건이 일어났단 말인가? 국민적 영웅이고 교과서에까지 등장하는 인물이 이토록 완벽하게 사기를 칠 수 있는 것인가? 황 교수를 믿고 있는 국민들은 이 뉴스를 어떻게 받아들일 것인가? 그래도 뭔가 줄기세포가 한두 개라도 있어야 감당을 하지, 이토록 허무맹랑한 사기극을 세계에 어떻게 설명할 것인가? 생각이 꼬리를 물고, 앞은 캄캄했다. 길이 안 보였다. 침대에 누웠으나 역시 잠이 오지 않았다. 한편으로는 저 심연에서부터 분노가 끓어오르기 시작했다. 조작이 밝혀졌을 때 겪게 될 한국 국민의 입장을 손톱만큼이라도 황 교수가 생각했다면 과연 이런 일이 일어났겠는가? 저 거짓말쟁이 학자에게 우리 국민들은 얼마나 깊은 신뢰와 기대를 하고 있는가? 잠을 자는 둥 마는 둥 밤새 뒤척였다.

피츠버그의 작은 호텔방에서 10월 20일을 맞았다. 나는 분명히 결심했다. 내가 알게 된 이상, 이 진실은 반드시 세상에 드러내겠다고 각오를 다졌다. 사람 사는 세상에 그래도 어느 정도 통용되는 상식이 있건만, 이토록 무지막지하게 상식을 배반하는 행위는 용납되어서는 안 된다는 생각이 들었다. 이 진실을 드러내기 위해 나는 오늘 김선종 연구원과 담판을 지어야 한다고 판단했다. 이제까지 우리가 취재한 내용을 밝히고, 김 연구원에게서 양심선언을 받아야 했다. 당시에 나는 김선종 연구원이 논문 조작에 적극적으로 참여한 사실을 몰랐고, 어차피 김 연구원도 황 교수가 시켜서 조작에 참여한 사람이라고 판단하고 있었다. 그랬기 때문에 양심선언이 가능하다고 보았다.

피츠버그의 섀튼 교수 연구소는 매기여성병원 옆 건물이었다. 10시에 건물 앞에서 박종혁 연구원을 만나기로 했다. 시간에 맞춰서 건물로 가 보니, 연구소 앞에 두 명의 한국인이 나와 있었다. 한 명은 박 연구원이었고, 또 다른 사람은 김선종 연구원이었다. 우리가 섭외하지 않았으나 정작 만나야 할 사람, 바로 그 김선종 연구원이 우리를 기다리고 있었다.

　　　　　　　　　　　　　　　진실, 그것을 믿었다

"제 인생은 이제 끝난 것 같네요."

두 연구원과 인사를 나누고 바로 연구소 안으로 들어갔다. 박종혁 연구원은 1년 전인 2004년에 이곳에 왔고, 김선종 연구원은 두 달 전 2005년 8월부터 근무하고 있다고 했다. 약속대로 박종혁 연구원은 연구소 여기저기를 소개시켜 주었다. 이미 우리가 한국에서 여러 차례 둘러보았던 줄기세포 실험실과 다를 것도 없었다. 5분도 안 되어서 실험실 안내가 끝나고 마지막에는 P 연구원과 인사를 했다. P 연구원은 서울대 수의대 황 교수팀에서 난자를 제공한 인물이었다. P 연구원에게 우리 회사의 기념품을 선물로 전해 주었는데, 나이 어린 P 연구원은 수줍어하며 웃었다.

박종혁 연구원이 나와 조연출, 그리고 김선종 연구원을 데리고 매기병원 1층 로비 옆에 있는 조그마한 매점으로 갔다. 음료수 자판기가 있고 앉을 만한 테이블이 몇 개 있었는데, 약간 시끄러웠다. 박 연구원이 매점에서 뽑아 준 커피를 마시며 이런저런 이야기를 했다. 유학 생활의 고달픔 같은 이런저런 가벼운 소재를 얘기했고, 우리는 박 연구원에게 연구소를 안내해 줘서 고

맙다고 했다. 김선종 연구원은 미국 온 지 얼마 안 돼서 약간 낯설어하는 기색이 있었고, 섀튼 교수가 두 달 치 월급을 아직 지급 안 했다는 이야기도 했다. 이야기를 마치고 병원을 나와 연구소로 향했다. 우리는 박 연구원에게 먼저 연구소로 들어가시라고 하고, 김 연구원과 벤치에서 잠시 얘기 좀 하자고 했다. 박 연구원은 곧 들어오라며 연구소로 건너갔고, 우리는 병원 앞 벤치에 앉았다. 나는 김선종 연구원에게 단도직입적으로 물어보았다.

> 김 선생님한테 제가 상의를 드릴 게 있어서 왔어요. 저희는 솔직하게 말씀드리면 황우석 선생님만 다쳤으면 좋겠어요. 황우석 선생님만……다른 사람한테는 피해가 안 갔으면 좋겠어요.

무슨 말씀이신지 잘 모르겠습니다.

> 어차피 김 선생님은 미국에 오셨고, 앞길이 창창한 나이입니다. 솔직하게 말씀 드리면 2005년 《사이언스》 연구 결과가 거짓이라는 걸 알고 있습니다. 줄기세포 2번 라인을 내부에서 제보자가 확인했고, 2번 라인이 미즈메디 4번 라인이란 걸 알고 있습니다. 그래서 제가 말씀드리는 건, 황우석 선생님만 조용하게 주저앉히는 것이지 연구하는 다른 사람들한텐 피해를 안 줬으면 좋겠어요. 그게 솔직한 심정입니다.

황 교수님하고 직접 얘기를 하시죠. 저는 뭐라고 어떻게 말씀 못 드리겠어요.

(중략)

> 김 선생님이 키운 2번 라인도 세포주 확립establishing이 안 됐다니까요.

테라토마에 주입한 그것이 2번 환자의 체세포로부터 만들어진 줄기세포가 아니라니까요?

그걸 어떻게 아세요?

> 저희가 서울대 수의대팀에서 내부 제보자로부터 2번 줄기세포 라인의 일부 배양접시를 꺼내 와서 유전자 지문 검사를 했어요. 그 유전자 지문 결과가 미즈메디 4번 라인과 같다니까요.

어떻게 그런 (유전자 지문 검사) 일을 하셨지요?

> 그게 지금…… 소문이 난 거죠, 내부에서. 그래서 저희한테 제보자가 찾아왔는데, 한 명이 아닙니다. 그래서 저희가 김 선생님이나 다른 분들은 안 다쳤으면 좋겠고, 그 조작 내용만 저희가 알았으면 좋겠습니다.

저는 지금 처음 듣는 말씀이구요. 저도 잘 모르겠어요. 어떻게 된 건지 잘 모르겠고, 그 제보자하고 직접 얘기하시는 게 나을 거 같습니다. 저는 잘 모르겠습니다.

― 김선종 연구원과의 인터뷰에서

김선종 연구원은 분명히 뭔가를 알고 있었다. 우리 취재 내용을 말해 줘도 크게 놀라지는 않았으며, 조심스럽게 내 눈치를 살폈다. 내가 얼마나 알고 있는지 궁금한 기색이었다. 잠시 호흡을 조절하며 시간을 주는 게 필요했다. 나는 김 연구원에게 담배를 권하며 나눠 피웠다. 제보자 K에 따르면 김선종 연구원은 대단히 내성적인 사람이며 온순한 성품이라고 했다. 만나 보니 그말이 맞았다. 그가 우리를 만나 주지 않거나 인터뷰 중간에 자리

를 박차고 나가면 그만이었다. 우리가 미국에서 진을 치고 살 수
는 없는 일이니까.

그동안 김 연구원이 양심의 갈등을 겪어 온 것이 분명해 보
였다. 나는 김 연구원이 양심선언을 하면, 그를 국가청렴위에 연
결시켜 줄 생각이었다. 익명을 보장해 주고 국가에서 신분을 보
장해 주는 방안은 그것뿐이라고 생각했다. 좀 더 분명하게 우리
의 생각을 말해 주고 설득할 필요가 있었다. 김선종 연구원은 나
보다 서너 살 아래였다.

> 모두冒頭에 말씀드렸다시피 진심으로 같은 동년배로서, '(이런 거짓은)
> 우리 세대에서 할 일은 아니다. 이건 황우석 박사님만 주저앉히면 된
> 다' 그런 뜻이에요. 14개 HLA 타이핑할 땐 유전자를 뽑아서 주신 거
> 죠?

……너무 죄송한데요, 황 교수님하고 직접 말씀을 하시죠. 제가 어
떻게 말씀 드릴 수 있는 내용이 아니에요.

> 황 교수님은 저희가 다음 주에 따로 인터뷰를 할 거고, 검찰 수사가 시
> 작될 겁니다. 그런데 저희가 그걸 황 교수님으로만 정리했으면 좋겠어
> 요. 젊은 분들이 다치는 걸 원하지 않아요. 지금 미국에 오셔서 새로
> 생활 시작하신 분들인데, 그건 절대 원하지 않습니다. (김 선생님의)
> 익명을 보장해 드리겠다는 것이고, (그런 취지에서) 저희 취재 내용을
> 솔직하게 말씀드리는 거예요.

14개 HLA 타이핑은 강성근 교수님이 준 거예요, 아니면 그렇게 하라

진실. 그것을 믿었다

고 한 거예요?

다른 데로 가시는 게…….

나는 전날 밤 2번 줄기세포 라인이 가짜라는 사실을 알게 된 순간부터, 황 교수가 수사를 받아야 한다고 생각했다. 대한민국에 정의가 있다면 이토록 국민을 우롱한 사람에 대해서 법의 엄정한 심판이 있어야 하며 당연히 검찰 수사가 시작되어야 한다고 판단했다. 김선종 연구원에게는 '심리적 저항선'이 있을 텐데, 그 저항선을 무너뜨리는 것은 '황 교수가 법의 심판'을 받게 되리라는 것을 인식시켜 주는 것이라고 생각했다.

물론 김선종 연구원은 바로 이 지점에서 평상심을 잃고 논문 조작의 경위를 고백하게 된다. 나는 당시에 황 교수의 논문 조작을 밝혀야 한다는 정의감이 넘쳤기 때문에, 또한 그 전날 밤 알게 된 충격적인 증거로 인해 격한 감정에 휩싸여 있었다. 훗날 황 교수가 실제로 검찰 수사를 받게 되었기 때문에 나의 발언은 결과적으로는 '예언'이 되어 버렸다.

김 연구원은 다시 매기병원의 매점으로 나를 데려갔다. 가는 도중에 김 연구원은 "왜 자신이 논문 조작을 알 거라고 생각하느냐"고 물었다. 제보자를 통해서 알게 되었다고만 해 두었다. 매점에 도착해서도 김 연구원이 바로 말을 하지는 않았으며, 이런저런 갈등을 했다.

> 아는 데까지 말씀해 주시면 저희가 익명을 보장해 드리겠습니다.

선생님이 익명으로 하셔도 제가 인터뷰했다는 거 아실 거예요. 그걸

모르시겠어요?

> 그게 두려워서 말씀을 안 하시는 겁니까?

그런 건 아닙니다.

(중략)

권대기(줄기세포 팀장)가 제보잡니까? 그런 거는 거꾸로 저한테 말

씀을 해 주세요. 저도 정확히 알아야 될 것 같아요. 제가 뭐 어디 떠

벌리고 다닐 것도 아니고.

> 제가 (제보자의) 신원은 말씀드릴 수가 없습니다.

거기 제보자라고 해도 인원은 뻔한 건데…….

> 짐작하시는 대로 생각하셔서, 제 입으로 (제보자의 신원을) 말씀드릴

수는 없습니다.

제 신원도 보장이 되는 겁니까?

> 당연하죠.

약속하시는 겁니까?

> 그러니까 제가 (먼저) 말씀드리잖아요."

- 김선종 연구원과의 인터뷰에서

김 연구원은 여러 차례 자신의 신분이 보장되는지에 대해 물

었다. 그러면서도 자신의 인터뷰가 나가면 황 교수가 눈치챌 수

밖에 없다는 점을 염려했다. 박종혁 연구원이 찾아와서 인터뷰를

그만하고 연구소로 들어오라고 채근했다. 이후 김선종 연구원과는 30분 정도 인터뷰가 이어졌는데, 그 사이에 세 번 정도 박 연구원이 와서 인터뷰를 그만하라고 종용했다.

박 연구원이 수시로 인터뷰 장소를 들락거리며 눈치를 주는 상황에서도 김 연구원과의 인터뷰는 계속 이어졌다. 김 연구원은 나름대로 고백하고자 하는 결심이 굳어지고 있었고, 스테이닝 사진과 테라토마 조작에 대해서는 사실상 빠져나가기가 힘든 지경이 되었다.

> (서울대 수의대에서) 받은 줄기세포가 총 4갭니까, 2갭니까?

3개 라인……테라토마 찌른 건 2번, 3번이고. 스테이닝한 건 3개로.

> 라인 3개를 가지고 사진을 여러 개로 찍어서 사진을 11개로 만들었다고요? 그거를 누가 시켰어요? 그거를 누가 시켰습니까? 셀라인 3개를 주고 스테이닝하라고 시킨 거는 누가 시킨 겁니까?

황 교수님이 하셨습니다.

> 황 교수님께서 직접 말씀하셨습니까?

네.

> 강성근 교수나 다른 사람을 통하지 않고 황 교수님이 직접 말씀하셨습니까?

강 교수님도 옆에 계셨구요.

> 그때에는 이것이, 마음에 부담 같은 것은 없었습니까?

어떻게 부담이 없었겠습니까?

> 부담이 많이 되셨습니까?

…….

> 황 교수님이 뭐라고 하시면서 그렇게 하자고 했나요?

사진을 많이 만들어라, 그렇게…….

> 그럼 선생님께서는 2번, 3번은 제대로 만들어졌다고 생각하신 겁니까?

예, 그거는……예.

> 2번 (줄기세포) 조차도 제대로 된 게 아닙니다.

예, 예.

> 그건 모르셨다는 겁니까?

그걸 제가 어떻게 알겠습니까?

> 그러면 2개를 가지고 11개로 늘렸다 그렇게 알고 계셨습니까?

실제로 키운 셀은 여러 라인이 있었어요.

> 2개를 주고 "11개를 만들어라"라고 했을 때 느낌이……부담이 되셨다고 하셨잖아요? 왜 부담이 되셨어요?

그거는……해서는 안 되는 일이기 때문에.

- 김선종 연구원과의 인터뷰에서

논문 조작을 실제로 지시한 사람이 바로 황 교수였으며, 강성근 교수도 그 사실을 알고 있다는 중대 증언이었다. 취재가 시작된 지 5개월이 지나서 처음으로 논문 조작에 대한 고백을 듣게 된 셈이었다. 지난밤에 서울로부터 받은 2번 줄기세포의 유전자

진실, 그것을 믿었다

지문이 '비공식적인 증거'라면, 이날 김선종 연구원으로부터 들은 내용은 '직접 증언'인 셈이었다. 직접 증언의 경우에 증언자의 당시 심정과 마음의 상태가 중요한 문제이기 때문에, 나는 이 부분에 대한 질문을 이어 갔다.

> 어떻습니까, 오늘 저한테 말씀하시고 나시니 후련하십니까? 마음의 부담이 좀 있었을 거 아닙니까?

예……제가 무슨 힘이 있겠습니까?

> 그러면 시키는 대로 한 것이었습니까?

저는 시키는 대로 할 수밖에 없죠.

> 그래도 '이것은 너무 엄청난 조작이다'라고 한번 말씀해 보거나 하시진 않았습니까?

저는 서열Grade이 아직 그렇게 안 되고 그런 말조차 하기 힘드니까…….

> 하시기 어려운 말씀을 해 주셨습니다. 그런데 지금 좀 어떠세요, 마음이?

잘 모르겠습니다. 정신이 없습니다.

> 마음의 부담이 계속 여기(미국) 오셔서도 좀 있었겠군요. 논문 발표하고 나서도 계속 마음의 부담이 있었겠어요.

…….

> 이것이 언젠가 밝혀지리라곤 생각은 못 하셨습니까?

모르겠습니다.

> 어떻습니까? 지금 황 교수님 외에 저희는 다른 사람이 다치기를 원하지 않습니다. 본인 생각엔 어떻습니까?

제 생각엔 아마도 논문에 들어간 사람들 모두가 파장이 있을 겁니다, 이대로 나가면. 선생님들이 저를 커버하거나 그런 건 별개의 문제고, 아마 전반적으로 황 교수뿐만이 아니고 전 세계적으로 굉장히 이거는 커지고……그거는 선생님들이 생각을 좀 하셔야 될 거예요. 국가 이익까지도 생각을 하셔야 될 것 같은데, 아마 지금 하는 일들이 너무 커져서……그런 것들도 생각을 하셔야 할 것 같은데.

- 김선종 연구원과의 인터뷰에서

인터뷰는 마무리되었고, 박종혁 연구원은 매점 입구에서 기다리고 있었다. 일단 병원 로비로 나갔다. 나가면서 어깨를 늘어뜨린 김선종 연구원이 아주 조그마한 목소리로 한마디 했다.

"제 인생은 이제 끝난 것 같네요……."

훗날 이뤄진 검찰 수사에서 김선종 연구원은 당시 우리에게 인터뷰했던 내용에 포함되지 않았던 내용을 자백했다. 애초 줄기세포 2번과 3번의 경우에 "심리적 압박에 못 이겨서, 충동적으로 자신이 조작하게 되었다"고 진술한 내용이 그것이었다. 줄기세포 4번부터 12번까지 과장해서 조작한 것은, 당시 김 연구원이 우리와 인터뷰할 때 말했던 것처럼, 황 교수의 지시에 의한 것으로 밝혀졌다. 이날 우리와 인터뷰했던 내용을 종합 검토해 보면, 김선종 연구원은 자신이 조작한 것은 우리에게 밝히지 않은 채,

　　　　　　　　　　　　　　진실, 그것을 믿었다

황 교수가 조작 지시한 내용만을 고백한 셈이었다. 그런 면에서 이날 김선종 연구원은 조작의 뼈대를 우리에게 고백하면서도, 한 편으로는 우리 취재진이 어디까지 알고 있는지 탐색했던 것이라고 볼 수 있다.

"인생의 끝인 이 순간에,
나는 황 교수에게 물을 겁니다."

박종혁 연구원과 김선종 연구원, 그리고 나는 병원 로비의 한구석에 있는 의자에 앉아서 이야기를 나눴다. 이제까지의 정황을 박 연구원에게 전했더니, 벌린 입을 다물지 못했다. 그리고 단호하게 말했다.

이건 새튼까지 다 날아가는 이야기죠. 데이터를 받아서 논문을 썼는데 그 논문이 거짓fake이라고 하면 문제가 커지는데…… 이게 무슨 이야기야? 난 이야기 못 하겠고, 황 교수님과 확인하고 그 다음에 얘기를 하든지 말든지 하세요. 이것은 문제가 심각한 이야기고, 내가 다치든 안 다치든 상관없이 이건 내 과학자로서의 생명이 끝나는 이야기입니다.

제가 1번 줄기세포를 만들었습니다. 그거에 대한 방어defence는 충분히 합니다.

> 2004년 《사이언스》 논문은 진실합니다.

두 번째 2005년 《사이언스》 논문도 난 진실한 논문이라고 믿었고, 지

진실, 그것을 믿었다

금 무슨 얘기하는지 하나도 못 알아듣겠어요.

- 박종혁 연구원과의 인터뷰에서

박 연구원은 완전히 공황 상태에 빠졌다. 김 연구원에게도 몇 가지를 확인하고 이게 어떻게 된 건지 이해를 못 하겠다며, 머리를 쥐어뜯었다. 그러나 그 와중에 그는 한마디 물었다.

나는 지금 상황에서 누구의 말도 못 믿겠습니다. 왜냐면 나는 한국에 없었어요. 내가 한국에서 연구했다면 이야기를 하겠는데, 하여튼 내가 한국에 있든 없든 내 이름이 논문에 들어갔기 때문에 나는 논문을 진지하게 믿습니다. 나는 진지하게 믿고 한 선생님이 무슨 말 하시든지, 이건 내 목숨과 관련된 문제…… 와, 나 미쳐 버리겠네. 첫 번째 2004년 1번 줄기세포도 확인하셨어요?

> (현재까지 취재한 바로는) 1번 줄기세포는 맞습니다.

- 박종혁 연구원과의 인터뷰에서

당시에는 왜 박종혁 연구원이 1번 줄기세포에 대해 묻는지 몰랐다. 그리고 당시까지 나와 제보자 K는 1번 줄기세포가 체세포 복제 줄기세포라고 믿고 있었다. 비록 처녀생식의 가능성을 배제할 수는 없었지만, K와 제보자 B의 증언에 따르면 그건 틀림없는 복제 줄기세포였던 것이다. 그러나 박 연구원은 1번 줄기세포를 실은 2004년 《사이언스》 논문에 하자가 있다는 것을 이미 알고 있었다. 검찰 수사로 밝혀진 내용이지만, 이미 2004년 논문의 유전자 지문이 '체세포 두 개를 가지고 조작한 것'임을 알고 있었던 것이다. 이러한 논문 조작을 황 교수가 지시했다고 박종혁 연구원과 김선종 연구원은 검찰에서 증언했다.

어쨌든 박종혁 연구원의 울부짖음은 계속되었고, 나는 무척이나 당혹스러웠다. 2005년《사이언스》논문에 관한 한, 박 연구원은 어찌 보면 피해자인 셈이기 때문이었다. 한국에서 황 교수가 보내준 데이터를 신뢰하고 그 데이터를 검증하며 확인해 준 것인데, 그 데이터 자체가 조작되었다고 하니 할 말을 잃은 것이었다.

일단 여기서 인터뷰는 끝내요. 좋아요. 저는 말할 내용도 없습니다. 저를 다치게 하셔도 되고, 선생님이 의도하시든 안 하시든 다칠 테니까요. 저는 제 논문에 책임을 져야 하는 상황이기 때문에 다치는 건 오케이입니다. 다칠 수 있습니다. 하지만 오늘 인터뷰는 없는 걸로 하겠습니다. 저는 그 논문에 이름이 들어가 있고 책임을 지겠습니다. 그러니까 여기서 그만하고 김 선생도 그만하세요. 어떤 내용을 김 선생이 알고 있는지 모르겠는데, 그리고 황 교수가 우리를 어떻게 취급하는지 모르겠는데, 여하튼 책임지겠습니다. 그게 거짓이면 전 죽을 거고, 거짓이 아니면 살 겁니다. 학자는 자기가 만든 데이터든 만들지 않은 데이터든 그 논문에 확신이 있었기 때문에 논문을 썼고, 논문에 저자로 들어갔으면 책임져야 된다고 생각합니다. 제가 건드릴 수 있는 차원의 문제가 아닌 걸로 발생했다고 하더라도 그건 제 책임

진실, 그것을 믿었다

입니다. 제가 확인 안 했기 때문에, 그걸 확인 안 했다는 건 제 불찰입니다. 여기서 끝내겠습니다. 구속영장이 날아와도, 한국으로 귀국하는 한이 있더라도 어쩔 수 없다고 생각합니다.

나는 인생의 끝인 이 순간에 이게 진실인지 아닌지 황 교수한테 물을 겁니다. 그게 진실이 아니었다는 걸 확인받으면 학자의 길을 접겠습니다. 됐습니까? 그만하십시오. 한 선생님은 돌아가십시오.

– 박종혁 연구원과의 인터뷰에서

서릿발 같은 이야기였으며, 학자로서 단호한 심경 토로였다. 박 연구원이 황 교수에게 김선종 연구원의 증언을 확인하는 것을 멈춰 달라고 요청할 수도 없었다. 김선종 연구원의 익명성도 중요했지만 박 연구원의 인생도 소중한 것이기 때문이었다. 그리고 무엇보다 핏발이 선 박종혁 연구원을 막을 재간도 없었다. 이것은 그야말로 그의 말대로 '학자로서 생명이 끝나느냐 마느냐' 하는 문제였던 것이다. 김선종 연구원이 우리에게 했던 증언이 박종혁 연구원에 의해 황 교수에게 전해지는 순간, 우리는 김 연구원을 보호할 혹은 그 익명성을 지켜 줄 아무런 수단도 갖지 못하게 될 상황이었다. 그러나 황 교수에게 전화하지 말라고 박 연구원을 막을 도리가 없었다.

김선종 연구원에게 P 연구원을 불러 달라고 했다. 김 연구원은 망설였으나 잠시 후에 연구소로 들어갔고, 5분쯤 뒤에 P 연구원이 나왔다. 박종혁 연구원은 병원 앞에서 담배를 피우며 여전히 울부짖고 있었다. P 연구원을 병원 로비의 구석에 있는 조용한 곳으로 데려갔다. 그리고 연구원 신분으로 난자를 제공하게 된 정황에 대해 물었다. P 연구원은 인터뷰에 전혀 응하지 않았다. 대단히 차분한 톤으로 말했는데, "황 교수나 강성근 교수 혹은 섀튼 교수에게 허락을 받고 와야 인터뷰를 해 줄 수 있다"는 것이었다. 몇 가지 질문을 해 봤으나 그 말 외에는 전혀 대꾸하지 않았다. 나는 정중하게 인사하고 병원을 빠져나왔다.

서너 시간 뒤인 오후 4시에 숙소에 있는 나에게 전화가 왔다. 박종혁 연구원의 전화였는데, 태도가 달라져 있었다. 황 교수에게 확인했더니 '줄기세포가 있으니 아무 걱정 말라'고 했다며, 박 연구원은 도리어 녹취된 내용을 방송에 쓰지 말라고 했다. 그리고 한국에 있는 황 교수팀의 직속 후배에게 물었더니 자신이 8개의 환자 줄기세포를 확립한 장본인이라고 확인해 주었다는 것이었다. 이제 사태가 잘못되면 '한 PD 당신이 책임을 져야 할 것'이라고 언성을 높였다. 그러면서도 박 연구원은 한편으론 여전히 누구도 확신하지 못하고 있다는 뉘앙스를 남겼다.

수화기를 내려놓았다. 여러 가지 생각이 들었다. 이제 우리의 취재를 정확히 알게 되었으니, 황 교수가 어떻게 대응해 올 것인가? 이제 비로소 공식적으로 나와 황 교수가 링에 올라야 할 때가 다가온 것이었다. 그 링에서 누군가는 '명예'를 잃을 것이다. 명예를 잃으면 모든 것을 잃는다. 그런 것이 '이 바닥에서 통해야 할 도리' 아닌가?

진실, 그것을 믿었다

Ch.

09

링에 오른
황우석

"내일, 내가 청와대에 들어갑니다."

피츠버그에서 박종혁 연구원과 통화할 때, 우리는 박 연구원과 김선종 연구원에게 정식으로 인터뷰를 요청했다. 오전에 만났을 때 우리와 나눴던 이야기를 번복하고 싶으면 언제든지 정식 인 터뷰를 하자고 했으나, 연락이 없었다. 다음날 새벽 6시경에 워 싱턴으로 출발했다. 새벽길이라 약간 쌀쌀했고 차창 밖 풍경은 약간 음산한 느낌마저 들었다.

워싱턴에서 《사이언스》지 본사를 방문했다. 편집장 도널드 케네디Donald Kennedy를 만나 인터뷰를 했는데, 대단히 깐깐한 사람이었다. 우리는 가정법으로 한두 가지를 물었는데, '연구에 사용된 난자가 만약에 매매에 의해 얻어진 거라면 과학계는 어 떻게 대처하는가?' 혹은 '여성 연구원의 경우에 난자를 제공할 수 있는가?'와 같은 식이었다. 그는 인상을 찌푸리며 "그런 일은 있어서는 안 되며, 그런 일이 발생하면 과학계의 규칙에 의해 다 뤄지게 된다"고 말했다. 황 교수의 《사이언스》 논문에 대해서는

진실, 그것을 믿었다

■ 10월 21일

■ 도널드 존 케네디 편집장 / 사이언스 誌
심사자들이 그 증거들을 아주 주의 깊게 검토했고
당연히 황박사가 그것을 정확히 해냈다는 것에 동의했습니다.

2005년 10월 21일 〈PD수첩〉과의 인터뷰에서 《사이언스》의 논문 심사 과정의 신
뢰성을 강조하고 있는 도널드 케네디 편집장. 《사이언스》는 물론 세계적인 권위를
지닌 과학저널이지만, 검증 시스템에 크나큰 약점을 안고 있었다. 황 교수팀은 바
로 그 허점을 파고들었고, 논문 조작 가능성을 애써 모른 체하며 권위를 지키기에
급급했던 《사이언스》는 그 '신뢰'의 혹독한 대가를 치뤄야 했다.

한 가지를 물었다. 데이터를 받아서 심사peer review하는지 아니
면 실제 줄기세포 샘플을 받아 보는지 물었더니, 대단히 간단하
게 말해 주었다. 자신들은 수많은 과학 논문을 심사하기 때문에
오로지 과학자가 보내 준 데이터만을 보고 평가한다는 것이며,
《사이언스》의 심사자들은 전문가들이라서 정확하다는 것이었다.
더 이상 물을 것이 없었다. 그들은 황 교수가 보내준 데이터를
신뢰하고 두 차례나 표지 논문으로 실은 것이었다. 사기당한 피
해자에게 "너는 왜 그 사기를 피하지 못했느냐"고 따져 물을 수
는 없었다. 125년 《사이언스》의 역사에서 그들은 최대 수모를 당
할 처지였다.

그러나 우리와 인터뷰했을 때와는 달리, 《사이언스》는 그 후

황 교수팀의 난자 문제가 드러났을 때 황 교수에게 대단히 호의적으로 나왔다. 논문 조작이 실제로 문제가 되고 증거가 드러났을 때에도《사이언스》측은 검증을 미루고, 과학 전문지《사이언스》의 권위로 밀어붙이려고 했다. 이미《사이언스》의 당시 편집진은 황 교수와 떨어질 수 없는 '이해관계'를 가진 집단이었다. 12월 10일경, 논문에 제시된 사진 조작이 일파만파로 확대되고 더 이상 돌이킬 수 없는 증거가 속속 밝혀지고 나서야《사이언스》는 자신의 오류를 인정했다. 그들은 설마 설마 하며 황 교수의 손을 들어 주다가, 국제 과학계의 여론이 악화되자 황 교수와 결별했다. 그들이 좀 더 정밀한 논문 검증 시스템을 만들 수 있느냐는 문제는 순전히 그들의 몫으로 남아 있다. 아울러,《사이언스》지에 대한 과도한 환상과 신비화도 이젠 한국인에게서 걷어 낼 때가 되었다.

10월 23일 밤, 미국 출장을 마치고 한국에 돌아온 날〈KBS 스페셜〉에서는 주목할 만한 프로그램을 보여 주었다. '황우석, 세계는 왜 그를 주목하는가?'라는 다큐멘터리였는데, 우리가 취재한 주요 인물들이 많이 등장하고 있었다. 회사에서 이 프로그램을 지켜보다가 뜻밖의 정보를 얻게 되었다. 미국 뉴욕의 '메모리얼 슬로언케터링 암센터Memorial Sloankettering Cancer Center'에 황 교수의 줄기세포가 분양되어 연구되고 있었던 것이다. 거기에는 '황 교수팀이 수립한 척수손상 환자의 줄기세포'가 엄연히 있었으며, 그것을 연구하는 사람은 스투더Lorenz Studer 박사

진실, 그것을 믿었다

였다. 황 교수팀이 환자 맞춤형 줄기세포를 분양한 곳은 제보자 B가 근무하는 곳이 유일하다고 알고 있었는데, 그게 아니었다. 이것은 대단한 정보가 아닐 수 없었다.

　우리는 다음날 미국에 있는 박상일 PD특파원에게 그곳에 대한 조사를 의뢰했다. 10월 27일, 박상일 PD는 몇 단계를 거쳐 스투더 박사와 통화해서, 슬로언케터링 암센터에 황 교수의 줄기세포 2, 3, 4번이 있다는 것을 확인받았다. 그리고 스투더 박사의 억양이 미국인은 아닌 것으로 보인다고 전해 주었다. 즉시 슬로언케터링 암센터의 스투더 박사를 섭외하기 시작했다. 가능하면 내가 직접 스투더 박사를 만나서 어떤 식으로 줄기세포를 받았는지 그 정황을 눈치채이지 않게 탐문할 필요가 있었다. 스투더 박사가 그 줄기세포를 유전자 지문 검사한 뒤 《뉴욕 타임즈》에 '줄기세포가 가짜'라고 공개하면 끝장이었다. 까딱하면 해외 언론이 황 교수를 먼저 공격하고 나아가 대한민국을 조롱하는 사태가 벌어질 수 있기 때문이었다. 그렇게 되면 그야말로 우리 사회가 아무런 자정능력도 없는 '콩가루 사회'로 폄하될 것이 뻔했다. 이때부터 고민은 시작되었는데, 그 뒤에 힘들 때마다 '스투더 박사에게 편지 한 장 쓸까' 하는 유혹이 계속 따라붙었다. 사실, 스투더 박사에게 편지 한 장 쓰게 되면 이틀 이내에 결과는 나오게 마련이었다.

　미국 출장에서 취재한 내용은 최승호 팀장에게 중요 내용이 보고되었다. 검찰 수사를 김선종 연구원에게 언급한 것은 잘못된 일이라고 팀장이 지적했고, 나도 수긍했다. 검찰 수사를 언급한 것이 취재원의 심리를 압박한 것이기 때문에 엄격하게 보면 취재윤리를 위반했다고 공격받을 여지가 있었다. 다만, 김선종 연구원의 증언이 엄중하고 중대하기 때문에 시청자들이 어느 정도는 참작해 줄 것이라고 판단했다. 황 교수 측이 이제 우리 취재의 실체를 알게 되었기 때문에 어떻게 대응해 올지 지켜보아야 한다는 것과 함께, 이제는 황 교수에 대한 공식적인 인터뷰 요청도 미룰 일이 아니라고 했다. 나는 서울대 수의대 측에 황 교수와의 인터뷰를 공식적으로 요청했으나, 그 뒤 며칠간 묵묵부답이었다.

10월 25일, 여성민우회 명진숙 사무국장을 인터뷰했다. 생명윤리와 난자 문제에 대한 여성계 측의 입장을 듣기 위해서였다. 명진숙 사무국장은 여성계의 상황을 안타깝게 이야기했다. 황 교수 측의 국익 논리에 밀려서 사실상 여성의 인권과 생명윤리에 대해서는 말조차 꺼내기가 어렵다는 것이었다. 이 문제로 많은 여성단체들 사이에 논란이 있었으나, 이제는 황 교수에 대해 견제하는 내용은 언론에 보도조차 되지 않는다는 것이었다. 이후에 황 교수의 논문 조작이 드러난 뒤 여성계 일부는 반성의 사과문을 썼다. 진정으로 여성의 인권에 주목하기보다 여론의 향배에 따라 주춤거렸던 부끄러운 과거에 대한 사과였다.

10월 26일, 몇 가지 중요한 소식이 전해졌다. 첫째는 2번 줄기세포의 주인공 김○의 아버지 김○○ 목사로부터 온 편지였다.

진실, 그것을 믿었다

한 PD님을 만나 뵙게 되어서 얼마나 감사한지 모릅니다.

PD님 말씀을 듣고 황 교수님께 사실을 여쭈었습니다. 그랬더니 사실대로 말씀해 주시더군요. 현재 아들 ○이의 세포는 미국에 있는 것은 사실이지만 뉴욕은 아닙니다. 제가 잘못 알아들었습니다. 그리고 ○이의 세포를 위해서 ○이 엄마의 난자를 사용한 것은 모두 무산되었습니다. 그러므로 현재 ○이 줄기세포는 20대 여성의 난자에 이식한 것이라고 말씀해 주셨습니다.

그리고 한 가지 죄송한 부탁을 드립니다. 이번 ○이의 인터뷰와 제 인터뷰는 얼굴은 물론이고 음성과 내용까지도 방영되지 않았으면 합니다. 제가 생각이 너무 짧았습니다. 단지 황 교수님을 도와 드릴 수 있는 방법이라고 생각했기 때문입니다. 그리고 한 PD님의 말씀에 동의는 하지만 그래도 저와 아들에게는 황 교수님이 아직은 한 가닥 희망입니다. (중략) 그리고 이 메일은 내용 증명으로 보내 드리겠습니다. 멀리서나마 한 PD님의 프로를 즐겨 보겠습니다. 평안히 계십시오. 샬롬~!

– 2005년 10월 26일 김○○ 목사가 보낸 메일에서

이 메일을 통해 황 교수의 움직임을 관측할 수 있었다. 황 교수는 우선 뉴욕 슬로언케터링 암센터에 2번 줄기세포가 없다고 부정하기 시작했다는 것이었다. 또한, 김○의 줄기세포는 엄마의 난자에 핵이식을 해서 만들어진 줄기세포라고 환자 부모는 알고 있었는데, 내가 "그건 아니라"고 부모에게 알려 주자 이 부모가

"어떻게 된 거냐"고 황 교수에게 문의했고, 그제서야 사실관계를 정확히 밝혀 준 것이었다. 그리고 김○과 그 부모에 대한 인터뷰 내용이 방송되지 않도록 환자 부모에게 '내용 증명'을 받아 놓으라고 조치한 것이었다. 김 목사는 내 말에 틀린 것이 없다는 것을 알지만, 그래도 자식의 운명이 걸려 있으니 황 교수에게 또 한 번 기대게 된 셈이었다. 참으로 마음이 아팠다. 김 목사를 서울대 수의대 IRB 위원으로 올려놓고 나름대로 활용한 것도 모자라 환자 부모에게 이런 메일을 보내게 하는가? 도대체 황 교수는 염치도 없단 말인가?

나는 이 문제로 환자의 부모를 괴롭히는 것은 도리가 아니라고 생각했다. 김 목사가 요청한대로 김○과 김 목사의 인터뷰는 방송에 사용하지 않겠다고 메일을 보냈고, 김 목사는 감사하다고 답장했다. 이보다 더 경악할 내용은 MBC 보도국으로부터 날아왔다. 10월 23일에 황 교수가 MBC 보도본부장을 찾아와서 압력을 행사했다는 것이었다. 이날 황 교수는 10여 명이 넘는 연구원을 대동하고 MBC 인근에서 보도본부장을 만나 〈PD수첩〉의 취재를 성토했다고 전해졌다. 보도본부장이 서울대 수의대 3년 후배라는 점을 이용해 대놓고 압력을 행사한 것인데, 이날 황 교수는 청와대를 들먹거렸다고 했다. "내일 24일 청와대에서 점심 약속이 있어 대통령과 독대할 기회가 있는데, 〈PD수첩〉이 자신을 취재하고 있다는 사실을 말하겠다"고 했다는 것이다. 보도본부장 입장에서는 갑자기 황 교수가 찾아와 청와대를 거론하며 협

진실, 그것을 믿었다

박성 발언을 하니 당혹스러울 수밖에 없었을 것이다.

물론, 황 교수가 다음 날 청와대에 찾아간다는 것은 사실이 아니었다. 나중에 논문 조작이 드러난 후, 청와대 측에서는 황 교수가 10월 24일에 청와대에 들어온 사실이 없으며, 줄기세포허브 개소식 이후 대통령이 황 교수와 식사를 한 적이 없다고 《오마이뉴스》 손병관 기자에게 확인해 주었다. 이 사건은 앞으로 닥쳐올 거대한 로비와 압력의 실체를 짐작케 하는 첫 사례에 불과했다. 황 교수 측의 움직임이 활발해졌고, 그들은 '과학'으로 답변하려는 것이 아니라 '정치'를 하려 한다는 것이 분명해졌다. 이런 식의 로비는 비리 정치인을 취재할 때나 나오는 반응이었다.

황 교수가 자신이 링에 오르는 것은 당치도 않다며, 직접 나서서 '본인의 경기 자체를 무산'시키려는 형국이었다.

미즈메디에서 사라진 테라토마

이제 방송에 대한 실질적인 준비가 필요했다. 이 시기를 전후로 김현기 PD와 윤희영 작가, 유학연 조연출, 박현영 리서처가 팀에 합류했다. 그동안 보안을 위해 소수 정예로 운영되던 취재팀이 본격적인 방송 준비팀으로 확대된 것이었다. 11월 말경에 첫 방송을 예정으로 준비해야만 했다. 새로 합류한 취재진도 비상한 각오로 임했다.

어제 방송을 마치고 간략한 팀 회의를 한 후, 늘 그랬듯 휴가를 올리고 사라질 준비를 하고 있었다. 방송이 끝나면 한동안 안 보이는 게 상책이다. 그때 학수 형이 담배 한 대를 피우자고 했다. 학수 형은 황교수 취재에 대한 방송을 같이 준비하자고 담담히 말했다. 가슴이 서늘하면서도 차분해지는 느낌이었다. 학수 형과는 지난 5월 파트너였을 때 이미 황우석 박사의 성과와 한국의 생명공학에 대해 방송을 준비해 본 터였고, 우리는 그 단초에 함께 있었다. 그래서인지 5개월여 만에 내 자리로 돌아온 기분이었다.

진실, 그것을 믿었다

취재는 이제 태풍의 중심부로 향하고 있었다. 이 정도 심각성을 지닌 사안이라면 방송 시점 내에 학수 형 혼자 감당할 수 있는 분량이 아니었다. 이후에 생길 파장에 대한 두려움을 면밀히 따져 볼 필요는 없었다. 그냥 해야만 하는 일이었다. 내려던 휴가를 반으로 줄이고, 황우석 교수의 2005년《사이언스》논문을 손에 들고 집으로 갔다.

– 김현기 PD의 회고 메일에서

시사교양국장은 제작본부장에게 황 교수 취재 내용을 보고했다. 당시 신종인 부사장이 제작본부장을 겸임하고 있었는데, 차분한 결정이 내려졌다. 황 교수에 대해서 취재할 것이 있으면 취재하되, 정확하게 보도하라는 것이었다.

10월 26일, 메이저병원의 권혁찬 박사를 인터뷰했다. 난소과 자극증후군에 관한 의학적인 내용을 묻는 자리였는데, 인터뷰 도중에 미즈메디병원의 노성일 이사장으로부터 전화가 왔다. 〈PD수첩〉팀에 확인할 것이 있다는 것이었는데, 대단히 심각한 분위기였다. 확인할 것에 대해서 응해 주는 대신 정식으로 인터뷰를 하고 싶다고 요청했다. 노 이사장은 오후 5시에 만나자고 했다. 아무래도 우리 취재 내용을 미국 피츠버그에 있는 전 미즈메디 연구원들에게 들은 게 분명했다. 약속된 시간에 강남 미즈메디병원으로 갔더니 노 이사장이 기다리고 있었는데, 대단히 화가 나 있는 표정이었다.

예상대로 노 이사장은 우리의 취재 내용을 알고 있었는데,

논문 조작에 대한 취재는 어이가 없다는 반응이었다. 노 이사장은 그동안 우리가 미즈메디 연구소를 취재하면서 미묘하게 신경전을 벌였던 내용을 추궁했고, 취재진에 대해 법적인 대응을 할 수 있다는 점을 강조했다. 그리고 취재 과정 전반에 대한 질문이 이어졌다. 노 이사장이 대화의 내용을 녹취하고 있다는 것이 느껴졌다. 그런 때일수록 침착하고 분명해야 했다. 나는 묻는 질문에 대해 정직하게 답했고, 최대한 정확한 어휘를 구사하려고 노력했다. 언젠가 이 대화가 법정에서 증거 자료로 제출될 수도 있기 때문이었다.

> 우선, 프로그램 제목이 뭡니까?

〈PD수첩〉입니다.

> 처음에 오셨을 땐 〈PD수첩〉이라고 하셨습니까, 아니면 그냥 줄기세포
> 다큐멘터리 제작팀이라고 그러셨습니까?

저희는 〈한국의 생명공학〉 다큐멘터리를 제작한다고 했습니다.

> 왜 그러셨습니까?

탐사 프로그램의 특성상 저희가 조사 단계에서는 사전 정보를 얻기 위해서 드물지만 그렇게 하기도 합니다. 그렇지만 어느 순간엔가는 저희의 신분을 정확히 밝히게 되어 있습니다. 이제 우리는 취재 목적과 프로그램 이름을 숨길 이유가 없기 때문에 이렇게 밝힐 수 있게 되었습니다.

— 10월 26일 노성일 이사장과의 인터뷰에서

진실, 그것을 믿었다

노 이사장이 30분 넘게 진땀이 날 정도로 예리하게 공세를
취했고, 나는 차분히 방어했다. 노 이사장의 공격이 마무리되었
다. 노 이사장은 우리가 취재 목적을 속이고 벌인 취재에 대해서
불쾌해했으며, 자신의 직원들과 환자들이 부당한 대접을 받은 것
이 아닌가 하며 항의했다. 한 조직의 보스로서 이유 있는 항의라
는 생각이 들었고, 우리도 취재 과정상 불가피했던 점을 정직하
게 밝혔다. 노 이사장은 앞으로 문제가 발생하게 되면 법적인 대
응을 할 뜻을 거듭 분명히 했다. 이제 우리 차례였다. 조연출이
카메라를 펼치고 인터뷰 준비를 했다. 노 이사장은 약속대로 인
터뷰에 응해 주었다. 노 이사장은 우리가 '나쁜 제보자'에 의해
뭔가 오해를 하고 있는 것으로 보인다며, 자신이 아는 것은 있는
대로 답변해 주기로 했다. 그는 무척 화가 나 있었지만, 약속은
지킬 줄 아는 사람이었다.

우선 난자 문제부터 물었더니, 의외로 대답이 시원시원했다.

문제는 제가 난자를 구해야만 되는 거였습니다. 핵이식을 하려면
싱싱한 난자가 있어야 되는데, 이걸 기증 받을 길은 도저히 없었습
니다. 더군다나 우리가 공개적으로 난자 모집 광고를 내서 모을 수
도 없는 입장이었습니다. 그래서 제가 DNA뱅크라는 곳에 도움을
청했습니다. 내가 이러이러한 취지로 줄기세포 연구를 하고자 하는
데, DNA뱅크에서 난자를 공여할 사람을 좀 알선해 줄 수 있는지
말입니다.

> DNA뱅크로부터 난자를 얻는 데 든 비용은 얼마입니까?

(한 사람당) 한 200만 원 정도 됐던 거 같습니다. 엄청나게 몇천 만 원씩 줬던 것도 아닙니다. 정자는 대개 7~12만 원 정도 줍니다. 그런데 난자 채취 과정에서는 주사도 매일 맞아야 되고 마취도 해야 되니까 불편을 겪습니다. 저희가 보기에 미국이 4천 불 정도 지급한다면 우리는 200만 원 정도가 합당하다고 생각했습니다. 연구비를 받아서 그것을 유용한 것도 아니고, 다만 이것이 인류에 기여할 수 있는 일이라고 생각해서 제 돈을 쓴 겁니다. 그걸로 황 교수의 연구를 지원한 겁니다.

처음에는 "난자 5개만 있으면 성공할 수 있다"고 황우석은 그랬습니다. 근데 생각보다는 더……실패도 많아졌습니다. 저도 지쳐 갔습니다. 그래서 어떻게 된 거냐고 묻기도 했습니다. 복제 전문가인 당신과 우리 줄기세포팀이 만나서 서로 도와 가는데 이것이 안 돼야 되냐고……. 근데 황우석이, 그렇게 포기할 때 힘을 내라고 했습니다. "꼭 됩니다. 조금만 기다려 주십시오" 했는데, 어느 날 줄기세포가 만들어졌다는 소리를 들었습니다. 그게 2003년 2월이고, 그걸 검증해서 2004년 2월에《사이언스》논문으로 발표했습니다.

　　　　　　　　　　　　　　　- 10월 26일 노성일 이사장과의 인터뷰에서

연구에 사용된 난자가 매매에 의해서 얻어진 것이라는 것을 노 이사장은 순순히 인정했다. 다만 실비 지급 차원에서 보상이 이뤄졌기 때문에, 그 점을 감안해 달라는 것이었다. 이어지는 인터뷰에서 노 이사장은 황 교수를 적극적으로 옹호했으며, 모든 것을 자신의 책임으로 돌렸다.

그렇지만 또 하나 말씀드리겠습니다. 국익을 위해서 이런 사실을 숨길 수밖에 없었습니다. 황 교수의 《사이언스》 논문에 필수적인 의무조항이 있습니다. 의무조항 obligation이 있는데, 절대 매매된 난자를 쓰면 이 논문은 취소입니다. 기증자 volunteer 난자로만 돼야 한다는 겁니다. 두 번째로, 난자 채취를 한양대에서 한 걸로 발표할 수밖에 없었습니다. 저는 줄기세포를 셋업하는 데만 기여한 사람으로 남은 것입니다. 실제로 황과 나 둘이서 한 겁니다.

그러나 내가 불임 전문 의사다 보니까 혹시라도 '환자 난자를 빼서 무슨 나쁜 짓을 한 건 아닐까' 하는 우려가 생길 수 있기 때문에, 미즈메디가 빠지는 게 좋겠다고 황 교수가 얘기했습니다. 그러면 "미즈메디는 아무 일도 안 한 걸로 하겠습니다" 하고, 난자에는 관여 안 한 걸로 발표가 돼 있습니다. 그걸 지금 PD 선생님이 밝혀서 국가에 무슨 이득이 되는지 모르겠습니다.

> 황우석 교수님도 이 난자가 매매를 통해서 제공되었다는 걸 아는지요?

……모릅니다. 노성일 저에게 (난자를) 부탁했습니다.

> 황우석 교수님은 전혀 모르십니까?

네, 모릅니다.

> 상식적으로 생각할 때 그 부분은 이해가 되지 않습니다.

그렇게 모르는 게 좋습니다. 국가 이익을 위해서도 좋습니다.

……제가 다 한 일입니다.

- 10월 26일 노성일 이사장과의 인터뷰에서

노 이사장은 2004년 《사이언스》 논문에는 저자로 참여하지 않았으며, 2005년 《사이언스》 논문에는 제2저자로 참여했다. 논문의 저자는 나이순이나 어떤 서열순으로 결정되는 것이 아니다. 논문에 실질적으로 기여한 순서대로 저자의 순서가 정해지기 때문에 제1저자가 가장 중요한 것이다. 이것이 흐트러지면 '실험실의 정의'가 무너진다. 두 《사이언스》 논문의 제1저자는 황 교수였다.

> 2005년 《사이언스》 논문, 즉 올해 발표된 11개 환자 줄기세포와 관련해서 실제로 11개 줄기세포를 보신 적이 있는지요?

제보가 어떤 건지 잘 모르지만, 제가 줄기세포를 본 적은 없습니다. 그러나 1~2개 줄기세포를 본 적은 있고, 황 교수 실험실에 들어가서 본 적도 있습니다. 그러나 나는 그렇게 생각합니다. 나는 항상 상대편을 믿고 삽니다. 우리 실험실도 그렇고 황 교수도 그렇고 문신용 선생님도 그렇고, 나는 믿고 삽니다. 이 사회를 믿지 않고 사는 것처럼 피곤하고 힘든 일은 없다고 생각합니다. 환자가 만약 의사를 의심하고 나한테 진찰받으면, 진찰이 되겠습니까? 나도 그 사람한테 믿음을 줄 만큼 공부를 해야 되는 게 아니겠습니까? 나는 남을 의심하는 걸 피곤해합니다. 아예 생각을 하고 싶지도 않습니다.

> 저희가 2005년《사이언스》논문의 검증을 위해 미즈메디에서 뭔가를 얻어 볼 수 있겠습니까? 2번과 3번 줄기세포 라인의 테라토마 슬라이드만 저희가 2~3개 얻어 볼 수 있을까요? 파라핀 처리된 조직째로 주시면 더 좋고요.

나는 주고 싶어요. 일단 주는 걸로 알고 계세요. 나는 이 세상에 내 무엇을 까발려도 좋습니다. 내가 숨기고 싶은 생각이 없어요. 내가 아까 황 교수에게도 그랬고, 내가 저지른 일에 대해선 다 제가 책임을 집니다.

- 10월 26일 노성일 이사장과의 인터뷰에서

2005년《사이언스》논문에 대해서 노 병원장은 정말로 까맣게 몰랐다. 지난 몇 년 동안 황 교수팀을 지원한 것에 대한 사례로 논문의 제2저자가 된 것이었다. 논문을 신뢰했기 때문에 테라토마 조직도 흔쾌히 준다는 것이었다. 테라토마는 줄기세포가 분화한 것이기 때문에 이것을 유전자 지문 검사할 경우, 바로 그 줄기세포의 정체를 알 수 있게 된다. 이보다 간명한 검증은 없는 것이다.

그러나 다음날 노 병원장은 미즈메디 연구소에서 테라토마 슬라이드를 찾을 수 없다고 전해 왔다. 미국에 가 있는 김선종 연구원이 그걸 어디에 두고 갔는지 아는 사람이 없어서, 미국에 확인을 해야 한다고 했다. 미즈메디 연구소에서 미국에 전화로 확인하면 바로 알 텐데, 이런 정황을 나에게 옹색하게 전하고 있었다. 틀림없이 김선종 연구원이 테라토마를 우리에게 줄 것인지 갈등하고 있는 것으로 보였다.

박종혁 연구원에게 바로 메일을 보냈다. 우리의 진심을 보여주고 김선종 연구원을 설득하도록 해야 했다.

박종혁 선생님 보십시오.

저희 때문에 여러 가지 생각이 많으실 줄 압니다. 저는 박종혁 선생님이 말씀하셨던 학자적 양심과 열정을 신뢰합니다. (중략)

저희도 어린애가 아닙니다. 물론, 생명윤리에 관한 법률은 올해부터 발효되었기 때문에, 2005년 이전 연구 과정에서 난자 매매가 있었다고 해도 불법은 아닙니다. 그러나 도덕적인 논란과 함께 2004년, 2005년 《사이언스》 논문이 취소될 것은 명약관화한 일입니다. 저희도 국익을 생각합니다. 저희도 고민하고 있습니다. 지금 제 생각으로는 2005년 《사이언스》 논문에 문제가 없다면, 난자 문제는 '과거의 문제'로 덮고 '앞으로 어떻게 하면 좋은가' 하는 제도 정비의 문제만 다루어 보는 것까지도 검토하고 있습니다. 그러면 논문도 취소되지 않고, 사회적인 의제도 던질 수 있으니 서로 원원win-win할 수 있는 방안일 수도 있으니까요.

이러한 모든 고려는 2005년 《사이언스》 논문이 진실하다는 전제하에서 가능할 것입니다. 일전에 말씀드렸듯이, 우리는 이미 올해 발표된 《사이언스》 논문의 실제 줄기세포 라인 한 개를 검증했습니다. 그리고 그 결과는 지난번에 만나서 말씀드린 것과 같습니다. 우리는 "두

진실, 그것을 믿었다

번, 세 번 검증해 보라"는 박종혁 선생님의 말씀을 따르려고 합니다. 저희는 미즈메디에서 키웠던 줄기세포 2번과 3번 라인의 테라토마를 얻고 싶습니다. 파라핀 처리가 되었겠지만, 현재 국내 기술로는 그 슬라이드 한두 장 만으로도 유전자 지문 검사를 할 수 있습니다. 저희는 그 슬라이드를 두세 장 얻어서 검증해 보고 싶습니다. 그리고 그 결과가 논문과 진정으로 같다면, 우리는 방송에 대해서 취소까지 검토할 생각입니다.

어제 노성일 이사장의 말씀으로는 테라토마 슬라이드를 보여 줘도 좋다고 황우석 교수님이 전화를 했다고 합니다. 황 교수님도 "문제 될 게 없으니 보여 주겠다"는 것이었습니다. 그런데 미즈메디 연구소의 김○○ 연구원은 그게 어디 있는지 모른다는 것입니다. 김선종 선생만이 그것을 안다고 합니다. 시간도 늦었고 해서 노성일 이사장님은 미국으로 전화하기가 그렇다는 말씀만 하셨습니다. 그리고 황우석 교수와 인터뷰를 먼저 해 보라는 말씀도 하셨습니다.

물론 저희는 황우석 교수님께 저희 의혹을 말씀드렸고, 공식적으로 인터뷰를 요청했습니다. 그러나 취재를 요청한 지 3일이 지났건만 답변이 없습니다. 박종혁 선생님, 도와주십시오. 저희도 의혹을 풀고 싶습니다. 그리고 그것이 잘못된 취재였다면, 저희는 깨끗하게 철수할 마음이 되어 있습니다. 진정으로 학자라면, 김선종 선생을 설득해 주십시오. 테라토마 슬라이드를 저희가 얻을 수 있도록 조치해 주십시오.

— 10월 28일 박종혁 연구원에게 보낸 메일에서

박종혁 연구원은 얼마 지나지 않아 답장을 보냈는데, 자신이 황 교수와 통화했다는 것이었다. 황 교수는 '학자의 양심을 걸고' 모든 검증에 임하겠다고 했으며, 황 교수가 "테라토마 조직뿐만 이 아니라 줄기세포까지도 검증할 수 있도록 협조하겠다"고 확인했다는 것이었다. 이미 황 교수에게 테라토마 조직이 넘어가 있었다. 황 교수가 우리를 만날 때 준다고 하니, 일단 만날 때까지는 기다려야 했다.

나중에 밝혀진 것이지만, 미즈메디 연구소에 있던 2번과 3번 줄기세포의 테라토마 조직은 김선종 연구원이 감춘 것이 아니라 황 교수 측이 급히 회수해 간 것으로 확인되었다. 이런 사실을 숨기기 위해 미즈메디 연구소에 있는 김○○ 연구원은 자신의 상관인 노 이사장에게까지 '김선종 연구원만이 테라토마 조직이 어디 있는지 알고 있다'고 핑계를 대며 허위보고를 한 것이었다. 미즈메디 연구소의 일부 연구원은 정작 중요한 보고를 노성일 이사장에게 하지 않았고, 오히려 황 교수 측과 긴밀히 협조하고 있었다. 일개 병원의 이사장보다는 황 교수가 압도적으로 강한 권력을 가지고 있었다.

우리는 황 교수 측의 기민한 움직임에 다시 한 번 놀랐다. 테라토마 조직을 둘러싸고 사활을 건 물밑 쟁탈전이 벌어졌는데, 상대가 먼저 손을 써서 회수해 간 것이었다. 황 교수 측에서는 그 뒤에도 여러 차례 테라토마 조직을 우리에게 준다고 했으나, '서울대 수의대 실험실이 너무 복잡해서, 미즈메디에서 가져온

테라토마 조직이 어디 있는지 찾을 수 없다'는 이유로 끝내 넘겨
주지 않았다. 자기 실험실 어딘가에 두었는데 자신이 그걸 찾을
수 없다는 해괴한 변명이었다. 사실, 이쯤 되면 변명이라기보다
는 막무가내였다.

"한학수, 김보슬 PD가
동분서주하더구만요."

10월 27일 저녁 8시에 제보자 K를 만났다. 이제 방송을 실제로 준비하는 입장에서 볼 때, 제보자에게 혹시 윤리적인 흠결이 있는지 다시 한 번 확인이 필요했다. 우리가 여러 방면으로 확인해 본 결과로는 제보자에게서 특별한 사항이 포착되지 않았다. 제보자가 제보를 통해 얻을 것이 없었으며, 특허 관련해서 돈 문제가 있는 것도 아니었다. K 자신도 지난 몇 년 동안 도덕적으로 비난받을 일은 하지 않았다고 답했다. 다만 제보자 B는 지난 번 2번 줄기세포를 확인하는 과정이 방송에는 나가지 않았으면 한다고 전해 주었다. 그저 '가정을 지키고자 하는 주부'의 마음이라고 전해 왔다.

지난 세월 동안 한국 사회에서는 많은 내부 고발자들이 있어 왔으나 우리 사회는 이들을 가혹하게 왕따시켰으며, 심지어는 인생을 망가뜨려 왔다. 앞으로 황 교수 측에서 이 부부를 얼마나 공격해 올 것인가? 사태 이후에 이 의사와 간호사 부부를 한국의 의료계와 과학계가 보듬어 안고 갈 수 있을까? 도대체 이 가정에 어

진실, 그것을 믿었다

떤 일이 벌어질 것인가? 여러 가지 불안한 그림자가 드리워졌다.

이날 밤 12시경에 차를 타고 회사로 돌아오는 길에 김보슬 조연출에게 이런 말을 했다.

"앞으로 방송이 나가기까지 우리는 수많은 인간 군상을 만나게 될 것이다. 가장 가까이에 있는 사람부터 시작해, 우리를 주목하는 모든 사람들이 자신의 '태도'를 우리에게 적나라하게 보여 줄 것이다. 황우석 파문은 어쩌면 모든 사람의 옷을 벗기고, 정녕 각자의 인간 깊이를 투명하게 드러내는 리트머스 시험지가 될지도 모른다."

임박한 전쟁 앞에서 어쩌면 나 자신에게 던지는 말이기도 했다. 이 전쟁의 파고가 얼마나 클 것인지 가늠하긴 힘들지만, 우리가 겪어 보지 못한 엄청난 해일이 되리라는 것을 암시하는 말이기도 했다. 피할 수 없는 싸움이 우리를 기다리고 있었다. 건곤일척乾坤一擲!

10월 28일 저녁 9시경에 전화가 왔다. 누구냐고 했더니 황우석 교수라고 했다. 황 교수로부터 처음 받는 전화였다. 황 교수는 우리를 빈정거렸다.

"한학수, 김보슬 PD가 동분서주하더구만요."

황 교수가 던진 말이었다. 우리가 걸어 온 행적을 죄다 알고 있다는 말이자, 너희들이 아무리 뛰어도 내 손안에 있다는 자신감의 표현이었다. 나는 이 '노회한 정치가'에게 공손하게 대꾸했으며, 정식으로 인터뷰를 해 달라고 요청했다. 황 교수는 〈PD수첩〉팀이 무슨 오해가 있는 것 같다며 그에 대해 해명하고 싶다고 했다. 그것은 우리도 원하는 바이니, 제기된 의혹에 대해 충실하게 해명해 달라고 강조했다. 그 해명의 자리에 강성근 교수와 권대기 줄기세포팀장을 배석시켜서 구체적인 사항은 현장에서 자문을 받아도 좋다고 내가 제안했고, 황 교수는 그러마고 약속했다. 다음 날 다시 이뤄진 통화에서 황 교수는 "카메라는 절대 들고 올 수 없다"고 했다. 난감한 일이 아닐 수 없었다. 그렇다면 녹음기로 녹취하는 것만이라도 허용해 달라고 요청했고, 황 교수는 거기까지는 인정하겠다고 했다. 이틀 뒤 월요일 저녁 9시에 서울대 수의대에서 만나기로 했다.

제보를 받고 취재한 지 꼭 150일 만에 '취재 대상의 최고 권력자'가 우리에게 직접 접촉해온 것이었다. 우리를 '직접 진압'하지 않으면 안 된다고 상대가 판단한 것이며, 역으로 말하면 그동안 간접적으로 진행해 온 로비와 압력이 〈PD수첩〉팀에는 통하지 않는다는 것을 알아차린 것이었다. 취재 과정에서 황 교수를 멀찌감치 지켜본 적은 있으나, 가까이에서 개인적으로 만나 본 적은 없었다. 피차 상대에 대한 탐색은 어느 정도 끝났다고 볼 수 있었다. 이제 한 번의 만남이 우리를 기다리고 있는데, 그 만남이 마지막 인터뷰가 될 공산이 컸다. 황 교수가 인터뷰를 위해 두 번 만나 주지는 않을 터였다. 자기 진영에 상대편 장수를 불러들여 직접 방어하기로 한 이상, 황 교수에게도 뭔가 작전은 있어 보였다.

진실, 그것을 믿었다

황 교수를 만나 인터뷰하기로 한 것에 대해 팀장에게 보고했고, 나는 주말 동안 황 교수에 대한 인터뷰 질문지를 만들었다. 질문의 큰 틀과 수순을 정했다.

난자 관련해서 이미 확인된 것을 중심으로 묻고, 기관심사위원회IRB 문제를 물으면서 상대를 탐색한다. 그 뒤 2005년 《사이언스》 논문의 각론을 집중적으로 짚어 보고, 마지막으로 영롱이에 대한 문제를 묻는 것으로 마감한다. 몇 가지 잔가지들은 맨 뒤에 시간을 봐 가면서 조절한다.

10월 31일 오후 4시에 제작진이 모여서 질문에 대한 도상 연습을 했다. 내가 황 교수 역할을 했으며, 김현기 PD가 나에게 질문하는 형식이었다. 나는 내가 만든 질문에 대해 황 교수의 입장에서 답해야 했다. 이 과정에서 몇 가지 질문이 보강되었다. 아울러 당시까지는 김현기 PD가 상대에게 노출되지 않았기 때문에, 황 교수와 우리가 만나는 장면을 김현기 PD가 촬영하기로 했다. 저녁을 먹고 밤 8시경에 서울대로 출발했다. 나와 김보슬 조연출 그리고 카메라맨으로 변신한 김현기 PD 이렇게 세 명이었다. 인터뷰 장면을 사진으로 남기기 위해 스틸 카메라도 가져 갔다.

밤 9시에 서울대 수의대에 들어서니 복도에서 강성근 교수가 맞았다. 회의실로 우리를 안내했는데, 너무 많은 사람들이 기다리고 있었다. 황 교수와 내가 만나 악수하는 장면만이라도 카메라로 찍자고 했으나 황 교수는 거절했고, 김현기 '카메라맨'은 지체 없이 쫓겨났다. 조연출이 스틸 카메라로 사진 몇 장 찍는 것도 절대 허용되지 않았다.

근데 왜 이렇게 사람들이 많지? 황 교수는 대형 회의실에 스크린까지 설치해 놓고 강의 준비를 마쳤다. 좌우에 포진된 교수들 중에는 아는 얼굴도 있었고, 처음 본 사람도 있었다. 교수들은 약간 어색해하는 표정이었으나, 황 교수는 좌중을 제압해 나갔다. 좌석의 중앙에 앉아서 회의실 사람들에게 착석하라고 한 뒤, 자신도 이 모든 대화를 녹취하겠다며 녹음을 시작했다. 내가 먼저 일어나 인사를 하고 소개를 했으며, 황 교수는 직접 교수들을 소개했다. 교수들은 일어나서 목례로 답했다. 이때 참석한 교수들은 이병천, 강성근, 안규리, 윤현수, 김○○, 박○○, 황○○, 정○○, 이○○, 김△△ 교수였다. 월요일 저녁 9시, 야심한 시각에 교수들만 해도 11명이 모인 것이었는데, 이것은 한눈에 보아도 황 교수 스타일의 작품이었다. 자신의 사단을 그 나름대로 동원한 것인데, 분위기와 힘으로 나를 제압하려는 의도가 읽혔다. 한편으로는 〈PD수첩〉이 취재하고 있다는 사실을 감지하고 뭔가 동요하는 교수들 앞에서, 황 교수 자신이 당당하게 〈PD수첩〉에 답변하는 모습을 보여 주려는 것 같았다. 내부의 동요를 차단하고 안심을 시키려는 의도가 엿보였다.

권대기 줄기세포팀장은 왜 배석하지 않았냐고 하니까, "연구

진실, 그것을 믿었다

2005년 10월 31일 황 교수와 공식적으로 만나는 장면. 황 교수는 첫 공식 인터뷰에서도 특유의 스타일을 과시했다. 11명의 교수를 부장처럼 거느린 수장으로서 《PD수첩》팀을 몸소 제압하려 했다.

원들은 배우는 처지니 이런 자리에 나오지 않는 게, 장래를 위해서나 교육을 위해서나 바람직하다"고 답변했다. 그러나 얼마 지나지 않아 사태가 자신에게 불리하게 돌아가자 황 교수는 자신의 실험실 연구원들을 대국민 사과 기자회견장에 도열시키기도 하고, 검찰 수사 직전의 기자회견에서는 '인간 병풍'처럼 연구원들을 둘러 세우는 비교육적 행태를 보여 주기도 했다.

황 교수가 소개하지 않은 남자가 구석에 있기에 누구냐고 물었더니, 이 남자가 쭈뼛쭈뼛 일어나서 자신을 소개하려고 했다. 나는 "(국정원) 기관원이면 굳이 실명을 말하지 않아도 된다"고 했고, 이 남자는 알았다는 듯 조용히 자리에 앉았다. 나는 그가 기관원이라고 생각했는데, 훗날 이 사람은 '빈주'라는 아이디로 활동하는 윤태일 씨로 밝혀졌다. 《미디어 오늘》의 이수강 기자와 민임동기 기자의 취재에 의해 밝혀진 바에 따르면, 윤태일 씨는 〈아이러브 황우석〉이라는 인터넷 카페의 운영자였다. 그는 논문 조작이 밝혀진 뒤에도 황 교수 지지 집회를 이끌고 행동지침을 내리면서 황우석 지지 모임을 실제적으로 이끌었다. 그는 대학시절 민족주의 계열의 총학생회장으로 활동했으며, YTN 기획조정실장을 지내기도 했다.

황 교수는 내가 서울대 경영학과 출신의 87학번이라는 것을 언급했다. 나에 대해 조사할 만큼은 했다는 것을 은근히 드러내는 말이자, 넓게 보면 너도 내 '제자'고 '동창'이며 '선후배' 사이라는 것을 잊지 말라는 암시였다. 황 교수의 말 한마디 한마디에 보통 이상의 심오한 의미가 담겨 있었다.

> 저희 방송하는 업業이라는 것이 어떻게 놓고 보면 제보가 있게 마련이고 또 확인을 해야 되는 게 저희 업이다 보니까, 이런 자리가 마련되었습니다. 널리 귀엽게 좀 봐 주십시오.
그럼요. 우선 말이죠. 공중파 방송이 저희로 인해서 귀한 시간까지 쓰면서 이렇게 애쓰시는 데 대해서 한편으로는 제가 죄송하고 한편으로는 제가 주변 관리를 어떻게 했기에 이렇게까지 사태가 왔는지에 대해서 매우 자괴감까지 느낍니다. 선생님들께도 정말로 죄송하다는 말씀밖에 못 드리겠습니다.

– 황 교수와의 인터뷰에서

진실, 그것을 믿었다

본론에 들어가기 전에 나와 황 교수는 서로 인사치레하는 것을 잊지 않았다. 상대에 대한 예의를 잃으면, 아무리 좋은 명분도 퇴색되기 마련이었다. 이미 나는 이 인터뷰 과정에서 가능하면 황 교수가 많은 '해명'을 하도록 들어 주기로 했으며, 최대한 공손하게 질문하면서 평정심을 잃지 않기로 작정한 터였다.

대한민국 최고 연기를 보다

황 교수는 스크린을 켜서 강의를 시작했다. 대중 강연 때마다 틀어 주던 《사이언스》 논문 해설 강의였다. 일반인을 대상으로 하는 그런 내용을 20여 분이나 쭉 설명해 나갔다. 다 아는 내용들이었지만 가만히 지켜보고 있는데, 윤현수 교수가 어색한 표정으로 나를 쳐다보았다. 두 번씩이나 "한 PD도 다 아는 내용 같습니다" 하고 끼어들었다. 강의를 들으러 온 게 아니라고 내가 의견을 내자, 그때서야 황 교수가 강의를 마쳤다.

갑자기 황 교수가 6층의 줄기세포 실험실로 가자고 했다. 둘러보며 설명을 해 주겠다고 하자, 교수들은 모두 수군수군하며 앉아 있을 태세였다. 황 교수가 "교수님들도 모두 함께 가시죠" 하고 한마디 하자, 모두들 두말없이 따라 나섰다.

실험실 입구에 이르자 황 교수가 큰 소리로 한마디 했다. 아무것도 거리낄 것이 없다는 그런 태도였다.

이게 워낙 보안을 요하는 시설이라서…… 우리 팀의 연구 실험실 전

360

체를 보시죠.

> 저희는 안 들어가고 외경만 봐도 괜찮습니다.

일단 다 안에 들어갑시다.

> 오염이나 되지 않을까 걱정이 돼서요.

어차피 재료 채취할 때 그때는 카메라 가지고 들어가서 다 찍게 할 테니까. 그러니까 우리가 해 드릴 건 다 해 드려요, 어떤 경우에도 말입니다. 그리고 어쩌면 원하시는 것 이상을 내가 다 드리려고 하니까, 뭐든 해 보시고 그래도 뭐 의구심이 있으면 그거 가지고 방송을 하시든가 아니면 우리한테 다시 질문을 하시든가.

— 황 교수와의 인터뷰에서

우리 때문에 오염이 되었다고 나중에 변명할까 봐 나는 미리 쐐기를 박아 놓았다. 실험실 안으로 들어간다고 했지만, 복도에 있는 모니터 화면을 통해서 실험실을 보여 주는 게 다였다. 실험실 안에 있는 연구원 한 명이 실험실 내부의 현미경 렌즈 앞에 줄기세포를 갖다 놓으면, 복도에 있는 모니터 화면에 그 모습이 보이는 구조였다. 황 교수는 우리와 함께 복도의 모니터 앞에 있었지만, 실험실 안에 있는 연구원에게 이것저것을 지시하며 모니터 화면을 설명했다.

저희 내부의 실험실 구조가 도면처럼 이렇게 표시되어 있습니다. 우선 여기로 들어가서 1차로 옷을 갈아입습니다. 그리고 에어샤워air shower를 거쳐서 완전히 프로텍션protection을 한 다음에 장갑까지 다 끼고. 이쪽으로 나와서 여기가 장비실이고, 여기가 컬처룸culture room이고, 여기에 마이크로 매니퓰레이터micro manipulator 달아 있고, 기본이 진행되는 인큐베이터incubator들이 쭉 있습니다. 여기는 이제 보관하는 보관시설들이 있습니다.

여기 모니터 화면에서 우리 컬처룸에 있는 엠브리오embryo를 좀 보자. 지금 모니터에서 보시는 것은 지금부터 6일 전 체세포 핵이식을 한 겁니다. 오케이.

포커스 좀 맞춰라. 어제 2개의 해치드 비엘hatched blastocyst, 배반포 2개가 나와서 어제 아침 9시에 2개를 시딩seeding했습니다. 그래서 그 시딩 결과를 아직 볼 수가 없어서, 지금 보려고 합니다. 우리도 지금 처음 보는 거고, 지금 이게 막 해치드되고 있습니다. 어제 2개하고 오늘 하나하고 전체 6개 중에서 3개의 클론 블라clon blastocyst가 나온 겁니다. 50%의 블라 비율이 지금 나오는 겁니다. 거의 예전에 비하면 상상을 못 할 정도고, 요것이 이제 내부 세포 덩어리가 있게 되고, 요걸 바로 5분 이내에 시딩을 하게 할 겁니다.

– 황 교수와의 인터뷰에서

황 교수가 모니터 앞에서 화면상의 줄기세포를 설명하며 각종 실험실 용어를 구사하기 시작했다. 과학을 모르거나 줄기세포 분야를 연구하지 않은 사람들에게는 언뜻 이해하기 힘든 용어들이지만, 이미 나는 그 정도의 용어는 어려운 축에 들지도 않을 정도로 내공이 쌓여 있었다. 이해하고 나면 별 내용이 아니지만 아마추어에게는 전혀 이해될 수 없는 내용인데, 황 교수는 실험실 용어를 더군다나 영어로 막 섞어 쓰기 시작했다. 아마추어인 나를 기죽이거나 자신이 대단한 학자라는 것을 포장하기 위한 방편이라는 것이 대번에 느껴졌다. 그러나 나는 이미 황 교수가 실험실의 현미경도 제대로 다루지 못하는 사람이라는 증언을 K로부터 들은 바 있었다.

강성근 교수가 테라토마와 관련된 내용을 나에게 거짓으로 말한 적이 있었는데, 그때도 나는 강 교수에게 깜빡 속은 적이 있었다. 그러나 황 교수의 연기는 그 이상이었다. 그의 말과 표정 그리고 손짓을 보자면 도저히 줄기세포가 거짓이라고는 꿈에도 생각하기 힘들었다. 모니터 화면에 뜨는 줄기세포를 마치 친자식이나 되는 것처럼 바라보며, 그 모든 줄기세포를 자신이 완벽하게 장악하고 통제하는 것처럼 말하기 시작했다.

그래. 6일 전 것 보자. 일단 이것도 어태칭attaching이 된 겁니다. 그런데 세포 수는 아까 것에 비해서 상당히 적은 거죠. 이건 6일 전에 우리가 시딩을 한 겁니다. 앞으로 한 1주일 더 있다가 계대를 시킬 겁니다.

애야, 아까 그 줄기세포의 환자가 뭐니, 병명이? 지금 이 환자는 당뇨입니다. 둘 다 소아당뇨입니다.

그러면 지금 분화되기 전에 배양하고 있는 거 몇 개만 보자. 다 볼 필요는 없고. 좋아, 여기다 고정시켜. 요거는 무슨 환자지? 척수손상……다음. 이건 저 상태를 조금 지나서 2~3번 계대 배양을 하고 있는 것들입니다.

이건 누구냐? 그래, 루프스 환자 좀 보자. 이건 여러 개라서……시간이 너무 많이 걸리니까, 루프스 환자, 우리가 받은 환자, 기본 정보로는 16살짜리 루프스 환자라고.

오케이. 그러면 우리 줄기세포로 수립돼서 계속 배양되는 줄기세포 라인을 몇 개만 보자. 내가 정해 준 그 환자들 폼만 좀 보자. 이게 아까 보셨던 콜로니 부분입니다. 이게 며칠 지난 것이니? 아까 조각 내서 기른 지 이틀 만에, 이렇게 자랍니다. 이것은 8살짜리 척수손상 환자 겁니다.

> 2번 줄기세포 라인인가요?

그렇습니다. 이게 2번입니다. 다음. 이건 나이는 자세히는 모르겠고 아마 10대 소아당뇨 환자 줄기세포입니다. 다음. 이건 소아당뇨. 이건 선천성면역결핍 환자인데, 2살 반짜리입니다. 다음. 이것도 소아당뇨 환자 겁니다. 다음.

> 논문에는 소아당뇨가 한 명인데 소아당뇨 환자 2명의 줄기세포가 만들어졌습니까?

아니오. 그 뒤에 또……발표 이후에 된 것도 여러 개가 있어요. 지금 줄기세포의 총 숫자는 말씀 못 드리겠고요. 이건 척수손상 환자인데 33살짜리입니다. 국적은 말씀드릴 수 없습니다. 다음. 이건 31살짜리 척수손상 환자. 다음. 이건 56살짜리 척수손상 환자. 다음. 하나만 더 보자. 이것도 척수손상 환자입니다.

수고했다. 대기하고 있어라. 이따 샘플링해야 될지도 모르니까.

- 황 교수와의 인터뷰에서

실험실 안의 연구원은 별말 없이 모니터 화면에 다양한 줄기세포가 등장하도록 했다. 그런데 황 교수는 모니터 화면의 줄기세포만 보고도 그게 어떤 단계인지 그리고 얼마나 배양된 것인지 정확히 알아냈다. 심지어는 줄기세포의 주인공이 어떤 병명인지를 식별하는 정도의 수준을 보여 주고 있었다. 모르는 사람은 깜빡 속을 수 있는 귀신같은 연기였다.

그러나 연기를 너무 의식해서 잘하려고 하면 그것이 연기라는 것이 드러나게 마련이다. 내 눈에는 그 연기의 '인위적인 측면'이 느껴졌다. 배양 접시에서 줄기세포는 쉴 새 없이 자라고 매일 매일 조금씩 다른 모습을 보여 주는데, 그 수십 개의 배양 접시에서 세포의 모니터 화면만 보고 환자를 정확히 구분해 내는 것은 '마술'이었다. 더군다나 환자의 병명을 귀신같이 맞춰 내는 것은 도저히 인간의 능력으로 할 수 있는 일이 아니었다. 그것은 실험을 안 해 본 사람이 '머릿속에서 그려 낸 실험'을 외워서 하는 연기였다.

아무튼 황 교수는 논문에 발표한 11개 환자 줄기세포 외에도 그 후에 여러 개의 줄기세포를 만들었으며, 이제 줄기세포 만드는 것은 일도 아니라고 말하고 있었다. 이쯤 하면 어느 정도는 통할 거라고 생각했는지, 황 교수는 모니터를 비켜서며 회의실로 내려가자고 했다.

여기까지가 본 인터뷰에 들어가기 전에 황 교수가 따로이 준비한 이벤트였다. 벌써 1시간이나 지났다. 밤 10시를 넘어서고 있었다. 서울대 수의대는 적막했다. 〈PD수첩〉팀을 이렇게 밤늦게 부른 것은 수의대 다른 교수나 학생들이 눈치 못 채게 하려는 목적도 있는 듯했다.

진실, 그것을 믿었다

"가, 가만있어 봐, 가, 강 박사!"

다시 회의실로 모든 사람들이 내려왔다. 이제 인터뷰를 할 차례였다. 여기서부터는 내가 주도해 나가야 했다. 나는 준비된 대로 '난자' 문제부터 물었다. 황 교수의 목소리는 무게가 있었고, 약간 천천히 말을 이어 갔다.

> 혹시 교수님께서는 난자 매매 중개업소인 DNA뱅크라고 들어 보셨습니까?

못 들어 봤어요. 이번에 노성일 원장이 한 선생님하고 인터뷰를 했다면서, 인터뷰한 다음 날 전화를 해서 사실 미안하다고 하면서 저한테 얘기를 해 주더라구요. 그때 이 양반이 그런 데하고 무슨 연계가 있었나 보다 하고 알게 됐습니다.

> 당시 인터뷰에서 노성일 이사장님은 난자 매매를 이용해서 난자를 얻을 수밖에 없었다고 말씀하셨고, 그렇게 얻어진 난자가 황 교수님 연구에 사용되었다고 증언했습니다. 이런 사실을 혹시 교수님께서 알고 계셨나요?

아닙니다. (중략) 차라리 그때 우리가 말이지, 이렇게 어차피 우리는 전 세계적인 피겨figure(인물)가 됐는데, 어떤 경우에도 소위 에티컬리ethically(윤리적으로) 문제가 있으면 우리가 이제는 문제가 커진다. 차라리 그때 그 얘기를 나한테 해 줬으면 그 난자를 사용했겠느냐 그랬더니, 그때는 법도 없었고 가이드라인도 없었고 그래서 정말로 순수한 마음에서 도우려고 했었다고 노 이사장이 그럽디다. 그런데 궁극적으로 한학수 PD님한테 "황 교수는 전혀 이런 사실을 몰랐다"고 자기가 얘기를 했답니다. 그리고 저한테 그 난자들을 넘겨준 것도 사실이었고, 이렇게 된 데 대해서 미안하다고 저한테 말했습니다."

- 황 교수와의 인터뷰에서

기존의 입장에서 황 교수가 한 걸음 후퇴했다. 매매된 난자는 연구에 전혀 사용되지 않았다는 것이 바로 엊그제까지의 입장이었지만, 이제 난자 매매 정도는 순순히 인정해 버렸다. 이미 노성일 이사장이 인정한 뒤라서 더 이상 숨길 수도 없는 상황이었다. 다만, 그 책임은 온전히 노 이사장에게 미뤄졌다. 자신은 전혀 몰랐는데, 엊그제 노 이사장의 고백으로 알게 되었다는 것이었다. 이것은 나름대로 모종의 교감이 이뤄진 뒤에 만들어진 대책으로 보였다. 해외에서는 어떻게 반응할지 모르지만, 국내에서는 이 정도 '난자 문제'는 충분히 정면 돌파할 수 있다고 판단한 것으로 보였다.

진실, 그것을 믿었다

노 이사장과 황 교수가 이렇게 말을 맞추고 나오니 더 이상 추궁하기가 힘들어졌다. 다만, 자리에 함께 있던 10여 명의 교수들은 상당히 놀라는 눈치였다. 나는 인터뷰 질문을 통해 이른바 '황우석 사단' 교수들에게 정보를 주는 것이 필요하다는 생각이 들었다. 알면 알수록 내부의 동요는 심해지고, 그 틈새에서 뭔가를 얻어 낼 수도 있는 것이라는 판단이 들었다. 내부의 결속을 다지기 위해서 황 교수는 자신만만한 모습을 보여야 하고, 나는 내부의 동요를 일으키기 위해 우리가 취재한 사실을 적절하게 공개해야 하는 처지였다.

황 교수 실험실 연구원의 난자 제공에 대해 물었더니, 그 배경에 대해 장황한 설명을 했다. 그것이 강압에 의한 난자 제공이 아니라는 것을 강하게 주장했다.

우리 팀의 G 연구원이 당시 K의대 교수를 겸할 때입니다. 그때 자기 남편하고 충분히 상의를 했다고 하면서, "이 연구에 자발적인 난자 제공자들의 난자를 가지고 하는데 뭐라 하겠느냐? 우리의 정성이 이렇게 해서는 안 되지 않겠느냐? 나도 아이를 둘씩이나 낳은 사람이고 우리 남편한테 충분히 설명을 해서 남편도 동의를 했으니, 내 난자를 우리부터 바로 내 난자부터 사용해야만 실험자로서의 자세에 부합되는 것이 아닌가?" 하는 상의를 한 적이 있었던 것이 사실입니다.

그때 나는 속으로는 거기에 대해서 감동적이었어요. 허나 이것이 혹시나 오해의 소지가 있을지도 몰라서 우리가 차라리 부족하면 부족한 대로 하는 게 좋겠다고 해서 몇 번에 걸쳐서 제가 설득을 했던 건 사실이에요. 그 뒤에 이루어진 사안에 대해서는 제가 정확하게 본인을 불러서 확인을 해 본 사실은 없어요. 그렇기 때문에 그 뒤의 것을 제가 언급하는 것은 합당치 않은 걸로 생각합니다.

— 황 교수와의 인터뷰에서

G 연구원이 스스로 먼저 난자 제공 의사를 밝혔지만, 황 교수는 이를 말렸고, 그 뒤 정확히 난자를 제공했는지에 대해서는 모른다고 답변한 것이었다. 물론, 이것은 사실이 아니었다. 2004년 5월 《네이처》의 시라노스키 기자가 G 연구원을 인터뷰하고 난 뒤 연구원 난자 제공 사실이 기사로 떠오르자, 이것을 황급히 수습한 사람이 바로 황 교수 자신이었기 때문이다.

연구원 난자의 제공은 대단히 민감한 문제인데, 전문가 과학자 사회에서는 이런 일을 도저히 받아들일 수 없었기 때문이다. 피츠버그로 유학을 떠난 P 연구원의 난자 제공에 대해서도 물었다.

마찬가지입니다. P 연구원도 역시 G 연구원과 같이 얘기를 했을 때, 똑같이 이렇게 해서는 아니 되겠다고 제가 설득을 했습니다. 그것도 같은 맥락으로 이해하시면 되겠습니다.

> 그러면 P 연구원은 난자 채취 수술만 하고 그 난자는 여기 제공되지 않았다는 뜻입니까?

진실, 그것을 믿었다

그건 저는 모르겠어요. 정말로……난자 채취를 정말 했는지 그리고 그 난자가 우리한테 왔는지, 그걸 확인할 방법이 없습니다.

- 황 교수와의 인터뷰에서

황 교수의 답변으로 미뤄보건대, P 연구원이 난자 채취 수술 직전에 자신의 심경을 담아 제보자 K와 B에게 쓴 편지를 우리가 입수하고 있다는 사실을 모르는 눈치였다. 매매에 의한 난자 제공은 노 이사장에게 미룰 수가 있지만, 연구원 난자 제공 문제는 황 교수가 온전히 책임져야 하는 문제였다. 이 부분에서 황 교수는 대단히 장황해졌다. 그리고 얼굴색 하나 변하지 않은 채 거짓말을 해냈다. 저 정도의 거짓말 솜씨라면 거짓말 탐지기를 들이대도 그 결과를 장담할 수 없을 것이라는 생각이 들었다. 나중에 서울대 조사위에서 밝혀진 사실이지만, 황 교수는 P 연구원이 난자 채취 수술을 하는 날 직접 미즈메디병원에 동행한 것으로 밝혀졌다.

이쯤에서 상대를 한번 흔들어 놓을 필요가 있었다. 너무나도 침착하게 그리고 낭랑하면서도 고른 성량으로 말하는 것을 보면, 황 교수는 준비된 답변을 하고 있는 셈이었다. 상대의 평정심을 흩뜨려야 내면적인 진솔함이 인터뷰에서 묻어 나온다. 진솔함까지야 바랄 건 없지만, 준비되지 않은 발언을 끄집어내야 했다. 2005년《사이언스》논문의 테라토마에 대해서 물었다. 이 부분은 우리가 치밀하게 준비했는데, 왜냐하면 황 교수가 어떻게 거짓말할 것이라는 것을 추정하고 미리 관계자들에게 정식 인터뷰를 해 놓았기 때문이었다.

> 2개는 아마 미즈메디병원에서 했던 것 같고, 나머지 일부가 생명공학연구원에서 지원을 받아서 했던 라인이 있었던 것 같아요. 그리고 나머지는 우리 대학에서 해서 아마 김대용 교수가 그걸 다 섹션해서 봤던 것 같아요. (중략)
> 이런 과정을 통해서 아마 전체를 다 아는 사람은 강성근 교수하고 나일 겁니다. 그래서 나중에 확인을 해 봤더니 정확하게 테라토마는 다 만들어졌고, 그것을 정확하게 다 검증을 했더라구요. 그게 제 답입니다.
> > 생명공학연구원에서는 어떤 분이 스키드 마우스를 키우신 건가요?
> 거기 최양규 박사님하고 그 위에 실장님은 아마 김○○ 실장님.

— 황 교수와의 인터뷰에서

2005년 논문의 테라토마를 서울대 병리학과 정○○ 교수가 했다고 논문에는 나와 있지만, '이것은 2004년 논문에 정 교수 이름이 실수로 누락된 것에 대한 보상 차원'이라고 이미 밝힌 바 있다. 그렇다면 정작 테라토마 실험을 한 사람은 최양규 박사와 김대용 교수라며 변명할 것이라고 우리는 예상했다. 그래서 우리는 이미 최양규 박사와 김대용 교수를 만나 그들이 2005년《사이언스》논문의 테라토마 실험에 '자신들은 참여하지 않았다'는

진실, 그것을 믿었다

것을 인터뷰해 놓았다. 우리의 예상은 1%도 틀리지 않고 적중했다. 황 교수는 우리 예상대로 거짓말을 늘어놓았다. 세상에 노력 없이 되는 일은 거의 없다. 우리는 치밀하게 상대를 연구했고, 노력한 만큼 보답을 받은 것이었다.

우선 황 교수의 변명을 충분히 들어 주고 재차 확인한 다음, 우리의 취재 내용을 알려 주었다. 최양규 박사와 김대용 교수가 이미 우리에게 자신들은 그런 일을 한 적이 없다고 인터뷰한 사실을 전해 주자, 황 교수팀은 술렁이기 시작했다. 자신들의 거짓이 너무 명백해지자 이번에는 황 교수 자신이 방금 전에 한 증언을 부정했다. 자신이 2004년《사이언스》논문과 착오를 일으켰다는 것이었다. 녹음이 되는 상황에서도 저러니, 만약에 녹음도 되지 않았다면 어떻게 말을 뒤집을지 모를 사람이었다.

강성근 교수가 증언했던 것과는 달리 서울대 수의대 동물실험실에서는 스키드 마우스가 무엇인지도 모른다고 했다고 하자, 회의실은 더욱 술렁이기 시작했다. 황 교수가 말을 약간 더듬거렸으며, 강 교수는 기민하게 말을 바꿨다.

> 황우석 교수: 가, 가만있어 봐, 가, 강 박사. 우리 지금 스키드 마우스 어디서 길러요?
>
> 강성근 교수: ……우리 과 가건물. 저희 예전 실험실입니다.
>
> – 황 교수와의 인터뷰에서

강 교수는 서울대 수의대 동물실험실이 세계에서 가장 규칙이 까다로운 곳이라서 미처 거기에서는 동물실험을 하지 못했다는 옹색한 상황 설명도 덧붙였다. 이어지는 질문이었던 면역적합성HLA 검사에서는 안규리 교수가 나서서 해명을 했으나, 명쾌하지가 않았다. 안 교수가 논문 조작에 대해서 얼마나 알고 있는지 의문이었다.

황 교수 외에 강성근, 이병천, 안규리, 윤현수 교수 등은 자신과 관계된 것이 나올 때 보충 답변을 했다. 나머지 교수들은 묵묵히 듣고 있었다. 그들은 이 상황이 처음에는 황당한 것이라고 생각했겠지만, 결코 장난이 아니라는 사실을 서서히 체감해가고 있었다. 긴장은 높아 갔고, 회의실에서는 모든 이의 신경이 질문하는 내 목소리와 황 교수의 답변으로 집중되고 있었다. 맨 끝자리에 있는 윤태일 씨는 의자에 깊숙이 앉아 머리를 숙인 채 눈을 감고 있었다. 자는 것 같지는 않았는데, 어쩌면 이 인터뷰 이후의 다음 수순을 구상하고 있었을까?

진실, 그것을 믿었다

"한 선생님, 다음부턴 내가
철두철미하게 할게요."

시계는 저녁 11시를 가리키고 있었다. 이제 김선종 연구원의 피
츠버그 증언을 확인해야 할 차례였다. 인터뷰는 서서히 절정으로
달려가고 있었다.

> 스테이닝 사진 관련해서 여쭤 보겠습니다. 김선종 연구원은 저희에게
> 황우석, 강성근 교수님과 함께한 자리에서, 황우석 교수님이 직접 김선
> 종 연구원에게 두 개의 줄기세포 라인으로 많은 사진을 조작해 만들라
> 고 지시했다고 합니다. 어떻게 생각하십니까?

하하하……자, 내가 여지껏 여기까지 옴에 있어서 그 정도의 에티칼
바운드ethical bound(윤리적 기준) 가지고 어떻게 오겠습니까? 모르
겠어요. 김선종 선생을 어떻게 위협했고 어떻게 이야기했기에 그렇
게 답변했는지 모르겠지만, 최소한도 스테이닝 사진이란 게 그렇게
어려운 게 아니에요. 그 다음에 두 번째, 스테이닝이란 건 콜로니 하
나만 있으면 우리 석사과정 애들도 다 만드는 것입니다. 그리고 콜로
니는 보시면 알겠지만 메카니컬 소시에이션mechanical sociation하면

일주일에 15개씩 불어납니다. 그게 제 답변이에요.

> 그러면 김선종 연구원의 증언과는 달리, 그런 말씀하신 적이 없다는 말
>   씀인가요?

그런 이야기를 하고서 어떻게 제가 팀 리더가 되겠습니까? 그리고
이게 말입니다. 정말로 콜로니가 수만 개 있어야 스테이닝 사진이 된
다면 설득력이 있을지 모르지만 하나의 콜로니만 있어도 스테이닝이
되는 건데, 왜 그게 필요한 거냐 이 말이죠. (중략)

모르겠어요, 김선종 선생이 그렇게 했다는 것 자체를 나는 정말 믿을
수 없어요. 그리고 만약 그렇게 했다면 아마 김선종 선생이 나에 대
해서 제보자 이상의 무슨 악감정이 있는지 모르겠네요. 대단히 제가
슬픕니다. 차라리 설득력 있는 걸 가지고 그렇게 했다면 제가 달리
얘기를 못 하겠는데, 하필이면 스테이닝 사진을 가지고 그랬다니까
제가 참 서글프네요.

- 황 교수와의 인터뷰에서

이것 또한 준비된 답변의 냄새가 물씬 풍겼다. 이미 김선종
연구원의 증언을 알고 있었기 때문에, 황 교수가 그 나름대로 대
응책을 만든 것이었다. 그것은 '안면 몰수' 전술이었다. 그런 말
한 적이 없다고 딱 잡아떼고, 도리어 김선종 연구원을 인격적인
하자가 있는 사람으로 몰아붙이는 방법이었다. 뻔뻔스런 방법이
긴 하지만, 입증이 어렵기 때문에 생각보다는 잘 통하는 수법이
었다.

진실, 그것을 믿었다

김선종 연구원이 인격적으로 결함이 있는 사람이라고 몰아붙인 뒤에는 나의 약점에 대한 공격을 늦추지 않았다. 김선종 선생에 대한 우리의 취재를 '위협'이라고 표현하며 나를 압박하기 시작했다. 예상치 못한 역습을 당한 것이었는데, 황 교수는 거기서 멈추지 않았다. 이 문제를 인터뷰 말미에 다시 거론하며, '대단히 큰 문제'라고 경고했다. 나는 이 언급에 대해서 당시에 너무 쉽게 생각했다. 상대는 '백전노장'이며 '자원이 막강'할 뿐만 아니라 '암수暗數에 능한 무림 고수'라는 것을 잊었던 것이다.

나는 줄기세포가 언제 누구에 의해 확립된 것인지 황 교수에게 물었다. 차마 여기까지 거짓 답변을 준비하기는 힘들 것이라는 예상 때문이었다. 실제로 줄기세포가 만들어졌다면 누가, 언제 만들었는지 기억을 못 한다는 것은 상상할 수도 없는 일이다. 그것은 너무 엄청난 일이기에 과학자라면 결코 잊을 수 없는 날이 되는 것이다.

> 올해 11개 만들어진 환자의 줄기세포가 배반포 단계에서 줄기세포로 확립, 즉 이스테블리싱establishing된 건 언제인지 기억하는지요?

한 선생님, 다음부턴 내가 철두철미하게 할게요. 이젠 이 세상이 이렇게 무섭다는 걸 알았으니까 이젠 할게요. 예를 들면 루틴하게 routine(일상적으로) 되는 일이고, 또 제가 하는 일이 이거 하나뿐이 아니고 여러 가지가 있어요. 100여 명의 공동연구진이 그러니까 몇 번 라인이 며칟날이고, 그건 이제 내가 할게요. (중략)

> 혹시 줄기세포를 확립establishing을 한 연구원이 누구인지 말해 줄 수
있는지요?

이스테블리싱……내가 했어요.

> 혼자서요?

아니죠, 다 같이. 우리 실험 요원들이 같이 했어요. 왜 그런고 하니
아침에 그걸 볼 때 보통 6명이 봐요. 6명이 봐서 컨펌confirm을 합니
다. '오케이, 이건 됐으니까 안심이 된다', 오늘 본 것처럼 그렇게 보
는 것입니다.

– 황 교수와의 인터뷰에서

이것은 실험실 상황이나 줄기세포 연구의 특성을 모르는 사
람에게는 통할 수 있는지 모르지만, 전문가들에게는 씨알도 안
먹히는 변명이었다. 누군가가 줄기세포를 확립했다고 하는 순간
그 당사자에게 확인 작업이 들어갈 것은 자명한 일이었다. 황 교
수는 '팀이 했다'고 하며 어물쩍 넘어간 것이었다. 논리적인 말장
난으로 질문을 받아넘기면서, 한편으로는 마치 내가 '철두철미한
어떤 심오한 것'을 요구하는 사람인 것처럼 빈정댔다. 그러나 이
말은 황 교수도 우리 취재 내용이 방어하기 쉽지 않다는 것을 우
회적으로 드러낸 것이기도 했다. 다음부터 잘할 테니 이번에는
대충 넘어가 줄 수 없겠느냐고 은근슬쩍 응수 타진한 것이었다.

> 올해 만들어진 환자의 11개 줄기세포 라인 중에서 한 개라도 전달된

곳이 국내나 해외 어디인지 말씀해 주실 수 있는지요?

다 말씀은 못 드립니다. 분명히 이게 리킹 아웃leaking out(누출)된 데가 한 군데 있죠. 서울 치대에 이○, 조○○ 박사 방에 줄기세포 라인 하나를 내보냈습니다. 근데 거기에 있는 모 씨가 그걸 리킹한 것은 사실인 거 같고, 그 사람이 리킹할 때 미스miss를 저질렀던 거 같아요. 이 라인인 줄 알고 가져간 게 엉뚱한 다른 라인을 가져가서 우리 라인이라고 했던 거 같아요. (중략)

> 황 교수님의 줄기세포 중에 한 개의 줄기세포가 뉴욕 슬로언케터링 암센터에 있는 스투더 박사에게 가 있습니까?

대답 못 하겠습니다.

－ 황 교수와의 인터뷰에서

이제 황 교수는 우리가 제보자 B를 통해 확인한 줄기세포 2번의 검증도 의미 없는 것으로 부정하기 시작했다. 제보자 B가 우리에게 줄기세포를 가져온 과정을 리킹, 즉 '누출'이라는 법률적 표현을 쓰면서 압박했다. 법률적으로 문제가 발생할 것이니 그 '결과를 외부에 공개하게 되면 다칠 것'이라는 경고로 해석해야만 했다. 더군다나 그것은 2번 줄기세포가 아니라 잘못 가져간 '미스'니까 의미도 없는 것이라고 못을 박았다. 용의주도한 엄중 경고였던 것이다.

뉴욕의 슬로언케터링 암센터에 줄기세포가 분양되었다는 사실은 확인해 주지 않았다. 여기에서는 뭔가 '공작'의 냄새가 났다. 아닌 게 아니라 11월 중에 황 교수팀은 이 부분에 대해서 확실한 조치를 했는데, 그것은 스투더 박사를 한국에 열흘 정도 초청한 것이었다. 황 교수팀은 열흘 정도 스투더 박사를 관리하며 '뭔가'를 한 것이다. 강의 한 번 한 것 외에는 사실상 아무 일정도 없이 스투더 박사는 한국에 왔으며, 12월경 논문 조작 자체가 세상에 알려져 갈 무렵에도 자신이 가지고 있는 황 교수의 줄기세포에 대해서 아무런 언급을 하지 않았다. 그것은 유전자 지문 검사 한 번이면 이틀도 안 되어서 간단히 알아볼 수 있는 일이었다. 논문 조작의 가능성이 세상에 알려지기 전에는 황 교수 측을 신뢰해서 유전자 지문 검사를 하지 않았겠지만, 국제 과학계에서 황 교수 줄기세포의 진위 문제가 이슈가 되었을 때에도 자신이 갖고 있는 줄기세포의 정체를 밝히지 않았다. 그것은 전혀 학자답지 못한 행동이었다.

2005년 12월 말에 논문 조작이 확연히 드러난 뒤에야 슬로언케터링 암센터는 한마디 했다. 자신들이 갖고 있던 2, 3, 4번 줄기세포가 '어떤 종류의 줄기세포인지 확인해 줄 수 없다'는 것이었다. 이 말은 곧 줄기세포가 가짜라는 것을 이미 자신들은 유전자 지문 검사를 통해 확인했지만, 공식적으로는 말해 주지 않겠다는 비겁한 행동이었다. 도대체 황 교수팀과 스투더 박사 사이에는 어떤 거래가 있었던 것일까? 왜 스투더 박사는 진실을 밝힐 결정적 위치에 있었으면서도 그저 방관만 했던 것일까?

진실, 그것을 믿었다

"애도 죽었으면 내가
꼼짝없이 뒤집어쓰는 거야."

자정이 넘어가고 있었다. 여전히 황 교수는 목청이 높았고 자신 감 있는 표정이었다. 안규리 교수는 불안한 표정이었고 이병천, 강성근, 윤현수 교수는 다소 상기되어 있었다. 이제 30분 정도의 시간이 남겨졌다고 생각했다. 줄기세포에 대한 인터뷰가 마무리 되고 이제 복제소 영롱이에 대한 질문이 이어졌다. 기선을 제압 하려는 황 교수의 설명이 이어졌다.

사실은 내가 걱정을 했어요. 영롱이를 만든 원래 (모체) 세포가 없게 되면 나로서는 정말로 '입증을 할 방안이 없구나' 해서, 사실 워낙 오 래된 일이기 때문에 고민을 했습니다. 당시에 분명히 DNA 핑거 프 린팅을 맡겼고, 그 당시에는 DNA 핑거 프린팅이라는 개념을 잘 모르던 때에 '이렇게 해서 이게 일치한다'라는 결과를 받아서 발표를 했는데, 지금 찾아보니까 다행히 영롱이를 만들었을 때의 (모체) 세 포가 지금 남아 있답니다.

그래서 그것도 드리려고 합니다. 그것도 드리고, 우리 영롱이가 지금 살아 있어요. 얘도 죽었으면 내가 꼼짝없이 뒤집어쓰는 거야. 그런데 영롱이도 살아 있으니까 영롱이의 세포도 떼세요. 나는 안 갈 테니까, 우리 대학원생 하나를 보낼 테니까. 우리 (모체)세포를 드리고 영롱이의 세포를 떼고 해서, 그것도 DNA 핑거 프린팅을 맞춰 보세요.

– 황 교수와의 인터뷰에서

어떤 동물이 복제되었는지 아닌지를 확인하는 기법으로 '미토콘드리아 검증'이라는 것이 있다. 체세포 핵이식을 할 때는 당연히 핵을 이식하는 것이지 세포질을 이식하는 것이 아니다. 그러므로 핵을 통해 유전자가 99%가 결정되지만 세포질에만 있는 고유한 성질은 이전되지 않는데, 바로 그런 게 미토콘드리아다. 미토콘드리아는 핵에는 없고 세포질에만 존재하며, 대략 유전 형질의 1% 정도에 관여한다고 생각하면 된다. 정리하자면, 복제 동물일 경우 핵을 대조하는 유전자 검증에서는 체세포 제공자와 '동일하다'는 결과가 나와야 하지만, 세포질을 대조하는 미토콘드리아 검증에서는 체세포 제공자와는 '다르다'는 결과가 나와야 한다. 그랬을 때 우리는 그 동물이 수정란에 의해 태어난 '정상적인 새끼'가 아니라, 핵이식에 의해 태어난 '복제 동물'이라고 인정하게 된다.

황 교수는 다행히 영롱이의 '모체세포', 즉 영롱이가 태어날 수 있도록 체세포를 제공한 '아빠 소'의 세포를 가지고 있다고 한 것이다. 더군다나 영롱이가 살아 있으니 이 모체세포와 비

진실, 그것을 믿었다

교하면 바로 복제 여부를 검증할 수 있다는 것이다. 그것은 우리 이론과 너무 일치하는 것이며, 우리가 이 모체세포와 영롱이의 혈액만 얻게 되면 바로 검증이 가능한 것이었다. 더군다나 영롱이가 살아 있기에 망정이지 죽었더라면 자신이 완전히 뒤집어썼을 거라며 가슴을 쓸어내리는 시늉까지 하고 있는 것이었다.

그러나 과학은 '연기와 말들'이 아니라 '데이터와 논문, 그리고 재연 가능한 실험'으로 입증되는 것이다.

> 당시에 영롱이가 복제소가 맞다는 건 누구에게, 어떻게 검증한 겁니까?·

그걸 농대 한○○ 교수한테 했어요. 영롱이의 혈액하고…… 지금 내 기억이 확실하다면 그래요, 영롱이의 혈액하고 모체세포를 제가 넘겼던 거 같아요. 그때는 내가 DNA 핑거 프린팅의 개념을 잘 모를 때에요. 이것이 정말 복제인가를 확인해 달라고 했더니 그땐 초위성체 방법microsatellite이라고 하더라구요. 그 방법을 해 보면 안다면서 얼마 지나서 "검증 결과가 일치합니다", 그 통보를 받았어요.

> 혹시 그때 발표된 영롱이나 진이의 초위성체 방법 검증 기록이 남아 있는지요?

모르겠습니다. 한번 찾아보면 있을지 모르겠는데, 분명하게 우리는 통보를 받았어요.

> 이병천 교수님, 확인해 주실 수 있나요?

이병천 교수: …….

황우석 교수: 워낙······.

> 영롱이와 진이의 당시 마이크로 새틀라이트 검증 기록을 가지고 있지 않다는 건가요?

그건 이 선생님이 그때 주도적으로 실험한 게 아니고, 내가 했기 때문에 가지고 있으면 내가 가지고 있을 텐데, 보시다시피 우리가 그러고 나서 두어 번 이사를 했죠? 그리고 그 당시에 이렇게까지 문제가 될 줄 알았으면 그런 자료를 소중히 간직하는데, 이런 문제가 될 줄을 전혀 몰랐지요.

> 그러면 영롱이 관련해서 발표된 논문이 있습니까?

아니오, 그 당시엔 이미 외국에서 여러 군데서 나왔어요. 그래서 그걸 어디에 내 봐야 퍼블리시publish(논문 채택)될 가능성이 없었어요. 그래서 그때 우리가 논문 발표를 하자, 하자 그러다가 그냥 넘겼었죠. 그때 차라리 어디 낮은 데라도 했으면 괜찮았는데.

> 그렇다면 논문 발표는 안 했구요. 그렇기 때문에 특별히 마이크로 새틀라이트 검증 기록이 영롱이도 없고 진이도 없다는 말씀인지요?

이병천 교수: 했는데, 지금 현재 그 자료를 갖고 있는지는 모르겠는데······찾아볼 수도······."

- 황 교수와의 인터뷰에서

이병천 교수는 말을 아꼈다. '황 교수의 일'이니 황 교수가 궁극적으로 답변해야 한다는 인상이었다. 결국 황 교수에게 공은 넘겨졌고, 황 교수는 '두어 번 이사해서 검증 결과를 찾지 못

진실, 그것을 믿었다

한다'는 묘안(?)을 냈다. 국민들이 아무도 그를 주목하지 않았던 시절, 황 교수를 과학계의 대스타로 데뷔시킨 것이 바로 영롱이였다. 그런데 자신의 데뷔 작품을 입증하는 기록을 잃어버렸다는 것이다.

영롱이 검증 기록은 세상에 한 번도 발표한 적이 없어서 연구자 자신이 잃어버리면 그걸로 끝이니, 더 이상 따져 물을 수도 없었다. 즉 영롱이는 그것이 복제소임을 증명하는 결과가 단 한 번도 세상에 공표된 적이 없는데, 온 나라의 언론과 국민들만 믿어 온 것이었다. 황 교수가 "이것이 복제소"라고 한마디 '말'을 하자, 검증되지 않은 그 말은 삽시간에 온 세상에 퍼진 뒤 곧 부정할 수 없는 '진리'가 되었다. 오히려 그 복제소를 과학적으로 검증하자는 사람은 민족의 장래에 등불을 밝힌 선구자를 모함하는 사람으로 취급받았다. 일이 이 지경이 된 데는 황 교수가 1차적인 책임이 있겠지만, 과학기자들에게 엄중한 책임이 있는 것이다. 과학기자들은 처음에는 황 교수에게 속았으나 얼마 지나면서 차츰 의아하게 생각했을 터인데, 이미 그때에는 서로 쉬쉬하는 것이 하나의 '질서'로 자리 잡은 것이었다. 그것이 바로 영롱이에 대한 무수한 의혹과 풍문이 학계와 과학기자들 사이에 떠돌았건만 이때까지 단 한 줄의 의혹 기사도 나가지 않은 이유였다. 과학과 언론 그리고 정권의 삼각동맹이 어떤 것인가를 가장 전형적으로 드러내는 사건이 바로 영롱이였다. 그것은 《사이언스》 논문 조작의 축소판이며, 말 그대로 '조작의 원형질'이 거기에 담겨 있었다.

> 당시 실험 자료들, 예를 들면 최초에 체세포 핵이식NT 했을 때 사진이
라든가 혹은 체세포 제공소에 대한 사진이라든가 이런 게 남아 있는지
요?

황우석 교수: 한 선생님, 지금 같은 이런 정말로 척박한 세상이라면
사진을 찍었을 것입니다. 그 당시엔 우리가 농가 다니면서 소똥과 싸
우던 시절입니다. 이 소가 복제가 될 것인지를 그 당시엔 기대를 못
했어요. 그리고 딱 한 마리를 선정해서 그걸 했다면 또 모르겠어요,
사진을 찍었을지도. 한 20여 마리를 추천받아서 그중에서 어떤 건지
도 모르고 했던 겁니다.

이병천 교수: 핵이식할 때 사진은 안 찍습니다. 사진을 찍으려는
건……대부분 사진을 찍기 위해서…….

황우석 교수: 사진 찍으면 그건 망가져요.

이병천 교수: 오늘 보신 것도……보여 드렸지만, 자라는 데 있어선
사진을 찍으면 상당한 손실입니다."

- 황 교수와의 인터뷰에서

당시 영롱이가 복제소가 아니라면 한국 최초의 복제소로 조
명받았을 주인공인 '새빛'이! 바로 새빛이를 탄생시킨 임기순 박
사의 경우, 모든 사진 자료들을 가지고 있다. 체세포 핵이식 사
진을 비롯해서 모든 실험기록들이 사진으로 보관되어 있다. 그것
은 과학을 하는 사람들에게는 너무나 기초적인 것이다. 그런데
황 교수는 이제 와서 '사진 찍으면 망가진다'는 어설픈 주장을

진실, 그것을 믿었다

하고 있었다. 물론 2004년《사이언스》논문을 준비하면서 황 교수팀은 수많은 난자와 핵이식 사진, 배반포 사진 등을 촬영해 보관하고 있다.

왜 하필 영롱이 관련 실험사진만 없는 것인가? 사진은 고사하고, 실험노트라도 있는 것인가?

혼돈······
왜 줄기세포를 내준다고 했을까

'광우병 내성소'와 '1조 원 제의' 등에 대한 인터뷰가 이어지고, 마무리에 들어갔다. 초점은 '줄기세포의 검증을 어떻게 할 것인가'였다. 나는 11개 전체를 할 필요는 없고, 맨 앞의 2, 3번과 맨 뒤 11, 12번 줄기세포를 검증하자고 제안했다.

> 그러면 아까 말씀처럼 2005년 논문에 대해서 줄기세포가 실제로 2개가 만들어졌는데 과장된 것인가, 혹은 11개가 다 만들어진 것인가 아니면 하나도 만들어지지 않은 것인가를 검증해 보도록 도와주십시오. 이런 의혹을 해소하기 위해서 저희에게 '2, 3번 줄기세포 라인과 11, 12번 줄기세포 라인'을 '체세포 제공자의 유전자'와 대조할 수 있도록 해 주시겠습니까?

해 드리죠.

> 어떤 방식으로 하면 좋겠습니까?

지금 당장 합시다.

> 저는 줄기세포에 대해서 모릅니다. 그래서······.

진실, 그것을 믿었다

전문가 모셔 오세요.

> 저희가 전문가를 세 분 정도 모셔 와서 '이게 줄기세포가 맞다'는 것을 우선 확인하고 그리고 일부 조금만 떼서 유전자 검증할 수 있는 기회를 주시면 좋겠습니다.

예, 좋습니다. (중략)

> 아까 말했던 그 검증은 최소한 간단하게, 그것을 외부에 공개하지 않고 실제 검증 과정만 6mm 카메라와 같은 조그만 카메라로 찍고…….

그러세요.

> 그 결과가 제대로 나오면 (검증과 관련된) 모든 것을 덮겠습니다.

그러세요. 오히려 우리로서도 이런 과정이 한번 있는 게 좋습니다. 아주 클리어 업clear up하니까요. (중략) 이런 기회가 제일 좋은 것은, 일단 이렇게 철두철미하게 검증하고 넘어가면서, 방송으로는 안 나갔으면 하는 바람입니다. 소위 이 뒤에 또 갑론을박과 갈등이 나올 수 있기 때문입니다. 이런 것을 일단 피하면서 우리도 앞으로 연구를 하는 사람으로서 지켜야 될 도리가 무엇이라는 것, 조심해야 될 항목을 새삼 깨닫는 기회로서 삼는 것이 교훈이라고 생각합니다.

— 황 교수와의 인터뷰에서

참으로 시원시원한 답변이었다. 오히려 여유가 느껴졌다. 나는 당혹스러웠다. 여러모로 추론해 볼 때, 이렇게 쉽게 검증에 합의하리라고는 예상하지 못했다. 황 교수는 마치 '그럴 줄 몰랐지. 요놈아' 하는 표정이었다. 나는 별다른 내색을 하지 않고 황 교수의 제안을 수락했다. 황 교수는 취재윤리와 관련해서 나를 추궁하기 시작했다. 생명윤리를 취재하는 PD가 취재윤리를 어 겨서야 되겠느냐며 강하게 공박했다.

저도 공중파 방송의 뉴스 자문관을 하고 있고 해설위원도 하고 있고, 시청자위원도 연임을 하고 있는 사람입니다. 제가 알기엔 아무리 이런 알 권리를 위해 한다 할지라도 거짓이거나 또는 위협, 공갈을 통해서 무엇을 얻으려 한다면, 그건 분명히 우리에게 어떤 자세를 요구하듯이 마찬가지로 우리 시민도 언론 종사자들에게 당연히 요구할 권리가 있습니다. 제가 과문하지만 확인해 본 바로는 그렇게 불법에 가까운 강압과 공갈과 협박으로 얻은 것은 방송에 썼을 경우 상당한 책임이 뒤따를 수 있다는 걸 들은 바가 있습니다. 여기에 대해서 어떻게 생각하십니까?

> 저희 회사 변호사하고 상의해 보겠고요. 다만 그런 점은 양해를 해 주셨으면 좋겠습니다. 저희가 이 제보를 3명으로부터 동시에 받은 건 아니고 따로 받았습니다. 우선 3명이라는 숫자에 놀랐고, 이 사람들이 해외 언론을 먼저 찾아간다면, 해외 언론에서는 검증 없이 (의혹만을) 실을 수도 있다고 생각됩니다.

해외 언론은 더 안 신지요.

- 황 교수와의 인터뷰에서

나는 사실을 있는 그대로 밝혀 주었으며, 내가 잘못한 부분

진실, 그것을 믿었다

이 있다면 분명히 책임지겠다고 언급했다. 인터뷰는 밤 1시경에 끝났다.

회사에 돌아와서 김현기 PD와 윤희영 작가 등과 잠시 대책회의를 했는데, 아마 황 교수 측도 같은 시간에 대책회의를 했을 것이다. 황 교수의 인터뷰 내용은 전반적으로 준비된 내용이지만 사이사이 논리적 허점이 많이 있다는 점이 지적되었다. 그러나 무엇보다 의아한 것은 왜 줄기세포 검증에 그렇게 쉽게 합의했느냐는 것이었다. 취재 내용을 종합하면 줄기세포가 없을 가능성이 99% 이상인데, 어떻게 줄기세포를 내주겠다고 공언한 것일까? 줄기세포를 넘겨주는 순간 논문의 실체는 명명백백히 드러날 수밖에 없는데, 과연 황 교수팀이 약속한 대로 줄기세포를 내줄까? 혹시 '벼랑 끝 전술'인가? 비록 황 교수가 연기하고 있다는 느낌은 지울 수 없었지만, 이렇게 당당하게 검증에 임하겠다고 하니 여간 의아해지는 게 아니었다.

황 교수와 인터뷰 약속이 잡혔을 때, 나는 우리의 승리가 그리 멀지 않았다고 생각했다. 황 교수를 만나지 못하는 게 가장 큰 문제이지, 만나기만 하면 황 교수가 항복을 할 것이라고 순진하게 생각했던 것 같다. 우리가 가지고 있는 정도의 정보와 증거를 보고 나면 황 교수가 우리에게 두 손을 들고 자신의 잘못을 시인할 줄 알았다. 하지만 역시 나는 최고 과학자(?)보다 한참이나 아래였다. 인터뷰 테이프를 보았을 때, 나는 내가 순진했다는 것을 느꼈다. 황 교수의 막힘없는 달변, 패거리지어 나와 앉은 황우석 사단 교수들의 머릿수, 인터뷰 내내 제작진을 향해 던졌던 비웃음과 무시하는 말투……. 인터뷰 상황을 보면서 나는 약간 의기소침해졌다. 잠시였지만 황 교수에게 깜빡 속았던 것 같다. 정말 줄기세포가 있나 보다!

– 이정아 리서처의 회고 메일에서

다음날 밤, 제보자 K와 김병수 위원을 함께 만났다. K도 어젯밤의 인터뷰 내용을 전해 들었다고 했다. K쪽으로 온 소식이 있었는데, 그것은 어제 인터뷰에 참석한 다른 교수들의 반응이었다. 〈PD수첩〉팀이 인터뷰한 내용들이 우선 너무 충격적이었고, 두 번째는 〈PD수첩〉PD가 대단히 차분하게 그리고 확신을 가지고 인터뷰하는 모습을 보면서 대단히 심각해졌다는 전언이었다. 우리가 의도한 바대로 황 교수팀 내부에서 적잖은 동요가 발생한 것이었다.

황 교수 측이 검증을 위해 줄기세포를 준다는 것은 믿기 힘든 일인데, 만약에 준다면 어떤 속임수가 가능한지 면밀한 준비가 필요했다. 우선, 줄기세포를 준다고 하고 사실은 줄기세포가 아닌 '체세포나 성체 줄기세포를 줄 가능성'에 대비해야 한다는 것인데, 이것을 방지하기 위해서는 '미분화된 줄기세포'를 받아야 한다는 것이었다. 줄기세포는 신체의 각 기관으로 분화되기 전에 둥그스름한 모양으로 뭉쳐진 고유한 형태morphology를 가지는데, 이러한 상태를 확인하고 받아야 한다는 것이었다.

진실, 그것을 믿었다

두 번째 속임수의 가능성은 김병수 위원이 제기했는데, '줄기세포를 주기는 주되 거기에 화학적인 처리를 하고 줄 수 있다'는 것이었다. 즉, 줄기세포의 외관은 유지하되 DNA가 검출이 안 되도록 약품 처리를 할 수 있다는 것이었다. 이런 약품 처리가 별로 어렵지 않게 가능한데, 그런 걸 가능하게 하는 약품이 '디엔에이즈DNAse'였다. DNAse는 투명한 약품인데, 배양접시에 한 방울만 떨어뜨려도 유전자가 검출되지 않게 할 수 있는 강력한 약품이었다. 비싸지도 않으며 구입하기도 쉬운 약품이었다. 사실, 이 문제를 어떻게 극복하느냐가 계속 논의되었으나 대책이 마련되지 않았다. 이후에도 제작진은 국내 최고의 화학연구소 등에 여러 차례 문의했으나, DNAse를 처리했느냐 안 했느냐를 검증하기가 사실상 어렵다는 것이었다.

결국 윤희영 작가와 내가 고안한 아이디어는 이런 것이었다. DNAse를 처리해서 우리에게 줄기세포를 준다면 틀림없이 유전자 검출이 안 될 것이고, 우리는 이 결과를 바탕으로 황 교수 측에 다시 한 번 재검증을 요구할 수 있다는 점이었다. 이때 진행되는 재검증의 입증 책임은 황 교수 측이 져야 하며, 당사자 자신이 제대로 된 유전자 지문 결과가 나오도록 해야 한다는 것이었다. 제대로 유전자 지문 결과가 나오도록 황 교수 측이 해야 하니, 이때는 DNAse를 쓰고 싶어도 쓸 수 없는 것이다. 황 교수 측이 제대로 된 줄기세포를 가지고 있다면 재검증을 거부할 이유나 명분도 적어진다. 그러나 이 경우 1차 검증에서 실패한 우

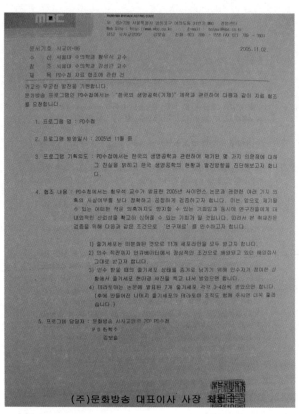

〈PD수첩〉에서 황 교수팀에 제안한 줄기세포 인수에 관한 공문. 첫 만남에서 양측
이 줄기세포 검증에 합의했지만, 황 교수팀은 애초부터 검증 작업에 협조할 처지
가 못 되었다.

리에게 책임을 씌우며 재검증에 임하지 않을 가능성도 충분히
있었다. 그러나 이 방법 외에 다른 대안은 없었다.

11월 2일, 나는 황 교수 인터뷰에 참석했던 10여 명의 교수
들과 황 교수 본인에게 '줄기세포 연구재료 인수조건'에 대한 우
리의 의견을 전달했다. 비록 모두가 황 교수 사단의 교수들이라
고 하지만, 그들은 상당수가 논문 조작에 직접 참여한 사람들이

진실, 그것을 믿었다

아니었다. 이들에게 진행 과정을 공개하는 것이 여러모로 도움을 줄 것이라고 판단했다. 여러 명이 이 과정을 주시할수록, '검증 과정에서 일어날 수 있는 장난'을 견제할 수 있기 때문이었다. 또한 황 교수와 우리는 이미 치열한 명분 싸움을 하고 있었다. 표현 하나하나가 조심스러웠다.

안녕하세요. MBC 〈PD수첩〉 한학수 PD입니다.

지난번에 말씀드렸듯이, 이번에 저희가 하는 검증이 다소 불편하신 점이 있으시겠지만 앞으로 한국의 생명공학이 한 걸음 더 도약하는 데 도움이 되기를 기대합니다. 저희 〈PD수첩〉팀 자문교수님들의 의견을 모아서, '줄기세포 인수과정'에 대한 사항을 알려 드립니다. 이러한 과정에 한 점 의혹 없이 협조해 주시기로 저번에 이미 황우석 교수님께서는 약속하셨습니다. 귀중한 시간을 내주신 교수님들께 검증 과정을 보고해 드리는 것이 예의일 것 같아서 이렇게 알려 드립니다. 아래는 황 교수님께 드린 공문입니다.

수신 : 황우석 교수님

참조 : 강성근 교수님.

(중략)

4. 협조 내용: 〈PD수첩〉에서는 황우석 교수가 발표한 2005년 《사이언스》 논문과 관련한 여러 가지 의혹의 사실 여부를 보다 정확하고 공정하게 검증하고자 합니다. 이는 앞으로 제기될 수 있는 어떠한 작

은 의혹까지도 방지할 수 있는 기회임과 동시에 연구진들에게 대내외적인 신뢰성을 확고히 심어 줄 수 있는 기회가 될 것입니다. 따라서, 본 취재진은 검증을 위해 다음과 같은 조건으로 '연구재료'를 인수하고자 합니다.

1) 줄기세포는 미분화된 것으로 11개 세포라인을 모두 받고자 합니다.

2) 인수 직전까지 인큐베이터에서 정상적인 조건으로 배양되고 있던 배양접시 그대로 받고자 합니다.

3) 인수받을 때의 줄기세포 상태를 증거로 남기기 위해 인수자가 참여한 상황에서 줄기세포 현미경 사진을 찍고 나서 받았으면 합니다.

4) 테라토마는 논문에 발표된 7개 줄기세포 각각 3~4장씩 받았으면 합니다. (후에 만들어진 나머지 줄기세포의 테라토마 조직도 함께 주시면 더욱 좋겠습니다.)

아울러, 체세포 제공 환자의 머리카락(두피세포)을 환자로부터 얻고자 합니다. 저희가 그 과정을 직접 촬영하고 싶지만, 환자들의 프라이버시를 위해 연구진이 직접 머리카락을 3~5명 정도만 떼어 주서도 되겠습니다. 이러한 요청은 연구팀에 이미 말씀드렸습니다.

— 황 교수 등에게 보낸 메일에서

이것은 명분을 가지고 대응해야 하는 '정치적 게임'이기도 했고, 다른 한편으로는 상대가 과학적인 눈속임을 못 하도록 총력을 다해야 하는 '지적知的인 게임'이기도 했다.

진실, 그것을 믿었다

광풍의 시작

"그것은 방송윤리에 맞지 않는
거래입니다."

11월 1일, '세계줄기세포허브'에 환자 등록이 시작되었다. 줄기세포허브에 등록하기 위해 환자의 가족들이 새벽 5시부터 대기하기 시작했고, 그 줄은 꼬리에 꼬리를 물었다. 컴퓨터를 통해서 환자 등록을 하려 했던 사람들은 지원자 폭주로 서버가 다운되어 불편을 겪었다. 장애인들의 마음을 헤아려 보면 취재하는 사람으로서도 이만저만 착잡한 것이 아니었다. 저 많은 사람들의 희망이 일시에 무너질 때, 그들이 어떻게 반응할지 생각해 보면 두려운 마음조차 들었다. 그러나 진정으로 장애인을 생각한다면 하루빨리 '연구를 진짜로 하는 과학자'들에게 연구비가 갈 수 있도록 해야 한다는 생각뿐이었다.

이날 밤, KBS 1TV 〈생로병사의 비밀〉에서는 줄기세포 연구 관련 석학 6인의 대담을 통해 줄기세포 연구의 현재와 미래를 짚는 방송을 했다. 이것은 6월 19일 서울대병원에서 열린 세계줄기세포허브 개소식에 앞서 여의도 KBS 본관에서 1시간가량 진행된 대담이었다. 서울대 안규리 교수, 영국 로슬린연구소 이언

진실, 그것을 믿었다

윌머트 박사, 미국 피츠버그의대 제럴드 섀튼 교수, 미국 소아당뇨연구재단 로버트 골드스타인 박사, 미국 재생의학협회 로버트 클라인 회장, 영국 킹스칼리지의대 크리스토퍼 쇼 교수가 참석했다. 이날 대담에 참석한 교수들은 줄기세포의 임상 적용이 현재로서는 너무나 먼 길이라는 점을 냉정하게 짚어 주는 역할을 했어야 했는데, 전혀 그러지 못했다.

낮에 황 교수에게서 이상한 행동이 관찰되었다. 〈2005 아시아 기자포럼〉 행사에 참여한 황 교수가 돌연 국내 언론의 취재를 막은 것이었다. 황 교수는 자신의 특강에 대한 국내 언론의 접근을 막아 달라며, 해외 기자들에게만 취재를 허용했다. 이것은 전례 없는 일이었는데, 지난밤에 이뤄진 〈PD수첩〉팀과의 인터뷰를 의식한 행동으로 보였다. 아마도 황 교수팀에서는 국내 언론과의 접촉을 줄이고 가능하면 맘에 드는 언론사를 중심으로 '선택적인 활용'을 해야 한다고 의견이 모아진 것이 아닌가 싶었다. 그게 아니라면, 황 교수가 뭔가 신경이 날카로워져서 쓸데없이 '평범하지 않은 행동'을 하고 있는 것이었다.

이날 밤, 안규리 교수가 묘한 제안을 해 왔다. 자신이 줄기세포 검증을 위해 환자의 머리카락을 줄 테니, '난자 관련한 내용이나 기관심사위원회IRB 관련한 내용을 방송하지 말아 달라'는 것이었다. 줄기세포 검증을 협조할 테니 문제가 될 만한 내용을 빼 달라고 협상을 제안한 것이었다. 이 문제를 두고 최승호 팀장과 상의를 했다. 그러나 이것은 받아들여서는 안 된다는 것이 결론이었다. 뭔가를 얻기 위해서 우리가 취재한 내용의 핵심을 공개하지 않는 것은 '부당한 거래'에 해당했다. 아울러, 취재 대상의 요청에 의해 방송의 내용이 크게 훼손되는 것은 양심상 도저히 허락할 수 없는 일이었다. 다음날인 11월 2일, 안 교수에게 편지를 보냈다.

안규리 교수님 안녕하세요.

(중략)

저희는 체세포 제공자의 두피세포를 원합니다. 이 채취 과정에 저희가 직접 참여하고 싶지만, 환자 분들이 원하지 않는다면 연구진에서 직접 채취한 것을 받아도 됩니다. 그러나 어제 교수님께서 말씀하신 대로, 이러한 두피세포의 제공을 대가로 '난자와 기관심사위원회IRB 관련' 방송을 취소해 달라는 것은 무리한 것이라고 생각됩니다. 이러한 행위는 '방송윤리에 맞지 않는 거래'에 해당되기 때문입니다. 저희는 다만, 2005년 《사이언스》 연구가 진실한 것으로 밝혀질 경우, 여러 가지 사항을 면밀하게 검토하게 될 것입니다. 난자와 기관심사위원회 부분에 대해서 미래지향적인 부분이 보강될 것입니다. (중략) 저희는 증거를 좇아서 취재하고, 취재된 진실만을 보도합니다. 다시 한 번 부탁드립니다. 환자의 두피세포를 저희가 얻을 수 있도록 꼭 도움을 주십시오.

           - 안규리 교수에게 보낸 메일에서

진실, 그것을 믿었다

안 교수가 우리에게 '거래'를 하자고 했다. 그러나 한번 거래에 나서기 시작하면, 프로그램 망가지기는 시간 문제였다. 거래를 한다면서 프로그램이 하나 둘 옷을 벗어 주기 시작하면, 연출은 거리의 창녀로 변해 갈 것이다. 그러다가는 저널리스트 자신의 영혼靈魂도 끝내는 거래하는 날이 올 것이다.

고양이 목에 방울을 다는 데
아무도 따라가지 않는다

황 교수 측에서 답변을 해 왔다. 며칠 뒤 11월 6일 일요일 밤 9시에 서울대 수의대에서 줄기세포를 받아가라는 것이었다. 황 교수가 줄기세포 검증에 협조한다고 하는 순간부터 우리는 이 줄기세포를 유전자 검사할 곳을 찾기 시작했다. 국내와 해외에 각각 두 곳씩 맡길 생각이었다. 해외로는 일본과 미국을 수소문했다.

11월 2일, 먼저 일본 특파원 오상광 PD로부터 연락이 왔다. 동경대 법의학 교실과 일본대 법의학 교실에 문의했으나 검사 기간이 2주에서 한 달 정도 소요된다는 것이었다. 실제 검사 기간은 하루나 이틀이지만, 검사 승인을 받고 또 결과를 해석하는 절차에 시간이 많이 걸린다는 것이었다. 일본의 유전자 검증 민간업체도 상황은 이와 크게 다르지 않았다. 일반 유전자인지 아니면 인간의 수정란과 관련된 것인지도 중요한 요소인데, 만약에 인간의 수정란과 관련된 것이라면 이를 허가받는 또 다른 절차가 필요하다는 것이었다. 난자에 핵이식을 하는 것도 아니고 단지 인간의 줄기세포를 유전자 검사하는 데에도 이토록 까다로운

진실, 그것을 믿었다

절차가 기다리고 있었다. 우리는 불가피하게 일본에서의 유전자 지문 검사를 포기하지 않을 수 없었다.

이제 황 교수와 공식적인 인터뷰를 했기 때문에 많은 것들이 수면 위로 올라왔다. 청와대 박기영 과학기술 보좌관에 대한 공개적인 취재도 들어갔다. 박기영 보좌관에 대한 인터뷰를 요청했는데, 11월 3일에야 청와대 측에서 답변이 왔다. 아침 9시경에 청와대 과학기술 정책팀의 행정관이 전화를 걸어 왔다. 박기영 보좌관에게 〈PD수첩〉팀의 인터뷰 요청을 보고하지는 않았는데, 난자의 매매나 관리 등에 대한 인터뷰는 사회정책 비서관팀의 보건복지 관련 사항이라는 것이었다. 더군다나 박기영 보좌관이 황 교수의 《사이언스》 논문에 어떤 기여를 했는지에 대해서는 "청와대 오기 전에 일어난 박 보좌관의 개인적인 일"이기 때문에 현직에 있는 박 보좌관이 답변할 성질이 아니라고 말했다. 그 뒤에도 사회정책 비서관팀에 연락을 취했으나, 박기영 보좌관이 바쁘다는 이야기만 들려왔다. 이후에도 박기영 보좌관은 〈PD수첩〉팀을 끝내 만나 주지 않고 회피했다.

11월 5일, 미국에서 슬로언케터링 암센터의 스투더 박사를 섭외하던 우리 쪽 담당자로부터 비보가 날아들었다. 그동안 스투더 박사는 우리와 인터뷰를 하기로 했으며 다만 인터뷰 시간을 언제로 할 것인지만 확정하는 수순을 밟고 있었다. 그런데 돌연 슬로언케터링의 언론 관계팀에서 개입하더니 '일정이 바쁘다'는 핑계로 인터뷰를 못 하도록 한 것이었다. 스투더 본인은 시간이 분명히 있어서 우리와 서로 좋은 일정을 조율하고 있었는데, 어떤 '외부적 힘'이 슬로언케터링 암센터에 작용한 것으로 보였다. 이 힘이 어떤 종류의 것인지는 이날 피츠버그 김선종 연구원으로부터 메일을 받아 보고서야 짐작하게 되었다.

한학수 PD님께

수고하십니다. (중략) 본인은 한학수 PD님께서 유도하는 대로 사실과 다른 이야기를 일부 했으며, 이는 본인이 정상적 판단과 생각을 할 틈도 없이 강요에 의해 이루어진 것이 엄연한 사실입니다.

또한 이 인터뷰는 본인의 의사와 무관하게 이루어졌기 때문에, 이처럼 거짓으로 유도하고 강압하에 이루어진 잘못된 인터뷰가 방송될 경우 본인 김선종은 물론 이번 일과 관련된 모든 분들께 사실과 전혀 달리 돌이킬 수 없는 명예의 손상을 초래할 수 있으므로, 본인과 한학수 PD님 사이에 있었던 모든 인터뷰는 분명히 말씀드리지만 정상적 인터뷰가 아니었으며, 이와 같이 잘못된 인터뷰가 방송으로 나가는 것은 결코 허용할 수 없으며, 제가 확인해 본 바로는 그와 같은 형태의 강압적이고 폭력적인 인터뷰는 대한민국의 법과 제도로도 결코 허용되지 않는 범죄적 행위였다는 것을 알게 되었습니다. 이를 참조하셔서 만일 원하신다면 본인과의 인터뷰를 정상적 상황에서 다시 하시든지 만일 그렇지 않다면 본인과 이미 이루어진 인터뷰는 어떠한 경우에도 방송에 사용할 수 없음을 말씀드립니다.

이와 같은 본인의 뜻은 확고하다는 것을 다시 한 번 강조하며, 본인

진실, 그것을 믿었다

의 인터뷰로 인하여 관련된 모든 분들께 누가 되지 않기를 바랍니다.
과학기술 발전과 과학자들의 고뇌를 생각하셔서 잘 판단하시길 부탁
드립니다.

만약 이와 같은 본인의 간절한 소망이 무시되고 방송이 될 경우, 본
인은 이 과정에서 있었던 모든 상황을 대한민국이 정해 놓은 법과 절
차를 밟아 호소할 수밖에 없음을 말씀드립니다. 한학수 PD님과 이
일에 관련된 모든 분들의 정상적이고 현명한 판단으로 잘 마무리되
기를 소망하며 건강하시길 빕니다.

김선종 배상

- 2005년 11월 5일 오전 2시 25분 김선종 연구원으로부터 받은 메일에서

훗날 서울대 조사위에서 김선종 연구원은 이 메일을 나에게
쓰게 된 경위를 밝혔다. 김선종 연구원이 나에게 보낸 메일은 물
론 김선종 연구원의 명의로 보낸 것이지만, 그 내용은 황 교수가
작성한 것이었다. 황 교수가 미국에 있는 김선종 연구원에게 전
화를 해서 일일이 그 내용을 구두로 불러 주고, 김선종 연구원은
이를 그대로 받아써서 나에게 메일을 보낸 것이었다. 표현은 다
소 조잡했지만 뜻은 명료했다. 김선종 연구원의 증언이 방송될
경우 법적인 힘을 동원하겠다는 뜻을 다시 한 번 강조한 것이었
다. 황 교수는 또한 이것을 김선종 연구원에게 메일로 보내지 않
고 국제전화를 통해 일일이 불러 주는 치밀함을 과시했다. 한 올
의 증거도 남기지 않으려고 한 것이었다.

이미 김선종 연구원은 이 중대한 논문 조작 사건에 개입하면서 개인이 아니라 '공인'이 된 것이기에, 나와 했던 인터뷰에 담긴 '김선종 연구원의 중대 증언'은 세상에 공개되어야만 했다. 비록 그 과정에서 내가 '검찰 수사'를 거론한 것은 취재 대상에게 심리적인 압박을 준 것이 맞지만, 그것이 방송 여부를 판별하는 기준이 될 수는 없었다. 취재윤리에 문제가 있다면, 잘못한 만큼 내가 처벌받으면 될 일이었다. 취재과정에서 폭력이나 협박이 있었던 것도 아니고, 단지 황 교수가 검찰 수사를 받을 것이라는 추정 발언이 있었을 뿐이다. 이것만으로는 취재윤리 잣대를 아무리 엄격하게 들이대도 경범죄에 불과한 것이다. 독이 있는 나무의 열매도 독이 있다는 이른바 '독수독과毒樹毒果론'을 빙자해 이런 중대한 공익적 사안을 국민들에게 밝히지 못한다면, 이미 나는 저널리스트로서 자격을 잃은 것이었다.

나는 김 연구원에게 답장을 했다.

실망스럽군요.

강압과 폭력적인 분위기였는지 아니었는지는 시청자들이 판단할 것입니다. 부디 평상심을 찾으시기 바랍니다. 우리는 프로그램에서 김 박사님의 익명을 끝까지 지켜 드리고 싶습니다. 더 이상 이용당하지 마십시오.

지난번 황 교수님 인터뷰 이후, 우리에게 협조하는 사람들이 늘어나는군요. 황 교수님이 가장 믿었던 분들이더군요.

인생이란 무엇일까요?

저희는 증거를 좇아서 취재하고, 취재된 진실만을 보도합니다.

한학수 배상

- 2005년 11월 5일 오후 1시 김선종 연구원에게 보낸 메일에서

비록 황 교수 측의 압력이 있었을 것이라고는 짐작되었지만, 어쨌든 김 연구원의 이런 메일은 본인의 개인적인 결단에 의해 이뤄졌을 것이라고 당시에는 판단을 했다. 우리의 심중을 확고하게 밝혀 둘 필요가 있었다. 물론, 나도 인생이란 무엇인지 잘 모른다. 언제쯤에나 인생의 의미를 알게 될지도 모른다. 다만, 김 연구원이 가슴에 남아 있는 양심에 충실해지고 그럼으로써 인생을 새로 출발하기를 바라는 마음에서 '선문답'을 하나 한 것이었다.

지난번 황 교수와의 인터뷰에서 나는 세 명의 전문가를 줄기세포 검증 과정에 참여시키기로 했고, 황 교수는 데려올 테면 데려오라고 했다. 약속된 날을 하루 앞둔 11월 5일 토요일까지 우리는 단 한 명의 과학자 교수도 섭외할 수가 없었다. 누구를 섭외하려고 해도 고개를 설레설레 흔들었다. 줄기세포 전문가 중에 감히 황 교수의 줄기세포 검증 과정에 참여할 사람은 아무도 없었다. 누가 살아 있는 권력 앞에서, 그것도 감히 그를 검증하는 자리에서 〈PD수첩〉의 증인이 될 수 있겠는가? 나는 황 교수가 왜 그토록 자신했는지 이해할 수 있었다. 그 자리에 참여하려면 '자신의 목을 걸고' 가야 했다.

유일하게 생명공학감시연대의 김병수 위원이 검증의 증인이 되어 주겠다고 나섰다. 참으로 눈물 나게 고마웠다. 박사과정을 수료하고 대학 강사로 있는 김병수 위원에게, 그것은 어쩌면 자신의 일생을 거는 무모한 결정이었을 것이다.

"고양이 목에 방울을 다는 건데, 누가 나서겠어요? 저라도 가야 하지 않겠습니까?"

김병수 위원은 이렇게 말하며 씁쓰레한 웃음을 지었다. 그러나 우리에게 도움을 줄 수 있는 사람 중에서 생명공학에 대한 전문지식이 있는 학자는 제보자와 김병수 위원이 거의 유일했는데, 이들을 공개적으로 노출시키기에는 부담이 있었다. 우리는 김병수 위원에게 감사의 뜻을 전하고, 수면 아래에서 우리를 지원해 달라고 부탁했다. 그리고 섭외에 섭외를 거듭해서 ○○대에 근무하는 한 명의 '뜻있는' 교수를 만나게 되었다. 이 교수의 연구원 한 명이 '익명의 과학자'로 검증 과정에 참여해 증인이 되어 주었다. 이 젊은 과학자는 취재 내용을 전해 듣고 너무나 놀란 표정이었는데, 그럼에도 이 위험한 증인의 역할을 마다치 않고 끝까지 담담하게 함께해 주었다.

모든 것이 뜻대로 되지 않고, 어렵게 진행되고 있었다. 그러나 우리는 최선을 다하려고 노력했다. 또 하나 염려되었던 것은, 황 교수가 준 줄기세포가 분명 진짜가 아닐 테니, 아마도 우리가 의뢰하는 유전자 검사기관에 압력을 행사하지 않을까 하는 점이었다. 우리가 문의한 어떤 대학의 법의학 교실은 뭔가 이상한 냄새를 맡았는지, 아예 유전자 검사를 해 주지 않겠다고 전해왔다. 느낌이 좋지 않았다. 게다가 황 교수 뒤에 기관과 조직들이 엄호 세력으로 버티고 있다는 것이 시시각각 감지되었다. 상황이 이쯤 되면 우리가 의뢰하는 유전자 검사기관을 상대가 파악하는 순간 그 검사기관으로 압력이 들어갈 것이고, 결국 검증 결과의 진실 성을 보장받을 수 없다는 판단이 들었다.

우리는 혹시 있을지 모를 미행을 따돌리기 위해 대책을 마련 해야 했다. 줄기세포를 받게 되면 일단 MBC에 들어온 다음, 지 하 주차장에서 다른 차에 바꿔 타고 우리가 물색한 검증기관으 로 몰래 이동할 참이었다. 나는 시선을 끌기 위해 원래 타던 차 를 타고 가짜 줄기세포 박스를 실은 채 엉뚱한 대학으로 이동하 고, 지하 주차장에 대기하고 있던 김현기 PD가 진짜 줄기세포 박스를 가지고 검증기관으로 간다는 계획이었다. 줄기세포가 민 감하기 때문에 이동하는 도중에 문제가 생기지 않도록 쿠션이 좋은 고급 승용차 두 대를 예약했다. 황 교수 측의 미행을 우려 해 마치 영화 〈007〉과 같은 치밀한 동선을 준비한 것이었다. 그 렇게 해야만 했다. 생각할 수 있는 모든 암수暗數를 쓸 만큼 상대 는 너무 강했다.

"이것이 마지막 보고가 되기를 바랍니다."

11월 5일, 〈PD수첩〉 팀장과 PD들에게 보고를 했다. 마지막 보고가 되기를 원했고, 실제로 공식적인 문서 보고는 이것이 마지막이 되었다. 나는 떨리는 손가락으로 마지막 상황판단을 요약했다.

제목: 황 선생과 관련한 다섯 번째 보고

1. 이것이 마지막 보고가 되기를 바랍니다.

다들 취재하느라 고생이 많으십니다. 옆에서 지켜보는 저의 마음도 편치 않습니다. 저희는 어느새 황 교수팀과 엎치락뒤치락하고 있습니다. 그러나 오늘 이렇게 황 선생과 육박전으로 몸싸움을 벌이게 된 상황은 전적으로 동료들의 희생 덕분입니다. 이 프로그램은 저의 프로그램이 아니라 〈PD수첩〉 방송입니다. 저희는 11월 22일 방송을 위해 뛰고 있습니다. 8부 능선 마지막에서 최후의 접전을 벌이고 있습니다. 방송 전에 드리는 마지막 보고가 되기를 바랍니다.

2. 황 교수팀은 '1선線 참호'에서 조직적으로 후퇴해, '2선 참호'에서 전열을 재정비하고 있습니다.

1선에서 우리는 완전히 승리했습니다. 그것은 '난자매매와 연구원 난자 그리고 기관심사위원회IRB 조작'의 문제입니다. 우리는 난자 매매자 2명을 이미 인터뷰했고, 난자 매매 중개업자인 DNA뱅크도 취재를 마쳤습니다. 난자를 채취한 미즈메디병원의 의사 2명과도 인터뷰를 마쳤습니다. 난자 매매자들의 미즈메디병원 수술 증거도 확보되었습니다. 황 교수의 연구에 600개 이상의 매매된 난자가 사용되었다는 것이 핵심입니다.

일이 이쯤 되자, 미즈메디 노성일 병원장이 나서서 모든 것을 인정하는 인터뷰를 했습니다. 국익과 연구의 대의를 위해서 어쩔 수 없었다고 하면서요. 다만, "황우석은 몰랐다"는 비장한 인터뷰를 남겼습니다. 난자를 제공한 연구원을 지난번 미국 출장에서 만났습니다. 그녀는 긍정도 부정도 하지 않았습니다. 《네이처》 시라노스키David Cyranoski 기자 인터뷰와 제보자 K와 B의 인터뷰를 기초로, 황 교수팀의 연구원 난자 제공 사실은 입증이 가능합니다. IRB 문제도 취재가 거의 끝났습니다.

난자와 생명윤리 부분은 자체로 방송이 가능하나, 여전히 역풍의 가능성은 남아 있습니다. 《사이언스》 논문에 이미 기증자의 난자만 사용했다고 했기 때문에, 이 부분이 보도되면 논문이 취소될 수도 있습니다. 그러나 여론은 반반일 겁니다. 이 점이 11월 15일로 예정된 방송을 뒤로 미룬 주요 이유였습니다.

3. 2005년 《사이언스》 논문의 검증 과정이 시작되었습니다.

지난번 인터뷰에서 황 선생은 11개 줄기세포 라인과 환자의 체세포를 주기로 했습니다. 내일 11월 6일 일요일 밤에 받기로 했습니다. 우리가 이것을 '정확히' 받기만 하면, 검증은 수일 내에 이뤄지게 됩니다. 한국에서 먼저 검증을 하고 우리 예상대로 결과가 나오면, 공신력을 높이기 위해 해외에서 한 번 더 하게 될 것입니다. '정확히'라고 표현한 것은 황 교수팀이 인수 과정에서 장난을 칠 수 있기 때문입니다. 저희도 만반의 준비를 하고 있지만, 쉬운 일이 아닙니다. 일단 황 선생은 지난번 인터뷰 과정에 11명의 교수들을 배석시키면서 저희를 압박했고, 물밑으로 다양한 작업을 하고 있습니다. 언론 플레이도 하고 있는데, 아마 이것은 '난자 문제만 다루되, 그것도 미래지향적으로 제도 정비만 다뤄 달라'는 신호로 보입니다. (중략)

우리는 내일 황 선생이 줄기세포 라인을 정확하게 줄지 기다리고 있습니다. 현재 황 교수는 지난번 우리와의 인터뷰 이후, 제보자 K를 조용히 만나자고 했다고 합니다. 제보자 K는 여전히 확고하며 동요하지 않고 있습니다. 황 교수는 쉽게 승복할 사람이 아닙니다. (중략) 이제 최후의 접전이 시작되었습니다. 신이 있다면, 진실의 편을 손들어 줄 것입니다. 비록 마음이 지치고 다급해지지만, 끝까지 최선을 다하겠습니다.

2005년 11월 5일 한학수 올림

- '황 선생과 관련한 다섯 번째 보고'에서

진실, 그것을 믿었다

이날 보고를 통해 방송이 확정되었고, 일단 예정일은 11월 22일로 잡혔다. '난자 문제'를 먼저 낼 것인지, 아니면 '2005년 《사이언스》 논문 조작 문제'를 먼저 낼지는 상황을 더 두고 보기로 했다. 논문 조작 문제는 여전히 검증이 진행 중이었기 때문에 사건의 추이를 지켜봐야 했다.

한편, 서울 서초경찰서에서 불거진 난자 매매 브로커에 대한 수사가 계속 확대되고 있었다. 국정감사 지적 사항을 마무리하기 위해 사이버 수사대에서 진행되고 있던 경찰 수사도 11월 6일에는 성과를 냈다. 서울경찰청 사이버범죄수사대는 인터넷을 통해 난자 매매를 알선하고 수수료를 챙긴 난자 매매 브로커를 〈생명 윤리 및 안전에 관한 법률〉 위반 혐의로 구속했다. 경찰은 또 난자를 판 20대 여대생 2명과 가정주부 1명, 이를 구입한 가정주부 3명을 같은 혐의로 불구속 입건했다. 불법 난자 매매가 실제 적발된 것은 처음이었다. 서울 서초경찰서는 일본에서 불임여성을 모집해 서울 시내 유명 산부인과에서 불법적으로 인공수정을 알선한 브로커 등 일당 10명을 검거해 조사 중이었다. 경찰은 이들이 조직적으로 범행을 저지른 것으로 보고 서울 강남구 병원 4곳에 대해 압수수색을 실시하는 등 난자 매매 알선업자와 병원과의 유착관계에 대해서도 수사를 확대하고 있는 것으로 보도되었다.

김현기 PD가 이 부분의 수사 상황을 계속 체크했다. 그러나 서초경찰서에서는 이 수사가 황 교수의 연구와 직접 연결되는 것을 부담스러워하는 눈치였다. 이것이 서초서의 판단인지 아니면 그 윗선의 판단인지는 의문이었다. 서초서가 난자 매매 브로커를 조사하는 과정에서 매매된 난자가 황 교수의 실험에 사용된 것을 구체적으로 확인했는지는 가늠하기가 힘들었다. 다만 경찰은 굳이 황 교수를 이 수사의 끝에서 만나려 하지 않는다는 느낌이 들었다. 미즈메디병원도 수사선상에서 조사받는 것은 확인되었으나, 이 병원에 초점이 맞추어지지는 않는 상황이었다.

황 교수 측이나 우리나 혹은 노성일 병원장이나 모두 이 수사가 어떤 영향을 미칠 것인지 촉각을 곤두세우기는 마찬가지였을 것이다. 물밑에서는 엄청난 핵폭풍이 꿈틀거리고 있었으나, 수면 위에서는 '난자 브로커 문제'라는 작은 파도만 일렁이고 있었다.

이때쯤 우리는 취재진 내부에서 운영하던 인터넷 비공개 카페를 폐쇄했다. 이때부터는 구두 보고와 대면 접촉으로만 팀 내 정보 교류를 제한했다. 혹시 모를 해킹을 방지하기 위해서였다. 우리가 상대하는 사람들은 강력하고도 다양한 조직들로부터 엄호 받고 있었다. 취재진의 움직임이 관측되지 않도록 한 번 더 보안을 강화해야 했다.

진실, 그것을 믿었다

"저희, 인수할 수 없습니다."

11월 6일, 황 교수로부터 줄기세포를 인수받는 날이었다. 우리는 세 가지 속임수를 염려했다. '체세포나 성체 줄기세포'를 가지고 복제 줄기세포라고 속이거나, '수정란 줄기세포'를 가지고 복제 줄기세포라고 속이는 경우였다. 세 번째로 생각해 볼 수 있는 속임수는 줄기세포에 화학적 처리를 해서 유전자 검사를 못 하게 하는 경우였다. 두 번째와 세 번째의 경우에는 일단 줄기세포를 황 교수로부터 받고 나서 우리가 그 실체를 검사해야 했지만, 첫 번째의 경우는 받을 때 잘 받아야 했다. 잘 받기 위해서는 성체 줄기세포와 복제 줄기세포를 육안으로 구별할 수 있어야 했다. 이 구별을 위해 인수조건으로 제시한 것이 '미분화된 줄기세포'였는데, 일단 미분화된 줄기세포가 어떤 모양인지 직접 눈으로 보고 싶었다. 여러 가지 자료 그림으로는 이미 미분화된 줄기세포를 보았지만, 실험실의 배양접시 위에서 미분화된 줄기세포의 모양을 눈으로 익혀야 했다.

수정란 줄기세포를 연구하는 여러 기관으로 섭외를 하였지만, 누구도 쉽게 연구소의 줄기세포를 보여 주지 않았다. 당일인 6일 일요일에 ○○○ 교수가 어렵게 섭외되었다. 방송의 내용을 말하지는 않고 다만 줄기세포의 모양을 확인하기 위해 실험실을 둘러보고 싶다고 했다. 다행히 자신이 연구소에 나오는 날이니 찾아오라고 했다. 이날 분화된 줄기세포와 미분화된 줄기세포를 현미경으로 관찰하면서 확실히 그 모양을 구별하는 법을 깨우쳤다. 오후 2시부터 시작했는데 회사에 돌아오니 6시가 되었다.

원래 이날은 일요일이라서 유전자 검증기관이 모두 문을 닫았다. 그래서 우리는 유전자 검증기관을 섭외하는 데 애를 먹었다. 굳이 이날을 고집한 것은 황 교수 측이었다. 다음 날 황 교수가 외국으로 떠나는데, 황 교수가 있는 현장에서 줄기세포를 주어야 한다는 것이었다. 지난번 인터뷰 때처럼 이번에도 밤 9시에 찾아오라고 했다. 차 한 대를 MBC 지하 주차장에 대기시켜 놓은 채, 회사에는 김현기 PD가 남아서 상황실을 책임졌다. 조연출과 나는 우리 측 과학자 한 명과 함께 서울대 수의대로 출발했다. 작은 6mm 카메라를 조연출이 챙겼는데, 이미 지난번에 황 교수는 모든 과정을 촬영하게 해 준다고 약속한 바 있었다. 밤이 깊은지라 수의대는 아주 조용했다. 강성근 교수가 마중을 나왔다. 연구실로 들어가려고 하니 강성근 교수와 이병천 교수가 황급히 나서서 가로막았다.

강성근 교수: 카메라는 안 돼요. 이건 안 되고.

진실, 그것을 믿었다

> 아니, 인수하는 과정을 촬영하기로 했잖아요.

강성근 교수: 아니, 카메라는 못 들어가요.

이병천 교수: 저희가 '클래스 1' 실험실이기 때문에 카메라는 못 들어가요.

> 저번에 그렇게 말씀하셨잖아요. 황 교수님께서 이 부분은 카메라로 찍게 한다고.

강성근 교수: 이 카메라가 아니라 거기 현미경에 있는 카메라지, 이 방송용 카메라를 말씀하시는 게 아니죠.

　　　　　　　　　　　　　－ 11월 6일 줄기세포 1차 인수 과정에서

　　두 교수는 카메라를 결사적으로 저지했다. 어쩔 수 없이 카메라를 든 조연출을 밖에 남겨 두고 이병천 교수 연구실로 들어갔다. 바로 옆방이 황 교수 연구실인데, 불은 꺼져 있었다. 이 교수 연구실에는 한양대 박○○ 교수가 있었다. 황 교수는 방금까지 있었는데 바쁜 일이 있어서 나갔다고 강 교수가 전해 주었다. 황 교수가 촬영을 허용한다고 공언했는데, 자신이 있는 자리에서 카메라 촬영을 금지하기는 어려웠을 것이라는 생각이 들었다. 황 교수가 인수 과정에 참석하고 싶다고 했는데 이렇게 자리를 비운 걸 보면 뭔가 꿍꿍이가 있는 게 아닌가 하는 불길한 생각도 들었다. 박○○ 교수는 나와 강 교수가 대화하는 틈에 물색없이 끼어들어 강 교수 편을 들었는데, 그는 전혀 '사태의 심각성'을 파악하지 못하고 있었다. 이미 안규리 교수는 박 교수가 2005년

《사이언스》 논문에서 아무런 역할을 하지 않았지만 다음 연구를 위해 공동 저자로 끼워 주었다고 실토한 바 있었다.

이병천 교수는 "줄기세포 키운다는 게 쉬운 일이 아니라"고 말했고, 강성근 교수는 "줄기세포 샘플을 드리는 것은 저의 뼈를 깎으면서 드리는 것과 같다"고 말했다. 그리고 이어진 말에서 두 교수는 이상한 제안을 했다. 이들은 4개의 줄기세포 샘플을 주겠다고 하면서도, 그게 몇 번 줄기세포인지 확인해 주지 않았다.

> 몇 개의 줄기세포를 주실 건지, 정확하게 말씀해 주세요.

강성근 교수: 4점.

> 4점이라면 라인별로 하나씩 주겠다는 거예요? 아니면?

강성근 교수: 그걸 검증해 보시라니까요.

이병천 교수: 검증해 보세요.

— 11월 6일 줄기세포 1차 인수 과정에서

황당한 일이 아닐 수 없었다. 줄기세포를 주면서 몇 번 줄기세포인지 특정하지 않을 하등의 이유가 없는 것이었다. 만약에 이런 경우 그 줄기세포의 유전자 지문이 논문과 다르더라도 얼마든지 변명할 여지가 생기는 것이었다. 다른 줄기세포를 주었다든가 착오가 있었다든가 하는 식의 온갖 변명이 가능한 것이었다. 나는 대화를 중단하고 잠시 생각할 여유를 달라고 했다. 수의대 로비에 내려와서 조연출에게 상황을 설명했다. 조연출은 회사 상황

진실, 그것을 믿었다

실에 있는 김현기 PD에게 보고를 했고, 나는 잠시 건물 밖에 나가 담배를 피웠다. 받을 것인가 말 것인가? 결정을 해야 했다. 이번에 받지 않으면 아마 황 교수 측은 영원히 줄기세포 샘플을 주지 않을 수도 있었다. 주려고 했으나 〈PD수첩〉팀이 받지 않았다고 하면서, 더 이상 검증에 참여하지 않겠다는 명분으로 삼을 수 있었다. 당시 회사 상황실에서는 그것이라도 받는 것이 어떤가 하는 의견이 우세했다. 나는 한 명의 과학자에게 자문을 구하기로 했다. 상황실에 대기하고 있던 생명공학감시연대의 김병수 위원에게 전화를 해 의견을 구했다. 그는 단호하게 말했다.

> 김 위원님, 상황은 전해 들으셨죠, 어떻게 하면 좋겠습니까?
  줄기세포에 번호를 적어 주지 않으면 받지 마세요. 아무 의미가 없습니다. 게다가 4개가 같은 줄기세포인지, 각각 다른 것인지도 알려 주지 않겠다는 것은 우리를 골탕 먹이려고 하는 것입니다.

내 의견과도 일치했다. 줄기세포 샘플을 그렇게 불완전한 형식으로 받을 경우 정확한 검증도 안 되거니와 황 교수팀의 꼼수에 말려들 수밖에 없었다. 돌이켜 보면, 만약 이때 줄기세포를 받았다면 아마 검증이 불가능했을 것이다. 김병수 위원이 매우 결정적인 조언을 해 주었던 것이다. 담배 한 개비를 더 피우고 나서 이 교수 연구실로 올라갔다.

> 저희에게 주는 줄기세포가 정확하게 몇 개 라인인지 그리고 몇 번 라인인지, 그건 안 적어 주셔도 좋아요. 정 그렇게 아무것도 모르는 상태에서 객관적으로 검증하는 방식인 블라인드 테스트blind test를 강조하신다면, 줄기세포가 몇 번 라인인지는 안 적어 주셔도 좋습니다. 그렇지만 이것이 각각 다른 4개의 줄기세포 라인이라는 것은 확인해 주세요.

이병천 교수: 그건 가서 해 보세요. 검증해 보시면 금방 나타납니다. 전문가들이 해 보면…….

> 각각 다른 4개의 줄기세포라는 것은 말씀을 해 주셔야지. 그걸 말씀 안 해 주시고 '그냥 4점이다'는 것은 말이 안 되는 거죠.

이병천 교수: 가서 해 보세요. DNA 유전자 검사하고 그러면 그대로 싹 나오는데요.

> 그걸 말씀해 주세요. 4개 라인이 각각 다른 것인지, 그걸 말씀해 주시면 되잖아요.

이병천 교수: 그건 4점입니다. 4샘플이니까.

> 4개의 다른 줄기세포 라인이라고 말해 줄 수 없다는 건가요?

이병천 교수: 4개의 샘플이구요.

강성근 교수: 저희도 바이어스bias(편향)를 없애기 위해서 하는 거잖아요.

> 저희, 인수할 수 없습니다. 그리고 이 상황은 있는 그대로 방송될 것입니다. 이 방송은 지금 벌어진 상황을 그대로 정리해서 내보내겠습니다.

> 　　　　　　　　　　　　　　　　　－ 11월 6일 1차 줄기세포 인수 과정에서

　　　　　　　　　　　　　　　　진실, 그것을 믿었다

자신들이 주는 줄기세포가 몇 번 줄기세포인지 그리고 몇 개의 줄기세포인지도 확인해 주지 않는다는 것은 이해할 수 없는 행동이었다. 나는 사실상 줄기세포를 주지 않겠다는 뜻으로 해석할 수밖에 없었다. 정체가 불분명한 줄기세포를 받아올 수는 없었다. 이런 식으로 협조를 하지 않으면 있는 그대로 방송에 나갈 수밖에 없다는 점을 분명히 하고 연구실을 나왔다. 애초에 황 교수가 줄기세포 샘플을 쉽게 넘겨준다고 했을 때부터 이상했다. 줄 수 없는 것을 줄 때는 뭔가 대책이 있었을 것이며, 그들이 생각해 낸 방법은 겨우 이런 꼼수였다.

회사로 복귀하니 밤 10시가 넘었다. 상황실에 있던 김현기 PD, 윤희영 작가 등이 미리 대응책을 강구하고 있었다. 바로 대책회의를 해서 몇 가지 의견을 모았다. 우선, 오늘 밤의 상황을 정확히 기록해서 10월 31일 황 교수 인터뷰 자리에 참석했던 11명의 교수들에게 공개하는 것이었다. 여전히 몇몇 교수들은 난자 문제가 원만히 풀리기를 바라며 그를 위해 줄기세포 검증이 신속히 마무리되기를 바라고 있는데, 바로 이 점을 충분히 활용해야 한다는 것이었다. 둘째, 황 교수에게도 줄기세포 검증에 협조하지 않으면 현재까지 취재한 내용을 있는 그대로 방송할 수밖에 없다는 점을 알리는 것이 필요하다는 점이었다. 여럿이 머리를 맞대면 나름대로 대책이 마련된다. 의사소통의 통로를 만들어 주고 합리적인 의견에 손을 들어 주는 것도 연출의 중요한 역할이다.

밤 11시에 나는 황우석 교수를 포함해 11명의 교수들에게 오늘 상황을 보고하는 메일을 보냈다. 점잖지만 단호한 압박, 그것이 바로 내가 노리는 바였다.

교수님들께 보고 드립니다.

오늘 밤에 있었던 일을 소상히 말씀드리겠습니다. (중략)

지난번 10월 31일 월요일에 있었던 인터뷰는 황 교수님께서 궁금한 것에 대해서 답변하시겠다는 자리였습니다. 저희는 시간 관계상 2005년 《사이언스》 논문의 진실성과 관련해서 저희가 취재한 다양한 증거와 증언을 공개할 자리는 아니었다고 보았습니다. 그리고 황 교수님의 답변을 일일이 반박하는 자리도 아니었다고 봅니다.

진실로 올해 발표된 논문이 제대로 된 것이라면, 검증에 당당하게 임할 것이라고 봅니다. 이제 저희가 취재한 다양한 증거와 내부자 증언을 기초로 방송하는 것 외에는 달리 방법이 없는 것으로 보입니다.

감사합니다.

- 황 교수와 11명의 교수들에게 보낸 메일에서

미국 피츠버그에 있는 박종혁 연구원에게도 똑같은 메일을 보냈다. 그도 당사자니 최소한 진행되는 상황은 알려 주는 게 도리일 것 같았다. 참으로 긴 하루였다. 그러나 앞으로 '긴 하루'가 얼마나 많이 남아 있는지 그때는 몰랐다.

진실, 그것을 믿었다

"저는 한 PD의 앞날이 걱정됩니다."

줄기세포 인수에 실패하기 며칠 전부터, 안규리 교수로부터 신호가 오기 시작했다. 이 신호는 뭔가 로비의 냄새가 났다. 먼저 11월 3일에 편지가 왔는데, 개인적인 질문이라면서 '치과 의사 모녀 살해 사건'의 피해자인 이○○ 씨를 취재한 사실이 있느냐는 것이었다. 이 사건은 1995년 외과 의사였던 이○○ 씨의 집 거실에서 치과 의사인 아내 최○○ 씨와 1살 된 딸이 숨진 채로 발견되어 세상을 떠들썩하게 한 사건이었다. 그런 적이 있다고 했더니, 무척이나 반갑게 답장을 해 왔다. 당시에 자신도 스위스 법의학자 크롬페처 교수를 데려오는 데에 일조했으며, 재판의 전 과정에서 울고 웃었다는 것이었다. 바로 그때 재판을 취재했던 PD가 바로 너냐며 친근함을 표시했다. 당시 이 재판을 무죄로 이끌었던 담당 변호사는 김형태 변호사였다.

나는 2001년 하반기에 〈PD수첩〉으로 발령을 받고 첫 작품을 하게 되었는데, 이때 '사형제도를 사형시켜라'(연출: 오상광, 한학수)라는 방송을 했다. 그때 외과 의사 이○○ 씨를 인터뷰하게 되었으며, 마지막으로 2003년에 이○○ 씨가 대법원에서 최종적으로 무죄 판결을 받았을 때 다시 한 번 〈PD수첩〉에서 이 사건을 다뤘다. 치과 의사 모녀 살해 사건이 우리 사회에 남긴 것을 조명하는 프로그램이었는데, 과학수사를 위해서는 검시檢屍 제도의 강화가 우선이라는 것을 드러내는 프로그램이었다. 제목은 '죽은 자가 말하는 진실, 검시'였다.

11월 4일 금요일에 안 교수로부터 한번 만나자는 메일이 왔다. 김형태 변호사와 함께 보자는 것이었다. 이제 안 교수가 무엇을 원하는지 확연히 느껴졌다. 나와 안 교수를 동시에 아는 김형태 변호사를 지렛대 삼아, 나에게 뭔가 간곡히 할 말이 있는 것으로 보였다. 11월 7일 월요일 오후에 김 변호사의 사무실에서 나와 안 교수는 만났다. 자기 앞에 앉아 있는 두 명이 너무 심각해 보였는지, 김 변호사가 "인상 좀 펴라"며 웃었다. 안 교수는 이 대화를 녹취하지 말 것을 주문했고, 아울러 철저히 비공식적인 만남으로 해 달라는 요청을 했다.

이 자리는 마치 두 명의 억울한 사람이 김 변호사라는 판관判官을 앞에 두고 그 결백을 증명하는 것과 같았다. 먼저 안 교수가 말문을 열었다. 이제까지의 상황을 설명하면서 자신이 얼마나 마음이 아팠는지 모른다고 했다. 논문 조작의 문제는 절대 그럴 일이 없는데도 한 PD가 집요하게 의심을 하고 있다는 것이었다. 또한, 자신이 알기로는 나쁜 제보자의 꾐에 빠져서 〈PD수첩〉팀이 당치도 않은 아이템을 취재한다는 것이었다. 황 교수는 절대 거짓말할 사람이 아니라는 것도 강조했으며, 상식적으로 생각할 때 어떻게 《사이언스》를 속일 수 있겠느냐고 했다. 마지막으로, 자신이 보기에 이런 식으로 일이 계속 커지면 한 PD가 어찌 될지 모른다고 했다. 그야말로 "한 PD의 앞날이 걱정된다"는 것이었다. 김 변호사가 고개를 끄덕였다. 자신이 보기에 안 교수의 말이 별로 과장 없는 진실로 보인다는 표정이었다. 내가 답할 차례였다.

나는 먼저 안 교수가 내 장래를 걱정해 주는 것은 고맙지만, 사실 내가 염려되는 것은 내 장래보다는 '안 교수의 미래'라고 말문을 열었다. 장군을 받았으니 멍군을 해 주는 게 도리일 것이고, 무엇보다 이런 자리에서는 기 싸움에서 밀리면 안 되기 때문이었다. 정색을 하고 말을 하니 안 교수가 흠칫했고, 김 변호사도 난감한 표정이었다. 서로 상대의 장래가 걱정된다고 주장하고 있는 상황이었다. 나는 논문 조작의 방법과 동기 그리고 주범과 종범은 누구인지 아는 대로 소상하게 말을 했다. 우리 취재의 전 과정을 압축적으로 전달했다. 안 교수 또한 몰랐던 사실들이 많았을 터이지만 내색은 하지 않았다.

김 변호사가 충격을 받은 표정이었고, 궁금한 사항을 여러 가지 물었다. 내가 김 변호사의 질문에 막힘없이 대답해 주자, 김 변호사의 표정이 심각해졌다. 이제 각각의 진술을 들었으니 판관의 결정을 들을 차례였다. 김 변호사는 고심하고 있었다. 안 교수가 먼저 만나자고 해서 자리가 마련된 것이지만, 사안이 이토록 심각한 것일 줄은 몰랐던 것이다. 인정에 얽매여서 대충 덮자고 할 것인가 아니면 해결책을 내놓을 것인가?

제가 보기에는 한 PD의 의심에 합리적인 이유가 있습니다. 충분히 의혹을 가질 만큼 황 교수가 행동했고, 더구나 어젯밤 줄기세포 인수 과정에서 그런 식으로 줄기세포를 특정해 주지 않은 것도 이해가 되지 않습니다. 김선종 연구원의 증언도 쉽게 무시할 수 있는 것은 아닙니다. 무엇보다 놀라운 것은, 《사이언스》가 데이터만 보고 검증을 하기 때문에 몇 명의 작당에 의해서 조작될 수도 있다는 사실입니다. 그렇다고 안 교수의 말에 진정성이 없는 것이 아닙니다. 만약에 논문이 조작된 것이 아니라면 공연히 언론에서 떠들어서 나라 망신시킬 수도 있는 것이고, 그런 경우에 한 PD가 치명적인 상처를 입을 수도 있습니다. 그러나 이 정도까지 취재한 한 PD가 여기서 어물쩍 취재를 마칠 수도 없을 것입니다. 언론이 그럴 수는 없는 것이지요.

이렇게 합시다. 안 교수도 저를 신뢰하고 한 PD도 저를 믿을 것이니, 제가 검증 과정을 책임지는 제3자로 나서서 조용히 줄기세포를 검증합시다. 줄기세포가 제대로 된 것이라면, 한 PD도 더 이상 의혹을 제기할 것이 아니라 당당하게 수긍하고 방송을 하지 않으면 됩니다. 안 교수 말대로 줄기세포가 정상이고 황 교수가 거짓말할 사람이 아니라면 더더구나 이런 의혹을 푸는 게 중요합니다. 검증 과정도 이틀이면 끝나는 것이라고 하니 연구에 지장될 것도 없고요. 어떻습니까?

나는 그 명쾌함을 반겼다. 안 교수의 표정이 굳어졌다. 김 변

진실, 그것을 믿었다

호사의 판단은 너무나 정확하고 논리적이어서 안 교수로서도 달리 항변할 여지가 없었다. 나나 안 교수나 방금까지 자신들이 주장했던 논리대로라면 도저히 수용하지 않을 수 없는 솔로몬의 판결이었다. 이 판결을 수용하지 않으면 뭔가 다른 '거짓 꿍꿍이'가 있다는 것을 인정하는 셈이었다. 안 교수는 일단 황 교수에게 이런 내용을 알리고 줄기세포 검증이 이뤄지도록 최선을 다하겠다고 했다. 혹 떼러 갔다가 혹 하나 더 얻은 격, 바로 안 교수의 심정이 그랬을 것이다.

토정비결을 보면 항상 나오는 구절이 몇 개 있다. 몇 월에 귀인貴人을 만난다는 대목이 그런 구절인데, 나는 그야말로 김형태라는 귀인을 11월에 만난 것이었다.

"정 이러시면, 슬로언케터링 암센터를 찾아가겠습니다."

11월 7일, 황 교수가 신경질적인 행동을 보였다. 이날 오전 8시에 서울대 교수회관에서는 황 교수와 일본 게놈 연구의 권위자인 나카무라 유스케 도쿄대 의대 교수의 '미래 생명과학' 대담이 예정돼 있었다. 국내의 한 바이오기업이 주선한 자리였고, 과학기술부를 통해 기자들에게 대담 일정이 사전 공지된 행사였다. 그러나 대담장에 들어서려던 황 교수는 미리 대기한 기자들을 보고는 "기자들이 여기에 어떻게 왔죠?"라고 주최 측에 항의한 뒤 곧바로 발길을 돌렸다. 결국 공개 대담은 취소되었다. 기업의 홍보성 행사로 변질돼서 참석할 수 없었다고 황 교수는 해명했지만, 황 교수의 신경이 날카로워진 것만은 틀림없었다. 지난밤에 1차 줄기세포 인수 과정에 대한 소상한 설명이 내 편지를 통해 이미 11명의 동료 교수들에게 전해지면서, 황 교수로서도 대단히 옹색해진 상황이었을 것이다.

이날 오전 황 교수와 이병천, 강성근 교수는 미국 뉴욕으로 출국했다. 이들의 출국 목적은 명확히 알려지지 않았다. 우리는

진실, 그것을 믿었다

이 여행을 주시했다. 뉴욕은 피츠버그와 자동차로 한 나절 거리밖에 되지 않는다. 피츠버그에 있는 박종혁, 김선종, P 연구원을 분명히 만날 것이며, 아울러 슬로언케터링 암센터의 스투더 박사도 접촉을 할 것이라고 예상되었다. 뭔가를 단속하기 위해 미국으로 가는 것으로 추측되었다. 어쩌면 새튼 교수와 뭔가를 협의할 수도 있을 터였다.

오후 3시 무렵, 나는 세포응용사업단의 오선경 박사를 만나러 갔다. 문신용 교수를 만나 현재의 상황을 설명하고, '황 교수에게 검증에 임하라'고 주문해 달라는 요구를 하기 위해서였다. 문교수는 해외출장 중이고 8일에나 귀국한다고 했다. 일단 오 박사에게 취재 내용을 설명했다. 오 박사는 믿을 수 없는 일이라며 가슴이 울렁거린다고 했다. 너무나 충격적이라서 도저히 감당을 못하겠으니, 내일 문신용 교수가 귀국하면 함께 만나자고 했다.

이날 민노당은 '불법적인 난자 매매 철저히 조사하라-미즈메디 노성일 원장은 진상을 밝혀야'라는 정책 논평을 냈다. 난자 문제가 서서히 커져 가는 가운데, 황 교수 연구팀으로 알려진 노성일 병원장이 주목을 받고 있었다. 황 교수팀의 난자 의혹을 노성일 병원장이 나서서 방어하는 형국이었고, 황 교수는 난자 문제에 어떤 의혹도 없다고 국민들에게 호소했다.

밤 11시에 나는 황 교수에게 우리의 결심을 전했다. 약속과 달리 이런 식으로 검증에 협조하지 않는다면, 우리는 불가피하게 슬로언케터링 암센터와《사이언스》에 우리의 취재 내용을 공개할 수밖에 없음을 분명히 했다. 이미 안규리 교수와 내가 만난 일을 황 교수는 보고받았을 터였다.

황우석 교수님, 안녕하세요.

미국에 계시다는 소식을 신문을 통해서 알게 되었습니다. 환절기에 감기 조심하십시오. 몇 가지 의혹에 대해서 검증하는 저희도 마음이 편치 않습니다. 다만, 이러한 검증이 궁극적으로 연구팀의 앞날에 그리고 국익에 도움이 되리라고 생각합니다. 지난 11월 6일 일요일 밤에 양측이 합의한 방식으로 '연구재료'에 대해 인수가 이뤄지지 않은 점은 유감스럽게 생각합니다. '연구재료'를 정확히 인수받는 것이 공정한 검증을 위해서 필요하다는 판단이었습니다.

저희는 (황 교수님의 줄기세포를 분양받은 것으로 파악된) 서울대 조○○ 교수님과 고려대 김○○ 교수님께 협조를 요청할 생각입니다. 두 교수님께서 검증에 협조할 수 있을지는 의문입니다. 만약에 두 교수님께서 협조하기 힘드시다고 하면, 저희는 곧바로 뉴욕의 슬로언 케터링 암센터장과 스투더 박사님께 검증을 요청할 생각입니다. 셋째로, 위 두 가지 방법이 여의치 않다면 《사이언스》 편집장과 편집위원들에게 협조를 요청할 생각입니다. 저희는 여전히 이러한 문제가 황 교수님의 넓으신 아량으로 국내에서 순탄한 과정을 거쳐서 검증되기를 희망합니다. 먼 길에 건강 유의하시기 바랍니다.

한학수 올림

－ 11월 7일 23시 황우석 교수에게 보낸 메일

진실, 그것을 믿었다

다음 날 8일에《연합뉴스》에는 의미심장한 기사가 났다. 우리는 이것을 황 교수의 간접적인 의사 표현으로 받아들였다.《연합뉴스》는 기사에서, 황 교수가 "지금 심신이 정말 괴롭습니다. 제발 연구에 몰두할 수 있도록 도와주세요"라고 했으며, 언론의 과도한 관심에 대해 자제해 줄 것을 요청했다고 보도했다. 황 교수는 〈PD수첩〉팀이 자신을 더 이상 괴롭히지 말아 달라는 의사 표시를 한 것이며, 다른 한편으로는 계속 이런 식으로 자신을 압박할 경우 '〈PD수첩〉팀이 연구를 방해한다'는 대국민 설득 카드를 사용하겠다는 뜻으로 해석되었다.

　　국내 언론은 혹시 난자 논란으로 황 교수가 조금이라도 다칠까 봐 안달하는 모습을 보였다. 자신이 기자인지 황 교수의 홍보팀인지 구분하지 못하는 기자들이 본격적으로 나타나기 시작했다. 이날 〈헤럴드 생생뉴스〉가 보도한 것이 단연 눈길을 끌었다. 난자 매매 여파가 '황우석 죽이기 논란'으로 확장된다며 이를 지레 걱정했고, 논쟁의 구도를 '황우석 죽이기냐 vs 인권 보호냐'라는 식으로 표현하기 시작했다.

　　오후 3시경에 나는 세포응용사업단에서 문신용 교수와 오선경 박사를 만났다. 개인적으로 문 교수를 만나기는 처음이었다. 문 교수에게 현재까지의 진행 상황을 설명해 주었다. 문신용 교수는 얼굴이 벌게지며 줄담배를 피웠다. 충격을 받은 모양이었다. 오 박사도 밤새 한숨도 못 잤다고 했다. 나는 6개월째 잠을 제대로 못 잔다고 말해 주었다. 문 교수는 도대체 논문 조작이 어떻게 가능한지 그 방법을 상세히 캐물었다. 김선종 연구원의 증언까지 말해 주었을 때, 문 교수는 탄식을 했다. 나는 문 교수에게 '황 교수가 줄기세포 검증에 당당하게 임하는 것 외에는 달리 대책이 없다'는 것을 설득해 달라고 요청했다. 문 교수는 도대체 어디까지 믿어야 될지 판단이 서지 않는다고 했다. 아무튼 사정이 이 정도 되었으면 줄기세포를 검증하는 수밖에 없다는 데에는 이견이 없었다.

오후 6시에 안규리 교수로부터 메일이 왔다.

한학수 PD님

미국에 계신 황 교수님과 연락이 되었답니다. 다음과 같은 내용을 전달해 드립니다. 필요하신 줄기세포 샘플은 11월 12일에 드리시겠답니다. 자세한 내용은 PD님 메일에 추신으로 기록해 놓았습니다.

– 안규리 교수로부터 받은 메일에서

안규리 교수와 문신용 교수를 통한 압박 그리고 11명의 교수들에게 당시 상황을 공개한 것이 영향을 미쳤을 것이다. 그러나 무엇보다 영향을 미친 것은 '슬로언케터링 암센터와 《사이언스》에 상황을 공개하겠다'는 최후통첩이었을 것이다. 정 이러시면 슬로언케터링 암센터를 찾아가겠다는 우리의 일정 계획이 황 교수를 움직인 것으로 판단되었다.

상대가 더 이상 거절할 수 없도록 판을 짜는 방법이 통했다.

줄기세포를 인수하다

11월 11일, 황 교수를 포함해 11명의 교수 등에게 다음날 있게 될 줄기세포의 인수조건에 대한 양측의 합의사항을 공개하는 메일을 보냈다. 몇 명이 추가되었는데, 우선 김형태 변호사와 문신용 교수, 노성일 병원장, 오선경 박사에게도 이런 내용을 함께 보냈다. 지난번 1차 인수 과정에서처럼 인수조건을 둘러싸고 황 교수 측이 꼼수를 부리지 못하도록, 좀 더 여러 사람에게 사전에 공지한 것이었다.

11월 12일, 우리는 만반의 준비를 하고 서울대 수의대로 향했다. 회의실 앞에서 강성근 교수가 우리를 맞았는데, 회의실에 이미 여러 명이 기다리고 있었다. 프로젝터를 통해 정면 스크린에 계약서가 이미 떠 있었다. 황 교수의 법률 대리인으로 왕○○ 교수가 나왔고, 서울대 의대 측에서 성○○ 기조실장, 줄기세포 허브 측의 과학자로는 안규리 교수가 추천한 황○○ 교수, 그리고 제3자 감독자로 김형태 변호사 측에서 윤○○ 변호사를 참관하게 했다.

굳이 법률적인 합의서까지 마련할 필요가 있느냐고 했으나, 황 교수 측은 이것이 반드시 필요하다고 주장했다. 먼저, 강성근 교수가 준비된 합의서를 읽어 나갔다.

〈MBC 프로그램 취재 협조를 위해 서울대학교 수의과대학 생명공학 연구실이 그 소유의 자료를 양도하기 위한 합의서〉

MBC는 프로그램 제작을 위해 필요한 자료의 검증을 위해 서울대학교 수의과대학 생명공학연구실에 아래 자료를 요청하였는바, 서울대학교 수의과대학 생명공학연구실은 이하 내용을 조건으로 이에 응한다.

자료:

가. 체세포 핵이식 기술에 의해 생산된 서로 다른 환자 유래 줄기세포(5점)

나. 위 줄기세포 당사자 환자의 체세포(5점)

다. 위 줄기세포 당사자 환자의 모근(4점)

라. 영롱이 모체세포(1점)

마. 영롱이 혈액(1점)

환자의 모근, 즉 머리카락이 5점이 아니라 4점인 이유는 우리가 이미 2번 줄기세포의 주인공 김○의 머리카락을 확보하고 있기 때문이었다. 이걸 제대로만 받으면 모든 사안이 투명해질 수 있었다. 이어서 10가지 세부 항목에 대해서 토의가 시작되었다. 가장 문제가 된 것은 두 가지였는데, 우선 황 교수 측은 제보

진실, 그것을 믿었다

자의 처벌 조항을 넣자고 주장했다. 줄기세포의 검증 결과가 진실하다고 판명되면 제보자를 처벌하기 위해 MBC가 법적인 조치를 취하라는 것이었다. 나는 수용할 수 없었다. 이미 제보자가 제기한 난자 문제는 모두 사실로 확인이 되었고, 줄기세포 진위 문제는 제보자가 '의혹을 제기'한 것이므로 언론사가 이들의 처벌을 원할 수는 없는 일이기 때문이었다. 결국, 이 문제는 '제보자의 주장이 허위로 입증될 경우 MBC 측은 서울대 생명공학연구실의 향후 연구에 대해 전향적인 자세를 취한다'는 정도로 타협이 되었다.

두 번째 문제는 재검증 절차 문제였다. 검사 결과가 논문과 다르게 나올 경우, 재검증을 1주일 이내에 마무리하고 그 뒤에 방송에 임한다는 것이었다. 나는 이 문제가 국민적으로 중대한 사안이므로 황 교수 측이 재검을 원하면 우리도 수용하는 것이 도리라고 생각했다. 더욱 중요한 것은 1주일로 기한을 못 박는 것이었다. 황 교수 측이 검증 결과를 수긍하지 않고 차일피일 재검증을 미루면서 유야무야할 가능성을 차단하고자 했다. 이 문제는 어렵게 합의가 이뤄졌다. 합의서를 마련하는 데 1시간 정도 걸렸고, 나와 황 교수 측은 문서에 서명했다.

곧바로 줄기세포 연구실에서 줄기세포 인수가 이뤄졌다. 실험복으로 옷을 갈아입고 들어간 사람은 우리 측 과학자 한 명과 조연출 그리고 나였다. 강성근 교수와 윤현수 교수도 함께 들어갔는데, 실험실 안에는 여자 연구원 한 명과 권대기 줄기세포팀장이

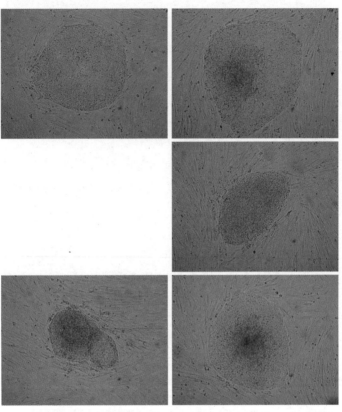

6개월의 취재를 통한 힘겨루기 끝에 마침내 인수받은 황 교수팀의 줄기세포. 왼쪽 위부터 시계방향으로 2, 3, 4, 10, 11번이다. 이 줄기세포의 유전자 지문 검사를 통해 2번 줄기세포가 조작되었음을 확신하게 되었다.

2	3
	4
11	10

기다리고 있었다. 장비실을 거쳐 인큐베이터가 있는 방으로 들어가니 그곳에는 불이 꺼져 있었다. 암실처럼 어두운 곳인데, 줄기세포 배양을 위해서 일부러 어둡게 했다고 강 교수가 말했다.

줄기세포를 인큐베이터에서 꺼내면 바로 현미경으로 사진을 찍고 우리에게 넘겼다. 머리카락은 비닐에 싸인 채로 넘겨받았

진실, 그것을 믿었다

고, 체세포와 줄기세포는 4-웰well 배양접시의 한 구멍에만 세포가 있는 상태로 받았다. 양이 너무 적으니 접시의 네 구멍에 모두 채워진 채로 받을 수 없냐고 하자, 강 교수는 거절했다. 이미 우리에게 줄 배양접시는 인큐베이터의 한 구석에 따로 보관되고 있었는데, 그걸 꺼내서 우리에게 넘겨주었다. 미분화된 줄기세포가 맞다는 것을 현미경으로 확인했다. 줄기세포 인수가 끝나고 모두 실험실을 나갔는데, 내가 마지막으로 나갔다. 내가 실험실을 나와 실험복을 갈아입는데, 유리창 너머 실험실 안쪽에서 강 교수와 권대기 팀장이 서로 속삭이는 모습이 보였다. 밀담을 나누는 모양인데, 뭔가 불안한 기운을 나는 느꼈다.

실험실을 나와 보니 복도 끝에 실험용 냉장고가 있었다. 강성근 교수가 여기에서 얼려져 있는 '영롱이의 모체세포'를 꺼내주었다. 그 뒤에 바로 강 교수와 조연출은 영롱이의 혈액을 채취하러 경기도 퇴촌으로 떠났고, 나는 줄기세포를 갖고 잠실에 있는 ○○○병원으로 향했다. 이 자리에는 김형태 변호사 측의 변호사와 안규리 교수 측이 보낸 분자생물학 전공 황○○ 교수가 동행했다. 저녁 8시경 ○○○병원에 도착하자, 우리가 준비한 연구원들이 즉시 줄기세포를 각각 4개의 샘플로 나누기 시작했다. 4개로 나눈 것은 두 개의 샘플은 각각 검증기관에 의뢰하고, 나머지 하나는 MBC가, 그리고 마지막 한 개는 제3자 변호사가 증거로 보관하기 위해서였다.

하필이면 이때 ○○○병원 실험실에는 트리졸trizole이라는 안정액이 없었다. 트리졸이 없으니 4개의 샘플로 각각 나누고 얼리기만 하면 어떻겠냐고 해도, 황○○ 교수는 안 된다고 완강하게 버텼다. 황○○ 교수는 자신의 눈앞에서 줄기세포를 죽이라고 했는데, 반드시 그걸 보고 오라는 안규리 교수의 당부를 받았다고 했다. 유전자 검사 과정에서 살아 있는 줄기세포가 외부에 유출될 가능성을 차단하기 위해서 반드시 약품 처리하는 것을 눈으로 확인해야겠다는 것이었다. 우리는 이 세포를 유전자 검사 말고 다른 용도로 외부에 유출할 이유가 없다고 해도 막무가내였다. 할 수 없이 우리 측에서 분자생물학을 전공한 교수가 아이디어를 냈다. 그는 '파라포름알데이드 4%로 처리'하는 방안을 제시했고, 황○○ 교수도 이를 수용했다.

모든 작업을 마치고 나니 저녁 11시가 가까워졌다. 이날은 토요일이라 검증기관들이 모두 문을 닫았다. 우리는 안전한 장소에 있는 냉장시설에 밀봉된 줄기세포 샘플을 보관했다. 14일 월요일 아침 일찍, 나는 군산대 실험실에 영롱이의 혈액과 모체세포를 맡기러 갔다. 김현기 PD는 서울대 법의학과에 줄기세포 샘플을 의뢰했고, 김보슬 조연출은 아이디진 김은영 팀장에게 다시 한 번 줄기세포 샘플의 검증을 맡겼다.

나는 줄기세포의 검증을 위해 최선을 다했다. 이제 인사人事를 마쳤으니 천명天命을 기다리는 일만 남았다.

새튼은 왜 결별 선언을 했을까

11월 13일, 나는 미즈메디병원에서 난자 채취 수술을 한 이○○ 씨를 만나기 위해 집 앞에서 기다렸으나 만나지 못했다. 김현기 PD는 연구원으로서 난자를 제공했던 G 씨를 만나기 위해서 집을 찾아갔으나 남편밖에는 만나지 못했다.

이날 새튼 교수는 충격적인 선언을 했다. 미국 현지 시간으로 12일에 《워싱턴포스트》가 제일 먼저 보도했는데, 그 내용은 새튼 교수가 황 교수와 결별 선언을 했다는 것이었다. 이후에 후속 보도가 쏟아졌는데, 결별 이유로 든 것은 "황 교수가 윤리 규정을 위반했고, 그에 관해 사실을 말하지 않았다"는 것이었다. 새튼 교수는 "황 교수가 연구원 난자 기증에 대한 소문들을 거듭 부인했고, 어제 10일까지만 해도 황 교수를 믿었다. 그러나 지금 황 교수가 나를 오도했다는 정보를 갖고 있다. 나의 신뢰는 흔들렸고 마음이 아프다. 나의 결정은 오로지 난자 제공 문제 때문에 내려진 것이다. 그러나 황 교수의 2004년 개가는 여전히 기념비적인 발견이라는 믿음에는 변함이 없다"고 강조했다.

국내에서는 이 문제가 즉각 중요 이슈로 부각되었고, 박기영 청와대 과학기술보좌관은 "섀튼 교수의 결별 내용이 보도된 이후, 황 교수와 통화를 해 보니 연구원의 난자 기증은 사실이 아니라고 했다. 그리고 황 교수는 섀튼 교수가 왜 결별 선언을 했는지 정확한 이유를 모르고 있다"며 진화에 나섰다.

이 돌발 사태에 대해 우리 제작팀은 즉시 대책회의를 가졌다. 그동안 우리는 수면 아래에서 난자 문제를 취재하고 있었는데, 섀튼 교수가 이것을 급작스럽게 세상 사람들에게 알린 꼴이 되었다. 물론 〈PD수첩〉팀이 이 문제를 취재하고 있다는 사실이 알려진 것은 아니지만, 이제는 우리의 의도와는 무관하게 난자 문제가 세계적인 이슈가 되어 버린 것이었다. 서초 경찰서의 수사를 비롯해 그동안 벌어진 일단의 난자 브로커 문제는 '국내 문제'였으나, 섀튼 교수의 공개적인 언급으로 인해 이것이 '국제 문제'가 되어 버린 것이었다. 자칫하면 세계 과학계가 '황 교수팀의 난자 문제와 한국의 생명윤리'를 공격할 수도 있는 미묘한 상황으로 번져 가고 있었다.

섀튼 교수가 확실한 증거를 언급한 것으로 보아, 11월 7일에 미국으로 출국했던 황 교수로부터 무언가 언질을 들었을 가능성이 있었다. 섀튼 교수의 연구소에 있는 P 연구원으로부터 10일경에 정확한 사실관계를 고백받은 것은 확실했다. 연구원 난자를 제공한 사람은 두 명인데, 한국에 있는 G 교수로부터는 전혀 이상한 동향이 감지되지 않았다. P 연구원이 왜 섀튼 교수

진실, 그것을 믿었다

에게 고백을 하게 된 것인지는 확실치 않았다. 한국 경찰의 난자 수사가 영향을 미쳤을 수도 있는 일이었고, 황 교수가 우리와 인터뷰한 사실을 알게 된 이후 P 연구원 스스로 '뭔가 심경의 변화'가 있었는지도 몰랐다. 그것도 아니면 우리가 10월 20일에 P 연구원을 만나서 인터뷰를 시도했던 것이 두고두고 마음에 남아 있었는지도 모를 일이었다. 아무튼, P 연구원은 '황 교수 측과 협의하지 않은 채' 섀튼 교수에게 자신의 난자 제공 사실을 고백한 것이었다.

더욱더 의아스러운 것은 '섀튼이 왜 지금 시점에서 결별 선언을 했는가'였다. 바로 전날 우리가 황 교수로부터 줄기세포를 넘겨받아 검증을 의뢰한 정황과 관계가 있어 보였다. 섀튼의 연구소에는 P 연구원만이 있는 것이 아니라 박종혁, 김선종 연구원도 있는데, 과연 이들에게서 섀튼 교수가 무엇을 캐물었는지도 의문이었다. 이들이 만약에 어떤 증언을 섀튼 교수에게 했다면, 섀튼 교수는 난자 문제뿐 아니라 《사이언스》 논문 조작의 문제 역시 알아차렸을 것이다. "나의 결정은 오로지 난자 제공 문제 때문에 내려진 것"이라는 섀튼 교수의 말이 오히려 역설적으로 곧이곧대로 들리지 않았다. 비록 과학 선진국에서 생명윤리가 엄격하다고는 하나, 복제 줄기세포라는 성과를 가지고 난자 문제를 어느 정도 돌파할 여지는 있었기에 의심은 더욱 커졌다.

섀튼 교수가 2005년 《사이언스》 논문 조작에 대해서 뭔가 신호를 받았고, 그로부터 스스로를 보호하기 위해 난자 문제를 평계로 결별 선언을 한 것이라는 윤희영 작가의 분석이 설득력이 있었다. 섀튼이 2005년 논문은 언급하지 않은 채, "황 교수의 2004년 개가는 여전히 기념비적인 발견이라는 믿음에는 변함이 없다"고 2004년 논문의 진실성만을 강조한 것도 이러한 추론을 뒷받침했다.

이제 한국이 답할 차례가 되었다. 세계의 이목이 황 교수에게 집중되었다. 섀튼 교수의 결별 선언 이후, 외부와 연락을 끊었던 황우석 서울대 석좌교수가 다음날인 14일 오후 2시 서울 코엑스에서 열린 한 컨퍼런스에 모습을 나타냈다. 황 교수는 이 자리에서 "지금까지 연구를 위해 난자를 제공해 준 많은 성스러운 여성들에게 다시 한 번 감사를 드린다"고 말했다. 난자 매매나 연구원 난자 제공에 대한 세간의 의혹을 일시에 부정하는 모습이었다.

최승호 팀장과 제작팀은 난자 관련 방송을 앞당기는 문제를 고려했다. 황 교수의 발언이 진실이 아닐뿐더러, 섀튼 교수가 이미 연구원 난자 제공 사실을 알고 있다면 그냥 모른다고 잡아떼서 해결될 문제가 아니었다. 차라리 우리 국내 언론이 나서서 난자 문제를 제기하고 대한민국 내에서 이 문제를 소화하는 것이 모양새가 낫다고 판단했기 때문이었다. 그렇지만 황 교수가 이 문제를 정직하게 말할 기회를 갖도록 지켜보자는 의견이 우세했다. 우리는 좀 더 사건의 추이를 지켜보기로 했다.

섀튼 교수의 결별 선언은 우리에게 뜻하지 않은 시련을 주었

진실, 그것을 믿었다

다. 그 시초는 황 교수 측의 교묘한 언론 플레이였다.

> 황우석 교수는 최근 사석에서 "한 방송사에서 수개월간 우리 연구팀을 취재하고 있어 어려움을 겪고 있다"고 털어놓았다. 그가 지난달 10월 29일 강화 전등사에서 "외길을 걷는 것 때문에 이렇게 많은 시련에 부딪힐 수 있을까 자괴감에 빠지기도 한다"며 복잡한 심경을 털어놓은 뒤였다.
>
> 황 교수는 당시 "우리와 공동 연구를 하던 한 멤버가 '황우석 사단이 갖고 있는 줄기세포가 하나도 없고 모두 가짜'라는 제보를 방송사에 한 것으로 확인됐다"고 말했다. 그가 언급한 한 방송사는 MBC 〈PD수첩〉이다. 황 교수는 당시 "줄기세포가 없다는 것은 사실무근"이라고 말했다. 또 방송사 측이 연구팀을 둘러싼 또 다른 내용을 취재한다며 연구팀 개개인을 집요하게 탐문·확인하면서 상당 시간 논쟁을 했다고 밝혔다.
>
> ― '연구팀원이 MBC에 "줄기세포 가짜" 제보', 《경향신문》 2005년 11월 14일

황 교수가 직접적으로 〈PD수첩〉을 언급하면서 공격을 시도했다. 그리고 황 교수팀은 우리를 '섀튼 교수와 내통한 사람들'이라고 몰아붙였다. 이 기사에는 앞으로 황 교수팀이 어떻게 대응해 올 것인지, 그 뼈대가 압축적으로 드러나 있었다. 우리는 줄기세포를 검증하는 과정에 있었기 때문에 그와 관련된 문제를 상세히 공개할 수 없는 취약점이 있었다. 〈PD수첩〉이 당장은 칼

을 빼들 수 없는 '벙어리 처지'라는 것, 황 교수팀은 그 점을 잘 알고 있었다.

11월 15일에는 안규리 교수가 포문을 열었다.

안규리 서울대 의대 교수는 제럴드 섀튼 교수의 결별 선언이 '한국 사람의 작품'이라고 말한 것으로 전해져 파문이 예상됩니다. 황우석 교수팀의 대변인으로 줄기세포 임상시험을 주도하고 있는 안규리 교수는 연합뉴스와의 전화 인터뷰에서 "섀튼 교수의 결별은 우리나라 사람이 만든 작품"이라며, "하지만 이 사람이 누구인지는 밝힐 수 없다"고 말했습니다.

- YTN 2005년 11월 15일 보도

전날 황 교수가 〈PD수첩〉을 공개적으로 언급한 기사가 나온 상황에서, 이번에는 안 교수가 섀튼의 결별 선언이 한국인의 작품이라고 특정한 것이었다. 그 한국인이 〈PD수첩〉팀이라는 것을 이토록 교묘하게 표현할 수가 있는가? 〈PD수첩〉의 시청자 게시판은 서서히 비난의 목소리로 덮여 갔다. 인터넷 여론은 공격의 화살을 〈PD수첩〉으로 향하고 있었다. 〈PD수첩〉팀은 미국과 내통한 매국노로 묘사되고 있었다.

우리는 섀튼 교수와의 인터뷰 중에 난자 문제를 묻지도 않았다고 사실대로 공개했으나, 여론은 우리 편이 아니었다. 섀튼과의 인터뷰에서 난자 문제가 거론도 되지 않았다고 아무리 밝혀

진실, 그것을 믿었다

도, 황 교수가 점잖게 '저 놈이 역적 같은데……'라고 한마디 하면 그대로 역적이 되는 상황이었다. 지난 15년 동안 〈PD수첩〉은 시대의 정직한 목격자가 되어 왔고, 또 국민들로부터 따뜻한 사랑을 받아 왔다. 그러나 언론사에 한 획을 그으면서 성장해 온 15년 전통의 〈PD수첩〉에 중대한 시련이 다가왔다. '〈PD수첩〉은 나라를 팔아먹은 역적'이라는 논리가 인터넷을 통해 확산되고 있었다. 미칠 노릇이었다.

11월 16일, 국정원에서 최승호 팀장에게 전화를 해 왔다. MBC 〈PD수첩〉이 새튼 교수에게 뭔가 정보를 주었다는 첩보를 확인 중인데, 〈PD수첩〉팀이 새튼 교수와 만난 것은 언제인지 그리고 어떤 이야기를 나누었는지 알았으면 좋겠다는 것이었다. 최승호 팀장은 새튼 교수와 우리가 만난 것은 한 번이며, 그때는 정식 인터뷰로 취재한 것 외에 아무 것도 없었다는 것을 확인해 주었다. 보통 때라면 국정원의 이런 전화에 일일이 답변하지 않았겠지만, 이번에는 너무나도 억울하고 어처구니없는 음모론에 우리가 희생될 수 있기 때문에 적극적으로 사실관계를 밝힌 것이었다.

훗날 줄기세포 진위 문제가 수면 위로 떠올랐을 때, 국정원은 최진용 시사교양국장에게 다시 전화했다. 〈PD수첩〉의 이 취재 사안은 "국정원장이 관심 사항으로 직접 주시하고 있다"는 전언이었다. 묘한 말이었다. 국정원장이 조용히 혼자 주시하는 것이 아니라 우리에게 그 사실을 전한 것이다. 이는 국정원이 우리에게 직접적인 방식으로 '메시지'를 보낸 것이었다. 사안이 그만큼 중대하니 알아서 처신하고 조심하라는 의사 표시로 해석할 수밖에 없었다.

"한 PD, 선종이가 쓰러졌어요."

11월 14일, 이날 하루에만도 여러 차례 박종혁 연구원이 국제전화를 해 왔다. 줄기세포의 유전자 검증 결과가 나왔으면 알려 달라는 것이었다. 당시에는 결과도 안 나왔지만, 나왔대도 알려 줄수가 없었다. 황 교수 측은 우리와 계약하기를 2차 재검증 전에는다른 사람이나 기관에 검증 결과를 공개해서는 안 된다고 했다.

박종혁 선생님 보세요.

저희는 제보자의 제보를 기초로 독자적인 취재를 해 왔습니다. 제보를 받으면 확인하고 그것의 진실을 보도하는 것이 저의 '생계'이며 '임무'입니다.

이렇게 만나게 돼서 정말 제 마음이 아픕니다. (중략) 취재하는 저도이런저런 생각에 지난 몇 달 잠을 못 잤습니다. 바로 박사님 같은 피해자들이 생길 수 있다는 염려 때문이었습니다. 저도 두렵습니다. 저는 제 일에 최선을 다했고, 이제 결과를 기다립니다. 부디 세포들이좋은 결과가 나오기를 기대합니다. 그래서 박사님 같은 분에게 아무런 피해 없이 일이 처리되었으면 합니다. 원만하게 처리되기를 바랍니다. 이것은 박사님이나 저나 같은 생각일 것입니다. 진심입니다. 같은 한국인이니까요.

건강하세요. 김선종 박사님께도 안부 전해 주세요.

- 2005년 11월 14일 박종혁 연구원에게 보낸 메일에서

다음날인 11월 15일 아침, 막 출근하려던 참에 전화가 한 통왔다. 노성일 이사장이었다. 무거운 목소리였다.

"한 PD, 선종이가 쓰러졌어요."

"예? 뭐라고요?"

"미국에 있는 섀튼 교수 연구실의 선종이가 병원에 입원해 있습니다. 약을 먹었다기에 혹시 자살한 게 아닌가 염려했는데, 약 기운은 별로 없답니다. 자살하려고 했던 것은 아닌가 봅니다. 이틀인가 의식을 잃고 쓰러졌다가 방금 깨어났다고 합니다. 어쨌든 선종이가 이렇게까지 오게 된 데에는 한 PD도 관계가 없다고는 말 못 할 것입니다. 이 사태에 대해서 한 PD도 숙고하시기 바랍니다."

가슴이 철렁했다. 피츠버그에서 인터뷰가 끝나고 힘없이 "이제 제 인생은 끝난 것 같아요" 하던 김선종 연구원의 모습이 순간적으로 떠올랐다. 아무리 그래도 그렇지, 이건 아니라는 생각이 들었다. 지은 죄가 있으면 그만큼 처벌받으면 되지, 김 연구원이 생명을 버려야 할 만큼 죄를 지은 것은 아니지 않은가?

진실, 그것을 믿었다

애초 6월경에 제보를 받고 사안의 윤곽이 어느 정도 그려지고 난 뒤, '자살'의 문제가 거론된 적이 있었다. 나는 최승호 팀장에게 "제발 이 아이템이 끝나면서 내가 송장을 치우지 않았으면 좋겠다"고 말한 적이 있었다. 이 사건에 연루된 사람들이 대부분 힘 있고 글줄깨나 읽은 사람들이라서 더 염려가 들었다. 자신의 명예가 어느 날 갑자기 하늘에서 땅으로 떨어진 순간, 죽음을 선택한 사례가 많이 있기 때문이었다. 특히, 나와 최승호 팀장은 그 뒤에도 황 교수가 혹시라도 자살을 시도하지 않을까 여러 번 애를 태운 적이 있었다. 모든 진실을 황 교수 자신이 안고 가면서, '〈PD수첩〉 한학수 PD 때문에 연구를 못했노라'고 유서라도 남긴 채 자살해 버린다면……. 그런 상황은 생각만 해도 그야말로 간담이 서늘한 것이었다. 그렇게 되면 사건이 그 상황에서 종결되고 모든 진실은 덮인 채, 결과적으로 나는 '철없는 매국노'가 되는 것이었다.

나만 이런 생각을 한 것은 아니었다. 논문 조작의 진실이 밝혀져 가던 12월 어느 날, 섀튼 교수도 한국의 공동 저자들에게 메일을 보냈다. 그 메일에서 섀튼은 "한국의 과학자들 중에 누군가 자살하지 않을까 염려된다"고 적은 것으로 밝혀졌다. 물론, 섀튼이 자살하지 않을까 우려한 사람은 무엇보다 황 교수였다. 그러나 섀튼이나 나나 황 교수를 모르기는 마찬가지였다.

초개처럼 목숨을 버리면서 자신의 숨은 뜻을 알리고, 부디 졸개들은 살길을 열어 주라고 유서를 남기는 그런 패장敗將들도 역사에는 등장한다. 그러나 그런 길은 황 교수와는 무관했다. 그는 잘못이 없다고 항상 공언하다가 잘못한 부분이 어쩔 수 없이 드러나면 그 부분만 사죄하는 사람이었다. 황 교수의 대국민 사죄 기자회견은 한 번으로 끝난 것이 아니라 여러 차례 이뤄졌는데, 그때마다 새로운 상황 논리가 등장했다. '난자 매매는 노성일 이사장의 작품이라서 자신은 몰랐다'거나, '논문 조작과 관련해서는 자신이 오히려 피해자'라거나, '결국에는 줄기세포가 있다는 것을 대한민국 국민이 꼭 확인할 수 있다'거나 하는 식이었다. 어쩌면 그런 행태가 그나마 황 교수에게 기대를 걸었던 많은 사람들을 그에게서 더 멀어지게 하고, 남아 있던 정마저 떨어지게 했을 것이다.

훗날, 황 교수를 '이 시대의 이순신 장군'으로서 존경하던 사람들 중에 자해를 하거나 심지어 분신을 하는 사람까지 나왔다. 참으로 안타까운 일이 아닐 수 없었다. 생명보다 소중한 것이 어디 있단 말인가? 그 어떤 대의가 한 인간의 생명보다 소중할 수가 있단 말인가? 옳건 그르건 자신을 위해 죽음을 선택한 사람에게 황 교수가 책임 있는 태도를 보였다는 보도는 찾아보지 못했다. 자신을 위해 아까운 생명을 버려서는 안 된다고 황 교수가 호소한 적도 없다.

물론, 김선종 연구원이 그때 자살을 시도했을 가능성도 있다. 그러나 본인은 너무 괴로워 신경안정제를 많이 복용한 것이라고 부정하고 있다. 어쨌든 김선종 연구원이 그 당시에 죽고 싶

진실, 그것을 믿었다

을 만큼 괴로워했다는 사실은 틀림없는 것이었다. 나는 회사로 출근해서 박종혁 연구원에게 메일을 보냈다. 달리 할 말이 없었다. "제가 마음이 천근만근이네요. 부디…… 몸 상하지 않기를 바랄 뿐입니다. 부디 제발, 김선종 박사의 건강이 쾌유되기를 기원합니다"라고 적었다. 그리고 진심으로 김선종 박사의 건강이 회복되기를 기원했다.

이날 오후에 아이디진 김은영 팀장으로부터 전갈이 왔다. 맡겼던 줄기세포 샘플 중에 어느 것도 결과가 안 나온다는 것이었다. 이해가 되지 않았다. 일단 한양대 기관심사위원회IRB를 취재하고 있던 김현기 PD가 바로 아이디진으로 가서 상황 파악을 했다.

우여곡절 끝에 인수받아 DNA 유전자 지문 검사를 맡겼는데, 검증 결과를 얻을 수 없다는 통보가 왔다. 한양대에서 하던 취재를 접고 황급히 아이디진으로 달려갔다. 원래 받은 세포의 양이 워낙 적은 데다. 파라포름알데히드를 세척하는 과정에서 세포의 일부가 없어지기 때문에 검증 결과를 얻기가 어렵다는 것이었다. 원래 파라포름알데히드는 유전자를 고정시키기 위해서 사용된 것이었는데, 세포의 양이 워낙 적다 보니 유전자 검출이 잘 안 된다고 했다.

특별히 황 교수 측과 내통한 느낌은 들지 않았다. 방법이 없는지를 물었더니, 자신들이 실험을 위해 세포의 일부를 사용했는데 이제 남아 있는 샘플의 전량을 모두 사용해 보는 수밖에 없다고 했다. 줄기세포의 샘플이 MBC에 하나 있고 서울대 법의학과에도 검증을 위해

하나 보냈으니, 우선 아이디진에 있는 샘플은 전량을 사용해도 된다는 생각이 들었다. 달리 선택의 여지가 없었다. 단 한 개라도 정확한 결과를 얻는 것이 중요했다.

- 김현기 PD의 회고 메일에서

참으로 낭패가 아닐 수 없었다. 어떻게 얻은 줄기세포인데 거기서 유전자가 검출이 안 된다는 말인가? 일이 이렇게 되면, 황 교수 측은 우리의 검증 능력을 무시하며 아예 재검증은 생각도 하지 않을 것이 뻔했다. 특히 파라포름알데히드를 꼬투리 삼아 우리의 검증 과정 자체를 부정할 것이 눈에 선했다. 아이디진의 김은영 팀장은 파라포름알데히드가 비록 유전자 검출 과정을 어렵게 하기는 하지만, 그것이 결정적으로 유전자 검출을 못하게 하는 이유는 될 수 없다고 했다. 그러나 이런 전문가의 말보다는 황 교수의 권위가 백 배나 강하다는 데 문제가 있었다.

11월 16일에도 비보가 들어왔다. 서울대 법의학과에서도 유전자 검출이 되지 않는다는 것이었다. 김현기 PD는 '하늘이 무너지는 심정'이었다고 이날을 기억했다. 서울대 법의학과에서도 아이디진과 똑같은 말을 했다. 검증할 세포의 양이 너무 적다는 것이었다.

나는 가만히 그동안의 상황을 복기해 보았다. 황 교수팀이 4-웰 배양접시의 한 구멍에만 세포를 준 것으로 보아 애초에 세포의 양이 많은 것은 아니었다. 그런데 그것을 다시 '검증기관 2

진실, 그것을 믿었다

군데용, MBC 보관용, 제3자 변호사 보관용'으로 4개씩 나눴으니 양은 더 적어졌다. 거기에 트리졸이 없어 파라포름알데히드로 대신했으니 유전자 검출하는 과정에서 좀 더 세척할 필요가 있었다. 이 모든 상황을 충분히 감안하면, 유전자 검출이 '그중에 일부가 다소 힘든 상황'일 수는 있지만 전체가 안 된다는 것은 이해하기 어려웠다. 더군다나 바탕 영양세포는 줄기세포와 달리 배양접시의 바닥에 충분히 깔려 있었기 때문에, 유전자 검출이 안 된다는 것은 무엇으로도 설명할 수가 없는 것이었다. 줄기세포뿐 아니라 바탕 영양세포도 유전자 검출이 안 된다는 것은 분명히 기술적인 사기가 있었음을 반증하는 것이었다.

그 사기 수법이란 '유전자 검출을 못 하게 DNAse를 써서 화학적으로 처리한 뒤에, 우리에게 세포를 넘긴 것'일 가능성이 컸다. 황 교수 측으로서는 최후의 방법을 쓴 것이고, 거기에 우리가 당한 것으로 보였다. 다만 여전히 우리가 샘플을 한 개씩 'MBC 보관용'으로 갖고 있으니, 그걸 가지고 이 속임수를 입증해야 할 차례였다. 산 넘어 또 산이었다. 국내 최고의 화학자들을 수배하고 이들에게 우리가 처한 상황을 설명했으나, 이날은 도저히 소득이 없었다. 화학자들도 'DNAse를 썼는지 안 썼는지' 우리가 갖고 있는 샘플만으로는 입증하기 힘들다고 난색을 표시했다.

엊그제는 김선종 연구원이 죽을 고비를 넘겼으나, 이날은 내가 죽고 싶은 심정이었다. 나는 할 만큼 했으나, 신은 우리 편이 아니었다. 정말로 신은 없다는 것이 내 눈앞에서 증명되는 듯한 느낌이었다.

그렇게 절망적인 상황에서 11월 17일을 맞았다. 나는 우선 제보자 K를 아침에 불렀다. 엊그제부터 K는 병원에 나가지 않고 있었다. 기자들이 하도 병원을 쑤시고 다녀서, 담당 과장의 허락을 받고 당분간 휴가 중이었다. 기자들을 피해 어쩔 수 없이 휴가에 들어간 셈이었다. 제보자를 부른 것은 난자 문제와 관련해서 방송할 때 그를 어느 정도까지 표현해야 할지 상의하기 위해서였다. 난자 관련 방송에서 제보자 K를 '줄기세포 전문가'로 표현해야 할지, 이보다 한 걸음 더 나가서 '황 교수팀에서 2004년까지 줄기세포를 연구하던 팀장'으로 할 것인지 결정을 내려야 했다. 시사교양국 회의실에서 최승호 팀장, 윤희영 작가, 나, K 이렇게 넷이서 잠깐 차를 마시던 중에 운명의 전화가 왔다.

아이디진에서 온 전화였다. 줄기세포의 검증 결과가 나왔으니 1시간 후에 결과를 메일로 보내 준다는 것이었다. 그 전화를 받고 나서 우리 네 명은 회의실을 떠나지 못했다. 초조함과 불안감이 엄습해 왔다. 그 결과에 따라서 우리가 앞으로 어떻게 대처해 가야 하는지 큰 가닥이 잡힐 터였다. 만약에 한두 개라도 줄기세포가 정확히 있는 것으로 결과가 나온다면, 우리 안에 잠복해 있던 '강경론과 온건론'이 전면적으로 대립할 수도 있는 상황이었다.

진실, 그것을 믿었다

"현장에 앰뷸런스를 대기시킬까요?"

12시 7분이었다. 아이디진에서는 11월 17일 정오에 줄기세포 검증 결과를 메일로 보내 주었다. 초조하게 기다리던 내가 검증 결과를 인쇄해 왔다. 아울러, 2005년《사이언스》논문도 함께 가져왔다. 기다리고 있던 최승호 팀장과 윤희영 작가는 가슴이 떨려 차마 이 현장에 있을 수가 없다며 담배를 피우러 나갔다. 떨리기는 마찬가지였지만 나는 그 자리를 피할 수가 없었다. 나와 K는 검증 결과와《사이언스》논문의 유전자 지문 결과를 말없이 펼쳤다. 각자 반반씩 나눠서 대조해 보았다. 조용한 적막이 한동안 흘렀고, 잠시 후에 먼저 K가 입을 열었다.

"논문과 일치하지 않네요……2번 줄기세포는 완전히 다른데요."

"그렇군요. 근데, 4번 줄기세포도 논문과 다르네요."

"바로 보셨습니다. 유전자 지문 결과가 너무 미약하게 나온 3번, 10번, 11번 줄기세포는 뭐라고 할 수 없지만, 이렇게 2번과 4번처럼 결과가 나온 데에는 누구도 이의를 달 수 없을 겁니다."

잠시 후에 팀장과 작가가 들어왔다. 결과를 요약해 보고하니, 놀라는 기색이 역력했다. 더군다나 유전자 결과가 나온 것이 하필이면 2번이었다. 이것은 중대한 의미를 띠는 것이라고 할 수 있었다. 2번부터 12번까지 줄기세포가 만들어진 순서대로 번호가 붙여지니, 환자 줄기세포가 하나라도 만들어졌다면 최초 2번이 제대로 되어야 했다. 10번이나 11번이 잘못된 거라면 한두 개 과장했다고 볼 수도 있지만, 2번이 잘못된 것은 그야말로 '환자의 줄기세포가 하나도 없다'는 것을 강력히 시사하는 것이었다. 황 교수가 빠져나갈 수 없는 과학적인 증거가 우리에게 생긴 것이었다.

K와 나는 아이디진에서 나온 2번과 4번의 유전자 검증 결과를 미즈메디 라인의 유전자 지문과도 대조해 보았다. 우리의 예상과는 달리 미즈메디 라인과는 전혀 다른 것이었다. 이렇게 되면 황 교수팀은 미즈메디 라인도 아니고 더더구나 《사이언스》 논문과도 아무 관계없는 '정체불명의 수정란 줄기세포'를 우리에게 검증하라고 내준 것이었다. 도대체 황 교수팀은 왜 이런 정체불명의 수정란 줄기세포를 우리에게 넘겨준 것일까? 그건 아마 황 교수팀이 우리에게 줄기세포를 넘겨줄 때 DNAse를 충분히 탔으니 우리가 당연히 유전자 검출을 못하리라고 생각했기 때문이었을 것이다. 그래서 어딘가에서 구한 수정란 줄기세포를 자신 있게 넘겨준 것이라고 추정할 수밖에 없었다.

유전자 지문 결과가 나오면 황 교수팀에 연락하기로 했고,

진실, 그것을 믿었다

그 결과에 이의를 제기하면 일주일 이내에 재검증을 하도록 계약서가 작성되어 있었다. 나는 제3자 감독자인 김형태 변호사에게 결과가 나왔다고 연락을 하고, 황 교수 측과 만나기를 희망했다. 얼마 지나지 않아 김 변호사로부터 연락이 왔다. 황 교수와 오후 3시에 만나기로 했고, 장소는 김 변호사의 사무실이었다.

제보자 K가 다소 괴로워했다. 자신의 제보로부터 시작된 취재가 이제 확고한 물증을 잡은 단계까지 왔고, 그 증거를 어떻게 해석할 것인가를 둘러싸고 쌍방이 만나는 것이었다. 만감이 교차하는 표정이었다. 황 교수는 어찌되었건 한때나마 자신의 스승이 아니었던가? K는 이 검증결과를 들이대면 아마도 황 교수가 충격으로 쓰러질지도 모른다고 걱정했다. 자신의 조작이 명백히 드러난 순간, 아마 황 교수는 자해를 할지도 모른다는 것이었다. 이 점은 우리도 걱정되는 부분이었다. 줄기세포의 실체와 논문 조작이 드러났기 때문에, 이제 최후의 수단으로 '자해'와 같은 극단적 선택을 할 수도 있는 일이었다.

"이따 3시에 만날 때, 김 변호사 사무실 옆에 앰블런스를 대기시킬까요? 황 교수가 자해라도 하면 큰일입니다. 만약의 사태에 대비해서 우리가 최선을 다하는 것이 좋겠습니다."

내 제안에 대해 최승호 팀장이 숙고했다. 그리고 잠시 후, 그렇게까지는 하지 않아도 될 것이라는 판단을 내렸다. 다만, 현장에 팀장과 내가 동석하니 둘이서 주의 깊게 황 교수의 동태를 관찰하고 비상사태 발생에 대비해 건물 밖에서 유학연 조연출이 대기하기로 했다. 우리는 최소한 이 움직일 수 없는 증거 앞에서 황 교수가 어떤 태도를 취할 것인지 궁금했다. 나는 당시에 이 결정적 증거 앞에서 황 교수도 어찌할 수 없을 것이며, 이제 진정으로 황 교수가 자백하는 것만 남았다는 순진한 생각을 하고 있었다. 과학 자체만으로 보자면 그때 게임이 끝난 것이리라.

김현기 PD는 'MBC 보관용'으로 우리가 간직하던 마지막 줄기세포 세트를 아이디진에 검사 의뢰했다. 이미 2번과 4번 줄기세포가 가짜라는 것을 알았으나, 다른 줄기세포의 유전자 지문 결과가 조금이라도 나오기를 바랐던 것이다. 팀장과 나는 김형태 변호사 사무실로 향했고, 도착한 뒤에는 건물에 들어가는 과정을 6mm 카메라에 담았다. 우리로서는 역사적인 순간이었던 것이다.

잠시 후 황 교수와 윤태일 씨 그리고 서울 의대 성○○ 기조실장이 들어왔다. 원래 이 자리에는 안규리 교수가 참석하기로 되어 있었으나, 집안 사정을 이유로 성○○ 기조실장이 대신 나왔다. 황 교수와 팀장은 서로 처음 만나는 사이라서 인사를 나누었고, 나는 윤태일 씨가 기관원이냐고 확인했다. 이 사건의 전개 과정에서 국정원이 어디까지 관계한 것인지 단서를 잡기 위해서는 기관원인지 아닌지를 정확하게 물어볼 필요가 있었다. 지난번 황 교수와의 정식 인터뷰 과정에서는 '윤태일 씨가 기관원'이라는 암묵적인 동의만 있었기 때문이었다. 윤태일 씨는 자신이 기관원이 아니라 '황 교수에게 도움을 주는 사람'이라고 했다. 황 교수는 나에게 화를 내면서 "한 PD는 왜 기관을 들먹거리느냐"

진실, 그것을 믿었다

고 항의했다. 황 교수는 윤태일 씨를 소개하면서, 중요한 일이 있을 때 자문도 받고 상의도 하는 그런 사이라고 했다. 지난번 인터뷰 자리에서 분명히 윤태일 씨가 자신이 기관원이라는 것을 간접적으로 시인한 뒤라서 나는 다소 황당했다. 그러나 그것이 본안이 아니었기 때문에 더 이상 따져 묻지 않았다. 그러나 윤태일 씨는 이때까지도 자신의 이름을 우리에게 숨겼고, 명함 한 장 달라고 해도 주지 않았다. 우리에게 윤태일 씨는 여전히 의문의 인물이었다.

김형태 변호사는 고객과 상담 중이었기 때문에, 우리 5명은 변호사 사무실 안내 데스크에서 기다렸다. 천하의 황 교수가 변호사 사무실 안내 데스크에서 다소곳이 30분을 기다린 것이었다. 피차 할 말은 없었기 때문에 서로 묵묵히 앞만 주시했다. 잠시 후 김 변호사의 사무실 안으로 자리를 옮겼고, 이때 비로소 황 교수가 침묵을 깼다. 그는 먼저 자신이 알고 지내는 MBC 시사교양국 사람들을 거명하기 시작했다. 전임 시사교양국장의 이름도 나왔고, 현직 시사교양국 팀장의 이름도 거론되었다. 별일 아닌 것처럼 그저 안부를 물으면서 '높으신 분들'과의 친분관계를 드러냈다. 뒤가 구린 사람들이 항상 쓰는 수법이었다. 그런 뒤에 뜻밖의 이야기를 꺼냈다.

김형태 변호사 오기 전에 내가 본안하고 관계없이 하나만 여쭤 볼게요. 우리 대리인이었던 왕 변호사님께 말이죠. '우리 ○○○ 연구원이 해고의 위협을 느꼈고 거액의 금전적 유혹에다가 저와의 남녀 관계 유도에 의해서 난자를 기증했다'라는 내용으로 ○○○ 연구원을 인터뷰했다는 이야기를 하신 적이 있습니까?

> 그런 적 없습니다. 저는 ○○○ 연구원에 대해서 왕 변호사에게 이야기한 적 없습니다. 더군다나 저희 취재팀은 아직 ○○○ 연구원을 만난 적도 없습니다.

　　　　　　　　　　　　　　　　　- 2005년 11월 17일 황우석 교수와의 인터뷰에서

황 교수는 그것이 묵과할 수 없는 사안이라며 화를 냈다. 도대체 이해할 수 없는 일이었다. 만나지도 않은 연구원을 들이대며 우리가 인터뷰했다는 말도 이상하려니와, 그 내용은 더 가관이었다. '금전적 유혹'은 뭐고 '황 교수와의 남녀 관계'는 또 뭐란 말인가? 어쨌든 황 교수는 우리가 생각지도 않은 이야기를 꺼냈고, 우리가 그런 일을 취재한 적이 없다고 하자 그만 이야기를 덮었다. 나중에 왕 변호사에게 이 이야기를 건네니 황 교수에게 그런 말을 한 적이 없다고 확인해 주었다. 오히려 그런 이야기에 자신이 거론된 것에 대해 불쾌해했다.

김형태 변호사가 들어왔고, 본론이 시작되었다. 나는 유전자 지문 결과에 대해서 말해 주었다. 황 교수의 눈빛이나 표정을 놓치지 않고 찬찬히 응시하면서 말했다.

> 유전자 지문 검사 결과를 말씀드릴게요. 오늘 결과가 나왔고요. 결과

　　　　　　　　　　　　　　　　　　진실, 그것을 믿었다

는……2번과 4번이 논문과 다른 것으로 결과가 나왔습니다.

그래요?

> 그리고 나머지 3번, 10번, 11번은 유전자가 지금 너무 조금 나오기 때문에 저희가 다시 한 번 하고 있습니다. 작업 중입니다. 이 결과도 곧 나오게 될 겁니다.

제가 하나 여쭤 볼게요. (검증한) 2번이……그러면 모근하고 논문에 나와 있는 줄기세포나 체세포와 일치하지 않습니까?

> 일치가 안 됩니다. 논문에 있는 유전자 지문 결과와 다릅니다. 저희가 검증한 줄기세포에서 나왔던 유전자 지문이 논문에 나온 줄기세포의 유전자 지문과 다르다는 겁니다.

논문에 나온 유전자 지문의 마커marker 유전자를 그대로 썼습니까?

> 논문에서 사용했던 방법과 똑같은 마커를 썼습니다.

아, 그럼 다시 재검해 보면 되고요. 우리가 지금 다른 데서 하고 있어요. 똑같은 실험을 다른 데서 하고 있어요. 다른 언론 기관에서…….

– 2005년 11월 17일 황우석 교수와의 인터뷰에서

황 교수는 우리의 예상과 달리 그리 놀라지 않았다. 이 충격적인 결과에 대해서 전혀 동요하는 기색이 없었다. 나는 우리의 검증 결과가 인쇄된 용지를 테이블 위에 올려놓고 설명했으나, 황 교수는 그것을 눈여겨보지도 않았다. 자기 앞으로 검증 결과를 당겨서 보지도 않았다. 윤태일 씨도 마찬가지였다. 성○○ 실장은 핑거프린팅에 관한 기본 지식이 아예 없었다. 과학적인 검

증 결과를 내놓으면 과학자로서 모든 것을 수긍할 것이라는 애초의 생각은 빗나가도 완전히 빗나갔다. 이런 분인 줄 모르고 무슨 앰뷸런스를 준비하려고 했으니, 우리가 황 교수를 몰라도 너무 모른 것이었다. 이런 분은 자해를 하더라도 남이 보는 앞에서 '자해하는 시늉'만 할 거라는 생각이 들었다.

황 교수는 다른 언론기관에서도 똑같은 검증을 하고 있다고 했다. 나는 당시에 그 말을 신뢰하기 힘들었다. 왜냐하면 줄기세포의 실체가 없는데 그것을 검증하라고 다른 언론기관에 넘기기는 힘들 것이라는 판단 때문이었다. 우리가 검증 결과를 감히 공개하지 못하게 하려고 꾸며낸 말일 것이라고 생각했다. 그러나 황 교수가 지칭하는 언론기관이 바로 '자신이 휘두를 수 있는' 그런 범위의 '기업체'라는 것을 그때는 알지 못했다.

어쨌든 황 교수는 검증 결과에 대해 그 나름의 논리를 주장하기 시작했다. 준비된 답변이라는 인상이 강하게 느껴졌다. 황 교수의 질문이 이어졌다.

다른 건 어떻습니까? 10번, 11번?

> 10번, 11번은 유전자 지문 결과가 너무 미약하게 나왔기 때문에, 진위를 판단할 수 없습니다.

안 맞는다는 말이죠?

> 안 맞는다는 게 아니라, 지금 보시면 아시겠지만 유전자 지문이 약하게 부분적으로만 나왔어요.

어디다가 맡겼어요? 도대체? (중략)

> 지금 이 결과대로라면 '2번과 4번이 논문과 다르다'는 것은 확실합니다.

그렇게 아니다라는 그런 얘기를 그렇게 하시는 거 아니에요. 저는 그 걸 공부하는 사람이에요. 우리 한 형은 언론에 오래 계셨지만, 이것 만을 가지고 전공을 하신 분이 아니기 때문에 이걸 단정적으로 아니 란 말씀을 하시는 게 아니라고요.

> 과학은 결과가 맞으면 맞고 아니면 아닌 것이지, 도중에 어중간한 것은 없지 않습니까?

유전자 지문 결과가 부분적으로 잘못될 수도 있는 거예요. 그건 다시 검사해 보면 되고. 난 기본적으로 말이죠, 난 여기서 한 이것을 대단 히 신뢰할 수 없는 게, 아주 기본입니다. (중략)

> 저희는 이 결과에 대해서 '논문에 발표된 줄기세포 라인과 저희에게 주 셨던 2번 줄기세포 라인이 전혀 관계가 없는 다른 것이다' 그렇게밖에 볼 수가 없습니다. 황 교수님께서 재검을 요청하면 할 수 있습니다.

네. 재검을 하십시다. 재검을 합시다.

> 재검증은 저번의 계약에 따라서 1주일 이내에 마무리를 짓는 걸로 하 시구요.

그럼요.

− 2005년 11월 17일 황우석 교수와의 인터뷰에서

황 교수는 일단 검증기관의 신뢰성 문제를 지적한 뒤, 재검 증 요청을 했다. 황 교수가 깨끗하게 결과를 수용하리라는 우리

의 예상은 완전히 빗나갔고, 새로운 검증이 약속되었다. 이제 재검증은 우리가 주도하는 것이 아니고 황 교수가 주도해야 했다. 즉, 자신이 줄기세포의 진위를 우리 앞에서 증명해야 하는 것이 바로 재검증이었다. 우리는 황 교수 측이 검증하는 과정을 참관하며 그것이 정확하게 진행되는 것인지를 확인하면 되었다. 이렇게 되면 검증기관에 대한 자질 문제를 황 교수 측이 스스로 제기할 수는 없는 것이었다.

그런데 꺼림칙한 것은 황 교수가 재검증 날짜를 특정하지 않는다는 것이었다. 1주일 이내에 재검증을 마치기로 했고 유전자 검증에는 이틀이 걸리니, 늦어도 5일 이내에 재검증을 시작해야 했다. 재검증 날짜를 바로 정하자고 해도, 다음 주에 하자고만 하면서 굳이 그 날짜를 정하지 않으려고 했다. 불길함이 느껴졌다.

진실, 그것을 믿었다

"궁극적으로 MBC가 큰일 납니다."

나는 유전자 검증 결과에 대해 좀 더 분명히 하기 위해, 황 교수에게 '바탕 영양세포'에 대해 물었다. 바탕 영양세포는 줄기세포에 영양을 공급하기 위해 배양접시의 바닥에 까는 세포인데, 보통 쥐의 세포를 이용한다. 그러나 2005년《사이언스》논문에는 사람의 영양세포를 이용했다고 나오며, 바로 그것이 획기적인 성공 요인이라고 소개되어 있었다.

> 바탕 영양세포feeder는 환자의 것을 쓴 건가요? 다른 것을 쓰신 건가요? 바탕 영양세포를 환자 걸로 만든 건지, 아니면 보통의 쥐 세포를 쓰신 건지요?

음…….

> 그럼 바탕 영양세포의 유전자 지문 결과를 보실까요? 바탕 영양세포가 환자하고 다르게 나오고 있습니다.

참, 허허허……바탕 영양세포는 한 환자 거를 다 썼어요.

> 무슨 말씀이세요? 몇 번 환자 것을 썼다는 거죠? 각 환자별로 따로 쓰

신 건가요?

아냐, 아냐. 우리 논문에도 한 환자 거를 썼다고 돼 있지.

> 그럼 그게 몇 번 환자인가요?

2번 환자.

> 2번 환자요? 그렇다면, 결과를 보실까요? 이 바탕 영양세포의 검증 결과가 2번 줄기세포와 전혀 다르잖아요. 그림을 보시면 아시겠지만, 마커는 논문과 같습니다. 바탕 영양세포가 2번 환자의 체세포라면, 유전자 지문이 이렇게 나와야 되는데. 전혀 다르잖아요. 지금.

……나는……그래서 (검증하신) 이 분들……어디서 했는지 모르겠는데…….

- 2005년 11월 17일 황우석 교수와의 인터뷰에서

황 교수는 바탕 영양세포를 2번 환자의 체세포를 이용해 만들어진 것으로 사용했다고 하나, 실제 유전자 지문 검증 결과는 이것과 달랐다. 어느 환자와도 일치하지 않는 유전자 지문이었다. 그러나 바탕 영양세포의 검증 결과를 들이대자, 황 교수는 다시 검증기관의 능력을 의심하는 쪽으로 방향을 틀었다. 훗날 12월 초순에 한국의 젊은 과학자들이 바탕 영양세포에 대한 의혹을 제시하자 강성근 교수는 바탕 영양세포로 사람의 것이 아니라 쥐를 사용했다고 밝혔다. 이것은 환자 줄기세포의 성공 요인으로 자신들이 논문에서 제시한 요인을 스스로 부정하는 꼴이었다. 더구나 이런 경우 쥐에게서 발생할 수 있는 병이 사람에게

바로 전파될 수도 있기 때문에, 임상에는 치명적인 결함을 갖는
것이었다.

황 교수가 새로운 논리를 들고 나왔다. 이것은 지난 세월 동
안 쌓아 온 유전자 관련 과학을 통째로 부정하는 내용이었다.

최승호 부장님, 내가 다시 만날 일이 있을지 없을지 모르겠는데, 우
리 논문에 나와 있는 유전자 지문 있잖습니까? 그리고 우리가 지금
하는 유전자 지문 있잖습니까? 이것이 원래는 같은 시기에, 같은 데
서, 같은 사람이 해야만 바이어스bias가 없는 거예요. 원래가.

(중략)

이것도 마찬가지예요. 이것도 해석을 잘못하면은 MBC가 돌이킬 수
없는 상황에 빠질 수도 있어요. 내가 거듭 말씀드리지만, 논문의 줄
기세포와 체세포 그리고 모근세포 이 세 가지의 유전자 지문이 일치
가 안 되면 그건 변명의 여지가 없어요. 그리고 그게 일치가 되려면,
예전에 저기서(《사이언스》에) 냈던 것 하고 똑같은 시점이……(되어
야 합니다). 똑같은 유전자라는 게 말이죠. 그래서 원래 같은 시점에,
같은 사람이, 같은 데서 해야 됩니다.

　　　　　　　　　　　　– 2005년 11월 17일 황우석 교수와의 인터뷰에서

이것은 대단히 해괴한 논리였다. 결국 《사이언스》 논문의 유
전자 지문을 검증하려면 그 실험의 당사자가 같은 시점에 같은
장소에서 같은 장비로 해야 한다는 것이었다. 유전자 지문이라는

것은 언제 하든 누가 하든 또는 어떤 장비를 쓰든 동일한 결과가 나와야 하는 것이고 바로 그 때문에 친자 확인 같은 것이 가능한 것인데, 이것을 정면으로 부정하는 새로운 학설이었다. 만약에 이런 '황 교수의 학설'이 사실이라면, 애초에 우리와 검증할 필요도 없는 것이었다.

나는 황 교수를 물끄러미 쳐다보았다. 뭔가 논리적으로 옹색했던지, 황 교수는 취재윤리 문제를 덧붙여서 거론했다. 우리는 취재윤리상 잘못한 부분이 있다면 〈PD수첩〉 방송을 통해 사과할 것이라는 입장을 전해 주었다. 또한, 난자 문제와 관련해서 지난 10월 31일에 황 교수와 정식으로 한 인터뷰로는 부족하다고 전해 주었다. 우리가 이미 매매된 난자나 연구원 난자의 사용 문제를 증거로 가지고 있으므로, 이 부분에 대해서 솔직하게 해명할 필요가 있다고 요청한 것이다.

> 저희가 잘못한 게 있으면 사과방송을 해야 되는 것입니다. 그건 규칙이 있구요. 그다음에 저희는 난자 문제와 관련해서 교수님께서 한번 저희랑 영상 인터뷰를 해 주셨으면 좋겠습니다.

안 됩니다. 나는 영상 인터뷰는 안 한다고 했었죠? 그리고 모든 것이 밝혀진다면 이것(줄기세포 검증)까지 포함해서 나는 모든 것을 이번에 다 털고 가겠습니다. (중략) 방송에서는 얘기 안 해요. 저는 전 세계를 향해서 우리가 조사해 놓은 것이 있습니다. 저는 다 하려고 합니다. (중략) 저는 정도正道로 할 겁니다.

진실, 그것을 믿었다

> 최승호: 사실은 정도라고 이야기를 하시려면 교수님께서 인터뷰를 하
시는 게 옳으신 것 같습니다.

아니오, 저는 정도로……MBC 〈PD 수첩〉이 아닌 전 세계를 향해서,
아주 있는 대로 우리가 조사해서 알려진 대로 모든 것을 털려고 합니
다. (중략) 변호사님, 사안이 너무 크고 MBC에다 해명을 할 사안이
아니에요. 그래서 전 우리 팀 내에서요, 아주 수고에 수고를 거듭해
가지고 여기까지 온 마당에서 우리는 다 벌거벗어야 된다는 게 저의
판단입니다. 그리고 그거는 두 번의 해명 기회가 저희한테는 없어요.

        — 2005년 11월 17일 황우석 교수와의 인터뷰에서

황 교수는 세계를 향해서 자신이 기자회견을 할 것이라는 말
로 우리의 인터뷰 요청을 거절했다. 물론, 두 번의 해명 기회가
없기 때문에 모든 것을 벌거벗는다던 황 교수는 그 뒤로도 여러
차례 해명 기자회견을 했다.

그동안 쭉 옆에서 듣고 있던 윤태일 씨가 협박성 발언을 했
고, 황 교수도 거들었다.

황 교수: 유전자 지문 결과를 잘못 해석하면 나중에 우리도 모르는
사람들과 일반 시청자들한테 MBC가 창피를 당할 수 있습니다. 궁극
적으로 MBC가 큰 일 납니다.

> 최승호: 물론이죠.

황 교수: 그래서 이거를 설사 논문과 여기에 있는 결과의 일부가 일

치 안됐다고 해서 이걸 가짜라고 판단하면 큰일 날 수가 있다는 겁니다. (중략)

윤태일: 저도 이 과정을 지켜보면서 고소……황 박사님 연구팀 측에서도 아무튼 그렇게 얘기를 해서……황 박사님 측에서는 철저한 내부 검증, 완전히 거의 완벽에 가까운 검증이 거의 마지막 단계에 와 있는 걸로 보입니다. 그런데 사실상 방송이 나가고, 이 검증 결과의 발표가 나간다면 후폭풍이 만만치는 않을 겁니다. 거기다가 이거는 굉장히 다중적인 요소들이 개입이 되어 있어요. 많이……국제적인 문제 또 국내 이러저런 문제들, 또 최근에 과학계 내부에 있었던 내부 입장 차이들, 증언들 뭐 이런 것이 다 한데 모아져서 사실상 후폭풍이 엄청날 거라고 보여집니다. (중략) 한 나라에서 일어난 일입니다. 그게, 예상 외로 파문이 커졌습니다. 과장을 심하게 하면 지구가, 지구본이 왔다 갔다 하고 있는 상황입니다. 신중히 결정해 주셨으면 하는 생각이 듭니다. (중략)

황 교수: 한 형하고 나하고도 영원한 철천지원수가 될 수도 없는 거고 말야.

– 2005년 11월 17일 황우석 교수와의 인터뷰에서

이쯤 되면 황 교수가 할 말을 다한 셈이었다. 나와 '철천지원수'가 될 수도 있다는 말로 압박을 하며 노련하게 마무리했다. 그로써 대화는 마무리되었고, 황 교수팀은 자리에서 일어섰다. 황 교수는 자리에서 일어나 내 손을 꼭 부여잡았다. 너무나 꼭

진실, 그것을 믿었다

잡아서 손이 아플 지경이었다. 한참을 그렇게 내 손을 잡더니 내 눈을 응시한 채, 큰 소리로 한마디 했다.

"한 형韓兄!"

지난번 인터뷰에서는 나를 '한 PD'라고 부르더니, 이날은 유난히 '한 형'이라고 살갑게 불렀다. 이러한 호칭 변화는 묘한 효과를 낳았다. 황 교수를 거세게 다그치노라면 마치 내가 '가족의 도리'에 어긋나는 짓을 하는 듯한 그런 느낌이 들었다. 그러나 냉정해져야 했다. 나는 "교수님, 다음 재검증 때 뵙겠습니다" 하고 깍듯이 인사를 했다.

황 교수가 나간 뒤에 김 변호사와 함께 몇 마디 나누고 나왔다. 김 변호사는 안색이 일그러져 있었다. 느낌이 불길하다는 것이었다. 별말 없이 우리가 나눈 대화를 지켜보면서 자꾸 안 좋은 쪽으로 생각이 이어졌다고 했다. 자신이 많은 재판을 겪어 보면서 만난 증인이나 피고들 중에서 오늘 황 교수가 보여 주었던 것과 같은 방식으로 대응하는 사람들이 대체로 '거짓말쟁이'였다는 것이었다. 그것은 산전수전 다 겪어 본 사람의 육감이었다.

이날 밤 황 교수팀에서는 대책회의가 있었다. 이 대책회의에는 황 교수와 이병천, 강성근, 윤현수 교수와 권대기 줄기세포팀장, 국가인권위원회 한희원 국장이 참석했다고 훗날 윤현수 교수는 증언했다. 왜 그 자리에 국가인권위의 국장이라는 사람이 참여했는지는 의문이었다. 당시 일련의 대책회의에서 한희원 국장은 '정부 쪽과 의사소통을 하는 다리 역할'이었다고 노성일 이사장은 회고했다.

이날 대책회의에서 〈PD수첩〉팀의 검증 결과가 공개되었는데, 아무도 줄기세포를 다시 검사하자고 하는 사람이 없었다고 윤현수 교수는 증언했다. 윤 교수에 따르면, 자신은 '뜻밖의 유전자 지문 결과'에 당황했으며, 그 엄청난 결과를 믿을 수가 없어서 국과수에 줄기세포 검사를 다시 의뢰하자고 제안했다고 한다. 어쨌든, 다음 날 11월 18일 아침에 황 교수팀은 국과수 이○○ 실장에게 검사를 의뢰하게 되고, 그 결과를 이튿날 밤에 확인하게 된다. 물론 보냈던 서울대 복제 줄기세포가 모두 미즈메디 수정란 줄기세포라는 것이 드러났는데, 결국 이런 사실을 황 교수는 이때 이미 공식적으로 확인했다.

이즈음에 청와대 관계자가 최진용 시사교양국장에게 뜻을 전해왔다. '〈PD수첩〉이 취재하고 있는 내용이 방송되면, 황 교수가 노벨상을 받는 데 상당한 차질이 빚어질 것이다. 그러니 방송에 대해서 숙고해 달라'는 내용이었다. 노벨상을 받기도 힘들어 보이지만 어찌어찌 노벨상을 받고 나서 줄기세포가 없다는 사실이 밝혀지면 어쩔 것인가? 그야말로 10배, 100배의 후폭풍이 한반도를 강타할 것이다.

진실, 그것을 믿었다

"한 PD, 솔직히 황 교수가 어떤 사람이요?"

11월 16일, 안규리 교수는 난자 문제와 관련해서 새로운 논리를 들고 나왔다. 그녀는 《동아일보》, 《조선일보》와의 인터뷰에서 '난자 취득 과정에 대한 현재의 논란은 우리의 잣대와 외국 잣대가 다르기 때문'이라는 윤리 충돌론을 제기했다. 이것은 난자 문제가 불거질 것에 대비해 사전 정지작업을 하는 것이기도 했고, 새로운 논리를 개발해 돌파하려는 의지로도 보였다. 그러나 윤리 문제는 동서양을 막론하고 통용되어야 할 단일한 원칙이기 때문에, 그 논리가 여간 옹색한 것이 아니었다. 세계 수준의 논문에 '우리만의 잣대'를 들이댄다는 것은 이미 자신이 우물 안의 개구리라는 것을 인정하는 것이고, 다른 한편으로는 마치 그런 논리로 난자 문제가 대충 넘어갈 수 있는 양 여론을 호도하는 꼴이었다.

《네이처》지는 11월 17일자에서 '규제기관이여 부디 일어나라'라는 제목의 사설을 통해 "황 교수의 줄기세포 연구에 부적절한 방법으로 취득한 난자가 사용됐을지 모른다는 의혹이 다시 제기됐다"며 "한국 정부가 조사에 착수해야 할 때가 됐다"고 주장했다. 다음 날 18일에 《사이언스》는 '줄기세포 협력자들이 윤리 문제에 대한 비난으로 갈라서다'라는 제목의 기사를 게재했다. 바야흐로 세계 과학계가 황 교수와 한국에 난자와 관련된 의혹을 해명하라고 촉구하고 있었다.

당시에 우리는 황 교수가 솔직하게 난자 문제를 고백한 뒤, 사죄할 것이 있으면 사죄하고 양해를 구할 것이 있으면 양해를 구해야만 난국을 돌파할 수 있다고 판단했다. 그러나 섀튼 교수의 결별 선언 이후, 황 교수 측은 입장 표명을 계속 미뤄 오고 있었다. 뭔가 숙고를 하는 것처럼 보였지만, 우리가 보기에 그것은 순전히 〈PD수첩〉팀의 눈치를 살피는 것에 불과했다. 〈PD수첩〉의 방송 내용을 보고 기자회견의 발표 내용을 결정하려는 것으로 보였다. 결국, 〈PD수첩〉이 방송을 하지 않으면 황 교수팀은 차일피일 미루다가 해명의 기회를 놓칠 것이 뻔했다. 그렇게 되면 이것은 황 교수만의 문제가 아니라, 한국 과학계 전체가 '윤리 부재와 불투명성'의 오명을 고스란히 뒤집어써야 할 형국이었다.

11월 18일, 우리가 아이디진에 두 번째로 보낸 줄기세포 샘플에 대한 검증 결과가 나왔다. 이번에는 줄기세포 모두에서 유전자가 '유의미하게' 검출되지 않았다. 아이디진에 확인해 보니 '통제 집단'을 사용한 정확한 실험이었다. 즉, 음성 대조군을 통해서 유전자가 검출되지 않아야 할 곳에서는 정확히 유전자가 나오지 않았고, 양성 대조군을 통한 검증에서는 정확히 예상되는 유전자가 검출되었다. 양성과 음성 대조군을 이용해 실제 유전자

진실, 그것을 믿었다

검증과 동일하게 실험하면서 그 실험이 제대로 된 것인지 판단하게 되는데, 아이디진의 실험에는 아무 하자가 없는 것으로 나온 것이었다.

혹시 실험을 하는 연구원의 유전자가 섞이거나 오염되었을 가능성을 확인하기 위해 실험자의 유전자 지문도 조사했으나, 실험 결과와는 전혀 무관한 것으로 판명되었다. 아이디진의 실험은 흠잡을 데 없이 완벽했다. 아이디진의 실험 과정이 완벽했기 때문에, 유전자 지문 결과가 미약하게 나온 것은 '시료 자체에' 문제가 있다는 것을 의미했다. 즉, 검증 결과는 황 교수팀이 우리에게 주었던 줄기세포가 애초에 뭔가 문제가 있었다는 것을 강력하게 시사하고 있었다.

이날 최승호 팀장과 〈PD수첩〉팀은 난자 문제와 관련한 방송을 더 이상 미룰 수 없다고 판단했다. 우리가 취재한 부분을 최대한 보수적으로 판단해서 있는 그대로 사실만을 보도하되, 방송 시점은 11월 22일로 정했다. 그리고 연구원 난자와 같은 민감한 문제는 우리가 방송에서 의혹을 제기하고 당사자인 황 교수가 직접 방송 후에 해명하는 쪽이 모양새가 낫겠다고 판단했다. 다만, 방송 전에 들어올 로비나 압력을 최소화하기 위해서, 방송 시점인 11월 22일 하루 전에 '황우석 신화의 난자 의혹'을 방송한다는 사실을 발표하기로 했다.

11월 19일, 나는 제보자 K에게 메일을 보냈다. K와 제보자 B가 우리에게 인터뷰했던 내용은 우리가 이번 방송에서는 사용하지 않는다는 것이었다. 한편으로는 굳이 K의 인터뷰를 사용하지 않더라도 난자 매매를 입증할 수 있었기 때문이었고, 다른 한 편으로 제보자 B가 증언한 '연구원 난자 제공' 문제는 방송 뒤에 황 교수가 직접 해명할 수 있도록 기회를 주고 싶었기 때문이었다. 다만, 난자 실험장부는 방송에 낼 것이라고 K에게 알려 주었다.

이날 나는 황 교수와 이병천, 강성근, 안규리 교수 그리고 김 형태 변호사에게 다음과 같은 메일을 보냈다.

안녕하세요.

모근세포의 유전자 지문 결과가 나왔습니다. 이 결과는 논문의 유전자 지문 결과와 동일합니다. 2차 검증을 위해 세포를 인수받을 때, 결과를 전달해 드리겠습니다.

영롱이의 유전자 지문 검사microsatellite typing 결과는 현재까지는 문제가 없습니다. 현재까지라고 표현한 것은 모체세포의 유전자 지문이 너무 미약하게 나왔기 때문입니다. 저희는 완벽한 확인을 위해 영롱이의 '모체세포'를 다시 한 번 받았으면 합니다. 협조해 주시면 고맙겠습니다. 영롱이의 혈액은 충분하기 때문에 모체세포만 받았으면 합니다.

현재까지의 결과를 종합하면 다음과 같습니다.

1. 줄기세포 3, 10, 11번과 배양된 체세포 2, 3, 4, 10, 11번 그리고 바탕 영양세포 2, 3, 4, 10, 11번의 경우, 유전자가 검출되지 않거나 유전자 지문의 결과가 너무 미약하게 나왔다.

2. 줄기세포 2번과 4번의 경우, 논문과는 다른 유전자 지문 결과가 나왔다.

3. 서울대 의대 안규리 교수 측에서 제공한 모근세포 2, 3, 4, 10, 11번의 경우에만 논문과 정확히 일치하는 결과를 얻었다.

4. 영롱이의 경우, 체세포 혈액과 모체세포를 유전자 검증한 결과가 전반적으로 일치하나 유전자 지문이 미약하게 나와 재확인이 필요하다.

이러한 결과에 대해서 지난번 황 교수님께서 해석상에 이의를 제기하셨습니다. 저희는 애초에 합의한 바대로 재검증에 임하기로 했습니다. 지난번에 합의한 바로는 재검증의 경우 일주일 이내에 마무리 짓기로 했습니다. 지난번 만남에서 황 교수님은 세포를 준비하는 데 2~3일 정도 걸린다고 말씀하셨습니다. 저희는 다음 주 월요일(21일)이나 화요일(22일) 오전에 인수 과정이 진행되었으면 합니다. 재검증에는 저희가 직접 실험에 참여하지 않고, 김형태 변호사님께서 주관하기로 3자 합의가 되었습니다. 김형태 변호사님 측에서 신뢰할 만한 검증기관 2군데에 검증을 의뢰하실 것입니다.

다음과 같은 절차대로 진행되기를 바랍니다. (중략)

그리고 2005년 《사이언스》 논문에 사용했던 테라토마 슬라이드를 찾으셨으면, 인수 과정에서 저희에게 전달해 주시면 고맙겠습니다. 다음 주 난자 관련 방송에서는 연구원 난자 부분은 저희가 확답을 하지 않을 작정입니다. 이것은 저희보다는 황 교수님 측에서 해명하시는 것이 모양새가 좋을 것이라는 판단 때문입니다.

모근세포를 때 주신 안규리 교수님께 다시 한 번 감사드리며, 아울러 검증 과정에 임하시는 불편을 감수하고 계신 황 교수님 측에도 진심으로 감사드립니다. 이러한 검증 과정이 한국의 생명공학과 기초의학의 발전에 도움이 되리라고 생각합니다. 감사합니다.

한학수 올림

줄기세포와 동시에 진행된 영롱이의 유전자 검증도 수월하게 진행되지 않았다. 황 교수팀에 보낸 메일과는 달리 영롱이의 유전자 검증 결과는 실제로는 나오지 않았다. 줄기세포와 마찬가지로 유전자가 검출되지 않고 있었다. 검증기관에서는 세포의 양이 부족하니 다시 한 번 보내 달라고 했고, 우리는 남겨 놓았던 영롱이의 모체세포를 다시 한 번 보냈으나 여전히 유전자가 검출되지 않았다. 줄기세포와 마찬가지로, 영롱이의 모체세포에도 '화학적 처리'를 하고 우리에게 건네준 것으로 보였다. 영롱이의 혈액에서는 아무 문제없이 유전자가 검출되는데, 모체세포에서만 유전자가 검출되지 않은 것이 아무래도 수상했다. 그러나 영롱이의 모체세포를 다시 받기 위해 다소 완곡하게 '전반적으로 일치하나 유전자 지문이 미약하게 나와 재확인이 필요하다'라고 표현한 것이었다.

어쨌든 우리의 생각을 정리해서 문서로 남기고 아울러 재검증 절차에 대해서 확실히 해 둘 필요가 있었기 때문에 메일을 보낸 것이었다. 그러나 이 메일에 대해서 황 교수팀은 답변을 하지 않았다. 김 변호사가 재검증 일정을 잡기 위해 황 교수 측과 이

진실, 그것을 믿었다

런저런 접촉을 시도했으나 그도 여의치 않았다.

11월 20일 오전 11시경, 나와 김현기 PD는 편집실에서 한 창 편집을 하고 있었다. 방송이 이틀 앞으로 다가왔기 때문에 눈 코 뜰 새 없이 바빴다. 이때 한통의 전화가 왔다. 노성일 이사장 이었다. 뜻밖이었다. 노성일 이사장은 연일 황 교수를 대신해 난 자 문제를 방어하고 있었는데, 말하자면 난자 문제와 관련해선 황 교수의 대변인이나 마찬가지였다. 노성일 이사장은 방송 내 용에 대해 물었다. 나는 황 교수에게 알려 주었던 것처럼 방송의 개략적인 틀을 알려 주었다. 노성일 이사장도 "난자 문제에 대해 그 정도 의혹 제기는 방송에서 할 수 있는 일"이라고 인정해 주 었다. 그런데 그가 마지막에 의미심장한 질문을 했다. 사실상 전 화를 한 이유이기도 했다.

한 PD, 솔직히 황 교수가 어떤 사람이오?

> 네?……어떤 뜻으로 말씀하시는 건지요?

그동안 많이 취재했으니 나름대로 판단이 있을 것 아니오? 황 교수 가 인간적으로 어떤 사람인지 솔직한 이야기를 듣고 싶소.

> 제 판단으로는 제가 취재했던 많은 사람들 중에 대부분의 사람들이 황 교수가 어떤 사람인지 잘 모르고 있습니다. 언론에 보도된 것만을 알고 있는 사람들이 대부분입니다. 그러나 가까이에서 황 교수를 지켜본 사 람들 중에는 경계하는 사람들이 많습니다. 여러 부분에서 검증이 필요 한 사람입니다.

그러면 내가 앞으로 기자회견을 하게 될 때, 황 교수랑 함께 서는 것에 대해서는 어떻게 생각하시오?

> 난자 문제에 대해서는 노 이사장님이 당사자이지만, 줄기세포 진위 문제는 노 이사장님도 제3자에 불과합니다. 난자 문제는 표면에 드러난 작은 문제입니다. 앞으로 벌어질 판은 엄청나게 큰 판입니다. 난자 문제에 대해 나름대로 하실 말씀이 있으면 해명하셔도 되지만, 앞으로 황 교수와 함께 자리에 서는 것은 위험한 일입니다.

논문 진위 문제라면……그것은 너무 엄청난 일 아닙니까? 나로서는 상상이 안 되는군요. 이것 참, 나라가 어떻게 되려는지…….

노성일 이사장은 나름대로 정보를 취합했을 것이다. 그는 사건의 당사자이기도 했지만, 나에게 다시 한 번 탐문을 한 것이었다. 난자 문제에 대해서는 지난번 인터뷰에서 대부분의 진실을 말한 터라서 그런지, 비교적 허심탄회한 태도로 나를 대했다. 그렇지만 노성일 이사장 자신도 황 교수가 어떤 사람인지 여전히 정확히 모르며, 일말의 의심이 계속 일고 있다는 뜻으로 해석할 수 있었다. 아울러, 난자 문제를 어디까지 공개해야 할지 신중하게 요모조모 따져 보고 있었다. 어쨌든 나는 '노 이사장이 모르는 일이 너무 많으니, 줄기세포 진위 문제에서는 당사자가 아니면 빠지라'는 신호를 분명히 보냈다.

11월 21일, 방송 전날 오전 10시에 〈PD수첩〉팀은 보도자료를 배포했다. 다음 날 '황우석 신화의 난자 의혹'이라는 제목으로

진실, 그것을 믿었다

방송이 나갈 것을 예고하고 개략적인 내용을 소개하는 수준이었다. 반응은 빨리 왔다. 오후 2시에 노성일 이사장이 바로 기자회견을 했다. 황 교수팀에서 〈PD수첩〉의 방송 가능성 여부를 두고 촉각을 곤두세우다 보도자료가 나오자 긴급히 기자회견을 결정한 것이라는 첩보가 들어왔다. 이날 보도자료가 MBC를 통해 공식적으로 나오기 전까지 황 교수팀에서는 '설마 방송을 하겠느냐'는 시각이 우세했다고 전해졌다.

노성일 이사장은 기자회견을 통해 그동안 부정해 왔던 '난자 매매' 사실을 우회적으로 시인했다. 매매된 난자라고는 표현하지 않았지만, 난자 제공자에게 실비 차원에서 150만 원 정도 보상을 했다고 밝혔다. 또 그런 식으로 얻어진 난자가 황 교수팀에 제공되었지만, 황 교수는 최근까지 그 사실을 몰랐고 순전히 노 이사장 자신이 주도한 일이라고 주장했다. 물론 노 이사장은 전날 나와 전화 통화를 한 뒤에 황 교수와 긴밀하게 협의를 했는데, 황 교수로부터 '줄기세포는 전혀 이상이 없다'는 확언을 들었다. 줄기세포의 진위 문제에 대해서 〈PD수첩〉팀으로부터 들은 의혹이 꺼림칙하긴 했지만, 황 교수가 자신 있게 줄기세포가 있다고 하니 노 이사장은 황 교수를 믿을 수밖에 없었다. 아무래도 〈PD수첩〉이 제기하는 줄기세포 진위 의혹은 상식적으로 볼 때 믿기 힘든 것이었다. 노 이사장은 줄기세포가 문제가 없다면, 자신이 난자 문제는 총대를 메는 것이 필요하다고 판단했다고 한다. 이런 맥락에서 노 이사장은 난자 문제 관련 기자회견을 한 것이었다.

이날 '연구·치료 목적의 난자 기증을 지원하기 위한 모임' 이 창립되었는데, 그 대표는 벤처 사업가 이수영 씨였다. 이 자리에는 난치병 환자와 그 가족 등 70여 명이 참석했다. 이수영 씨는 그 뒤에도 여러 토론과 모임에서 황 교수를 옹호하는 전투적인 논객으로 활동했다. 한편,《사이언스》는 난자 매매와 관련해 황우석 교수의 논문을 취소하지는 않겠다고 발표했다. 하기는《사이언스》도 황 교수의 논문을 두 편이나 표지논문으로 실은 뒤에 대대적으로 홍보해 왔으니, 따지고 보면 제3자도 아니었다. 《사이언스》도 두부 자르듯 황 교수를 잘라 낼 수 없는 처지에 있었다.

이날 〈PD수첩〉팀은 MBC 시사교양국원들에게 그동안 '황우석 관련 취재'가 진행되어 왔다는 사실을 공시하고, 부디 동료로서 〈PD수첩〉팀을 신뢰하고 협조해 줄 것을 부탁했다.

서서히 전운이 감돌고 있었다. 이제 모든 개인들과 집단들은 앞으로 벌어질 황우석 사태에 대해 '자신의 태도'를 갖게 될 것이고, 적극적으로 의견을 표명해 갈 것이 예상되었다. 각자의 태도는 고정된 것이 아니라 격동하면서 변화해 갈 것이다. 처음엔 혼란이 있겠지만 서서히 진실이 드러날수록 판세는 한 방향으로 기울 것이다. 진실의 힘! 그것을 믿었다.

〈PD수첩〉 '황우석 신화의 난자 의혹'

새벽까지 편집을 마치고 잠시 눈을 붙였다. 11월 22일, 날이 밝았다. 아침 7시 35분에 라디오 프로그램 〈손석희의 시선 집중〉에 출연했다. 아무래도 황 교수에 대한 국민들의 신뢰가 너무 강했기 때문에, 우리는 무척이나 조심스런 행보를 취해야 했다. 줄기세포 진위 문제는 여전히 수면 아래에 있는 것이지만, 생명윤리와 난자 문제를 거론하는 것만으로도 여론은 들끓었다. 당시 손석희 진행자는 꼭 방송을 해야 하느냐는 취지의 질문을 했다. 그것은 평범한 국민들의 입장에서는 당연히 가질 만한 의문이라, 손석희 진행자로서는 반드시 물어야 하는 질문이었다. 8시 30분에는 〈아주 특별한 아침〉에 출연해서 주부 시청자들에게 프로그램의 취지를 설명했다. 이미 황 교수에 대해 비판적인 내용이 방송된다는 것만으로도 우리는 여론의 비판적인 조명을 너무 많이 받고 있었다. 황우석 신화를 믿고 있던 국민들의 마음속에서 우리는 서서히 미운 털이 박혀 가고 있었다.

이미 며칠 전부터 〈PD수첩〉의 '시청자 게시판'은 이상 과열

2005년 11월 22일 〈PD수첩〉 '황우석 신화의 난자 의혹'을 진행 중인 최승호 팀장.
보수적 기조로 철저히 사실만을 보도했다. 그러나 황 교수를 강력하게 신뢰하던
시청자들은 이날 방송을 '대단히 공격적인' 것으로 받아들였다.

현상을 보이고 있었다. 진지하고 이성적인 비판은 온데간데없고,
오로지 〈PD수첩〉팀에 대한 욕설과 일방적 비난이 대세를 이루
고 있었다. 그러나 우리는 이 인터넷 여론이 국민들의 의견을 그
대로 대변한다고는 생각하지 않았다. 방송이 나가면 더 합리적이
고 이성적인 여론도 나름대로 형성될 것으로 내다보았다.

　이날 방송된 '황우석 신화의 난자 의혹'의 논조는 대단히 보
수적이었다. 우리는 매매된 난자가 황 교수의 실험에 사용되었
고, 난자 채취 과정에서 난자 제공자들에 대하여 충분한 의학적
주의 조치가 취해지지 않고 있다는 점을 지적했다. 난자를 매매
한 사람들은 가난한 사람들이었으며, 우리 사회가 생명윤리 문제
에 대해서 지나치게 관대하다는 점도 보여 주었다. 연구원의 난
자가 실험에 사용되었다는 의혹도 함께 제시되었다. 황 교수가

진실, 그것을 믿었다

난자 문제와 관련해서 그동안 여러 차례 거짓말을 해 왔다는 것이 프로그램에서 드러났다. 사실만을 충실히 보도했지만, 황 교수를 강력하게 신뢰하던 시청자들은 우리 프로그램을 '대단히 공격적인' 것으로 받아들이고 있었다.

이미 방송 전날부터 내 핸드폰에는 온갖 욕설이 담긴 문자 메시지가 들어오고 있었다. "민족의 반역자, 한학수"와 같은 비교적 점잖은 것도 있었지만, "너와 가족의 사지를 찢어 죽이리라"와 같은 막말도 들어오고 있었다. 핸드폰을 보기가 두려운 심정이었다. 프로그램을 완성해 주조정실에 테이프를 넘기고 나서 내 자리로 돌아오니 저녁 10시 가까이 되었다. 돌아와 보니 작가들이 사색이 되어 있었다. 내 가족사진이 인터넷에 떠돌고 있다는 것이었다. 〈PD수첩〉의 시청자 게시판에도 가족사진이 떠돌고 있는 것을 그때그때 삭제하고 있다는 것이었다. 믿을 수가 없었고, 한편으로는 두려움이 엄습했다. 인터넷을 이리저리 뒤져 보니 두려움은 더해 갔다. 내 가족사진이 버젓이 인터넷에 떠돌고 있었고, 그 아래 댓글에는 "이 가족을 죽이자"거나 "바로 이들이 죽일 가족"이라는 말들이 함께 따라다니고 있었다.

내 홈페이지는 이미 나에 대한 욕설로 가득 차서 차마 들어가 볼 수가 없을 정도였다. 〈PD수첩〉팀은 연출의 가족사진이 떠도는 문제는 묵과할 수 없다는 판단을 내렸고, 경찰청 사이버수사대에 신고했다. 그리고 가족사진을 임의로 유통시키며 위협을 하는 행위에 대해 경찰에 신고했다는 내용을 공시했다. 다음날 오전이 되어서야 가족사진을 퍼뜨리는 행위는 사라져 갔다. 경찰에 신고했다는 내용이 인터넷에 퍼지면서 그런 행위는 급속히 수그러들었다. 그러나 무자비한 막말과 욕설은 여전했고, 갈수록 심해졌다.

〈PD수첩〉에 대한 공격 논리는 무엇보다 '국가의 이익에 반하는 행동을 했다'는 것이었다. 국가의 이익이 무엇인가에 대해서는 재론의 여지없이 '황 교수를 살리는 것'으로 답이 정해져 있었다. 이 전제에 동의하지 않는 사람은 한국인이 아니었다. 일치단결해서 황 교수를 감싸 주어도 모자랄 형편에, 〈PD수첩〉은 마치 다른 나라 사람처럼 행동하며 민족을 배반했다는 논리였다. '진실보다는 국익이 우선'이라고 목청을 높이는 사이비 지식인들도 확산되었다. 우리는 이러한 풍경을 이미 2차 세계대전의 와중에 일본에서 보았다. 천황 자체가 국가의 이익과 동일시되고, 이에 대한 어떤 비판도 허용하지 않았던 파시즘이 바로 그것이었다. 그때 동원된 논리는 '인권보다는 대일본 제국의 국익 우선'이었다.

반세기가 지나 한국에서 대일본 제국의 낯익은 풍경이 재현되었다. 나는 이 광풍狂風 속에서 민족주의와 국가주의로 포장된 파시즘의 피 냄새와 살기를 느꼈다. 퇴근하여 집으로 돌아가는 내 어깨가 내내 무거웠다. 이미 집에서는 아내가 불안에 떨고 있었다.

11월 23일, 《네이처》의 시라노스키 기자가 제작진에게 편지를 보내왔다. 시라노스키 기자는 2004년 5월에 황 교수팀의 난

진실, 그것을 믿었다

자 문제에 대한 비판적 기사를 냈던 인물이었다. "어젯밤 〈PD수첩〉의 방송이 훌륭했다. 이 프로그램을 만든 제작진의 용기에 경의를 표한다. 당신들이 이제 휴식을 취하고 잠을 잘 수 있기를 바란다"는 내용이었다. 그는 우리가 난자 문제를 밝혀내는 데 얼마나 어려움이 많았을지를 직감하고 있었다. 그러나 시라노스키 기자는 한국에 몰아닥치고 있는 파시즘의 광풍을 모르고 있었다.

이날 노성일 이사장은 "짜깁기 편집으로 왜곡 보도한 〈PD수첩〉에 법적으로 대응하겠다"고 밝히며 〈PD수첩〉을 공개적으로 비난했다. 그렇게 알아듣게 말했으면 그쯤에서 빠져야 할 텐데, 노 이사장은 물러서지 않았다. 〈아이러브 황우석〉 카페를 중심으로 제기된 당치도 않은 의혹을 노 이사장이 공개적으로 말하기 시작했다. '한 사람이 옷을 갈아입어 가며 마치 두 사람인 것처럼 인터뷰했다'는 내용 따위였는데, 참으로 어처구니가 없었다. 우리는 그런 의혹들에 대해 일일이 반박하는 내용을 시청자 게시판의 공지사항에 올렸으나, 근거 없는 의혹은 인터넷에서 계속 '조직적으로' 확산되어 갔다.

이날 우리에게 힘을 준 것은 시민사회단체의 성명 하나였다. 엄혹한 여론 속에서도 시민단체들은 "황우석 교수는 진실을 밝히고, 박기영 보좌관은 스스로 책임을 져야 한다"고 선언했다. 대한민국에서 14개의 단체가 이 성명에 참여했다. 참여 단체들은 〈건강권 실현을 위한 보건의료단체연합〉, 〈녹색연합〉, 〈대한YWCA연합회〉, 〈시민과학센터〉, 〈여성환경연대〉, 〈인드라망생명공동체〉, 〈참여연대〉, 〈초록정치연대〉, 〈풀꽃세상〉, 〈한국여성단체연합〉, 〈한국여성민우회〉, 〈한국 YMCA전국연맹〉, 〈환경운동연합〉, 〈환경정의〉였다. 생명윤리학회도 적절하게 생명윤리 문제의 중요성을 지적하며 토론회를 개최했다. 그러나 이런 노력은 대한민국을 휘감아 돌던 황우석 광풍에 비하면, 그야말로 소박하고 작은 미풍에 불과했다.

11월 24일에도 노성일 이사장과 나는 각자 다른 매체에서 인터뷰를 했다. 이미 눈치 빠른 언론에서는 난자 문제 아래에 뭔가 진행되고 있는 것이 아니냐고 캐물었다. 나는 줄기세포 재검증이 진행 중이기 때문에 이 문제에 대해 신중하게 답할 수밖에 없었다. 섣불리 줄기세포 진위 논란으로 국면을 바꿀 때가 아니었다. 그러나 노성일 이사장은 〈PD수첩〉이 논문의 진위 문제를 의심한다며 공격했다. 줄기세포가 제대로 만들어졌다고 믿고 있던 노 이사장이 도리어 "〈PD수첩〉이 황 교수를 의심하며 취재하고 있다"고 외부에 떠벌리면서 화를 내는 형국이었다. 나는 오히려 그것을 진화해야 하는 입장이었다. 여러모로 참아 내면서 말을 아껴야 했다. 황 교수와의 재검증이 잘 진행될 수 있도록 하는 것이 무엇보다 중요했다. 혈기를 내세워서 될 일이 아니었다.

이날 보건복지부는 서울대 수의대 기관심사위원회IRB의 대리인 역할을 했다. 난자 문제에 관한 수의대 IRB의 보고서를 복지부에서 '대독代讀'하며, 황 교수팀의 주장을 마치 확인된 사실인 양 일방적으로 발표했다. 감독기관 자신이 감독 기능을 포기

진실, 그것을 믿었다

한 것이었다. 마치 수사를 진행해야 할 형사가 취조받던 범인이 만들어 놓은 변명의 글을 국민 앞에 낭독하는 꼴이었다.

당시에 서울대 수의대 IRB 위원장으로 있던 이영순 교수가 《조선일보》에 '반反황우석 세력의 비윤리적 언행'이라는 글을 기고했다.

> 같은 대학에서 황우석 박사의 연구와 실험에 대한 전 과정을 살펴본 필자가 단언컨대, 출발점부터 현 단계에 이르기까지 그 연구팀의 연구는 가장 윤리적이고 인간적인 것이었다.……연구원이 스스로 난자를 제공해 실험에 사용한 것은 강요나 협박 또는 영리 목적의 대가에 따른 것이 아니다. 오히려 숭고함을 겸비한 프로페셔널리스트들의 적극적 자세로 평가받아야 할 일이다.……연구팀의 연구 경과는 법 규정이나 서양의 잣대로는 평가할 수 없는 영혼이 깃든, 너무나 윤리적이고 너무나 인간적인 '영혼의 오케스트라'였음이 자명하다.
>
> - 《조선일보》 2005년 11월 26일

이 정도면 이 글에 어떤 영혼이 깃들었는지 알 만했다. 글은 누구나 쓸 수 있지만, 대중에게 공개적으로 쓴 글의 책임은 두고두고 남는 것이다. '조작의 오케스트라'를 이토록 노골적으로 찬양하면서 도리어 반황우석 세력의 비윤리적 언행 운운하다니, 참으로 독특한 정신세계가 아닐 수 없었다.

이날 오전, 황 교수는 서울대 수의대에서 난자 문제에 대한 해명 기자회견을 했다. 한국에 이토록 많은 카메라가 있었던가 싶을 정도로 곳곳에서 촬영팀이 몰려들었다. 황 교수의 연기는 노련했고 좌중을 제압해 갔다.

존경하는 국민 여러분, 국민 여러분들께 반갑고 가치 있는 연구결과를 보고 드려야 할 이 자리에 국민 여러분들께 너무나 부끄럽고 참담한 말씀을 드리게 된 점, 너무 송구합니다. (중략)

연구에 직접 참여 중이었던 한 여성 연구원이 제게 찾아와 난자를 제공하겠다는 뜻을 밝혔습니다. 그러나 그 여성 연구원이 아직 결혼도 하지 않은 나이 어린 대학원생이었기 때문에 아무리 난자가 부족한 상황이었음을 감안하더라도 교수 입장에서 그 의사를 받아들일 수 없었습니다. 그 뒤에도 난자 구하기가 어려운 상황에서 자신이 난자를 제공하겠다는 의사를 두 번 더 밝혔으나 저는 거절했습니다. 또 다른 여성 연구원 한명도 약 1개월 반 후 비슷한 과정을 거쳤습니다. (중략)

우리가 사용한 난자 중에 노 이사장님의 실비 제공에 의해 취득한 난자가 있음은 지난 2005년 10월 말 모 방송국의 시사 프로그램 취재 과정에서 사실대로 밝혔다면서 그날 밤 노 이사장님이 저에게 전화를 해 와서 직접 알게 되었습니다. 결과적으로 본의 아니게 그러한 난자가 사용되었던 점에 대해 사과드립니다. (중략)

어떤 변명도 하지 않겠습니다. 저는 국민 여러분께 조금이라도 속죄하기 위해 오늘부터 세계줄기세포허브 소장직을 비롯한 정부와 사회

진실, 그것을 믿었다

각 단체의 모든 겸직을 사퇴합니다.

- 2005년 11월 24일 황우석 교수의 기자회견문에서

황 교수는 연구원 난자 제공 과정에 대해 자신이 극구 말렸으며, 그들이 실제로 난자를 제공했는지 여부는 확인할 수 없다고 말했다. 물론 이것은 사실이 아니었다. 황 교수는 P 연구원을 직접 자동차에 태우고 미즈메디병원으로 가서 난자 채취를 했다. 또한 제보자 B의 증언에 따르면, P연구원이 마지막에는 난자 채취 수술을 하고 싶지 않다고 했으나 황 교수가 "이제 와서 이러면 안 된다"며 화를 냈다.

매매된 난자가 실험에 사용되었다는 것을 〈PD수첩〉 취재 이후에야 알았다는 것도 사실이 아니었다. 2002년 전경련 회관 다방에서 이뤄진 황우석, 문신용, 노성일 3자 회동 때부터 이미 난자 공급에 관한 내용은 논의된 것이었다. "그 이후에 이어진 난자 제공 과정에 대해서도 황 교수가 쭉 알고 있었다"고 K는 증언했다. 이날 황 교수가 기자회견에서 한 말은 하나의 알맹이도 없이 변명 일색이었다. 그럼에도 자신은 "어떤 변명도 하지 않겠다"고 말하는 것을 보며, 나는 소름이 돋았다.

기자회견의 내용은 거짓이었으나, 이런 내막을 꿈에도 모르는 국민들에게는 황 교수가 그저 안타깝게 보였다. 눈물이 그렁그렁한 황 교수의 눈망울, 대한민국의 국익을 이야기하며 끝내는 눈물을 훔치는 그의 모습은 그야말로 잘 짜인 한 편의 드라마였

다. 그가 울먹이는 모습은 국민들의 심장에 파고들었다. 이틀 전 〈PD수첩〉에서 밝힌 문제점들을 황 교수가 모두 인정했는데도, 불화살은 도리어 최초의 문제 제기자 〈PD수첩〉으로 날아들었다. 이날 생방송으로 중계된 기자회견은 황 교수의 완승이었다.

언론에서는 기자회견 1시간 전에 황 교수가 줄기세포허브 소장직을 사퇴하는 '고뇌에 찬 결단'을 내렸다고 전했다. 기자회견의 말미에 YTN 기자가 황 교수의 입맛에 맞는 질문을 했다.

YTN 기자: 공직 사퇴를 할 경우에 황 교수님에게 기대를 걸고 있는 난치병 환자나 장애인들의 실망감이 클 것이고 문제점이 발생할 것입니다. 어떻게 생각하는지요?

황 교수: 너무나 황당한 루머가 있다는 걸 저도 알고 그동안……괴롭고 외롭고 견디기 힘든 나날이었습니다. 하지만 과학 결과는 한두 사람에 의해 이뤄지는 것이 아니고 여러 사람이 공동으로 만들어 가는 것입니다. 더군다나 이런 결과는 국제적으로 전문 과학자에 의하여 객관적 판단을 받게 되는 것입니다. 하지만 책임자인 제가 세세한 부분까지 모두 일일이 챙긴 것은 아니기 때문에 다시 한 번 검토를 해 본 결과 일부 미흡한 측면이 있어 이를 바로 교정 요청했습니다. 그 외에 현재까지 저희가 확인하고 다시 재검토한 바로는 전혀 이상이 없는 것으로 밝혀졌습니다.

– 2005년 11월 24일 황우석 교수의 기자회견에서

진실, 그것을 믿었다

황 교수는 줄기세포 진위 문제에 대한 〈PD수첩〉의 취재를 "너무나 황당한 루머"라고 표현했다. 그리고 '줄기세포는 전혀 이상이 없는 것'이라고 밝혔다. 기자회견 며칠 전인 11월 19일 밤에 이미 국과수 이○○실장으로부터 서울대 줄기세포가 모두 미즈메디 수정란 줄기세포로 밝혀진 것을 보고 받았음에도 황 교수는 시치미를 뚝 떼고 있었다. 그가 말한 '일부 미흡한 측면'이란 바로 테라토마였다. 지난 10월 31일에 우리와 한 공식 인터뷰 과정에서 테라토마에 관한 한 더 이상 변명의 여지없이 문제가 있는 것으로 밝혀지자,《사이언스》측에 '기술적 실수'라며 정정 신청을 한 것이었다. 물론 이러한 정정도 제대로 된 것은 아니었다. 왜냐하면 테라토마 실험 자체가 환자의 줄기세포로 한 것이 아니기 때문에 전혀 의미가 없는 것으로 드러났기 때문이다.

기자회견을 마치고 황 교수가 퇴장할 때, 회견장에 모인 사람들은 마치 백의종군하는 이순신 장군을 바라보듯 황 교수를 대했다. 일부 기자는 퇴장하는 황 교수를 위해 "더 이상 카메라로 찍지 맙시다"라며 배려하는 모습을 보였다. 기자가 취재 현장에서 카메라를 놓는 순간 이미 그는 기자가 아니라는 사실도 잊은 채 몇몇 기자들은 숙연한 자세로 카메라를 놓았다. 그들은 마치 무엇인가에 홀린 사람들 같았다.

저녁 7시에 김형태 변호사를 만났다. 줄기세포 재검증 일정을 논의하기 위한 자리였는데, 최승호 팀장과 김현기 PD가 동석했다. 이 자리에서 뜻밖의 이야기를 들었다. 이른 새벽부터 황 교수가 김 변호사의 자택을 찾아왔다는 것이었다. 그 자리에서 황 교수는 재검증에 임할 수는 없으며, 다만 3개월 정도 시간을 주면 줄기세포를 시연해 보겠다고 제안했다. 이틀이면 검증이 끝나는데, 3개월이나 불편하게 시연하는 과정을 갖는 것은 아무래도 이해가 가지 않는다고 김 변호사는 말했다고 한다. 이때 김 변호사는 줄기세포에 심각한 문제가 있다는 것을 직감했다고 한다. 그러나 자신은 제3의 심판관으로서 황 교수의 뜻을 〈PD수첩〉팀에 전달하겠다고 약속했다고 한다.

그러고 나서 김 변호사는 황 교수가 꺼내 보여 주는 기자회견문을 보았다고 한다. 기자회견문은 아주 짧고 간명했는데, 내용은 대단히 모호하고 추상적인 것이었다고 한다. 또한 줄기세포허브 소장직에 대한 이야기도 없었다고 한다. 김 변호사는 충심으로 '이런 식의 립 서비스 기자회견문'으로는 국민을 설득할 수 없으니 난자 문제에 관해 솔직하게 국민들에게 밝히는 것이 좋겠다고 제안했다고 한다. 또 줄기세포허브 소장직을 사퇴하고 백의종군하는 것이 좋겠다는 제안도 했다고 한다. 이러한 제안에 대해 황 교수는 처음엔 머뭇거렸지만, 김 변호사의 충정 어린 설득에 마침내 소장직을 내놓는 것을 수용했다고 한다.

김 변호사는 당일 기자회견에서 황 교수가 대단히 솔직하게 고백한 것으로 알고 있었다. 우리는 난자 문제에 관한 우리의 취재 내용을 전해 주었고, 오늘의 기자회견이 거짓으로 가득 차 있다는 것을 알려 주었다. 김 변호사는 믿을 수 없는 일이라며

진실, 그것을 믿었다

충격을 받은 표정이었다. 우리는 관련 증거자료를 김 변호사에게 보여 주었다. 아울러, 3개월 후에 시연해 보이겠다는 황 교수의 제안을 받아들일 수 없다는 것을 분명히 했다. 2002년 후반부터 3년 동안 황 교수팀이 줄기세포 연구를 했으나, 우리는 환자의 줄기세포가 하나라도 만들어졌다는 증거를 찾을 수가 없었다. 당시에 우리는 황 교수팀 연구에 1,000개 이상의 난자가 사용되었을 것으로 추정했다. 그러나 실제로는 2,000개 이상이 사용되었다. 3년 동안 그렇게 많은 난자를 사용하고서도 여전히 성과가 없다면, '3개월'이라는 기한은 그야말로 정치적인 것으로 봐야 한다고 우리는 판단했다. 그만큼 시간을 벌어서 그 사이에 〈PD수첩〉팀을 침몰시키려는 노회한 술책으로밖에 보이지 않았다.

황 교수는 이쯤에서 타협하자고 우리를 유혹하고 있었다. 3개월 시연 과정 전체를 〈PD수첩〉팀에 공개하면서 다양한 볼거리를 제공하겠다고 제안했다고 한다. 자기가 많은 뉴스 거리와 볼 만한 그림들을 제공할 테니 '서로 좋은 방향에서' 대충 덮고 가자는 현실적인 제안이었던 것이다. 만약에 황 교수가 줄기세포 몇 개라도 만들어 놓았더라면, 우리는 정말 고뇌가 깊었을 것이다. 그러나 줄기세포가 단 한 개도 만들어지지 않았을 가능성이 큰 상황에서 이러한 타협을 받아들이는 것은 죄악이었다. 그 순간 나는 '저널리스트'가 아니라 거래를 하는 '장사꾼'으로 전락하는 것이었다. 세상에는 저널리스트가 해야 할 일과 장사꾼이 해야 할 일이 따로 있다. 그 두 개를 넘나드는 것은 받아들일 수 없는 것이었다.

공작이
MBC를 삼키다

허위 보고에 둘러싸인 대통령

11월 24일, 《네이처》지의 시라노스키 기자가 메일을 보내왔다. 그렇게 일을 잘 마무리했는데, 〈PD수첩〉 제작진이 그런 비난을 참아 내야 한다는 사실이 너무 안타깝다는 내용이었다. 황 교수의 기자회견은 〈PD수첩〉을 비난하는 여론에 기름을 끼얹었고, 간간이 얘기되던 '〈PD수첩〉 광고 폐지운동'이 현실적인 힘으로 움직이기 시작했다. 인터넷상에서 광고 폐지운동은 대단히 조직적으로 확산되고 있었다. 12개 회사의 광고주들에게 전화와 인터넷 댓글 압력이 지속적으로 이어지고 있었다.

이 흐름의 중심에는 〈아이러브 황우석〉이라는 인터넷 카페가 있었고, 각종 포털 사이트들은 〈PD수첩〉 광고 폐지운동을 앞다퉈 보도했다. 마치 일제시대 '국채보상운동'이나 되는 양 한껏 치켜세우는 기사들도 눈에 띄었다. 이미 인터넷 검색어 상위 순위에 '한학수'와 'PD수첩'이 올라 있었다. 인터넷상에서 나는 이미 '공공의 적'이 되어 있었다. 척수 장애인 단체들의 1인 시위도 이어졌다. 나는 장애인들의 시위에서 안쓰러움을 느꼈다. 절대로

진실, 그것을 믿었다

그들을 미워할 수가 없었다.

다른 프로그램에도 여러 가지 어려움이 닥쳐오고 있었다. 섭외가 안 되거나 이미 이뤄진 섭외가 일방적으로 중단되는 사례도 보고되었다. 보도국 쪽에서도 MBC에 대한 국민들의 반감이 취재 현장에서 피부로 느껴진다고 호소했다. 회사 내의 압력이 만만치 않았다. 그렇다고 우리가 줄기세포 진위 문제에 대해서 취재한 내용을 공개할 수도 없는 상황이었다. 최승호 팀장은 11월 25일 사내 인트라넷 게시판에 호소문을 올렸다.

〈PD수첩〉을 믿어 주십시오. 〈PD수첩〉 방송으로 가뜩이나 어려운 회사를 더욱 흔들어 놓은 것이 아닌가 생각되고 죄송스럽기도 합니다. 네티즌들이 격렬하게 항의하고 토요일에는 촛불시위에다 다음 주부터는 척수 장애자들이 시위를 하며 광고까지 영향을 받는다는 기사가 나오고 있으니 사우들에게 너무 큰 부담을 드리고 있는 것 같습니다. 그러나 저희 제작진에게는 반드시 부정적인 반응만 접수되고 있는 것은 아닙니다. 많은 과학 전공자들이 제작진을 격려하는 메일을 보내고 있습니다. 그분들은 손기술에만 치중해 윤리 문제를 등한시해 온 한국 과학계의 문제가 공론화된 것이 장기적으로는 큰 도움이 될 것이라고 말하고 있습니다. 〈PD수첩〉 제작진이 말씀드리고 싶은 것은 길지 않은 시간 내에 시청자들에게 우리의 충정과 진실을 전달할 수 있을 것이라는 점입니다. 지금 MBC와 〈PD수첩〉이 당하고 있는 온갖 공격은 한국 사회의 한계와 질곡을 적나라하게 드러내고 있습니다. 이성보다 감정을, 과정보다 성과를 중시해 온 곪디 곪은 현실이 드러나 폭발하고 있는 상황이라고 생각합니다. 〈PD수첩〉 제작진은 조심스럽게 그러나 단호하게 이 현실의 모순을 분명히 보여 줄 준비를 해 나가고 있습니다. 지금 모든 것을 털어놓고 말씀드리지 못하는 점을 이해해 주시고, 잠시만 더 저희를 믿고 인내해 주실 것을 부탁드립니다. 감사합니다.

- 2005년 11월 25일, 최승호 팀장의 사내 기고문

11월 25일 밤에 나는 제보자 K와 통화를 했다. 황 교수의 해명 기자회견 이후 후폭풍이 심상치 않으니, 부디 우리를 도와 달라는 것이었다. 시민단체와 함께 기자회견을 하되, 제보자가 얼굴을 내밀지는 않은 채 '익명의 제보자가 공개하는 기자회견'을 하자는 것이었다. 시민단체에서 대리인을 내세워 제보자의 제보 내용을 공개하는 방안이었다. 그러나 K는 이 방안을 숙고한 끝에 "아직은 때가 아니다"고 답변했다. 버틸 만큼 버텨 보되, 모든 진실이 덮일 위기에 처하면 그때 자신도 얼굴을 공개한 상태에서 기자회견을 할 수 있다는 것이었다. 우리도 사면초가였지만, 더 이상 제보자에게 부담을 줄 수는 없었다.

MBC에서는 최승호 팀장과 나에 대한 신변보호 요청이 검토되고 있었다. 나는 이 무렵부터 사설 경호팀의 신변 보호를 받았다. 최승호 팀장은 사태가 끝날 때까지 경호 요청을 받아들이지 않았는데, '자신은 잘못한 것이 없을 뿐 아니라, 그런 경호가 자

진실, 그것을 믿었다

신의 성향에도 맞지 않는다는 것'이었다. 그야말로 '국민이 때리면 맞겠다'는 자세였다.

집으로 돌아와서 나는 아내와 상의했다. 앞으로 닥칠 일들이 만만치 않을 것이니 가족의 신변보호를 위해 뭔가 조치를 취해야 했다. 일단 현재 살고 있는 집을 떠나야 한다는 상황인식은 같았다. 서로가 사태의 심각함을 느끼고 있었다. 이미 다섯 살짜리 큰아들은 다니던 어린이집에 나가지 않고 있었다. 납치나 테러의 위험 때문이었다. 아내는 다섯 살짜리 아들과 100일을 갓 넘긴 둘째 아들을 데리고 지방으로 피신하기로 했고, 나도 다른 곳에서 출퇴근을 하기로 했다. 둘째 아들은 이 사태 때문에 100일도 못 챙겨 먹는 불운을 맞았다. 우리는 다음 날 전격적으로 흩어졌다. 나는 세면도구와 간단하게 입을 옷 몇 개를 챙겨 들고 집을 나섰다. 언제 다시 우리 가족이 만날지 기약할 수 없었다. 사태가 진정되면 모두 다시 집으로 돌아오리라는 막연한 희망뿐이었다.

11월 26일 토요일, 〈PD수첩〉의 광고가 모두 없어졌다는 소식이 이어졌다. 한국 사회에서는 두 번의 굵직한 광고 탄압이 있었다. 첫 번째는 1970년대 박정희 정권이 저지른 '《동아일보》 광고 탄압'이었다. 《동아일보》 광고 사태 때는 진실을 보도하려는 신문사를 정권이 탄압했지만, 그에 반발하는 국민적 여론이 들끓었다. 그러나 2005년 한국 사회에서는 황 교수를 지지하는 네티즌들이 진실을 보도한다는 이유로 언론사 MBC와 〈PD수첩〉을 압박한 것이었다. 네티즌들의 논리는 '진실보다는 국익'이었는데, 이처럼 진실을 보도한다는 이유로 국민들이 나서서 개별 프로그램을 압박한 것은 언론사상 초유의 일이었다.

이날 MBC 앞에서는 〈PD수첩〉에 항의하는 촛불시위가 예정되어 있었다. YTN에서는 이 상황을 중계차까지 동원하면서 몇 시간 전부터 보도하고 있었다. 확실히 YTN 앵커는 격앙되어 있었고, 나는 YTN의 보도 태도가 너무 심하다고 생각했다. 분명히 〈PD수첩〉이 방송했던 난자의혹은 사실로 입증되었고, 황 교수도 방송에 보도된 것은 모두 사실이라고 인정한 것이 아니던가? 그런데 국민의 감정을 빌미삼아 언론사가 이토록 흥분하는 것은 문제라고 생각했다. 나는 나중에 이러한 YTN의 '정도를 벗어난 보도행태'를 정확하게 되짚어 줄 필요가 있다고 생각했다. 우리는 YTN의 당시 보도를 카메라로 촬영해 두었다. 그러나 당시에 이미 YTN과 황 교수 사이에 물밑에서 무엇인가 교감하고 있는 것을 그때는 몰랐다.

촛불시위는 5시경부터 시작되었고, 50여 명이 참석했다. 그들은 폭력을 행사하지는 않으나, 단호하게 〈PD수첩〉 방송을 반대하고 있었다. 10층에서 나와 팀장 그리고 국장은 창문 아래에서 벌어지는 촛불 시위를 착잡한 심정으로 바라보았다. 2002년 12월, 미군 장갑차에 사망한 두 여중생을 추모하며 일어난 최초의 촛불 시위에 도화선을 당긴 것이 바로 나와 당시 〈PD수첩〉 팀장이던 최진용 국장이 아니던가? 참으로 역사의 아이러니였다.

진실, 그것을 믿었다

정의를 위해 일어난 촛불 시위가 오늘에 이르러 '진실을 덮으라'는 촛불로 우리에게 다가오고 있는 것이었다. 이날 강원래, 김송 부부가 이 시위에 참석했다. 이 부부의 애틋한 사연을 잘 알고 있는 나로서는 여간 마음이 심란하지 않았다. 황 교수가 환자 줄기세포를 홍보하기 위해 강원래 씨를 얼마나 앞세웠는지 너무 잘 알고 있었기 때문에 더욱 착잡했다. 이 부부야말로 두말할 나위 없는 피해자인 셈이었다. 어찌 이 부부뿐이겠는가? 어찌 보면 전 세계의 모든 장애인이 피해자 아닌가?

11월 27일은 일요일이었다. 이날 집에서 《중앙일보》 기자의 전화를 받았다. 노무현 대통령의 기고문에 대해 어떻게 생각하느냐는 것이었다. 무슨 일인가 싶어 확인해 보니, 중대한 일이 일어나고 말았다. 노 대통령은 청와대 홈페이지에 〈줄기세포 언론 보도에 대한 여론을 보며〉라는 글을 올렸다.

막상 MBC의 이 보도가 뭇매를 맞는 모습을 보니 또 다른 걱정으로 가슴이 답답해진다. 관용을 모르는 우리 사회의 모습이 걱정스럽다. 비판을 용납하지 않는 획일주의가 압도할 때 인간은 언제나 부끄러운 역사를 남겼다. 항의의 글, 전화쯤이야 있을 수도 있는 일일 것이다. 그 정도는 기자와 언론사의 양심과 용기로 버틸 일이다. 그러나 광고가 취소되는 지경에 이르면 이것은 이미 도를 넘은 것이다. 저항을 용서하지 않는 사회적 공포가 형성된 것이다. 이 공포는 이후에도 많은 기자들로 하여금 취재와 보도에 주눅 들게 하는 금기로 작용할지 모른다.

각자에게 자기의 몫이 있다. 기자들은 기자들이 할 일이 있다. 그것을 인정하고 존중할 줄 아는 사회가 민주주의 사회이다. 서로 다른 생각이 용납되고 견제와 균형을 이룰 때 상식이 통하는 사회가 만들어진다. 이런 걱정이 되던 차에 반가운 기사 하나를 발견하고 다소 마음이 놓인다. '일그러진 애국주의가 번진다'는 《한겨레신문》 기사다. "아! 그래도 우리 사회에 비판적 지성이 살아 있구나." 물론 《한겨레신문》도 좋을 때보다 불만스러울 때가 훨씬 많다. 신문이니까. 그래도 나는 이런 기사에서 미래를 본다. 반가운 김에 《한겨레신문》 기사 전문을 소개한다.

11월 27일 대통령 노무현

– 노무현 대통령의 청와대 홈페이지 기고문에서

여기까지는 아무런 문제가 없었다. 오히려 광고 탄압과 같은 파시즘적인 행태에 대해서 경계하는 심정이 느껴졌다. 그러나 문제는 여기에 있는 것이 아니었다. 다른 부분에서 언급된 내용은 일방적으로 황 교수에게 경도된 허위 보고에 바탕을 둔 것이었다.

황우석 교수 줄기세포에 관하여 MBC 〈PD수첩〉에서 취재를 한다는 보고가 있었다. 처음 취재 방향은 연구 자체가 허위라는 것이었다. 그리고 그 일로 황 교수가 매우 힘들어한다는 것이었다. 참으로 황당한 일이었다. 수십 명의 교수, 박사들이 황 교수와 짜고 사기극을 벌

진실, 그것을 믿었다

이고 있고, 세계가 그 사기극에 놀아나고 있었다는 말인가? 도저히 납득이 가지 않는 일이었다. 그렇다고 대통령이 나서서 뭐라고 할 수 있는 일도 아니었다. 안타깝고 답답한 일이지만 경과를 지켜보는 수밖에 없었다.

얼마 후부터는 난자 기증을 둘러싼 문제가 보도되기 시작했다. 그러고 며칠 후, 과학기술보좌관이 MBC 〈PD수첩〉에서 난자기증 문제를 취재하는데, 그 과정에서 기자들의 태도가 위압적이고 협박까지 하는 경우가 있어서 연구원들이 고통과 불안으로 일이 손에 잡히지 않는다는 보고를 하면서 무슨 대책을 의논해 왔다. 이 자리에서는 취재의 동기와 방법에 관하여도 여러 가지 이야기가 있었다. 물론 호의적인 이야기는 아니었다. (중략) 나도 MBC의 이 기사가 짜증스럽다. 그리고 취재의 계기나 방법에 관하여도 이런저런 의심을 하는 이야기를 듣기도 했다. 그리고 연구과정의 윤리에 관하여 경각심을 환기시키는 방법이 꼭 이렇게 가혹해야 할 필요까지 있을까 하는 생각도 있다.

- 노무현 대통령의 청와대 홈페이지 기고문에서

현재 줄기세포 재검증이 진행되고 있는 와중에 급작스럽게 수면 아래의 '논문 조작 문제'가 불쑥 튀어나온 것이었다. 이 과정에서 〈PD수첩〉에 대한 악의적인 허위 내용들이 여과 없이 공개되었으며, 대통령 자신도 사태의 심각성을 제대로 보고받지 못하고 있다는 것이 드러났다. 우리가 취재하고 있는 내용이 얼마

청와대를 방문해 기념 촬영을 한 황 교수팀.

나 진지하고 중대한 것인지 온전히 전달받지 못한 채 대통령은 "짜증스럽다"고 선언한 것이었다.

〈PD수첩〉팀은 긴급 대책회의를 했다. 이제 대통령이 논문 진위문제를 거론한 이상, 이제 우리가 이 문제를 취재해 왔다는 것을 숨길 수가 없다는 것이 중론이었다. 우리의 취재 내용을 온전히 공개할 수는 없지만, 우리가 논문 자체를 의심하고 있으며 황 교수와 합의하에 검증이 진행 중이라는 것을 드러낼 수밖에 없는 것이었다. 그러나 우리로서도 짜증이 났다. 숨 고르기를 하면서 결정적인 국면을 잡아야 하는 상황에서 우리가 너무 일찍 본게임을 맞이하게 된 것이었다.

이제 수면 아래에서 진행되던 격렬한 검증 작업이 그대로 몸통을 드러낼 순간이 다가오고 있는 것이었다. 피하래야 피할 수

진실, 그것을 믿었다

없는 전쟁이 '대통령의 기고문'을 계기로 표면화되었다. 이미 취재 초기부터 예견된 것처럼 운명을 건 한 판 승부가 기다리고 있었다. 줄기세포는 가짜가 아니면 진짜였고, 그 가운데 어정쩡한 것은 없었다. 링 위에 오른 황 교수와 나, 둘 중에 하나는 치명상을 입을 터였다. 이것은 기권도 받아들여지지 않는 멈출 수 없는 '죽음의 경기'였다. 링 밖에 있는 수많은 사람들이 일방적으로 그리고 때로는 극렬하게 황 교수를 응원하고 있었다. 어떤 사람들은 반칙을 해서라도 〈PD수첩〉의 목을 잘라야 한다고 생각했는데, 그들은 은밀하게 공작工作을 진행시키고 있었다.

협상 결렬,
황 교수가 계약을 파기하다

11월 27일 밤, 피츠버그에 있는 박종혁 연구원에게 메일을 썼다. 김선종 박사의 건강에 대한 문안과 함께 그 구체적인 입원 정황에 대해서 묻는 내용이었다. 《네이처》지의 시라노스키 기자로부터 편지를 받았다. "참고 견디면 모든 것이 해결될 것이다. 한국에는 얼마 없지만, 당신들을 조용히 지지하는 사람들이 세계에 많이 있다"는 내용이었다. 시라노스키 기자와는 직접 만난 적이 없지만, 왠지 모를 동료애가 느껴졌다.

11월 28일 오후 2시에 나는 서울대 법의학과 이윤성 교수를 찾아갔다. 아이디진의 줄기세포 검증 결과에 대한 법의학적 해석을 위해서였다. 줄기세포의 실체를 공개하지 않고 인터뷰를 먼저 했다. 대답은 간명한 것이었는데, 결과가 나온 2번과 4번의 경우 재론의 여지없이 가짜라는 것이었다. 인터뷰를 잠시 중단하고 나는 이 줄기세포가 바로 황 교수의 줄기세포라고 밝혔다. 이윤성 교수는 "내가 또 코 꿰였군" 하며, 담배를 빼들었다. 그리고 연달아 몇 개비의 담배를 피웠다. 엄청난 사안에 대해서 자신이 법의학적 해석을 한 것이었다. 이 교수는 한국 과학계가 걱정된다면서 괴로워했다. 그러나 아무리 황 교수 관련 사안이라고 해도 자신의 본래 법의학적 해석을 번복할 뜻이 없다는 것을 분명히 했다. 외부 상황 때문에 자신의 법의학적 소신을 바꾸지는 않았다.

이후에 우리는 전남대 법의학과 박종태 교수와 미국의 법의학자 코빌린스키를 인터뷰했는데, 그 법의학적 해석은 이윤성 교수와 대동소이했다. 한국의 법의학자들은 우리와 인터뷰한 대가로 그 뒤 여러 가지 어려움에 처했다. 수많은 기자들이 이 법의학자들과 만나거나 전화 통화를 한 뒤, 그 내용 중에서 일부만을 확대해석하면서 황 교수를 옹호하는 기사를 양산해 냈다. 힘 있는 사람들 또한 이들로부터 결과를 알아내기 위해 그리고 이들이 〈PD수첩〉과 한 인터뷰를 뒤집기 위해 다양한 경로로 법의학자들을 괴롭혔다. 그렇지만 이 법의학자들은 자신의 법의학적 해석 결과를 바꾸지 않았다. 법의학적 소신을 지킨 세 분의 법의학자에게 당시에 깊은 고마움을 느꼈다.

오후 3시에 최승호 팀장은 MBC 보도국장과 문화과학부장 그리고 과학기자들에게 〈PD수첩〉의 취재 내용을 요약해서 설명해 주었다. 방송사 내부적으로 이 사안에 대한 최소한의 공감대가 필요한 시기였다. 오후 5시에는 최문순 사장과 제작본부장, 보도본부장, 보도국장, 시사교양국장이 참여하는 회의가 열렸다. 이 자리에서 12월 6일로 예정된 〈PD수첩〉 방송을 차질 없이 진행한다는 데 합의가 이뤄졌다. 다만, 국민들이 받을 충격을 최소

화하면서 어떻게 국민감정을 추슬러 갈 것인지에 대한 다각적인
대책 마련도 함께 토론되었다.

저녁 7시에 우리는 황 교수팀과 약속이 예정되어 있었다. 줄
기세포 재검증 문제에 대해 황 교수팀이 최종 입장을 전하기로
되어 있었다. 명동의 커피숍에서 만남이 이뤄졌는데, 이 자리에
는 최승호 팀장과 나 그리고 황 교수의 대리인으로 윤태일 씨가
참석했다. 김형태 변호사가 이 자리에 합석해 참관했다. 우리는
먼저 윤태일 씨의 자격과 이름이 무엇인지 물었다. 당시까지만
해도 윤태일 씨는 기관원일 것이라고 추정하고 있었기 때문이기
도 했고, 그 만남의 성격을 공식적으로 확실히 해 둘 필요가 있
기 때문이기도 했다. 윤태일 씨는 이름을 밝힌 뒤, 자신은 황 교
수의 대리인 자격으로 나왔으며 지난 몇 년 동안 황 교수의 지인
이자 '자원봉사자'로서 황 교수에게 도움을 주고 있다고 말했다.

윤태일 씨는 "줄기세포 재검증은 절대 없다. 황 교수팀 팀원
들의 반발이 너무 심하여 1차 검증에 임한 사실까지도 황 교수
가 욕을 먹고 있다"고 전했다. 과학자로서 그래서는 안 되는 것
이었는데 판단착오로 〈PD수첩〉과 검증 작업을 하게 되었고, 지
금은 황 교수가 무척 후회하고 있다고 부연했다. 김형태 변호사
는 "재검증이 이틀이면 끝나는데, 재검증을 하고 깨끗하게 마무
리하는 게 좋지 않겠느냐"고 의견을 내놨다. 우리 또한 재검증을
하지 않은 상태에서 지난번 1차 검증의 결과를 방송했을 때 겪게
될 국민들의 혼란을 거론하며 재검증에 임해 줄 것을 요청했다.

진실, 그것을 믿었다

그러나 윤태일 씨는 재검증에 임할 수 없다는 점을 분명히 했다. 그렇다면 지난번 1차 검증 결과에 대한 황 교수 측의 반박 인터뷰라도 해 달라고 했으나, 이마저도 거절당했다. 협상은 결렬되었다. 황 교수 측이 계약서까지 써 가면서 재검증을 하자고 하더니, 스스로 계약 자체를 일방적으로 파기한 것이었다. 서로가 안타까운 일이라며 헤어졌다.

이날 낮에 김형태 변호사는 청와대 김병준 정책실장을 만났다. 김 변호사는 안규리 교수를 통해 이 사안에 자신이 개입하게 된 정황과 그 뒤에 진행된 상황, 〈PD수첩〉의 취재 내용 등에 대해서 가감 없이 전했다고 한다. 그러나 김 변호사가 보기에 김병준 정책실장은 이 말들을 진지하게 받아들이지 않았다고 한다. 최고급 정보를 제3자가 나서서 전해 주었는데도 청와대 정책실장이 묵살해 버린 꼴이었다. 우리는 이날 헤어지면서 김 변호사로부터 이런 말을 들었고, 김 변호사는 "앞일이 걱정"이라며 멀어져 갔다. 김 변호사의 어깨가 한층 무거워보였다.

11월 29일, 황 교수는 그동안 받아 오던 3부 요인급 경호를 물리치며 칩거생활을 6일째 이어 가고 있다고 언론에서는 보도했다. 안규리 교수는 미국에서 귀국했으나, 별다른 인터뷰를 하지 않았다. 〈PD수첩〉은 '소득 100만 원의 진실?'이라는 프로그램을 광고 없이 방송했다. 이날 〈PD수첩〉은 당일 방송 내용보다도 앞으로 '황 교수 관련 아이템을 다시 방송할 것인가'에 대해서 어떤 입장을 취할지가 초미의 관심거리였다. 최승호 팀장은 '황우석 신화의 난자 의혹' 방송 이후 〈PD수첩〉의 취재 과정에 대해 제기된 여러 가지 의혹에 대해서는 "취재 과정에서의 위협과 협박에서부터, 제보자가 처음부터 잘못된 제보를 했다는 내용까지 일일이 설명하기 어려운 의혹이 있다"고 말한 뒤, "제대로 설명되려면 왜, 어떤 내용을 어떻게 취재했는지 말씀드려야 할 것 같다"면서 후속 보도를 통해 모든 내용을 공개하겠다고 밝혔다.

《딴지일보》의 김어준 총수는 《매일신문》에 기고한 글에서, 〈PD수첩〉의 보도를 2002년 월드컵 이탈리아전 안정환의 핸들링 골 보도에 비유하는 기상천외한 상상력을 보여 주었다. 그는 이기면 됐지 핸들링 골이면 어떻고 헤딩 골이면 어떠냐고 암시하면서 〈PD수첩〉의 철없음을 꾸짖었다. 김어준 씨는 이후에도 지속적으로 근거 없는 '음모론적 시각'을 드러내는 글을 기고하면서 〈PD수첩〉을 공격했다. 평소에 《딴지일보》의 '발칙한 상상력과 성역 없는 똥침 놓기'를 좋아했던 나로서는 여간 실망스러운 것이 아니었다.

싸움의 성격이 무엇인지 그리고 무엇을 다투는 것인지 정확히 모르는 사람들이 엉겁결에 싸움판에 끼어들 때가 있다. 그들은 링 위에 오른 선수들이 어떤 무기와 비책을 가지고 있는지 모른 채, 그저 한순간의 인상이나 그동안의 관성에 의해 싸움에 참여했다. 그런 사람들은 대부분 황 교수가 '정의의 사도', 한편으로 〈PD수첩〉팀은 '매국노'라는 식의 단선적인 인상을 갖고 있었다. 전문적인 식견이나 정보에 의존하지 않고, 이런 식의 '인상

비평'에 의존했던 사람이 바로 당시 유시민 의원과 정치평론가 유창선 씨였다. 유시민 의원은 전남대 강연에서 "〈PD수첩〉이 검증할 바에는 차라리 제가 검증하는 게 낫겠다"고 말하며 〈PD수첩〉팀을 비웃었고, 유창선 씨는 "일그러진 진보주의가 나라를 망치고 있다"고 일갈하며 칼춤을 추었다.

이러한 논객들과는 전혀 반대의 위치에 홍세화 씨와 진중권 씨가 있었다. 이들은 우리로부터 눈곱만큼의 정보도 얻지 못한 채 냉정하게 글을 썼다. '비뚤어진 애국주의 광풍'에 대한 지적을 비롯하여 우리 사회의 '성과 지상주의' 등에 대한 고찰은 너무나 인상적인 글들이었다. 이들은 자신이 모르는 부분에 대해 무리하게 음모론을 들이대며 천박하게 해석하지 않았고, 현상의 이면에 숨겨져 있는 구조적 본질을 당당하게 표현했다. 사회 전체가 황우석 신화에 열광할 때, '아닌 것은 아니라'고 말한 사람이 몇이나 있는가? 사람은 어려운 길을 통과할 때, 그 인간됨의 진정한 깊이가 드러나는가 보다.

논문 진위 문제로 급하게 의제가 바뀌면서 모든 언론이 우리를 주시했고, 아울러 거의 대부분의 기자들이 〈PD수첩〉팀을 적대시했다. 황 교수와 관련해 지난 몇 년 동안 기사를 써 왔던 기자들일수록 우리에 대한 적대감은 큰 것으로 보였다. 어쩌면 황 교수와 관련된 지난 몇 년의 자기 기사가 모두 오보가 될 수 있다는 사실을 누구보다 잘 알고 있기 때문이기도 했을 것이다.

11월 30일, 〈아이러브 황우석〉카페에서는 'MBC 및 〈PD수첩〉

에 대한 우리의 입장'을 발표했다.

우리는 11월 28일까지 MBC에 대하여 최문순 사장의 공개사과와 〈PD수첩〉 책임자의 문책을 요구했으나, MBC는 이에 대해 묵살하는 태도로 일관하고 있습니다. 아니 한 걸음 더 나아가 일개 PD가 황우석 박사님의 논문을 검증하겠다는 웃지 못할 시도로 화답하고 있습니다. 우리는 앞으로 다음과 같은 5대 운동을 전개하겠습니다.

1) MBC 최문순 사장의 사과 및 〈PD수첩〉 책임자 문책을 위한 서명 운동

2) PD수첩과 〈MBC 뉴스데스크〉 광고 거부운동

3) MBC 시청률 0%를 달성할 때까지 시청 거부운동

4) 1인 촛불시위를 MBC 지역방송국으로 확대하는 운동

5) 지속적인 난자기증운동

이 운동은 세계 최초로 전개되는 운동입니다. 〈난자기증을 위한 재단 준비모임〉 등과 연대하여 정부기관, 전문기관과 함께 IMF 때 금 모으기 운동처럼 세계인의 가슴을 울리는 운동으로 전개하겠습니다.

〈아이러브 황우석〉 운영자 일동

- 'MBC 및 〈PD수첩〉에 대한 우리의 입장'에서

이 카페는 '빈주' 윤태일 씨와 같은 황 교수 측 사람들이 조직적으로 주도하는 곳이었지만, 여기에는 수많은 자발적 지지자들이 참석하고 있었다. 민족주의적 열정에 치우친 사람, 특허를 수

진실, 그것을 믿었다

호하는 것이 무엇보다 중요하다고 믿는 열광자들, 미국이 깊이 개입했다는 등의 다양한 음모론에 휩쓸린 사람들, 그리고 무엇보다 황 교수가 그럴 사람이 아니라고 믿는 사람들 등의 다양한 에너지들이 합쳐져서 상승작용을 일으키는 곳이었다. 이들 중에 일부는 자해를 했고 심지어는 분신에까지 이르는 비극을 맞았다. 누가 이들을 이렇게까지 내몰았는가? 자신의 무책임한 글과 철없는 선동이 선량한 사람을 죽음으로까지 몰았을 때, 이 흐름의 주요 논객들과 인터넷 사이트들은 최소한의 도덕적 반성을 해야 하지 않았을까? 아무리 거짓과 조작의 증거가 드러나도 황 교수를 끈질기게 옹호하는 흐름에 일부 인터넷 매체들이 사활을 걸고 나섰는데, 《서프라이즈》나 《폴리뉴스》, 《자주민보》 등이 그랬다.

황 교수팀의 이병천, 강성근 교수 등은 자신들이 검증을 받는 것 자체가 우스운 일이라며 여론을 호도했고, 〈PD수첩〉팀이 일방적으로 자신들을 괴롭혀서 연구에 지장이 있다는 식으로 언론 플레이를 하고 있었다. 나는 〈PD수첩〉팀이 받은 줄기세포는 황 교수 측과 합의하에 받은 것이라는 점과 함께, 제3자 변호사 및 황 교수 측 과학자가 이 과정에 참여했다는 사실을 언론에 공개했다. 황 교수팀이 과학이 아니라 여론에 호소하면서 우리를 압박하고 있었기 때문에, 우리는 이에 대해 적절하게 대응하지 않으면 안 되었다. MBC와 〈PD수첩〉이라는 언론 전문가들을 상대로 '언론 플레이'를 하는 희한한 과학자 집단과 우리는 맞닥뜨려 있었다. 그들은 연구보다는 언론 플레이 부문에서 놀라운 재주를 발휘했다.

이날 오후 4시에 보도국 특별 취재팀과 2시간 동안 회의를 가졌고, 우리가 가진 정보를 모두 공개했다. 우리는 이때 아이디진에 우리가 2차에 걸쳐 줄기세포를 맡겼다는 사실을 굳이 말하지 않았는데, 이것은 판단 착오였다. 사소한 부분이기에 사안을 복잡하게 할 필요가 없다고 생각했는데, 그야말로 순진한 생각이었다. 나중에 MBC와 타 언론사 기자들은 왜 아이디진에 한 번이 아니라 두 번에 걸쳐서 줄기세포를 맡긴 것을 공개하지 않았냐고 우리를 추궁했다. 과학적으로는 사소한 것일 수 있지만, 그런 사소한 것이 뭔가 저의가 있는 노림수로 충분히 오인될 수 있는 상황이었다. 우리는 한 치의 숨김도 없이 모든 것을 드러내야 했다. 우리들의 오류와 한계까지 모두 드러내며 발가벗어야 했다. 한국에 있는 모든 언론사의 기자들이 우리의 입을 주목하며 '우리를 검증'하고 있었다. 이렇게 판이 클 때일수록 더욱더 정직하게 모든 것을 공개해야 했다. 사소한 어떤 것도 결코 사소한 것으로 보아 넘겨지지 않았다.

비록 수많은 기자들이 〈PD수첩〉팀을 악의적으로 공격하는 기사를 썼지만, 여전히 우리는 우위에 있었다. 그것은 상식적인 의문 때문이었다.

'이틀이면 검증이 끝나는데, 왜 황 교수팀이 재검증에 응하지 않지? 논문이 진실하다면 깔끔하게 검증하면 될 텐데……뭔가 줄기세포에 문제가 있는 것 아냐?'

진실, 그것을 믿었다

안규리 교수와 YTN 기자는
왜 미국에 갔을까

12월 1일, 안규리 교수와 윤현수 교수 그리고 YTN 김진두 기자가 미국으로 출국했다. 이들은 비밀스럽게 출국했고, 이들을 취재하려는 많은 기자들을 따돌리기 위해 행선지를 중도에 바꾸기도 했다. 나중에 밝혀진 바에 따르면 칩거하고 있다던 황 교수와 이병천, 강성근, 안규리 교수와 윤태일 씨 등이 경기도 일원에서 여러 차례 대책회의를 한 것으로 드러났다. 이러한 대책회의의 최종 결과가 바로 안규리 교수의 미국행이었다.

이미 윤현수 교수는 11월 중에 미국을 다녀왔는데, 명목상으로는 김선종 연구원의 입원에 대한 위로 방문이었다. 윤 교수가 출국하는 날, 황 교수를 경호하던 국정원 직원은 황 교수로부터 전해 받은 2만 달러의 현금 가방을 윤 교수에게 전해 주었다. 윤 교수는 물론 이 2만 달러를 미국에 있는 김선종 연구원에게 전해 주었다. 윤 교수는 도대체 줄기세포의 진실이 어디에 있는지 확인하고 싶었고, 이것을 자신의 대학 후배인 박종혁, 김선종 연구원에게 직접 묻고 싶었다고 훗날 증언했다. 이미 안규리 교수와 윤현수 교수가 각자 11월 중에 미국에 다녀오면서 황 교수팀은 피츠버그의 상황을 파악하고 있었고, 이번 12월 1일 미국 방문은 이러한 모든 준비의 '최종적인 기획물'이었다.

안규리 교수는 12월 1일에 미국으로 향하면서 비행기 표를 윤현수 교수에게 전해 주었고, 가지고 있던 현금 3만 달러를 1만 달러씩 나눠서 윤현수 교수와 YTN 김진두 기자에게 맡겼다. 1만 달러 이상의 현금을 가지고 출국할 경우 세관에 신고해야 한다는 문제를 회피하기 위해서였다. 미국에 도착한 후, 안 교수는 이 2만 달러를 두 연구원에게 전달했다. 김선종, 박종혁 연구원에게 각각 1만 달러씩을 전달하고, 나머지 1만 달러는 경비로 사용했다. 남은 경비는 안 교수가 서울대 의대 본인의 연구실 금고에 따로 보관하고 있다가, 나중에 서울대 조사위에서 조사가 시작되자 반납했다.

안규리 교수 등이 미국으로 출국했다는 사실을 보도국 조문기 기자가 내려와서 이야기했다. 왜 갔을까? 거기다 기자들을 따돌리면서까지 미국 어디로 가는지? 극비리에 뭔가 추진하는 것 같다는데, 짚이는 것 없냐며 온 것이다. 우리는 너무 방심했다. 이때만 해도 '물증이 있는데, 저들이 어쩌랴' 싶었다. 더더구나 안 교수가 조 기자와 통화하며 울었다고 하지 않는가? 우리는 그녀를 너무 몰라봤다.

- 윤희영 작가의 회고 메일에서

진실, 그것을 믿었다

안규리 교수의 미국행이 어떤 의도로 기획된 것인지 잘 모르기는 황 교수팀 내부도 마찬가지였다. 이 공작은 그야말로 황 교수의 최측근만 알고 있었다. 당시 노성일 이사장은 이 공작의 내막을 몰랐기 때문에, 미국에 있는 KBS 특파원에게 안 교수의 행선지를 알려 주며 취재해도 좋다고 전했다. 안 교수 일행은 기자들을 따돌리고 어떻게든 김선종 연구원을 비밀스럽게 만나야 되는데, 노성일 이사장은 도리어 이런 일은 더 많은 기자에게 알려야 한다며 홍보를 하고 있었다.

이것은 그야말로 황 교수팀의 엇박자였다. 그러나 이런 엇박자는 우연한 것이 아니었다. 황 교수팀에서는 숱한 대책회의를 열었지만, 사실 거기에서는 깊이 있는 이야기를 할 수 없었다. 논문 조작과 직접 관련된 몇몇 사람만이 따로 만나서 비밀리에 논의해야 진정한 대책이 나올 수 있는 것이었다. 여러 사람이 모이는 '공개된 대책회의'와 논문 조작 참여자들의 '비밀스런 대책회의'가 이원화될 수밖에 없는 것이었다. 그리고 논문 조작 참여자들로서는 당혹스럽게도, 공개된 대책회의를 하다보면 '논문이 조작되었다는 사실을 모르고 격앙된 사람들'이 엉뚱한 대책을 내놓는 일도 벌어졌다. 황 교수를 위한다고 내놓은 방안들이 도리어 황 교수의 발목을 잡을 수도 있었다. 그렇다고 그 자리에서 논문이 조작되었다고 실토할 수도 없다는 것이 논문 조작자들의 말 못 할 고민이었다.

이날 MBC 〈뉴스데스크〉에서는 황 교수의 줄기세포에 대한

〈PD수첩〉팀의 검증 결과를 공개했다. 5개의 줄기세포 중 2개가 환자의 DNA와 일치하지 않았고 나머지 3개는 유전자가 검출되지 않았다는 검사 결과를 공개한 것이었다. 한국의 과학계는 일대 충격에 빠졌고, 시청자들은 도대체 이게 무슨 말이냐며 당황해했다.

YTN은 이때 어떤 상황이었을까? 황 교수가 〈PD수첩〉에 줄기세포를 넘기면서 다른 언론기관에서도 똑같이 검증을 하고 있다고 호언했는데, 바로 그 언론사가 YTN이었다. 김진두 기자는 11월 14일경에 황 교수로부터 줄기세포를 받아 고려대 법의학과에 검증을 의뢰했고, 그 결과는 미국에 가기 전에 이미 알고 있었다. 물론, 검증 결과는 《사이언스》 논문과는 다르게 나왔다. 이러한 사실은 《미디어 오늘》의 민임동기 기자에 의해 밝혀진 것인데, YTN은 자신들이 줄기세포 검증을 했고 더구나 그 결과가 《사이언스》 논문과 다르게 나왔다는 사실을 숨기고 있었다.

YTN은 당시 고려대 법의학과의 결과에 대해서 "줄기세포 진위 문제로 보지 않고 단순한 검사 과정의 문제로 인식했을 뿐"이라고 해명했다. 물론 법의학과의 해석을 잘 이해하지 못했다면, 그것은 무능한 것이다. 유전자 검사는 친자 확인처럼 하나도 어려울 것이 없는 것이기 때문이다. 백보 양보해서 설혹 기자의 과학적 지식이 부족하다 할지라도, 이미 줄기세포 진위 문제가 한국 사회를 강타하고 있는 마당이었고, 〈PD수첩〉의 검증 결과가 공개된 상황이었던 점을 감안하면 도저히 이해가 되지 않는 행동이었다.

진실. 그것을 믿었다

YTN은 황 교수의 줄기세포가 잘못되었다는 결정적인 물증을 스스로 가지고 있었음에도, 안규리 교수와 함께 '청부 취재'를 떠난 것이었다. 이것이 과연 언론사로서 할 수 있는 일인가? 이것이 과연 한 명의 기자가 내린 판단이라고 할 수 있을까? 황 교수팀이 모든 언론사를 제쳐 두고 YTN을 선택한 진정한 이유는 무엇일까? YTN이 언론사이기를 스스로 포기하고 '황 교수 개인의 카메라' 역할을 자처한 데에는 어떤 비밀이 숨겨져 있는 것일까? 당시 YTN 홍상표 보도국장과 표완수 사장은 이런 '청부 취재'를 어디까지 지휘했을까?

황 교수팀은 우리를 계속 '아마추어'라고 비난하며 선무당이 애꿎은 과학자를 죽이려 든다는 식으로 공격하고 있었다. 심지어는 악의적인 제보자에 〈PD수첩〉팀이 놀아나고 있다는 근거 없는 말들이 '황 교수팀의 관계자'라는 사람의 발언으로 인용되며 확산되고 있었다. 이날 나는 〈PD수첩〉팀의 간략한 취재 일지를 공개했다. 우리가 한 명이 아니라 '제보자 K, B, C' 세 명으로부터 제보를 받았다는 사실과 함께, 제보를 받은 6월 1일부터 6개월에 걸쳐 장기 취재를 했다는 사실을 공개했다. 아울러, 황 교수와 공식적인 인터뷰를 했고 그동안 진행되어 온 줄기세포 검증 과정도 쌍방 합의하에 이뤄져 온 것임을 밝힌 것이었다.

이때쯤 취재를 깊이 한 일부 기자들은 슬로언케터링 암센터의 존재를 알게 되었다. 황 교수가 굳이 저렇게 재검증을 거부하고 있는 마당에 다른 묘안이 없느냐는 생각을 하게 된 것이고,

〈KBS 스페셜〉에 나온 것처럼 해외에 분양된 황 교수의 줄기세포에 착안하게 된 것이다. 굳이 황 교수로부터 줄기세포를 받지 않아도 해외에서 확인할 수 있지 않겠느냐는 것이었다. 이날 밤 노동조합의 신정수 간사는 나에게 이런 상식적인 질문을 해 왔다.

한 PD,
슬로언케터링 암센터에 가 있는 분양된 줄기세포의 확인 작업은 할 수 없는지? 가령, 시간상으로 문제가 있다면 뉴욕에 있는 PD 특파원이나 기자를 이용하면 되지 않겠는지요?

— 신정수 간사가 보낸 메일에서

힘들 때마다 나를 찾아왔던 바로 그 악마와 같은 유혹의 속삭임! 밤마다 나를 찾아와서 내 귓전을 두들기던 바로 그 유령의 꼬드김! 바로 그 말이었다. 그래서는 안 되는 이유를 나는 답장으로 보냈다. 나라고 왜 슬로언케터링 암센터를 찾고 싶지 않았겠는가? 슬로언케터링 암센터는 논문 조작의 증거가 드러나는 순간, 틀림없이 한국의 〈PD수첩〉보다는 《뉴욕 타임즈》를 먼저 찾아갈 것이 뻔했다. 나는 신 간사에게 짧게 답장했다.

신정수 간사님,
슬로언 케터링 암센터에 저희가 메일 한 장 보내면 이틀 이내에 끝나지만, 그것은 첫째, 《뉴욕 타임즈》에 먼저 나오는 결과를 초래하고

진실, 그것을 믿었다

둘째, 국내 문제가 해외에서 먼저 보도되면 한국 사회의 자정능력 자체가 폄하되고 셋째, MBC는 특종을 놓치는 것입니다. 그래서 쉬운 길을 선택하지 않고 있습니다.

- 신정수 간사에게 보낸 메일에서

내게는 신념 어린 결정이었고, 취재가 고비에 처할 때마다 스스로 자문하게 되는 결심이기도 했다. 황우석 사태의 진상이 한국의 언론과 과학자들에 의해서 자체적으로 규명되지 않았다면 어떻게 되었을까? 전 세계 언론이 한국을 압박하고 우리는 넋 놓은 채 황 교수의 입만을 바라보다가, 끝내는 변명에 변명을 거듭하던 황 교수가 온 천하에 논문 조작자로 드러났을 때, 한국인들의 심정은 어떠했겠는가? 한국의 과학계뿐 아니라 '한국인 자체에 대한 세계인의 시선'은 차가워지고, '한국인의 이미지'는 그야말로 상상하기도 힘들 만큼 악화되었을 것이다. 자정능력이 없는 사회는 '강대국의 간섭'을 받는 것이 역사의 교훈 아니던가?

나는 어떻게든 버텨야 했다.

최후통첩, '방송을 취소하라'

12월 2일, 김현기 PD는 국립과학수사연구소를 찾아 〈PD수첩〉 팀의 줄기세포 검증 결과에 대한 해석을 의뢰했다. 국과수에서는 서울대 법의학과나 전남대 법의학과와 대동소이한 결론을 말해 주었다. 쌍방 합의하에 우리는 이 내용을 녹취했다. 이 무렵 언론에서는 국과수가 어떤 해석을 할 것인지에 대해서 주목하기 시작했다. 국과수로서는 서부분소의 이○○ 실장이 이미 사적으로 황 교수팀을 도와준 전력이 있기 때문에, 그렇지 않아도 껄끄러운 상황이었다. 국과수 법의학자는 서울대나 전남대 법의학자들과 비슷하게 2번 줄기세포는 《사이언스》 논문과 다르다는 견해를 피력했다. 그러나 12월 4일 YTN 사태가 난 뒤, 판세가 황 교수 쪽으로 기운 그 다음 날, 국과수는 우리에게 서류를 보내왔다. 취지인즉, 자신들이 검증에 직접 참여한 것이 아니기 때문에 이에 대해 해석을 하는 것은 무리라는 것이었다. 현장의 국과수 법의학자가 해석한 내용과 며칠 뒤 실제로 나온 공식 결과가 왜 이토록 차이가 날까? 과학보다는 정치적 고려의 냄새가 물씬 풍

진실, 그것을 믿었다

기는 문서였다. 그것은 법의학적 해석이라기보다는 '관리들이 만들어 낸 공문서'라고 볼 수밖에 없었다.

이날 최승호 팀장과 나는 오후 3시에 기자회견을 했다. 원래 이 자리는 기자회견이 아니라 기자간담회로 예정된 것이었다. 당시에 나온 기사들 중에 과학적인 지식이 너무 부족한 상황에서 급히 작성된 것들이 많았기 때문에, 과학기자들에게 줄기세포와 관련된 기초적인 지식도 전해줄 겸, '검증 과정의 과학적인 절차와 해석'을 주제로 간담회 자리를 마련하고자 한 것이었다. 그러나 그것은 우리의 순진한 생각에 불과했다. 우리가 기자간담회를 연다고 공개한 순간 그것은 바로 '기자회견'이 되었고, 한국의 모든 언론사에서 우리를 취재하는 맹렬한 전쟁터가 되어 버렸다. 이미 상당수 기자들은 〈PD수첩〉에 적대적인 모습을 노골적으로 드러내고 있었다. 그들은 과학적인 결과보다도, '감히 〈PD수첩〉이 황우석 신화에 도전하는 것이 가당치 않다'는 정치적 판단을 우선하고 있었다. 원하지 않았지만 이미 기자회견으로 공지되어 버렸고, 그것을 회피한다면 공연한 의혹을 살 수가 있었다.

나와 최승호 팀장이 기자회견장에 들어서는 순간부터 플래시가 터지기 시작했다. 우리가 잠시라도 표정이 일그러지거나 목이 말라 물을 마시는 동작들은 어김없이 카메라에 잡혔고 기자들의 '입맛에 맞는 해석'이 덧붙여졌다. 나는 줄기세포 1차 인수와 2차 인수과정에 대해서 설명했고, 그 실험 절차에 대해서도 설명했다. 그리고 《사이언스》 논문조차도 실제 세포가 아니라 데

기자가 기자를 취재한다? 우리는 졸지에 적대적인 취재 기자들에 둘러싸인 '취재
대상'이 되었다. 그때 참 외로웠다.

이터만을 갖고 검증한다는 사실을 말했다. 최승호 팀장은 취재
초반부터 '과연 이게 도대체 일어날 수 있는 일인가' 하는 '상식
의 저항'을 느꼈다고 토로했다.

이날 《로이터》 통신의 수석 특파원 존 허스코비츠는 나에게
이런 질문을 했다.

세계적인 과학 전문지 《사이언스》에 비하면 한국의 〈PD수첩〉이라는
프로그램의 신뢰도는 거의 제로zero credibility인데, 당신들이 황우석
교수의 논문을 검증한다는 것이 말이 된다고 생각하느냐?

서양 기자의 입장에서 보자면 그야말로 말도 안 되는 이야기
가 한국에서 벌어지고 있는 것이었다. 그 기자는 우리가 검증했던

내용을 자세히 훑어보지도 않고, 단지 125년 전통의《사이언스》권위만을 내세우고 있었다. 하긴, 서양인이라고 '상식의 저항'이 없겠는가? 그러나 이 정도의 질문은 차라리 순진한 것이었다.

　자신을《시카고 트리뷴》의 김성희 기자라고 소개한 사람의 질문은 그야말로 도전적이었다. 그녀는 대뜸 "줄기세포가 있다는 말이냐? 없다는 말이냐?"고 공격적으로 질문했다. 우리가 줄기세포 검증의 결과를 이미 설명하고 그에 대한 해석을 이미 제시했는데도, '단도직입적으로' 되묻는 것이었다.《시카고 트리뷴》이 한국에 특파원 기자를 둘 리는 없는데, 그 사람은 자기가《시카고 트리뷴》소속이라고만 소개하고 있었다. 나는 당시에 이 여기자가 대단히 순진한 사람이 아니면 아주 노회한 정치인일 것이라고 생각했다. 나중에 이 사람이 황 교수팀에서 한 역할이 밝혀졌는데, 황 교수 언론팀에서 대외언론 담당자였음이 드러났다.

　이날 우리는 우리 자신이 취재 대상이 되었다는 것을 뼈저리게 느꼈다. 기자회견에서 기자들로부터 느꼈던 적대감은 바로 기사가 되어 표현되고 있었다. 이미 우리는 '관찰자'가 아니라 '행위자'가 되어 있었다. 그것은 강요된 행위였다. 우리가 취재한 내용을 방송하는 데 아무런 장애도 없었더라면 왜 우리가 기자간담회를 열고자 했겠는가? 대부분의 언론이 우리의 취재 내용 자체를 문제 삼고 그것이 방송되었을 때 일어날 나쁜 상황들을 가정하며 우리를 압박하는 상황에서, 우리가 선택할 수 있는 것은 무엇이겠는가?

이날 기자회견은 별다른 성과가 없었으며, 오히려 황 교수 측을 옹호하는 기자들에게 좋은 먹잇감이 되어 가고 있었다. 이 날 최승호 팀장은 황 교수가 "〈PD수첩〉 외에 다른 언론사와 줄기세포를 검증하고 있다"고 우리에게 말한 사실을 공개했다. 다른 언론사와는 검증을 하고 있다고 하면서 군이 황 교수가 〈PD수첩〉과 재검증을 안 할 이유가 없다는 것을 강조하기 위해서였다. 물론, 이때까지만 해도 우리는 황 교수가 실제로 다른 언론사와 검증을 하리라고는 생각하지 못했다. 그런데 바로 이 발언이 새로운 단서를 제공했다. 황 교수팀의 관계자였던 사람 중에 한 명이 바로 이 언급을 눈여겨보고, 해당 언론사가 바로 YTN이라는 사실과 그 '뒷이야기'를 《미디어 오늘》 민임동기 기자에게 제보했던 것이다. 민임동기 기자는 집요한 추적을 통해 YTN이 줄기세포 검증을 하고도 그동안 공개하지 않은 채 숨겨 왔다는 것을 밝혀냈다.

저녁 7시경에 최승호 팀장과 나는 《한겨레신문》의 부국장과 두 명의 기자들을 만났다. 이 자리는 우리가 초청해서 이뤄진 것이었다. 12월 6일에 〈PD수첩〉 방송을 낼 계획이었지만 한정된 시간 내에 과학적인 설명을 상세히 하기는 힘들었다. 우리는 신문사 한 곳이 방송 다음 날 좀 더 자세한 정보를 주기를 바랐는데, 두 군데 이상의 신문사를 부르면 보안이 샐 것으로 보였기 때문에 《한겨레신문》만 불렀다. 우리는 이 자리에서 그동안의 취재를 간략히 브리핑하고 나서 두 가지 자료를 건넸다. 하나는 황

진실, 그것을 믿었다

교수팀으로부터 받았던 줄기세포의 '유전자 검증 결과'였고, 다른 하나는 '김선종 연구원의 인터뷰 녹취록'이었다. 방송에는 이 자료들이 물론 나오겠지만, 그 전 내용을 상세히 공개할 필요가 있다고 판단했다. 다만, 12월 6일 〈PD수첩〉 방송이 나간 뒤에 공개해 줄 것을 요청했다.

물론 《한겨레신문》 측은 YTN 사태가 난 이후에 이 자료들을 보도하지 못했다. 《한겨레신문》으로서는 내부적으로 검토해야 할 사항이 많았고, 더군다나 MBC조차도 항복 선언을 하며 두 손을 들자 그것을 독자적으로 공개하는 데 부담을 느낀 것으로 보였다. 아쉬움이 남는 대목이었다.

이날 밤, 산사에 은거하고 있다던 황 교수는 노성일 이사장의 자택을 조용히 찾아갔다. 황 교수는 수염을 텁수룩이 기르고 모자를 쓴 모습으로 노 이사장의 집을 방문했다. 이 자리에서 황 교수는 자신을 지지하는 기자회견을 해 달라고 부탁했다. 노 이사장은 황 교수의 제안을 받아들이고, 12월 4일 일요일 오후 2시에 기자회견을 열겠다고 공표했다. 그러나 다음날, 노 이사장은 기자회견을 아무런 이유 없이 돌연 취소했다. 이유는 황 교수에게 있었다. 안규리 교수의 귀국 일정이 잡히고 그와 아울러 12월 4일 YTN 방송이 준비되자, 이번에는 황 교수가 노 이사장에게 기자회견을 취소해 달라고 요청한 것이었다. 노 이사장의 기자회견과는 비교도 안 되는 엄청난 메가톤급 공작의 성과를 황 교수가 갖게 된 것이었다.

12월 3일, 미국에서 안규리 교수와 윤현수 교수 그리고 YTN 취재팀이 귀국했다. 황 교수팀은 전날 있었던 〈PD수첩〉의 기자회견을 일일이 정면으로 반박했다. 과학자인 자신들이 이런 대접을 받는 것을 도저히 참을 수 없다는 울분도 함께 전했다. 〈PD수첩〉 제작진은 대단히 바빴다. 사흘 뒤, 12월 6일로 다가온 방송을 준비하느라 최종 정리 작업을 하면서 편집에 들어갔다.

제작진이 바쁘게 돌아가고 있던 그날 밤, 최승호 팀장은 참여정부의 전직 장관 모 씨를 만났다. 물론, 모 씨는 자신이 청와대 대리인의 자격은 아니라고 운을 떼었다. 모 씨는 〈PD수첩〉이 왜 줄기세포가 없다는 결론을 내렸는지에 대해 캐묻고 난 뒤 본론으로 들어갔다. 설사 줄기세포가 없다고 해도 방송을 하지 않는 편이 좋을 것이라고 했다. 모 씨는 그 이유로 국민들이 겪을 혼란을 들었다. 그는 심지어 황 교수에 대해 '아버지'라는 표현까지 썼다. 많은 국민들에게는 황 교수가 어려운 상황에서 가정을 일으켜 세우는 아버지 같은 존재인데, 설사 아버지의 잘못이 다소 있더라도 〈PD수첩〉의 방송 내용을 받아들이겠느냐는 것이었다. 따라서 〈PD수첩〉 방송은 혼란만 초래할 뿐 대한민국에는 아무런 도움을 주지 못할 것이라는 논지였다.

최 팀장이 "방송을 보고 나면 결국은 국민들이 이해할 것"이라고 계속 주장하자 그는 드디어 본론을 꺼냈다. 취재윤리 문제가 그냥 넘어가겠느냐는 것이었다. 최승호 팀장은 "취재 과정에서 표현상으로 과한 점은 있었지만 본질과는 관계없고, 법적

진실, 그것을 믿었다

으로도 문제될 만한 수준은 아니"라고 답변했다. 모 씨는 고개를 저었다. 그는 "그 정도 수준이 아닌 것 같던데……"라며, 방송을 강행할 때 취재윤리 문제로 인해 심각한 상황이 발생하리라는 것을 암시했다. 12월 4일 YTN 사태가 나기 전날 밤에, 우리가 받은 최후통첩이었다고나 할까?

최승호 팀장은 방송을 취소할 수는 없다고 하고 정중히 돌아섰다. 그러나 우리는 다음 날 어떤 극악한 암수暗數가 기다리고 있는지 몰랐다.

이 밤이 새기 전에
편집 완성본을 만들어야 한다

12월 4일 날이 밝았다. 나와 김현기 PD, 윤희영 작가는 전날부터 거의 밤을 새서 편집을 했고, 이 과정을 이정아, 박현영 리서처가 함께했다. 씩씩한 조연출 김보슬도 함께 밤을 새며 편집을 도왔다. 우리가 한순간 방심해서 사소한 실수라도 할라치면 황 교수 지지자들은 마치 그것이 치명적인 오류인 것처럼 몰아세우고 있었기 때문에, 우리는 대단히 신경이 날카로워져 있었다. 파라포름알데히드 같은 건이 그런 것이었는데, 파라포름알데히드를 썼던 것이 실험상의 치명적인 오류였고 그래서 줄기세포의 유전자가 검출되지 않았다는 식의 보도가 이어지고 있었다.

아침 7시부터 KBS2 〈일요 뉴스타임〉이라는 프로그램에서는 황당한 주장이 나오고 있었다. '세상보기'라는 꼭지에서는 "줄기세포 100% 진짜다"라는 내용이 보도되고 있었고, 이를 보도하던 홍사훈 기자는 〈PD수첩〉의 검증에 대해서 "아마추어가 세계적인 과학자를 검증하는 것이 참으로 터무니없는 것"이라고 말했다. 그동안 홍 기자는 황 교수 측의 말을 그대로 사실인 양 보

진실, 그것을 믿었다

도해 온 것으로 우리의 원성을 사고 있었는데, 이날 보도는 그러한 편향 보도의 절정이었다. 이 프로그램의 백미는 홍 기자가 "《사이언스》는 일반인이 아무리 돈을 많이 줘도 못 보는 전문지"라고 하는 대목이었다. 역사에 남을 만한 발언이었다. 물론 이 말은 사실이 아닌데, 일반인들도 관심만 있다면 온라인《사이언스》에서 얼마든지 논문을 볼 수 있었다.

아침 9시경부터 YTN은 미국 피츠버그의 연구원에 대한 인터뷰를 오후 3시에 방송한다고 예고하기 시작했다. 편집을 절반 정도 마무리한 것은 점심 무렵이었다. 오후 1시에 시사교양 국장실에서 회의가 있었다. 부국장, 최승호 팀장과 함께 몇몇 팀장들이 함께 참석했는데, YTN의 보도에 대한 대응방안을 논의하기 위해서였다. 이 자리에서 김선종 연구원과의 녹취록 전문이 공개되었고, 그에 대하여 의견을 나누었다. 취재하면서 "황 교수가 검찰 수사를 받을 것이다"라고 말한 부분은 분명히 문제가 된다는 것이었고, 이것을 어떤 방식으로 처리할 것인지에 대한 논의가 이어졌다. 2시쯤에 회의를 일단 중단하고 3시 YTN 보도를 본 후에 다시 논의하기로 했다. 속속 들어오는 첩보는 대단히 불길한 것들이었다.

나는 다시 편집실로 향했다. 비록 취재윤리와 관련해서 논란의 여지가 있지만, 그것은 프로그램 자체를 방송하지 못할 정도는 아니라고 생각했다. 그리고 내가 잘못한 만큼 벌을 받는 것은 필요할 것이라고 판단했다. 1시간 정도 편집을 하다가 3시에 국장실에서 YTN을 시청했다. 나는 경악했다. 박종혁 연구원은 마치 내가 '황우석 교수를 죽이러 왔다'고 말한 것처럼 증언하고 있었고, 김선종 연구원은 내가 위협을 하는 폭력적인 상황에서 인터뷰가 이뤄진 것으로 묘사하고 있었다. 물론 내가 "황 교수가 검찰 수사를 받을 것"이라고 말한 것은 사실이지만, 현장에서 김 연구원이 "신분을 보장해 줄 수 있느냐"고 여러 차례 확인한 후에 이뤄진 인터뷰였다. 나는 진실을 말해 달라고 김 연구원에게 사정했고, 김 연구원은 언제든지 인터뷰를 거절할 수 있는 상황이었다. 그러나 YTN은 나를 마치 패륜아처럼 묘사했고, 세상에서 가장 나쁜 일이 일어났던 것으로 보도하고 있었다.

이어진 회의에서 우리는 몇 가지를 합의했다. 첫째, YTN 보도에서 드러난 악의적인 왜곡과 과장을 밝혀 나갈 필요가 있다. 둘째, 취재윤리를 어긴 부분에 대해서는 12월 6일 〈PD수첩〉 방송에서 국민들에게 사과하는 것이 중요하다. 셋째, 취재윤리 위반을 이유로 김선종 연구원의 인터뷰를 방송하지 않는 것은 국민의 알 권리에 비춰 볼 때 옳지 않다는 것이었다. 오후 4시 30분, 국장과 팀장 그리고 나는 임원회의에 참석하기 위해 자리를 이동했다. 당시 상황을 김현기 PD는 다음과 같이 회상한다.

학수 형과 팀장, 국장은 임원진 회의에 불려가고, 난 편집실로 내려왔다. 내 마음이 어디로 갔는지 알 수 없었고, 그저 멍할 뿐이었다. 10월 31일 황우석 교수를 인터뷰하는 자리에서 황 교수가 강압적인

진실, 그것을 믿었다

취재 운운했던 말들이 새삼 떠오르고, 대수롭지 않게 들었던 황 교수 측 사람들의 은근한 압력과 협박들이 머릿속에서 퍼즐처럼 짜 맞춰졌다. '아, 그래서 그랬구나. 저 카드를 쥐고 있어서……' 하는 생각들, 우리가 얼마나 무모하고 순진했는지에 대한 아쉬움과 회한이 계속 떠올랐다.

가장 과학적으로 대응해야 할 사람들은 사실과 논리 이외의 책략으로 무장해 있을 때, 정작 과학자도 아닌 우리만이 외골수처럼 과학적 검증에 몰두해 온 것이었다. '정치의 논리' 앞에 '과학의 논리'가 압도당하는 순간이었다.

– 김현기 PD의 회고 메일에서

임원회의에는 사장과 부사장, 편성본부장, 보도본부장, 기술본부장, 보도국장과 시사교양국장이 참석했다. 홍보국장과 보도국 특별취재팀 등도 배석했다. 나는 우선 '취재윤리를 어긴 부분은 인정하나 YTN의 보도는 지나치게 왜곡되어 있다. 잘못된 부분은 사과하더라도 방송은 해야 한다'는 요지로 모두 발언을 했다. 이때 "당신은 지금 그런 말을 할 입장이 아니다. 자숙하라"고 요구받았다. 이때까지 최문순 사장은 김선종 연구원의 인터뷰 과정을 상세히 보고받지 못한 상황이었다. 사장은 그동안 김 연구원의 중대 발언을 보고받았고, 그와 함께 취재 과정에서 있었던 윤리 문제는 본안을 뒤집을 만한 큰 문제는 아니라고 보고받았던 상황이었다. 보고가 정확하지 않았다고 사장은 판단했고,

이 부분에 대해서 사장은 무엇보다도 분노하고 있는 것으로 느껴졌다.

회의가 이어졌고, 당일 〈뉴스데스크〉에서 대국민 사과를 하는 방안으로 의견이 모아졌다. 또한 〈PD수첩〉의 취재 내용에 대한 방송 여부가 논의되었는데, 대세는 방송이 힘들다는 것이었다. 이완기 기술본부장이 '사과할 부분이 있으니 사과를 해야 한다. 그렇다고 취재된 내용을 방송하지 않는 것은 바람직하지 않다'는 의견을 냈으나, 소수 의견이었다. 이 자리에서 '최승호 팀장과 한학수 PD에 대한 인사조치' 문제도 거론되었다. 국장과 팀장 그리고 나는 매서운 한겨울의 바람을 맞으며 시사교양국으로 돌아왔다. 12월 초, 땅은 얼어 있었고 바닥은 무척이나 미끄러웠다.

저녁 6시에 4층 편집실 앞 로비에서 김현기 PD, 김보슬 조연출, 윤희영 작가, 이정아·박현영 리서처와 함께 회의를 했다. 임원회의의 결정 사항을 전하고, 우리의 진로에 대해 논의했다. 사실상 취재팀이 해체 수순을 밟게 될 운명이라는 것을 모두가 느끼고 있었다. 그렇지만 취재 내용이 반드시 방송되도록 힘을 모으자는 데 뜻이 모아졌다. 김현기 PD와 윤희영 작가에게 아직 편집되지 않은 부분에 대해서 마무리해 줄 것을 요청했다. 이 밤이 새기 전에 편집 완성본을 만들어야 했다. 왜냐하면 다음 날부터 정세가 어떻게 전개될지 모르는 암흑 같은 상황이기 때문이었다. 마무리가 된 편집 완성본 테이프를 만들어 놓는 것이 절대 필요했다. 이 부분에 대해서 의견이 모아졌다. 모든 취재 테이프가 언제 회수될지 모르는 절박한 상황이라는 것을 서로가 공감하고 있었다.

7시 15분경, 나는 'YTN 보도와 관련하여'라는 문건을 작성해 팀장에게 보고했다. YTN 보도가 어디까지 사실이고 어디까지가 거짓인지 정밀하게 설명하는 글이었다.

YTN 보도와 관련하여

1. '황우석을 죽이러 왔다. 황우석이 구속되고 세상 바뀐다'고 한학수가 말했다는 부분
→ 황우석을 죽이러 왔다는 표현을 한 적이 없다. 2번 줄기세포 라인은 가짜로 판명 났고, 논문의 조작이 세상에 밝혀지면 황우석 교수는 검찰의 수사를 받을 것이라고 말했다. 미국까지도 수사가 진행될 수가 있으니 김선종 연구원이 알고 있는 사실을 제발 말해 달라고 말했다. 김 연구원은 조용한 데로 자리를 옮기자며, 함께 매점으로 갔다. 김 연구원은 자신의 신원을 보호해 줄 수 있느냐고 여러 차례에 걸쳐 확인하고 나서, 증언을 했다. 그 증언은 2005년 연구의 데이터 조작에 관한 부분이었다. 솔직하게 김 연구원이 고백하면 익명성을 보장할 수 있고, 프로그램에서는 모자이크 처리하겠다고 약속했다.

2. '의도를 속이고 답변을 유도했다'는 부분

→ 처음에 만나자고 했을 때, 한국의 생명공학 다큐멘터리라고 한 것은 사실이었다. 그러나 김 연구원을 만났을 때, 〈PD수첩〉 팀이라고 분명히 알려 줬다. 우리의 취재 내용은 2005년 《사이언스》 논문의 진위 여부라고 밝혔다.

3. '줄기세포가 가짜라는 소리를 듣고, 김 연구원이 오히려 경악했다'는 부분
→ 김 연구원은 비교적 담담하게 논문 조작을 고백했으며, 오히려 우리가 이런 사실을 어떤 제보자로부터 들은 것인지 궁금해했다.

4. '섀튼 교수에게 보고한 직후 황 교수와 결별 선언했다'는 부분
→ 섀튼에게 P 연구원이 어떤 내용을 보고했는지는 모르겠으며, 당시 P 연구원은 황 교수님에게 허락을 받고 와야 인터뷰를 해 줄 수 있다고만 했다.

5. '김선종 연구원이 보낸 메일을 우리가 외부에 유출했다'는 부분에 대해서
→ 전혀 사실이 아니며, 김 연구원이 보낸 메일에는 방송을 하지 말라는 요구 외에는 별 내용이 없었기 때문에 외부에 유출할 이유가 없다.

- 'YTN 보도와 관련하여' 문건에서

7시 30분에 최승호 팀장과 나는 조용히 회사를 빠져나왔다. 앞으로의 대책을 긴밀하게 상의하기 위해서였다. MBC는 〈뉴스데스크〉에서 대국민 사과를 하며 '항복 선언'을 했고, 〈PD수첩〉은 초토화되었다. 〈PD수첩〉 방송 무기한 중단 결정은 단지 줄기세포 진위에 대한 보도를 못할 뿐만 아니라, 사실상 〈PD수첩〉을 폐지하겠다는 선언이었다. 제보를 받은 날로부터 6개월간 온갖 시련을 딛고 논문 조작을 밝혔지만, 우리는 논문 조작의 진위와는 무관한 곳에서 결정적인 역습을 당했다. 황 교수는 줄기세포에 대해 쌍방이 합의한 과학적 검증 결과를 인정하지 않고, 취재과정에서 일어난 작은 실수를 엄청나게 과장하고 허위 조작하면서 여론 플레이를 했다. 황 교수의 청부 취재에 YTN은 철저하게 동원되었고, 그렇지 않아도 믿고 싶지 않았던 불편한 진실에 대해서 국민들은 아예 외면할 이유를 찾았다. 황 교수는 여론을 압도했고, 우리는 광풍 한가운데에서 산산이 분해될 처지로 내몰렸다. 천신만고 끝에 논문의 진위를 밝혔건만, 여기서 〈PD수첩〉은 최후를 맞아야 하는가?

김현기 PD는 이때 멍한 상태로 편집실에 있었는데, 다음과 같이 당시를 기억한다.

〈뉴스데스크〉 첫머리에 '대국민 사과와 〈PD수첩〉 방송 무기한 중단 결정'이 나가는 것을 보고, 숨을 제대로 쉴 수가 없었다. 내 무기력함이 거울에 비친 내 모습처럼 뚜렷하게 보였다. 취재윤리 논란의 당사

자인 학수 형과 팀장의 속이야 오죽하랴. 두 사람은 회사 밖으로 나

갔다. 편집실 앞 휴게실에 멍하니 앉아 윤희영 작가와 이야기했다.

"그래도 마저 편집해 놓읍시다. 나 이거 어떻게든 방송 나가게 할래

요." 윤희영 작가도 동의했다.

오히려 갑갑한 마음을 잊으려 편집에 몰두할 수 있었다. 학수 형이

원래 맡은 부분까지 다 편집하고 나니 월요일 새벽 5시가 지나고 있

었다. 겨울이라 해가 짧아져 아직 세상은 어둑어둑했다. 내일 방송이

연기되었다는 게 여전히 실감이 나질 않았다.

- 김현기 PD의 회고 메일에서

그날 밤 최승호,
"학수야, 네가 구속돼라."

최승호 팀장과 나는 아무 말 없이 근처의 맥주집으로 갔다. 이미 어제의 맥주집이 아니었다. 내가 그렇게 느껴서 그런지, 손님들이 모두 우리를 쳐다보는 것 같았다. 어쩌면 모두 쳐다본 게 맞을지도 몰랐다. 오후 3시부터 모든 방송에서 '역적, 최승호와 한학수'라는 취지의 내용이 강도를 더해 가며 흘러나오고 있었다. 우리는 맥주잔을 말없이 비웠다. 오늘 하루 겪었던 충격이 조용히 목을 타고 내려오면서 천천히 내 심장을 더듬는 것 같았다.

어떻게 할 것인가? 아니, 사태가 어찌 흘러갈 것인지조차 가늠이 안 되었다. 이미 임원회의에서 '인사 조치'라는 말이 나왔고, 그것이 아니라도 우리의 거취에 대한 국민적 압력이 거세리라는 것은 불을 보듯 뻔했다. 〈PD수첩〉을 지지했던 아군들도 MBC가 이렇게 빨리 항복할 줄은 몰랐을 것이다. 전세는 완전히 역전되었다.

며칠 전부터 팀장은 헛구역질을 하고 있었다. 스트레스가 심하니 소화가 안 되고 애꿎은 헛구역질이 나오기 시작한 것이었다. 물론, 나도 얼마 전부터 식욕이 없어지고 체중이 줄었다. 어쩌면 둘 모두의 건강에 이상 신호가 오고 있었다. 항전할 것인가 아니면 여기서 포기하고 비굴하게 살아갈 것인가? 인간 최승호의 진가는 YTN 사태 이후에 더 빛을 발하는 것이었다. 그는 확고했다. 여기서 우리 취재 내용을 덮는 것은 죄악이며, 어떻게든 수를 찾아보자는 것이었다. 나도 그 의견에 동의했다.

그러나 출구가 보이지 않았다. 먼저 회사를 설득해 보자고 했다. 지금은 충격에 빠져 있지만 이제 적극적으로 우리가 취재한 내용을 전해 주면서 최대한 설득해 보자는 것이었다. 우리에겐 시간이 많지 않았다. 우리 앞에는 인사대기 발령이 기다리고 있었다. 앞으로 1주일 정도, 총력을 다해 방송이 나갈 수 있도록 노력해 볼 필요가 있다는 데 의견이 모아졌다. 그래도 회사가 설득이 안 되면? 막막했다. 팀장이 말했다. "그럼, 검찰에 찾아가는 수밖에 없지."

팀장의 생각은 이런 것이었다. 우리가 취재한 내용이 중대한데 이것을 방송하지 못하게 한다면 조직을 떠날 수밖에 없다는 것이다. 우리가 MBC를 떠나서 그동안 취재한 내용을 검찰에 알린다는 것인데, 검찰청사 앞에서 '우리를 구속하라'고 기자회견을 하는 방안이었다. 우리를 수사하는 과정에서 김선종의 증언과 함께 우리가 가진 취재물들을 검찰이 알게 되면 수사가 확대되는 것은 불가피하다는 것이었다. 우리가 배수의 진을 치고 황 교수가 수사를 받을 수 있도록 물고 들어가자는 작전이었다. 이 정

진실, 그것을 믿었다

도 상황이 진전되면 팀장은 수사의 결과와는 상관없이 다른 직장을 알아봐야 할 것이다. 자신이 사표를 쓰고 방어할 테니, 끝까지 살아남아 검찰에서 진실을 밝히라는 뜻이었다. 팀장은 다음 날에도 함께 담배를 피우면서 이런 의견을 말했는데, 이때는 아주 간명하게 표현했다.

"학수야, 네가 구속돼라."

하여튼 이날 마시는 맥주는 예사 맥주가 아니었다. 팀장과 나는 우리의 모든 것을 걸기로 작정한 것이었다. 세상에 어느 팀장이 아랫사람에게 "네가 구속돼라"고 말할 것이며, 또 어느 아랫사람이 "해도 해도 안 되면, 어쩔 수 없지요"라고 답하겠는가? 참으로 꼴통 짝패 둘이서 술을 먹고 있었다. 모진 팀장과 모진 PD가 그렇게 술을 마시고 있을 때, 두 명의 손님이 찾아왔다.

《한국일보》 특별취재팀의 김희원 기자와 이희정 기자였다. 그동안 《한국일보》에서 이들이 썼던 기사들은 대단히 수준이 높았다. '황 교수팀 관계자에 따르면' 식의 다른 기사들과는 질이 다른 것이었다. 나는 기사로만 보았던 기자들을 처음으로 만나게 되었다. 이들은 최승호 팀장과 나를 취재하러 온 것이었다. 참으로 집요한 기자들이었다. 그들은 한편으로 우리를 위로하러 온 것이기도 했다. 자기들이 취재해 봤을 때, 황 교수에게 뭔가 심각한 문제가 있는 것이 확실한데 왜 MBC가 이토록 빨리 항복 선언을 했는지 궁금하다고 했다. 발로 뛰는 기자들이란 이런 사람들을 두고 하는 말이다. 남들보다 한 걸음 더 뛰면 기사는 그

만큼 생동감이 넘친다.《한국일보》의 기사가 황우석 사태 후반부에 올수록 다른 종이신문보다 더 뛰어났던 것은 이런 기자들이 있기 때문이었다.

나는 취하지 않았다. 나는 프로그램을 책임지는 연출이었다. 내가 얼굴빛을 어떻게 하느냐에 따라 스태프들의 안색이 달라진다. 더군다나 이런 위기 상황일수록 나는 더욱 침착해져야 했다. 지휘관이 불안한 표정을 짓거나 자신 없어 한다면, 전쟁을 끌고 갈 수가 없는 것이다. 마음속에 여러 가지 갈등이 있더라도, 표정으로는 내색하지 않는 포커페이스를 유지해야 했다. 저녁 11시를 지나 헤어졌다. 나는 잠을 잘 수가 없었다. 깊은 밤, 2시 40분에 나는 그동안 〈PD수첩〉을 도와주었던 과학자들과 제보자 K에게 메일을 썼다.

YTN 보도는 일부 사실이나 지나치게 과장되어 있습니다.

문제는 우리 회사에서 이러한 취재윤리를 이유로 〈PD수첩〉 방송을 유보하게 되었다는 사실입니다. 물론 저희 〈PD수첩〉팀은 이러한 결정에 항의할 것이지만, 저희 힘만으로는 부족합니다. 취재윤리와 관련해 제가 잘못한 부분은 책임지겠지만, 이것이 진실을 막을 수는 없습니다. 이것은 별개 사안입니다.

도와주십시오. 저희가 방송할 수 있게 힘을 실어 주십시오.

－12월 5일 오전 2시 48분에 K와 도움 준 과학자들에게 보낸 메일에서

진실, 그것을 믿었다

이날 밤 10시 40분, 최승호 팀장 앞으로 화급을 다투는 운명의 메일이 와 있었다. 그러나 최승호 팀장은 나와 술을 마시고 있었기 때문에 다음 날까지 미처 그 메일을 열어 보지 못했다. 메일을 보낸 사람은 'anonymous(무명씨)'라는 아이디를 가진 야인고수野人高手였다.

대반전

어나니머스,
"쇼는 계속되어야 한다."

12월 4일, 어나니머스는 최승호 팀장에게 메일을 보냈다. 내용은 간단했다. '중대한 일에 대해서 긴급하게 상의하고자 하니 연락을 달라'는 것이었다. 중대한 일이란 바로 《사이언스》 논문의 사진 조작에 대한 증거를 갖고 있다는 것이고, 긴급한 일이란 그것을 공개하고자 하니 이에 대해서 상의를 하자는 것이었다. 그러나 최승호 팀장은 이 메일을 다음날에야 열어 보게 되었다. 그때는 이미 일이 한창 진행되고 있었다. 어나니머스는 몇 시간을 기다렸으나 최 팀장의 답장이 없자, 더 이상 이 일을 묻어 둘 수는 없다는 판단을 하고 젊은 과학자들의 사이트인 〈브릭BRIC〉의 게시판에 다음과 같은 글을 올렸다. 이때가 12월 5일 새벽 5시경이었다. 반전은 이렇게 한 점의 불꽃으로부터 시작되었다.

이름: anonymous

제목: The show must go on.

진실, 그것을 믿었다

'혹자'가 말했다. "《사이언스》가 어떤 잡지인데 감히……!!!"(《KBS 뉴스타임》 12월 4일 방송분을 보시라)

또 다른 '혹자들'이 말했다. "《사이언스》의 논문 심사자peer reviewer 들이 바지저고리가 아니거든요!!!"(YTN 12월 2일 방송분을 보시라)

(중략)

《사이언스》 논문의 꼬부랑 글씨 종내 알 수 없어 그림만 봤다. '숨은 그림찾기'는 그럭저럭 재미있었다. 재미있는 것은 두루 돌려보아야 더 재미있는 법!《사이언스》의 논문(http://www.sciencemag.org/ cgi/data/1112286/ DC1/1)에서 미리 내려 받은 것이 있으면 얼른 11, 12쪽에 늘어 놓은 조각그림들 중에서 '똑같은 그림' 2장을 찾아 보시라.

눈 내리는 산사에 외로이 계시는 석좌교수님께서도 심심풀이 삼아 한번 찾아보시지요~ 나는 두 쌍 찾았습니다!!! 몇 개 더 있다는 말 도 있고…….

– 어나니머스가 브릭 게시판에 올린 글에서

어나니머스는 2005년 《사이언스》 논문의 줄기세포 스테이 닝 사진이 조작되었다는 것을 이미 얼마 전부터 알고 있었다. 논문의 진위 문제가 불거지자 이게 무슨 문제인가 싶어 논문을 확인해 본 순간, 대번에 다섯 개의 사진이 조작된 것을 알아차렸다. 그리고 황 교수가 논문을 철회하고 나름대로 자성하면서 한국 과학계에 새로운 전기를 마련하는 방향으로 사태가 수습되기를 바랐다고 한다.

그러나 12월 4일 〈KBS 뉴스타임〉에서 홍사훈 기자가 일요일 아침부터 "《사이언스》는 일반인이 사서 볼 수 없는 전문지"라며 어처구니없는 말로 국민들을 현혹시키자 열을 받고 있었다. 이것이 첫 번째 '혹자'였다. 두 번째 '혹자들'은 YTN이었다. 같은 날 오후, YTN에서 취재윤리 문제로 논문 진위 문제를 덮으려 하자 도저히 참을 수가 없었던 것이다. 저녁 9시 〈MBC 뉴스데스크〉에서 〈PD수첩〉 잠정 중단을 선언하자, 이제 자신이 나설 때라고 생각했다. 거짓이 진실을 덮어 가자 인내심에 한계가 온 것이었다.

새벽 5시에 이 글이 〈브릭〉 사이트에 공개되자 젊은 과학자들은 조작된 사진을 찾아 나서기 시작했다. 어나니머스는 자신이 이미 2쌍의 조작된 사진을 찾았다고 하고 나서, 잠시 "감자밭에 가야 한다"고 했다. "조작된 사진을 더 찾는 사람에게는 감자 한 상자씩을 주겠다"고 경품까지 내걸었다. 〈브릭〉에서 일어난 이 작은 파문은 폭발적인 기세로 〈과학 갤러리〉와 같은 다른 과학자들의 사이트로 흘러갔다. 이미 황 교수의 거짓을 눈치 채고 있던 젊은 과학자들은 황 교수 논문을 펴 나르며 구석구석에서 조작된 사진을 찾아 나갔다. 어나니머스는 새벽에 나갔던 감자밭에서 아침에 돌아왔다. 그가 다시 〈브릭〉 게시판을 열어본 순간 젊은 후배들이 이미 5쌍의 조작된 사진을 찾아 놓고 있었다. 이것은 김선종 연구원이 피츠버그에서 나와 인터뷰했던 내용을 '증거

　　　　　　　　진실, 그것을 믿었다

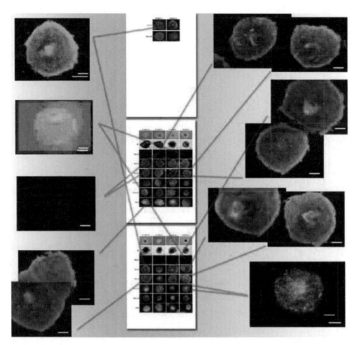

2005년 《사이언스》에 실린 황 교수의 논문에서 중복 사용된 줄기세포 사진이라 며 〈디시인사이드 과학갤러리〉에 게시된 내용. 각도를 달리 하거나 자르는 등의 조 작을 통해 중복 사용한 줄기세포 사진이 9쌍에 달했다.

로서 뒷받침'하는 것이었다. 이 증거의 중요성을 아는 사람들이 이른 아침부터 나를 찾았다.

〈PD수첩〉의 김재영 PD는 대번에 이 조작된 사진의 의미를 알고 새벽에 나에게 전화를 했으나, 나는 자느라고 받지 못했다. 아침에 회사에 출근하자 김재영 PD가 먼저 소식을 전했다. 나로 서는 약간 어리둥절했다. 설마 그렇게 쉽게 사진을 조작했으랴 싶었다. 바로 논문을 펼쳐서 확인해 보니, 육안으로 봐도 틀림없 이 조작되었다. 같은 세포를 다른 줄기세포라고 조작해서 논문에 실은 것이었다. 내 메일을 열어 보니 강릉대 전방욱 교수와 김병수 위원이 이미 이 내용을 요약하며, 벌써 언론사 기자들에게 알리고 있다고 전해왔다.

이날 황 교수팀은 〈브릭〉에서의 사진 조작 문제가 일파만파로 확산되자 수습에 나섰다. 이미 자신들이 그런 실수를 알고 있었으며, 《사이언스》 측에 오래전에 정정을 요청했다는 것이었다. 물론, 이것은 얼마 지나지 않아 새빨간 거짓으로 드러났다. 《사이언스》 측에서는 12월 5일, 바로 사진 조작의 증거가 드러난 날에야 정정 요청을 받은 것으로 밝혀졌다. 나중에 이 사진 조작은 외국의 과학자들까지 합세해서 결국 9쌍이나 조작된 것으로 드러났다. 종합하면, 세 가지의 세포를 가지고 다른 각도에서 사진을 찍거나 배율을 조정하는 수법으로 마치 다른 세포인 것처럼 보이게 한 다음, 11개의 다른 줄기세포라고 조작한 것이었다.

당시, 어나니머스의 정체를 두고 여러 가지 의견이 대두되었다. "한학수 PD가 어나니머스로 위장해 활동하고 있다"고 주장하는 사람까지 나왔다. 〈PD수첩〉 방송이 중단되자 자신을 숨기고 다른 아이디로 취재 내용을 공개했다는 것이었다. 제법 그럴듯한 추론이지만, 사실이 아니었다. 당시에 〈PD수첩〉팀도 어나니머스가 누구인지 알아내려고 촉각을 곤두세웠다. 세월이 흘러 2006년 초에야 나와 최승호 팀장은 어나니머스를 만날 수 있었는데, 그는 놀랍게도 70년대 학번으로 나이는 40대 후반의 농사꾼이었다. 그는 시골에서 감자 농사를 지으며 밤마다 과학 논문

진실, 그것을 믿었다

두어 편은 읽어야 잠이 오는 사람이었다. 과학이 좋아서 학문을 시작했으나 지금은 낙향했고, 그저 과학적인 방식으로 농사를 짓기 위해 노력하는 '감자 농사꾼'이었다.

그가 최초에 〈브릭〉 사이트에서 잠시 감자밭에 다녀온다는 말도 비유가 아니라 말 그대로 사실이었다. 또한 자신은 가진 게 감자밖에 없으니 소박하게 감자를 경품으로 내놓은 것이었다. 그러나 농사꾼이라고 하기에는 그의 과학적 내공이 너무 심오하고 깊었다. 마치 무협지에 나올 법한 그런 인물이었다. 무림 고수가 되었으나 그것에 얽매인 인간사가 허망하여 강호를 떠나 야인으로 사는 당대의 고수高手, 그가 어나니머스였다. 그는 지금도 자신의 신분이 드러나는 것을 결코 허락하지 않은 채 조용히 선진 농법을 실험하며 감자밭에서 정진하고 있다.

한편, 노 대통령은 수석보좌관 회의에서 "황 교수팀의 연구 성과에 대한 검증 문제는 이 정도에서 정리되기를 바란다"고 언급했다. 또, "이 문제는 이후 황 교수의 연구 과정에서 자연스럽게 증명될 것"이라고 덧붙이며 심판관처럼 마무리 역할을 했다. 그런데 어디 '이쯤에서 정리될 사안'인가?

오랜만에 《조선일보》 김대중 씨의 글이 눈길을 끌었다. 황 교수를 비판하는 세력들이 하는 짓이 마치 '좌파들의 마녀사냥'과 같다고 몰아세웠다. 《조선일보》는 '스타 PD와 노조위원장 출신 CP의 과욕'이라는 기사에서 내가 서울대 총학생회에서 활동했던 사실을 밝힌 뒤 나를 민주노동당과 연계시키고, 노조위원장

출신인 최승호 팀장과 MBC 최문순 사장을 '코드'가 맞는 인물이라고 보도했다. 논란의 본질과는 아무 관계없는 전력을 문제 삼아 '황 교수 비판의 배후에는 좌파 운동권이 있다'는 《조선일보》 김대중 씨의 논리를 뒷받침한 것이었다.

《프레시안》의 강양구 기자는 '2005년 《사이언스》 논문, 줄기세포 사진 조작됐다'는 기사를 통해 의혹을 제기했다. 이 기사는 한 누리꾼의 표현대로 "고래들의 싸움이 끝났는데도, 새우가 혼자서 칼을 들고 있는 상황"이었다. 비록 사진 조작 문제가 불거졌다고는 해도 여전히 대세는 황 교수와 YTN이 잡고 있었고, 청와대와 《조선일보》 등이 마무리 다지기에 나서고 있었다. 그러나 《프레시안》의 이 '젊은 새우'는 결코 좌절하지 않고 기사를 써 나갔다.

오전 11시에 나는 시사교양국 PD 총회에 참석했다. 동료들은 일단 어제 일어난 YTN 사태의 정황에 대해서 물었고, 취재 과정 전반에 대해 확인했다. 마치 청문회를 방불케 하는 자리였다. 시사교양국 PD들에게는 최초로 황 교수의 진실이 보고되는 것이었다. 놀라움과 불안감이 교차하는 자리였다. 오후 3시 30분에 나는 MBC 방송문화진흥회(이하 '방문진') 이사회에 보고할 문건을 작성해서 팀장에게 전달했다.

'〈PD수첩〉 취재 진행 과정과 관련하여'

1. 제보자들은 황우석 교수의 줄기세포 연구에 깊숙이 개입한 전문가

진실, 그것을 믿었다

들이다.

2. 황 교수 측과 함께한 검증 결과, 최소한 2번 줄기세포가 가짜라는 것은 확고하다.

3. 김선종 연구원의 증언은 '황 교수가 직접 데이터 조작을 지시했다'는 것이다.

4. 줄기세포의 생체 실험(테라토마) 결과에 대한 우리의 취재가 확인된 후에야, 황 교수 측은 《사이언스》 논문을 수정했다.

5. 논문 저자 25명과 실험과정 참여자들 중에 실제로 줄기세포를 본 사람은 거의 없다.

6. 기탁된 줄기세포가 없다.

취재진의 판단으로는 현재까지의 취재를 종합했을 때, 환자의 줄기세포가 단 1개라도 있다는 사실을 확인하지 못했습니다.

– '방문진' 보고를 위해 작성된 문건의 목차

나는 간명하게 사태의 핵심을 요약하고, 그 뒤에 부연해서 설명했다. 이날 방문진 이사회에서는 격렬한 논쟁이 오갔다. 사안이 이런데, 어찌 그리도 성급하게 MBC가 대국민 사과 성명을 내고 〈PD수첩〉 방송을 중단시켰느냐는 의견이 강력하게 대두되었다고 한다.

또 한 번 '방문진 차원의 대국민 사과 성명'을 낼 뻔한 일이 막아졌다. 그랬더라면 아예 〈PD수첩〉 2차 방송은 꿈꾸기가 힘들었을 것이다.

시사교양국장은 황 교수 관련 취재물들이 외부로 유출되지 않도록 각별히 관리해 줄 것을 요청했다. 아울러, 외부 언론에 대한 대언론 창구를 국장으로 단일화했다. 최승호 팀장은 경영진, 노동조합과 시민단체 관계자들을 만나며 사태의 진상을 알리기에 주력했다. 나는 이날부터 젊은 기자들을 만나면서 가려진 진상을 알려 나갔다.

여전히 회사 내에서 〈PD수첩〉팀에 대한 시선은 싸늘했다. 이 당시에는 회사 근처에 있는 식당으로 밥을 먹으러 가면, 다들 범죄자를 쳐다보듯이 나를 보았다. 그리고는 들릴락 말락 하게 소곤거렸다.

"쟤가 바로 한학수 PD래."

"그래?……얼굴은 멀쩡하게 생겼구만."

진실, 그것을 믿었다

"한 PD님, 병원에서 나가랍니다."

12월 6일, 《조선일보》는 '황우석 휘청하는 사이……, 세계 첫 논문 日에 선수 뺏겨'라는 기사에서 "황우석 교수팀이 MBC 〈PD수첩〉의 '협박·회유 취재'에 시달리는 사이 일본이 줄기세포 관련 분야에서 또 다른 세계 최초의 연구 논문을 발표했다"며 "이 논문은 황 교수팀도 준비 중이었던 것이어서 아쉬움을 남기고 있다"고 보도했다. 황 교수팀의 이병천 교수는 "세계 최고 수준의 저널에 발표하기 위해 준비하던 중, 최근 논란 때문에 손을 놓은 사이 일본이 좀 더 아래 단계의 저널에 발표해 김이 샜다"고 말했다. 논문 발표 시기를 놓친 게 사실상 MBC 〈PD수첩〉 때문이라는 주장이었다.

하지만 《조선일보》 보도 내용과 이병천 교수의 주장은 한나절이 지나지 않아 사실과 다른 것으로 드러났다. 국제학술지 《분자재생 및 발달》에 실린 일본 오사카 부립대 연구팀의 연구논문은 이미 2005년 5월 29일 제출된 것으로 밝혀졌다. 〈PD수첩〉팀이 최초 제보를 받은 것이 6월 1일이니, 취재와 논문 제출은 전혀 무관한 것으로 밝혀졌다. 황 교수팀의 관계자에 의존해서 만들어진 이 기사는 대표적인 오보로 판명되었다.

〈바른역사추진협의회〉의 대표 박의정 씨는 이날 나와 최승호 CP, 최문순 사장을 '업무방해와 명예훼손 혐의'로 서울 중앙지검에 고발했다. 동산반야회, 대학생불교연합회 등 14개 불교단체로 구성된 〈황우석 박사를 위한 한국 재가불자들의 모임〉도 연이어 MBC 〈PD수첩〉에 대한 검찰 수사를 촉구했다.

오전 10시, 집에서 나오는 길에 제보자 K로부터 전화를 받았다. 자기가 다니던 병원에 사표를 썼다는 것이었다. 솔직히 말하면 사직서를 쓸 수밖에 없는 상황이라고 전해왔다. 나는 말렸으나 K는 담담했다. 왜 K는 사직서를 쓰게 되었을까?

2005년 11월 말경부터 일주일 동안 SBS 조○○ 기자가 병원에서 상주하고 《조선일보》 김○○ 기자가 제보자를 인터뷰해야 한다며 병원장과 홍보부장에게 압력을 가하고 있었습니다. 이로 인해 과장 허락하에 거의 쫓기다시피 병원 출근을 하지 못하고 있는 상황이었습니다. 그러던 중 2005년 12월 4일경 병원의 신경외과 제1과장인 이○○ 과장이 저에게 전화를 걸어 다음과 같이 통보하였습니다.

"오늘 오전 중으로 사표를 제출하지 않으면 파면을 하니, 와서 직접 사표를 작성하라."

저는 이 사실을 병원으로 가는 택시 안에서 한학수 PD와 참여연대 이재명 국장, 김병수 위원에게 전달하였습니다. 저는 일단 병원으로 가서 이○○ 과장과 대화를 했습니다. 이○○ 과장은 "어제 병원장과 이야기를 했고 국정원 쪽으로도 알아보았는데, 네가 제보자라고 확인해 주더라"고 했습니다. 저는 "사표 요구는 부당합니다. 휴가로 돌려서 진실이 밝혀질 때까지 기다려 주시면 안 됩니까? 나중에 이것이 문제가 될 수 있습니다"라고 말했으나, "현재 병원에 전화가 불통이 되고 협박전화에 시달린다. 문제가 될 수 있다니 무슨 말이냐? 파면을 당하면 다른 병원에 들어갈 수 없다. 자진 사표 받는 것이 너를 위한 우리의 배려이다"라고 답했습니다.

그리고 이○○ 과장은 "우리 병원은 과기부 눈치를 안 볼 수 없어"라고 마무리했습니다. 저는 파면당할 수는 없었기에 어쩔 수 없이 강요된 사직서를 쓰게 되었습니다.

- 제보자 K가 작성한 경위서 중에서

제보자 K는 강제 사직을 당했다. 이 무렵 제보자 B도 다니던 연구기관을 더 이상 다닐 수 없게 되었다. K와 B, 이 부부는 졸지에 직장을 잃고 거리로 나앉았다. 나와 최승호 팀장은 이날 〈PD수첩〉팀에서 배제되어 '대기 발령자'가 되었다. 시사교양국의 부국장이 당분간 〈PD수첩〉팀을 임시로 맡게 되었다. 아울러 국장과 팀장 그리고 나는 인사위원회에 회부되었다. 이날 예정되었던 〈PD수첩〉은 물론 나가지 못했고, 다큐멘터리가 대신 방송되었다. 상황이 아무리 암울해도 조용히 빛을 내는 움직임도 있었다. 〈PD수첩〉이 취재윤리를 위반했다고 하더라도 전국적인 애국주의 광풍으로 인해 프로그램 자체가 폐지되는 것은 옳지 않다는 1인 시위가 MBC 정문 앞에서 이어졌다. 대부분의 국민들이 〈PD수첩〉을 욕할 때, '욕은 정도껏 해야지. 그것이 과하면 집단적 테러이며 광기'라고 지적하는 셈이었다. 시민사회의 이 작은 움직임은 나중에 〈사랑해요 PD수첩〉이라는 인터넷 카페로 이어졌는데, 그야말로 생동하는 풀뿌리 민주주의의 전형이라고 볼 수 있었다.

이날 전국 언론노조 중앙집행위원회 회의가 있었다. MBC 노조위원장과 동행하였던 신정수 간사가 황우석 사건을 브리핑 보고했다. 신정수 간사는 〈PD수첩〉팀의 의견을 전달했고, 취재윤리 논란에도 불구하고 방송은 해야 하며 "사건의 본질은 논문 조작"이라고 천명했다. 이날 회의에서는 YTN 노조 위원장이 반대 의견을 냈다. YTN 노조 위원장은 자신들도 어렵게 부탁하여 특종을 취재하게 된 것이고, 그동안 황 교수팀을 집요하게 취재한 결과로서 12월 4일 방송이 있었다고 말했다. 색안경을 쓰고 YTN을 바라보는 것을 용서할 수 없다는 취지로도 발언했다.

이날 서울대 수의대에서는 각별한 행사가 진행되고 있었다. 〈아이러브 황우석〉 카페 회원들을 중심으로, 서울대 수의대의 출입구에서 황 교수의 연구실까지 진달래로 꽃길을 만들었다. 명목은 1,000번째 난자 기증 신청자의 기증 의사 전달식을 가진다는 것이었으며, 아울러 황 교수님이 바로 진달래꽃을 즈려밟고 복귀해 달라는 뜻이 담겨 있다고 했다. 이 자리에서 안규리, 이병천

진실, 그것을 믿었다

의혹이 날로 커져 가는 상황에서도 황 교수 지지자들의 기세는 수그러지지 않았다. 하지만 그들의 염원은 배반당했다. 황 교수는 결국, 연구실 앞에 만들어진 진달래 꽃길을 사뿐히 즈려밟고 돌아올 수 없었다.

교수 그리고 윤태일 씨는 활짝 웃으며 감사의 뜻을 전했다. 당시 취재하던 MBC 카메라 기자는 한때 현장의 황우석 지지자들에 의해 쫓겨나기도 했다. 나는 그 행사를 보면서 모골이 송연해졌다. 아울러, 역사에 악명을 남긴 많은 독재자들의 이미지와 진달래가 오버랩되어 나타났다. 물론, 이 행사는 황 교수팀이 이벤트 회사에 의뢰해서 기획한 것으로 나중에 밝혀졌다.

저녁 8시경에 나는 제보자 K와 B 부부가 은신하고 있는 곳을 찾았다. 이 부부는 기자들이 하도 집을 찾아와서 들쑤시는 통에 며칠째 집에도 못 들어가고 있었다. 생명공학감시연대 김병수 위원의 집에 제보자 부부가 묵고 있었다. 김병수 씨 부부는 모두 생명공학을 전공한 사람으로, 제보자들이 처한 상황들을 충분히 이해하고 있었고 선뜻 자기 집에 숨겨 주었다. 이날뿐 아니라 김병수 씨는 검찰 수사가 끝날 때까지 장소를 옮기면서 제보자 부부가 쉴 수 있는 공간을 마련해 주었다. 집에 들어가 보니 참여연대 투명사회국장 이재명 씨도 와서 기다리고 있었다. 제보자들은 의외로 침착한 기색이었다. 나는 최승호 팀장과 나누었던 이야기를 전해 주고, 〈PD수첩〉팀은 결코 굴복하지 않고 싸워 나갈 것이라고 했다. 아울러, 우리는 검찰에 구속되는 것까지도 각오하고 있다고 했다. 제보자도 끝까지 함께할 것이라고 했다. 우리는 굳게 손을 잡았다.

김병수 씨 부부는 이날 나에게 중요한 사실을 전해 주었다. 자신들이 논문을 다시 한 번 찬찬히 훑어보니, 사진 조작보다 더 엄청난 조작의 증거를 찾았다고 했다. 그것은 유전자 지문이 너무나도 이상하다는 것이었다. 즉, 체세포와 줄기세포의 유전자 지문을 나타내는 데이터 그래프가 마치 복사한 것처럼 너무 똑같다는 것이었다. 각자 다른 샘플이기 때문에 이렇게 너무 일치해도 문제가 있다는 것인데, 이렇게 나올 확률은 거의 제로에 가깝다고 했다. 그들도 이미 논문 조작에 대해서는 알고 있었고, 논문을 수차례 읽어 봤었지만, 이렇게 수준 낮게(?) 조작을 했을 것이라고는 미처 생각하지 못했던 것이다. 우리는 이 문제를 공론화하기로 했다.

이날 《프레시안》에서는 〈PD수첩〉의 'DNA 지문 분석 결과'를 보도했다. 이제 말이 아니라 〈PD수첩〉이 취재한 증거가 만인의 과학자들 앞에 공개되기 시작한 것이었다. 한국의 거의 모든 과학자들이 이 기사를 주목했고, 움직일 수 없는 증거를 둘러싸고 서서히 여론이 반전되어 가고 있었다.

자정을 막 넘긴 시간인 0시 19분, 〈브릭〉 게시판에서는 '아릉'이라는 젊은 과학자가 논문의 유전자 지문 문제를 제기하기 시작했다. 김병수 씨 부부가 말했던 내용이 '아릉'에 의해 먼저 인터넷에서 솟아올랐다. 참으로 암담한 상황이었지만, 아주 작은 불씨가 꿈틀대고 있었다. 〈PD수첩〉은 사실상 폐지되어 제작진은 인사 조치되고, 제보자는 해고된 채 숨어 지내야 하는 신세로 전락했을 때……저 머나먼 산등성이에 반디 불빛 하나라도 있으면 찾아 나서고 싶은 심정이었다.

서로 다른 승부수,
입원 vs 진실의 깃발

12월 7일, 황우석 교수는 서울대 병원에 입원했다. 경기도의 어느 절에서 휴식을 취하고 있다던 황 교수가 며칠 만에 모습을 나타낸 것이었다. 살은 빠지지 않았으나 얼굴에는 텁수룩한 수염을 기르고 나타났다. 자신의 고뇌를 얼굴의 초췌함으로 일거에 드러내려는 분위기였다. YTN 사태 이후 모든 것이 평정되었다고 황 교수팀이 축배를 들었던 순간, 뜻하지 않게 한국의 양심적인 과학자들이 쉴 새 없이 논문 조작의 증거를 들이대고 있었다. 더군다나 〈PD수첩〉팀도 결코 굴하지 않고 '정중동'하는 모습이 포착되었으리라.

　황 교수는 승부수를 병원으로 던졌다. 황 교수의 이런 승부수는 많은 지식인들과 전문가들 혹은 눈치 빠른 사람들로 하여금 오히려 황 교수를 미심쩍어하게 만드는 역효과를 초래했다. 하지만 대다수 국민들은 아낌없이 황 교수에게 동정표를 던졌다. 황 교수는 전문가들보다는 다수 군중의 인기를 먹고사는 사람이었다.

　　　　　　　　　　　　　　진실, 그것을 믿었다

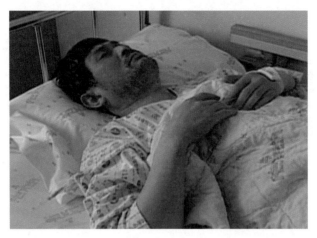

황 교수는 병원 입원이라는 승부수를 던졌다. TV 화면에 비친 그의 초췌한 모습에 많은 사람이 동정의 눈길을 보냈지만, 그것은 의혹을 푸는 온당한 방식이 결코 아니었다.

오전 11시에 최승호 팀장과 함께 최문순 사장을 만났다. 12월 4일 YTN 사태 당시 임원회의에서 만난 이후 처음이었다. 사장은 〈브릭〉이나 〈사이엔지〉 등에서 이뤄지는 젊은 과학자들의 논의를 꿰뚫고 있었다. 사진 조작이나 유전자 지문 조작 등에 대한 내용을 속속들이 파악하고 있었다. 사장은 이미 논문이 조작되었다는 것을 확고하게 알고 있었고, 〈PD수첩〉 2차 방송은 반드시 나가야 하되 그 시기를 조율하는 것이 중요하다는 의견을 피력했다. 일단 황 교수가 병원에서 퇴원한 이후에 방송을 고려하자고 했으며, 방송 전에 임원들과 함께 프로그램을 시사해 최종적인 판단을 하자고 했다.

이것은 논문 조작이라는 단편으로 끝날 수 없는 문제이며, 특히 '언론의 문제점'이라든가 '국민적인 광기'의 문제, '정부의 총체적인 대응 실패' 등이 후속으로 보도되어야 한다는 입장이었다. 사장의 뜻은 우리의 의견과 다르지 않았다. 또한, 사장은 김선종 연구원의 녹취록 전문과 제보자들의 인터뷰 녹취록 등 중요 자료들을 사장실로 가져오라고 했다. 본인이 직접 검토해 보고 임원들과도 공유하겠다는 것이었다.

이날, 사장은 "국정원이 MBC를 압박할 수 있는 두어 개의 카드를 갖고 있다는 첩보를 들었는데, 감 잡히는 것이 있는지"를 물었다. 이와 유사한 정보는 곳곳에서 감지되었다. '황 교수팀에서 흘러나오기로는 한 PD가 취재윤리를 무려 10여 가지나 위반하였다. 그중 하나인 김선종 연구원 협박 취재가 불거져 나왔고, 이후에 2번 줄기세포를 제보자 B가 빼내도록 한 것은 절도교사 혐의가 있는 것이다. 환자에게서 머리카락을 얻은 것도 문제가 될 수 있다'는 등의 역정보였다. 물론, 이런 것들은 황 교수팀이 일으키는 고도의 심리전이자 MBC가 다시는 꿈틀대지 못하도록 발을 붙들어 매려는 것이기도 했다. 나는 이것들이 과장되거나 잘못된 첩보라는 것을 누누이 설명해야만 했다. 그러나 YTN의 허위 보도를 사실로 여긴 사람들은 여간해서 내 말을 믿어 주지 않았다.

오후 2시에 나는 MBC 전 임직원들과 계열사 전 직원들에게 인트라넷으로 메일을 썼다. 물론, 모든 사원들에게 편지를 쓴다면 이 편지는 외부 언론에 유출될 가능성이 높다는 것을 알고 있었다. 그러나 그런 위험에도 불구하고 MBC 임직원들에게 우리

진실, 그것을 믿었다

의 진의를 밝히는 것이 중요했다. 가까이에 있는 MBC 동료들을 먼저 설득하지 못하면서 외부에 있는 누구를 설득하겠는가?

더 나아가서는 첫째, 왜곡된 정보를 바로잡아야 했고, 둘째로는 '〈PD수첩〉팀이 가진 것이 아무것도 없는 것 아니냐'는 실망감과 의혹을 불식시켜야 했다. 우리가 가진 것이 분명히 있다는 확신을 주어야 했다. 마지막으로, 우리에게 '모토'가 필요했다. 우리가 모든 것을 포기해도 결코 놓치지 말아야 할 것이 과연 무엇인지 선명하게 깃발에 새겨야 했다. 새겨야 할 말은 '진실의 힘'이었다. 이 싸움은 진실과 거짓 사이에 넘을 수 없는 전선이 그어져 있다는 것! 바로 그것을 밝히는 편지가 되어야 했다.

제목: 거듭 사죄드립니다. 그러나 진실이 묻혀서는 안 됩니다.

1. 취재윤리를 어긴 부분에 대해 사죄드립니다.

저는 황우석 교수의 2005년 논문 진실성을 취재하는 과정에서 취재윤리를 어겼습니다. 지난 10월 20일 미국 피츠버그에서 김선종 연구원을 만나 취재하는 과정에서 "2005년 논문이 가짜로 판명될 것이고, 검찰 수사가 시작될 것"이라고 말했습니다. 이것은 취재윤리를 위반한 것이라고 생각됩니다. 취재윤리를 어겨서 MBC와 구성원 분들께 피해를 입힌 점에 대해서는 유구무언입니다. 이 점 MBC 구성원들께 백배 사죄드립니다.

다만, YTN에서 보도한 것처럼 "황우석 교수를 죽이러 왔다"고 발언한 적이 없습니다. 김선종 연구원은 저희에게 3번씩이나 자신의 신원을 보호해 줄 수 있느냐고 확인하고 나서 '중대 증언'을 했습니다. 저희는 김선종 연구원의 신원을 익명으로 보장해 드린다고 했습니다. 또한, 저희는 이들을 섭외하는 과정에서 "다큐멘터리를 제작 중"이라고 말한 것은 사실이지만, 김선종 연구원을 만났을 당시에는 저희의 신원을 분명히 공개했습니다. 〈PD수첩〉 프로듀서들이며, 취재 내용은 2005년 논문의 진실성에 대한 추적이라고 분명히 말했습니다.

2. 현재까지 취재한 바로는 환자의 줄기세포가 1개라도 만들어졌다는 증거를 찾지 못했습니다.

황우석 교수의 연구는 국민의 세금이 들어간 것이며, 이에 대해 언론사에서 취재하고 의혹이 사실로 밝혀질 때 이를 밝히는 것이 옳다고 생각합니다. 저는 지난 몇 개월 동안 2005년 황우석 교수의 논문에 대한 취재를 해 왔습니다. 지난번 〈PD수첩〉 '황우석 신화의 난자 의혹' 방송에서 드러났듯이, 저희는 확인된 사실만을 보도합니다.

지난번 난자 관련 방송 이후 황우석 교수는 해명 기자회견을 가졌습니다만, 저희는 그 해명 내용이 중대한 거짓을 포함하고 있다는 증거와 증언을 확보하게 되었습니다. 저희가 현재까지 취재한 내용을 일일이 설명하긴 어렵지만, 저희는 황우석 교수가 논문에서 발표했던 환자의 줄기세포를 단 1개도 확인하지 못했습니다.

3. 진실은 반드시 밝혀집니다.

저는 취재 과정에서 드러난 문제에 대해 책임지겠습니다. 회사에서 내리는 어떠한 처벌도 달게 받겠습니다. 그러나 취재 과정상의 잘못이 진실을 막을 수는 없습니다. 어떠한 논리로도 진실 보도라는 언론사의 기본 정신을 훼손할 수는 없습니다. 저희가 취재한 내용은 '이 정도에서 대충 묻혀도 좋은 사안'이 아닙니다.

지금도 여전히 제가 모든 말을 할 수 없는 상황이라는 것을 양해해 주십시오. 많은 의문점들이 있으실 것입니다. 그러나 그러한 의문들도 언젠가 진실이 밝혀지는 날, 함께 공개될 수 있을 것입니다.

2005년 12월 7일 한학수 올림

물론, 이 편지는 MBC 임직원들이 다시 한 번 격렬한 논의를 할 수 있는 여지를 주었다. 다음날 이 편지를 《연합뉴스》 기자가 입수해 그 전문을 세상에 알렸고, 이 편지는 결국 YTN 사태 이후 와해되었던 전선이 새롭게 구축되는 데 상징적인 역할을 하게 되었다. 전국의 MBC 임직원들은 나에게 백여 통이 넘는 격려의 글을 보내 주었다. 지금 어렵더라도 위기를 함께 극복해 가자는 내용이었다. 나는 눈물이 났고, 또 힘이 솟았다.

12월 7일, 황 교수와 나는 각자 새로운 승부수를 띄웠다. 황 교수는 수염을 기른 뒤 병원에 입원하는 것을 선택했고, 나는 MBC 임직원들과 함께 '진실의 깃발'을 드는 것으로 응수했다. 다수 대중은 여전히 황 교수를 동정했으나, 〈PD수첩〉 주위에는 진실을 밝히려는 힘이 엄청난 잠재력을 갖고 결집하기 시작했다.

젊은 과학도 '아릉'이 이어받다

황 교수 측 지지자들은 황 교수를 이순신 장군에 비유하기 시작했다. 간신들의 음모와 술수 때문에 백의종군하는 것으로 황 교수를 묘사하고 있었던 것이다. 과학자들의 사이트에서는 이를 두고 코웃음을 쳤다. 그중에 압권은 '황 교수와 이순신 장군은 전혀 다른 인물이다. 왜냐하면 충무공은 최소한 거북이를 거북선이라고 조작한 사람은 아니기 때문이다'는 응수였다.

12월 7일 밤이 되자 《오마이뉴스》에 새로운 글이 올랐다. 김형태 변호사의 기고였는데, "황우석 교수는 재검증에 응하고, MBC는 〈PD수첩〉의 내용을 보도해야" 한다는 간명하고도 명쾌한 주장이었다. 이날 밤, '아릉'은 그동안 자신이 제기했던 유전자 지문의 문제를 일목요연하게 정리하는 글을 〈브릭〉 게시판에 올렸다. 아릉이 전날 밤에 올린 글을 먼저 보면 다음과 같다.

제목: DNA 유전자 지문fingerprinting 데이터 살펴보기

오늘 오후 한나절을 뜨겁게 달구었던 '실수에 의해 잘못 실린 사진'

을 바라보면서 착잡한 마음을 가눌 수 없었습니다. 비록 온라인으로 볼 수 있는 '부록'이긴 하지만, 일반인들이 보기에도 같은 사진이 떡하니 올라간 것을 보니 논문을 왜 이런 식으로 만드셨는지 기가 찼습니다. (중략)

그런데 제가 일일이 살펴본 바에 의하면 '체세포 공여자Donor'와 '배아 줄기세포NT-hESC'의 DNA는 분명 다른 과정을 거쳐 추출한 것이 분명한데 피크peak의 모양, 높이, 노이즈noise 들이 똑같은 것들이 꽤 많이 보이더군요. 심지어는 하나의 피크 안에 있는 울퉁불퉁한 것, 꺾이고 파여진 부분까지도 동일한 것들이 보여서 그만 헛웃음이 나오더군요.

- 2005년 12월 6일 밤 아릉이 올린 글에서

아릉이 이런 문제 제기를 하고 있을 때, KAIST의 ○○○ 교수는 동일한 내용을 우리에게 이미 제기해 주었다. 이를 김현기 PD와 윤희영 작가가 면밀히 검토하고 있는 상황이었다. 그러던 와중에 12월 7일 아릉이 정식으로 그리고 종합적으로 정리해서 글을 다시 올렸다.

우선 이런 내용으로 작금의 광풍과도 같은 현상에 또 다른 하나의 회오리를 더하는 것 같아 마음이 무겁습니다.
12월 5일 세포 사진의 조작설, 12월 6일 DNA 유전자 지문에 대한 의혹이 제기되었습니다. 전 국민과 정치권까지 똘똘 뭉쳐서 여기서 그만 묻어 두려는 모습에 다들 긴장을 하셨는지, 전문가 집단에서조차 내부적으로만 공감을 표할 뿐, 스스로의 생각들을 표시하지 않고 있습니다. 아니, 표시할 수가 없었습니다. 일개(?) MBC도 무너뜨리는 거대한 힘 앞에 누가 나서려고 하겠습니까? 네, 맞습니다. 국익을 위해서……국익을 위해서라면 입 닥치고 숨죽이고 있어야 함이 지당하신 말씀입니다. 그러나 우리는……과학하는 사람들은 시야가 좁아서 작은 현상 하나가 삐뚤어져 보이면 끝없이 Why? Why?를 외치며 덤벼듭니다. 저 역시 그러한 사람 중에 하나입니다.

참고로 저는 지방 국립대학교에서 유전공학을 전공하고 있는 박사과정이며, 유전자 지문 분석(STR을 통해 Genotyping하는 것 등)을 꽤 오랫동안 해 왔습니다. 사용해 본 기기는 LI-COR 社의 4200 시리즈와 ABI3100입니다. 황우석 박사의 경우 ABI3100으로 실험한 결과를 내놓으셨습니다.

……(본론에서는 아릉이 각종 도표와 그림들을 동원해 핑거프린팅이 조작되었다는 내용을 종합한다.)……

오늘은 개인적으로 무척 슬픈 날입니다. 어찌 되었건 일개 쫄병 수준의 과학하는 놈이 수십 명의 교수팀 업적에 대해 공개적으로 왈가왈부하는 꼴이 되었기 때문입니다. 그간 국내의 전례로 보아, 아니, 전 세계 어느 나라에서도 내부 비판자 혹은 내부 고발자가 온전히 살아가는 꼴은 볼 수 없었습니다. 그건 진실입니다(_ _;). 저도 밥숟갈 놔야 할지도 모르겠군요. 차라리 제가 틀렸다면 저 혼자 조용히 사라지면 그만이라지만 만일 사실이라면……생각만 해도 끔찍하군요.

진실, 그것을 믿었다

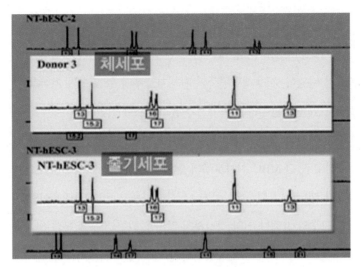

젊은 과학도 '아릉'이 제기한 DNA 유전자 지문 관련 의혹. 체세포와 줄기세포의
파형이 흡사 복사한 듯이 일치한다. 이정도로 파형이 일치하는 것은 현실적으로
거의 불가능한 일이다.

잘되든 잘못되든 이 나라의 수많은 과학하시는 분들께도 폐를 끼치
게 될 것 같아 마음 아픕니다.

황 교수팀이 이 문제에 대해서 어떤 식으로 방어를 하실지 무척 궁금
해집니다. 제발 어떤 식으로든 저의 궁금증을 해결해 주십시오.

— 2005년 12월 7일 밤에 아릉이 올린 글에서

일반인들에게는 전날 제시된 사진 조작이 선명했지만, 과학
자들에게는 아릉의 글도 엄청난 파장을 일으켰다. 이것은 11개
줄기세포의 유전자 지문이 통째로 조작되었다는 것을 강력히 시
사하고 있었다. 이리저리 전문가들이 감지하고 있었던 내용을 아
릉이라는 젊은 과학자가 용기 있게 공개한 것이었다. 이 글의 내

용은《프레시안》에서 알기 쉽고 일목요연하게 기사화되었다.

12월 8일 오후, 황 교수가 입원한 뒤 죽도 못 먹고 있다는 보도가 나왔다. 서울대병원측의 관계자로부터 황 교수가 자살을 할 수도 있는 상황이라는 이야기가 흘러나오고 있었다. 황 교수의 자해는 여전히 걱정스러운 부분이었다. 밤이 되자 서울대병원을 취재하고 있던 MBC 기자로부터 전언이 왔다. 황 교수가 보도와는 달리 끼니마다 밥을 한 공기 너끈히 비우고 있다는 내용이었다. 황 교수의 자해는 전혀 걱정하지 않아도 되는 기우에 불과했다.

황 교수가 특허를 출원하면서 줄기세포주를 기탁하지 않고 있다는 점을《연합뉴스》서한기 기자가 취재해 보도했다. '부다페스트 조약'에 따르면 생물의 발명 특허와 관련해 그 생물의 샘플이 공인된 기관에 기탁되어야 한다. 우리나라에서는 서울대 세포주은행이 유일하게 줄기세포주를 기탁받는 곳인데, 확인한 바로는 거기에 환자의 줄기세포는 없었다. 이 부분에 대해서 많은 의혹이 있었는데,《연합뉴스》서 기자가 용기 있게 먼저 보도를 한 것이었다. 다른 기자들이 우리에게 확인 전화를 해 왔고, 나는 이 부분에 관련된 우리의 취재 내용을 전해 주었다. 황 교수팀은 이어진 기자들의 취재에 대해 '보안상의 이유' 등을 대며 줄기세포를 기탁하지 않고 있다고 해명했으나, 논리가 여간 옹색한 것이 아니었다.

시사교양국에서는 PD들이 2차 긴급총회를 열었다. 전날〈PD수첩〉을 아예 폐지하려는 일각의 움직임이 포착되었고, 이를

진실. 그것을 믿었다

성토하는 분위기가 강했다. 이날 시사교양국 팀장회의(CP회의)에서는 '〈PD수첩〉 관련해 여론이 움직이는 조짐이 보인다. 특히, 전문가 집단에서는 이미 반전이 이루어진 분위기'라는 점이 지적되었고, 반전의 포인트를 모색하려는 기운이 높아졌다.

이러는 와중에 오명 과학부총리가 황우석 교수의 입원실을 방문했다. 오명 부총리는 이 자리에서 "도대체 언론이 어떻게 과학을 검증하느냐"며 일갈했다. "세계적인 대학자가 쓴 논문이고 검증은 세계적인 석학들이 했고, 《사이언스》에 논문이 실렸습니다. 제3자가 검증에 낀다는 것은 말이 안 됩니다"라고 직격탄을 날린 것이었다. 손학규 경기도 지사는 "황 교수를 괴롭히는 사람들은 아예 격리시켜야" 한다며 한 걸음 더 나갔다. 그 뒤에도 정동영 씨가 병원을 방문해 황 교수를 치켜세웠다.

MBC 노동조합에서는 〈진실은 밝혀져야 한다〉는 성명을 발표했다. 특히, '무엇이 우리에게 유리한가'라는 질문보다는 '무엇이 진실인가'라는 질문에서 우리는 출발해야 한다는 글귀가 심금을 울렸다. 그러나 사내에서는 반발하는 기류도 만만치 않았다. 회사의 몇몇 조합원들은 이 성명에 대해 노조에 내려와 항의했고, 며칠 사이에 조합원 10여 명이 조합을 탈퇴했다.

이날 서울대 생명과학 분야 소장파 교수 30여 명은 연판장을 들고 서울대 정운찬 총장을 찾아갔다. 황 교수의 논문 진실성 의혹에 대한 대학 차원의 진상조사를 촉구하기 위해서였다. 어물쩍 넘기기에는 논문 조작이 너무 명확해지고 있으며, 이 사태를 방관했을 때 입게 될 한국 과학계의 상처가 너무 클 것이라는 충정으로부터 시작된 행동이었다. 섀튼 교수가 있는 미국 피츠버그대도 움직임이 심상치 않다는 첩보가 계속 전해져 오고 있었다. 특히 피츠버그대 이형기 교수의 《프레시안》 기고문들은 한국의 과학계가 중대한 선택의 기로에 서 있다는 것을 설파하고 있었다.

한 점의 불꽃이 들불처럼 타올라 온 산하로 번져 가고 있었다. 세계가 한국의 선택을 주목하고 있었다.

진실, 그것을 믿었다

좌절된 특명,
'일요일 밤 9시 30분 방송'

12월 9일, 나와 최승호 팀장은 인사위원회에 불려나갔다. 김선종 연구원과 인터뷰하면서 '황 교수가 검찰 수사를 받을 것'이라고 언급한 부분에 대한 징계 심사를 위해, 당사자들의 소명을 듣고 사실관계를 규명하기 위한 자리였다. 나와 최승호 팀장은 YTN이 왜곡한 내용을 밝히고, 그럼에도 제작진이 잘못한 부분에 대해서는 응분의 처벌을 받겠다고 말했다. 우리는 인사위에 김선종 연구원과의 인터뷰 테이프를 제출했고, 실제로 인터뷰 과정을 함께 들어 보며 확인하고 나왔다. 징계 결과는 한 주 뒤에 확정된다고 했다.

황우석 교수 후원회 김재철 회장은 이날 황 교수에 대한 감사와 성원이 계속되길 바란다는 메일을 회원들에게 보냈다. 과기부는 "줄기세포 논란과 관련해 검증을 해 달라는 공식, 비공식 요청을 받은 적이 없다. 설사 요청이 들어오더라도 정부가 검증 문제에 간여하지 않을 것"이라고 강조했다. 과기부는 검증을 회피함으로써 황 교수 편을 들어 주었다. 서울대 정운찬 총장은 병실에 있는 황 교수를 방문했다. 이 만남에서 정 총장은 황 교수에게 '서울대의 줄기세포 검증'을 받아들이라고 말했던 것으로 알려지고 있다.

《사이언스》는 황 교수와 새튼 교수에게 논란이 되고 있는 연구 결과를 재검토하고 제3자에 의한 재검증을 받아들이라고 입장을 밝혔다. 논문 진위 논란이 제기된 이후 줄곧 《사이언스》 측은 황 교수를 옹호해 왔고, 한편으로는 《사이언스》의 권위를 강조해 왔다. 그런 점에 비춰 보면 《사이언스》 측에서 분명 한 발 물러서며 '입장을 정리'한 것으로 해석되는 대목이었다. 피츠버그 대학에서도 줄기세포 논문에 대한 조사에 착수한다고 밝혔다. 논문 진위 논란이 '기술적인 실수'에 국한된 문제가 아니라 '연구 정직성'의 문제라는 인식이 확산되자, 세계 과학계가 빠르게 변화하고 있었다.

〈PD수첩〉팀은 늦어도 12월 13일, 평소에 〈PD수첩〉이 방송되던 화요일에는 방송이 나가야 한다고 판단하고 있었고 이를 위해 뛰고 있었다. 우군을 확대하며 설득을 해 나가는 것이 당시에 우리가 한 일이었다. 그런데 12월 10일 토요일 정오에 최승호 팀장으로부터 특명을 받았다. 다음날 일요일 밤에 방송이 예정되어 있으니 신속하게 방송 완제품을 만들라는 것이었다. 단서가 붙어 있었는데, 그것은 방송 전까지 절대 보안을 유지하라는 것이었다. 외압을 차단하기 위해 방송 전에 최종 검토를 한 후에 전격적으로 방송을 할 수밖에 없다는 것이었다.

진실, 그것을 믿었다

어떻게 이런 단안이 내려졌을까? 나중에 밝혀진 일이지만, 이날 아침 일찍 최진용 시사교양국장은 최문순 사장으로부터 한 통의 전화를 받았다.

사장: 그 사람 참 이해할 수 없는 사람이에요. 아무리 생각해도 이대로 묵과해서는 안 되겠어요.

국장: 제보자는 아무리 살펴봐도 별다른 흠이 없는 것으로 보이는데요.

사장: 아니, 그 사람 말고……황 교수 말이에요.

최문순 사장은 〈PD수첩〉팀이 올린 모든 인터뷰 자료를 꼼꼼히 읽어 보고 당시까지 일어난 상황을 복기하며 면밀하게 판단한 것이었다. 세상이 이런 식으로 흘러가서는 안 된다는 것이 당시 최문순 사장의 확고한 생각이었다. 이날 오전 10시경 사장은 제작본부장과 보도국장 그리고 시사교양국장 등에게 다시 한 번 연락을 취했는데, '다음날 〈시사매거진 2580〉 시간대에 〈PD수첩〉 방송을 한다'는 것이었다. 오후 3시경 시내 모처에서 사장은 상황실을 설치했다. 회사 밖에서 상황실을 설치한 것은 보안 때문이었는데, 회사 안은 결코 안심할 수 없는 상황이었던 것이다. 황 교수는 이미 개인이 아니었고, 그 뒤에는 '대단한 조직'들이 움직이고 있었다. 사장은 굳은 결심을 했고, 이 소식이 이날 정오에 나에게 전달되어 온 것이었다.

나와 최승호 팀장은 바쁘게 움직여 갔다. 비밀리에 김상호

아나운서에게 연락하고, 더빙실과 종합편집실 그리고 음악 담당 스태프들에게도 긴밀한 연락을 취했다. 김현기 PD, 윤희영 작가와 함께 지난번에 편집해 놓은 것을 보완하면서 설레는 마음으로 방송을 준비했다. 한 자의 토씨라도 조심하고 또 조심했다. 사소한 실수 하나가 프로그램의 전체 신뢰도에 먹칠을 할 수도 있기 때문이었다. 우리는 이날도 밤을 새워 가며 편집을 마무리했다.

이날 《프레시안》에서는 김선종 연구원의 인터뷰 녹취록이 공개되었다. 이 녹취록은 또 하나의 엄청난 파장을 몰고 왔다. 그동안 김선종 연구원이 〈PD수첩〉에 '중대증언'을 한 것으로만 보도되었지, 실제로 그 내용이 공개되기는 처음이었다. 이 녹취록에는 '황 교수가 줄기세포 숫자를 늘리라'고 조작 지시한 내용이 생생하게 담겨 있었다.

나와 최승호 팀장은 지난 한 주일 동안 회사를 설득하기 위해 임원들과 노조 그리고 보도국 등에 김선종의 녹취록을 전달했다. 그 밖에도 김선종의 녹취록을 입수한 곳은 몇 군데 더 있었다. 물론 일부 언론사도 이 녹취록을 가지고 있었지만, 사태 추이를 지켜보며 저울질을 하고 있는 사이에 《프레시안》의 강양구 기자가 과감하게 보도한 것이었다. 그 파장은 컸다. 그렇지 않아도 논문 조작의 증거가 속속 드러나고 있는 상황에서 김선종 연구원의 '증언'까지 드러나자 여론은 다시 한 번 황 교수에게 불리하게 전개되어 나갔다.

진실, 그것을 믿었다

이날 서울대 강성근 교수는 "후속 연구를 통해 성과를 냄으로써 논문으로 재검증을 받는다는 것일 뿐, 진실성을 입증하기 위해 다른 곳에 데이터를 추가로 공개할 계획은 없다"고 밝혔다. 결코 재검증은 받아들일 수 없으며, 다만 새로운 성과를 내서 인정받겠다는 선언이었다. 그렇게 피해 나갈 수 있다면 얼마나 좋으랴마는 그럴 수 있는 상황도 아니었고, 그래서도 안 되는 사안이었다.

12월 11일, 나는 종합 편집실에서 프로그램을 완성했다. 한편, 보도국에서는 전날인 토요일부터 〈PD수첩〉이 일요일 밤에 방송된다는 것을 알고 이 방송을 막아야 한다는 기류가 강하게 형성되었다. 급기야 일요일 아침 9시에 보도국 기자들 100여 명이 참석한 회의가 열렸는데, 이해할 수 없는 결정이 내려졌다. 당일 〈PD수첩〉 방송은 부당하며 사장이 방송을 강행해서는 안 된다는 것이었다. 이러한 취지의 결의문은 사장에게 서면으로 오후 1시 30분경에 전달되었다. 이보다 더한 것은 보도국 취재 데스크 부장들이 '〈PD수첩〉이 방송되면 일괄적으로 보직을 사퇴하기로 결의'한 것이었다.

물론, 이러한 보도국의 행동에는 그동안 현장에서 취재하면서 겪어 왔던 저변의 고충이 큰 작용을 했다. 오죽하면 기자들이 '보도하지 말라'고 결의를 했겠는가? 아마도 지금 방송을 내는 것은 빠른 것 같으니 전술적으로 방송 시기를 조율하자는 정서가 강했던 것으로 추정된다. 그렇지만 나는 이날 보도국이 보인 행동을 이해할 수는 있어도 수용할 수는 없었다. 정보의 갭이 있어서 다소 감도의 차이가 날 수도 있고 또한 전술적으로 방송 시기를 조율하자고 할 수는 있으나, 방송 자체를 막기 위해서 완강한 결정을 내렸다는 것은 참으로 유감이었다. 나는 적어도 이날만큼은 MBC 보도국이 '기자의 야성野性'을 배반했다는 생각이 들었다.

MBC의 임원회의는 오후 3시부터 시작되고 있었다. 〈PD수첩〉팀은 그 결과를 초조하게 기다리고 있었다. 이미 프로그램은 만들어졌으니, 방송 결정만 나면 되는 것이었다. 본래 프로그램의 실질적인 결정 권한은 야전사령관인 국장에게 있으나, 회사의 운명이 걸릴 정도로 중요한 프로그램이기에 경영진의 결정이 뒷받침되어야 하는 비상 상황이었던 것이다. 임원회의는 길어지고 있었다.

황우석팀은 또 하나의 언론 플레이를 들고 나왔다. 황 교수에 대한 의혹 제기는 인신공격에 가까운 비난이라며 〈황우석 죽이기 4대 의혹〉을 발표했다. 사진 조작과 유전자 지문 조작 그리고 김선종 연구원의 증언 등에 대해서 조목조목 반박하는 것이었는데, 그야말로 '눈 가리고 아웅' 하는 격이었다. 조작으로 밝혀진 중요한 것들은 '실수'였고, 해명하기 힘든 것들은 '오해'라는 것이 이 해명서의 핵심이었다. 제목의 선정성이나 표현의 저열함은 이미 도를 넘고 있었다. 그만큼 황 교수팀이 다급해졌다는 것을 반영하는 것이기도 했다.

나중에 검찰 수사 과정에서 밝혀진 바이지만, 이날 황 교수

진실, 그것을 믿었다

는 피츠버그의 김선종 연구원에게 중요한 제안을 한다. 황 교수
는 김 연구원에게 전화를 걸어 "12월 24일까지 한국으로 들어와
라. 정부와 타협해서 줄기세포를 만들기까지 6개월간 시간을 벌
어 보겠다. 한국에 들어오면 자리를 주겠다"고 한 것이다. 황 교
수는 김 연구원에게 서울대병원 세계줄기세포허브의 팀장 자리
를 제안한 것으로 알려졌다. 물론, 황 교수는 김 연구원에게 당
근만을 제시한 것은 아니었다. "12월 27일까지 한국에 돌아와
줄기세포를 다시 배양하고, 이에 응하지 않을 경우 검찰에 고발
하겠다"고 김 연구원을 압박했다. 당시 김 연구원은 귀국 요구를
거절했다.

　오후 5시가 넘어가자 임원회의 결정이 나왔다. 방송을 연기
한다는 것이었다. 임원들은 이 회의에서 찬반양론이 팽팽히 맞섰
는데, 마지막에 연기하는 쪽으로 가닥을 잡았다. '황 교수가 내일
월요일에 퇴원할 것이며, 황 교수 측이 서울대로부터 검증을 받
기로 했다'는 정보가 전해진 것이 변수로 작용했다는 후문도 들
렸다. 저녁 6시가 되자 사장이 시사교양국 〈PD수첩〉팀을 방문해
방송이 미뤄져서 안타깝다는 말을 했다. 사장은 소주 한잔 하자
고 했고, 국장과 팀장 등이 함께 나갔다. 나는 방송이 안 된 것이
너무 속상하고 마음이 아파서 따라 나갈 수 없었다.

　이렇게 '특명'은 좌절되었다. 그러나 일주일 전 YTN 사태가
났던 때와 비교해 보면 분명히 상황은 호전되었던 것도 사실이었
다. 무엇보다 방송에 대한 사장의 의지가 확고했고, 임원회의에

서도 방송 자체에 대한 반대보다는 '적절한 시점'을 고뇌하는 흐름이 점점 우세해지고 있었다. 그리고 무엇보다 중요한 것은 방송 나갈 수 있는 '제품'이 완성되었다는 것이었다. 토요일의 특명에 따라 방송 완제품이 만들어지기까지 만 하루가 걸렸는데, 이제는 MBC가 결정하면 두세 시간 내에 곧바로 방송할 수 있는 태세를 갖춘 것이었다. 비록 특명은 좌절되었지만, 대단히 신속하게 방송할 수 있는 태세를 갖춘 것! 이것이 성과라면 성과였다.

진실, 그것을 믿었다

"서해안을 탔다고요?
……그렇다면 홍성입니다."

12월 12일, 예상했던 대로 황 교수는 서울대병원을 퇴원했다. 건 강해 보였지만, 다소 긴장한 표정이었다. 서울대 수의대 실험실 연구원들과 일일이 악수하며 격려를 했고, 어떤 연구원은 눈물을 보였다. 나는 황 교수의 행보를 예의주시하고 있었다. 오전 11시 경 보도국 특별취재팀으로부터 전화가 왔다.

"한 PD, 황 교수가 행선지를 밝히지 않은 채 서해안 고속도 로를 탔습니다. 아래로 내려가고 있는데, 어디로 가는지 모르겠 습니다. 뭐 감 잡히는 것 없나요?"

"서해안을 탔다고요?……그렇다면 홍성입니다. 거기에 돼 지 농장이 있습니다. 거기에 가서 '이벤트'를 벌일 가능성이 높습 니다."

이날은 몹시도 추운 날이었다. 오후가 되자 속보가 나오기 시작했다. 역시 황 교수는 홍성으로 갔다. 짧은 반팔의 수술복을 입고 입김이 연기처럼 쏟아져 나오는 상황에서 돼지를 실험하 고 있었다. 황 교수는 말을 아낀 채 묵묵히 돼지 수술을 했다. 그것은 무언의 시위였다. 돼지를 다루는 데 황 교수만의 독특한 기술이 있으니, 이 점 각별히 유념하라는 뜻이었다. 이러한 논리는 그 뒤에도 계속 '원천기술과 특허권 수호'로 이어졌다.

저녁 8시경, 황 교수는 예상을 깨고 서울대병원에 재입원했다. 박근혜 대표는 황 교수를 방문해 "우리나라의 보배 중의 보배"라고 칭찬한 뒤, "황 교수 문제까지 우리나라는 이념적으로 풀고 있다"며 "보수와 진보가 편을 갈라 이념 잣대로 재단하면, 우리의 미래는 어떻게 되겠느냐"고 말했다. 한편, 시사교양국 수뇌부에서는 국면이 새롭게 변화되고 있는 것을 주시하고 있었다.

〈PD수첩〉 관련, 어제 일요일 밤에 〈특집, PD수첩〉으로 방송 추진했으나 오후에 열린 임원회의에서 신중론이 나와 다시 방송 유보 상태임. 그동안의 '취재윤리 국면'에서 다시 '줄기세포 진위 논란'으로 국면 전환되었음. 〈PD수첩〉팀 힘겨운 싸움 중……우리가 옳다는 확신!

− 시사교양국 '팀장(CP) 회의록'에서

최승호 팀장과 나는 돌아오는 13일 화요일 〈PD수첩〉 정규편성 시간에 방송을 낼 수 있도록 다시 한 번 힘을 모아 보기로 하며 서로를 격려했다. 오후 3시경 〈PD수첩〉팀 동료 PD들과 함께 프로그램을 시사했다. 어떤 부분이 더 설명이 되어야 하는지 그리고 어떻게 하면 더 친절하고 쉽게 설명할 수 있을지 의견이 모

진실, 그것을 믿었다

〈아이러브 황우석〉 카페의 게시판. 황우석의 지지자들은 이른바 음모론을 제기하며 반전을 꾀했다. 그들의 희망은 존중받아야겠지만, 그렇다고 논문 조작이라는 엄연한 거짓 행위마저 옹호되어야 하는 것은 아니다.

아졌다. 과학적인 논증이 되어야 하기 때문에 일반 시청자들이 따라오기 힘든 내용들이 프로그램에는 많이 있었다. 좀 더 이해하기 편하도록 컴퓨터그래픽을 적절히 활용하는 방안이 논의되었다.

서울대는 황 교수의 연구 의혹 논란과 관련해 조속한 시일 내에 조사위원회를 구성하고 진상을 파악한 뒤, 진위 여부를 검증하기로 했다고 공식 발표했다. 셰튼 교수는 《사이언스》 논문에서 자신의 이름을 빼 달라고 요구했다. 황 교수 및 공저자들에게도 논문을 철회해 줄 것을 요청했다. 이쯤 되면 셰튼 교수도 자신이 살아남기 위해서 마지막 발을 뺀 것으로 볼 수 있었다. 그러나 《사이언스》는 논문에서 이름을 빼 달라는 셰튼 교수의 요구를 거절했다.

12월 13일, 화요일이었다. 지난주에 〈PD수첩〉이 결방되었고, 오늘도 결방될 가능성이 높았다. 오후에 사장과 부사장이 우리의 프로그램을 시사한 뒤에 방송 여부를 결정할 수도 있다는 소식이 전해지면서, 〈PD수첩〉팀은 전원 대기하고 있었다. 그러나 이날도 방송은 결정되지 못했다.

오후 3시경에는 〈PD수첩〉 PD들과 시사교양국 팀장들이 연석회의를 가졌다. 이 자리에서는 경영진의 일각에서 제안해 온 내용을 검토하게 되었다. 그 제안은 '〈PD수첩〉을 내년부터 재개한다는 조건으로, 〈PD수첩〉 후속 방송 없이 이번 사태를 마무리하는 문제에 대해 검토해 줄 것'을 요청하는 것이었다. 〈PD수첩〉 PD들은 강력하게 반발했다. 오늘 벌어지고 있는 이 거짓을 프로그램으로 방송하지 못한 상황에서, 어떻게 다음 아이템을 취재할 수 있겠느냐는 것이었다. 양심을 속이고 타협한 PD가 어떻게 '시대의 정직한 목격자'가 되겠느냐는 것이었다. 또, 그렇게 〈PD수첩〉의 수명을 연장하고 프로그램의 명맥을 이어 간들 그것이 무슨 의미가 있겠느냐는 것이 중론이었다. 나는 이 회의가 끝난 뒤, 국장과의 단독 면담을 신청했다. 나는 "이번 사태의 마무리를 조건으로 실용적인 타협안을 받아들이거나 혹은 제안하는 것은 두고두고 역사의 오점이 될 수 있다"며 신중한 결정을 요청했다. 국장 또한 이런 지적에 공감을 표시했다.

이날 《동아일보》 기사에서 〈아이러브 황우석〉 카페의 운영자 윤태일 씨가 〈PD수첩〉과 제보자를 싸잡아 비난했다. "K씨는 줄기세포와 영롱이 복제 과정 등에 대해 3개월 정도 체계적으로 〈PD수첩〉팀을 학습시킨 것 같다. K씨와 〈PD수첩〉팀이 이메일로 주고받은 '학습자료'를 우리가 확보했다"고 인터뷰했다.

학습자료? 나는 이 말을 듣는 순간 마치 시계가 25년은 거꾸로 가 전두환 정권 시절의 5공화국으로 돌아간 느낌을 받았다. 그때에도 이런 표현이 자주 신문에 등장했다. 단순하고 순진한 노동자들이나 선량한 학생들에게 교활한 운동권들이 파고들어 이들을 '학습시키고 배후 조종해서' 나라의 혼란이 가중되고 있다는 그런 식의 보도! 바로 그것이었다. 제보자가 3개월씩이나 〈PD수첩〉 PD를 학습시키고 배후 조종해서 오늘의 이 사태를 만들었다는 이런 인식이 21세기에 도대체 어떻게 가능한 것일까? 더구나 그는 어떻게 개인들이 주고받은 이메일을 확보할 수 있었을까? 윤태일 씨는 나중에 이메일 해킹이 문제 되자, 자신이 확보한 것이 아니라 황 교수팀이 갖고 있는 것을 보았다고 한 걸음 물러섰다.

더욱 놀라운 보도가 이어졌다. 한국언론재단과 한국언론법학회가 개최한 토론회에서 한 언론학자는 '제보자를 밝히고 처벌하라'는 취지의 발언을 했다. 그 당사자는 이재경 교수인데, "지금쯤 〈PD수첩〉의 제보자가 등장해야 하지 않나 하는 생각이 든다"면서 "제보자의 신원 보장이 우리 사회가 그동안 지불한 비용만큼 가치가 있는지 생각해 봐야 한다"고 덧붙였다. 이 말은 한국 언론사에 기록될 만한 발언이다. 일반 시민도 아니고 언론학자가 '제보자를 색출하라'고 나선 경우는 유례를 찾아보기 힘들기 때문이다. 이 교수의 발언을 몇몇 언론들이 그대로 옮기거나 살을 붙여서 보도했다. 언론사 스스로 제보자를 색출하라고 나선 사례! 이것은 한국 언론사에 두고두고 부끄럽게 남을 오점이었다.

이날도 〈PD수첩〉은 방송되지 못했다. 〈PD수첩〉 결방 2주째였다. 최승호 팀장은 이때 나에게 이런 말을 하곤 했다.

"어쩌면 한국 사회가 받아들일 수 없는 그런 문제를 우리가 던진 것인가? 이 정도는 수용하면서 밟고 넘어서야 한 걸음 더 나아갈 수 있는데……참."

진실, 그것을 믿었다

"얼굴에 티타늄을 깔지 않은 이상,
이번에는 손을 들겠지."

오후 3시에 시사교양국 전체 PD들을 대상으로 〈특집, PD수첩〉 프로그램 시사가 있었다. 프로그램의 내용을 이미 많이 공유하고 있었지만, 프로그램 전문가들에게 직접 보여 주면서 다양한 의견을 듣고자 했다. 우리는 이 자리에 노동조합 근무자들도 함께 초청했다. 노조 위원장과 사무처장은 중립성 유지를 위해 일부러 이 자리에 불참했다. 방송을 본 뒤 PD들은 표현상의 문제에 대해 여러 가지 도움 되는 의견을 주었다. 특별히 문제 될 부분은 없고 방송하기에 무리가 없다는 의견이 중론이었다. 설마 설마 했는데 황우석 교수와 그 측근들이 여러 차례 거짓말을 하는 모습들은 그 자체로 충격이라고 논평했다.

오후 4시에는 임원들에 대한 시사가 진행되었다. 나는 완성된 편집 테이프를 넣고 단락이 끝날 때마다 잠깐씩 쉬었다. 최종 편집에서 빠진 부분은 진행자MC가 개입할 부분이었다. 스튜디오 진행자 부분은 방송 당일에야 완성되는 것이기 때문에, 프로그램 중간 중간에 최승호 팀장이 생방송처럼 진행자 역할을 했다. 임원들은 이미 프로그램에 대해서는 우호적인 입장이었다. 시사 이후에 나에게 질문하는 걸로 봐서는 불과 10여 일 사이에 줄기세포 분야에 대한 식견이 매우 높아졌다는 것을 느낄 수 있었다. 방송 일정에 대한 확답은 듣지 못했으나, 임원들이 논의를 좀 더 밀도 있게 하리라는 것은 짐작할 수 있었다.

이날 최승호 팀장은 어나니머스로부터 대단히 중요한 메일을 받았다. 논문 조작의 '새로운 증거'에 관한 편지였다. 이 편지에서 어나니머스는 "황우석팀이 얼굴에 티타늄을 깔지 않은 이상, 이번에는 손을 들 수밖에 없을 것이다"라고 표현했다. 어나니머스의 실력으로 미뤄 보건대 분명 결정적인 어떤 것을 찾은 것이 분명했다. 우리는 궁금했으나 어나니머스는 자세한 내용을 곧 알려 준다고만 전해 왔다. 과연 무엇일까?

어나니머스가 발견한 새로운 증거는 다름 아니라 다음날 일대 파란을 일으킨 미즈메디병원 천○○ 연구원의 논문과 관련된 것이었다. 황 교수의 2005년 《사이언스》 논문에 발표된 줄기세포 사진이 미즈메디병원 천 연구원이 발표한 또 다른 논문에 실려 있었던 것이다. 이것이 갖는 의미는 엄청난 것이었다. 왜냐하면 《사이언스》 논문에 발표된 실제 줄기세포가 사실은 미즈메디병원 연구소의 수정란 줄기세포라는 것을 강력히 시사하는 것이기 때문이었다. 더구나 이것은 논문 조작에 미즈메디연구소의 연구원이 깊숙이 개입되었다는 추론을 입증하는 것이기도 했다.

어나니머스는 이 증거 앞에서 아무리 황 교수라도 '얼굴에

진실, 그것을 믿었다

티타늄을 깔지 않은 이상 항복할 것'이라고 판단했던 것이다. 어나니머스는 이 확고부동한 증거를 가지고 서울대 노정혜 연구처장 등을 접촉하려고 노력했다. 이쯤에서 황 교수가 자진해《사이언스》논문을 철회하고 세계 과학계와 한국 국민들에게 사죄하는 것이 사태를 가장 원만하게 수습하는 길이라고 판단했기 때문이었다. 하지만 이날 어나니머스가 서울대 관계자들에게 메일을 보냈으나 답장이 없었다. 너무 많은 스팸 메일과 악의적인 비난 메일에 가려진 게 분명했다.

노동조합의 신정수 PD는 자신도 뭔가를 해야 한다고 생각했다. 저녁 9시경, 신정수 PD는 신종인 부사장의 자택을 방문했다. 부사장도 괴로웠으리라. 신정수 PD는 이날 부사장으로부터 다음과 같은 말을 듣고 나왔다.

나나 최 사장도 자리에 연연하지 않는다. 항상 출근할 때마다 와이프에게 오늘이 마지막이 될지도 모른다는 말을 한 달 전부터 계속하며 출근한다. 지난 일요일에 〈특집, PD수첩〉이 나가는 게 가장 좋았던 것 같은데, 한번 실기失期한 게 아닌가 싶다. 그 이후 사장님의 입장도 많이 어려워진 것으로 보인다. 오늘도 퇴근하기 전에 마지막으로 사장님을 만나서 내 의견을 전달했다. "결국에는 사장님이 결정하셔야 하는 건데, 임원들이 너무 많이 개입한 것 같다. 내일 아침 임원회의에서 사장님에게 모든 권한을 몰아줄 테니 사장님이 독자적으로 결정해야 한다"고 말하고 왔다.

임원들은 자신의 의사를 충분히 피력했고, 어찌 보면 최종적인 결단만 남은 셈이었다. 부사장은 이제 사장의 최종 결단을 바라며 사장에게 힘을 실어 주겠다고 약속했던 것이다. 12월 15일이 되면 주사위는 던져진다. 다음날 하루, MBC 사장의 어깨를 엄청난 무게의 부담이 짓누를 것이다. 그는 과연 이 가공할 부담을 돌파할 것인가 아니면 회피할 것인가? 최문순 사장의 결단은 무엇일까?

절대 보안,
"D-day는 12월 16일이다."

12월 15일, 새벽부터 일이 터지기 시작했다. 〈디시인사이드 과학 갤러리〉와 〈생물학정보센터BRIC〉, 〈한국과학기술인연합〉 등의 인터넷 사이트에는 황 교수의 논문에 실린 5번 줄기세포 사진이 미국《바이올로지 오브 리프로덕션Biology of Reproduction》지에 발표된 논문의 다른 줄기세포 사진과 동일하다는 주장이 잇따라 게재됐다. 미즈메디병원 천○○ 연구원의 개인 논문에 나온 줄기세포 사진이《사이언스》논문의 사진과 같다는 사실이 밝혀지면서 과학자들은 격앙되어 갔다. 논문 조작에 사용된 줄기세포의 원천이 어디인지 덜미가 잡힌 순간이었다.

천 연구원은 당시 〈디시인사이드〉에 "사진을 찍어서 좋은 사진을 고르다 보니, 공교롭게도 사진이 섞여서 잘못된 것 같다. 아무래도 폴더 관리가 제대로 안 돼서 크나큰 실수를 한 것 같다"고 해명의 글을 남겼다. 이 논문에는 미즈메디병원 노성일 이사장과 미국 피츠버그대에 파견된 김선종 연구원 등이 공동 저자로 포함돼 있었다. 천 연구원이 자신의 개인 논문을 쓰기 위해 줄기세포 사진을 고르다가 '실수로' 《사이언스》에 실린 황 교수의 줄기세포 사진이 섞였다는 해명이었는데, 이 해명은 한국의 과학자들을 설득하지 못했다.

《한국일보》와의 인터뷰에서 노성일 이사장은 "오늘 새벽 1시에 천 연구원으로부터 논문에 문제가 있다는 전화를 듣고 잠이 깼다. 곧바로 미국에 있는 김선종 연구원과 전화를 하고, 저널에 이메일을 보내 논문을 철회하겠다고 요청했다. 이어 《뉴욕타임스》 기자로부터 문의 메일이 왔기에 곧바로 메일을 보내 '우리 실수다. 논문을 철회했다'고 말했다"며 정황을 밝혔다. 이어지는 인터뷰에서 황 교수의 줄기세포 의혹에 대해 "나도 매일 새로운 것을 알아 가고 있다. 내가 수사관이 되어서 전모를 알아내고 있는 중"이라며 속내를 털어놓았다. 노성일 이사장은 "매일 하나씩 터져 나오는데, 나도 미치겠다"고도 말했다.

아침부터 내 전화는 불이 나고 있었다. 천 연구원의 논문으로 불거진 사태가 갖는 의미가 무엇인지 의견을 묻는 내용이었다. 나는 이것이 천 연구원 개인 논문의 문제가 아니라 《사이언스》 논문 조작의 핵심적인 단서를 제공하게 되리라는 점을 설명해 주고, 이 사태가 어떻게 확산될 것인지 주시했다. 이제 방송이 임박해 오고 있었다.

오후 2시부터 시사교양국 PD들 총회가 열렸다. 이제 시사교양국 PD들도 어떤 식으로든 자신의 입장을 표명할 때가 되었다. 사장에게 결단을 촉구하는 의견서를 전달해야 할지 아니면 대외

　　　　　　　　　　　　　　　진실, 그것을 믿었다

적으로 성명서를 작성해야 할지 의견이 분분했다. 이 결과가 어떻게 나올지 미처 모르는 상황에서 나와 최승호 팀장은 3시에 방송위원회로 출발했다. 4시에 열릴 방송위원회 보도교양심의위원회에 참석하기 위한 것이었는데, 11월 22일 방송된 〈PD수첩〉 '황우석 신화의 난자 의혹'에 대한 심의를 위해 의견을 듣는 자리였다.

오전에 열린 임원회의에서는 임원들이 〈특집, PD수첩〉의 방송에 대한 각자의 의견을 밝혔고, 최종적인 판단은 사장이 내리는 것으로 결정되었다. 오후가 되자 사장은 최진용 시사교양국장을 불렀다. 이 자리에서 사장은 "〈특집, PD수첩〉 방송을 16일 내일 한다. 내일까지는 절대 보안을 유지하고, 준비하라"고 말했다. 지난 일요일에 방송 예정이었던 것이 일찍 보안이 새면서 내외적인 압력에 시달렸던 것을 감안해 각별히 보안이 강조되었다.

나는 보도국 특별취재팀으로부터 노성일 이사장이 황 교수의 입원실로 찾아갔다는 첩보를 점심 무렵에 듣고 있었다. 무언가 심상치 않은 일이 일어날지도 모른다는 전언이었다. 나와 최승호 팀장이 방송위원회에서 잠시 기다리고 있는데, 다른 언론사의 기자들이 취재를 하러 왔다. 대충 보니 '끝내 방송위로 불려간 〈PD수첩〉' 류의 기사를 준비하는 기색이었다. 참으로 괴로운 심정이었다. 방송위에 불려온 것 자체가 터무니없다고 나는 생각했다. 이미 보도된 '황우석 신화의 난자 의혹' 편은 이미 모든 것이 사실로 드러났고, 특별히 문제 될 것이 없었다.

방송위 보도교양심의위원회에서는 우리의 예상을 깨고 '취재윤리' 부분을 따지기 시작했다. 방송물의 심의는 방송된 내용에 대해서만 할 수 있는 것이지, 아직 방송되지도 않은 내용에 대해서 심의를 하는 것은 부당하다고 주장했으나, 몇몇 심의위원은 막무가내였다. 우리는 김선종 연구원을 취재하는 과정에서 일어난 윤리적 문제점에 대해서는 충분히 반성할 뿐만 아니라 그에 따른 응분의 처벌도 받을 수 있지만, 그것이 이 자리에서 논의되는 것은 바람직하지 않다고 누차 설명했다. 방송위 보도교양 심의위원회는 사전 심의를 하는 곳이 아니라, 방송된 프로그램에 대해서 심의하는 곳이기 때문이었다. 어쨌든 이날 방송위의 몇몇 위원은 월권이라고 느낄 만한 발언을 했고, 〈PD수첩〉팀에 대한 '감정적 분노'를 우리에게 표현했다. '황우석 신화의 난자 의혹'에 대한 실제 심의 내용 중에는 〈뉴스데스크〉 자료화면 중에서 날짜 자막 하나가 잘못된 것이 가장 큰(?) 것이었다. 실제 보도된 날과 며칠 차이가 난다는 것이었다.

결정적인 순간에 나와 최승호 팀장은 방송위 보도교양심의위원회에서 발목이 잡혀 있었다. 우리가 2시간 가까이 '고문 아닌 고문'을 받고 있을 무렵, 오후 6시가 조금 지나자 팀장과 나의 전화가 연속적으로 울려 대기 시작했다.

진실, 그것을 믿었다

"오늘 밤에 방송 가능합니까?"

12월 15일 〈특집, PD수첩〉이 나가던 날을 김현기 PD는 이렇게 회고했다.

> 사실상 내일까지 방송이 나가지 못하면 영영 이 방송을 못 낼 수도 있다는 불안감이 점점 커지고 있었다. 할 수 있는 일이라곤, 그 두려움을 잊기 위해 이미 편집된 방송용 원본을 고치고 또 고치는 일뿐이었다. 학수 형과 팀장이 어떻게든 방송이 나갈 수 있도록 사내외를 설득하는 사이, 언제라도 온에어On-Air될 수 있게 방송 완성본을 만들어 놓는 게 내 역할이었다.
>
> 몇 번을 고쳤는지 몰랐다. 자막과 내레이션까지 입힌 방송용 원본을 〈PD수첩〉 PD들과 공동으로 시사하고, 거기서 나온 지적 사항을 수용해 재편집했다. 이건 사실상 유례가 없는 일이었다. 하지만 연출로서의 권한과 스타일을 논하기 이전에, 어떤 식으로건 이 방송이 지닌 완성도를 높이고 위험 요소를 줄여야만 했다. 이미 이 프로그램은 나나 학수 형만의 프로그램이 아니었다. 시사교양국 PD들의 총회에서 시

사를 하고, 거기서 나온 제안들을 수용해 또다시 편집했다. 임원회의 에서 우려된다는 부분도 보완했다. 그러고도 내가 맘에 들지 않는 부 분들을 조금씩 수정해 나갔다. 얼마나 편집실에서 테이프를 만져 댔는 지, 이즈음에는 70분에 달하는 방송분을 통째로 외울 정도가 되었다. 논문의 사진자료가 조작되었다는 증거들이 양심적인 과학자들에 의 해 속속 추가되고 있었고, 난 어떻게 해서든 그 모든 이야기들을 담 고 싶었다. 몇 번을 고쳐도 또 추가할 내용들이 생겼다. 그걸 넣고 있 을 때 노성일 이사장의 인터뷰 소식이 들려왔다. 가슴이 떨렸다. '이 제 정말 밝혀지는 건가' 하는 생각이 방송 중단된 이후 처음으로 머 릿속을 스쳤다. 정말 이 방송을 할 수 있을지도 모른다는 희망이 다 시 고개를 들었다.

– 김현기 PD의 회고 메일에서

이날 노성일 이사장의 인터뷰 소식이란 바로 황 교수 입원실 에서 있었던 이야기였다. 병원에 있던 황 교수가 아침에 노성일 이사장에게 전화해 만나자고 했고, 노 이사장은 예정되어 있던 MBC 기자들과의 선약을 몇 시간 미루고 병원을 찾아갔다. 오전 9시 30분경이었다. 당시 황 교수는 휴대폰 4대를 입원실 머리맡 에 두고 있었다고 노 이사장은 기억했다. 휴대폰 4대를 두고 여 기저기에서 걸려오는 전화를 받고 있을 정도니 특별히 건강에는 이상이 없다고 노 이사장은 생각했다고 한다. 노 이사장은 황 교 수에게 왜 불렀는지 본론을 물었고, 여기에서 충격적인 이야기를

　　　　　　　　　　진실, 그것을 믿었다

들게 되었다.

황 교수는 이 자리에서 "서울대 수의대에서 줄기세포를 확인해 보니, 모두 미즈메디 수정란 줄기세포로 나왔다"고 말문을 열었다. 노 이사장은 그게 어떻게 된 일인지, 그리고 줄기세포가 정말로 하나도 없는지 되물었다. 황 교수는 "냉동 보관되던 것 중에서 2번과 3번 줄기세포는 다시 검사해 볼 예정"이라고 답변했으며, "이 일을 어떻게 하면 좋으냐?"고 물었다. 노 이사장은 줄기세포가 없다는 말을 듣고 우선 충격을 받았고, 한편으로는 미즈메디 수정란 줄기세포로 검사 결과가 나왔다는 말을 듣고 '미즈메디연구소를 희생양으로 삼으려는 어떤 음모가 있다'고 생각하게 되었다. 보도된 것과는 달리 이 자리에서 고성이 오가지는 않았다. 노 이사장은 더 이상 얘기할 것이 없다고 생각하고 몇 마디 더 묻고는 돌아서 나왔다고 한다. 코트를 입고 나오려는 순간, 황 교수가 뒤에서 노 이사장에게 한마디 했다고 한다. 황 교수는 나가려는 노 이사장을 향해 "이런 이야기를 언론에 하려거든, 나에게 먼저 상의해 주게"라고 했다고 한다.

병원을 나온 노 이사장은 이 일을 어찌해야 할지 고민했고, 얼마 뒤 결단을 내렸다. 사실대로 국민 앞에 말하는 것만이 사죄하는 길이라고 생각했다고 한다. 황 교수와의 만남 때문에 약속을 뒤로 늦췄던 MBC 기자들을 노 이사장은 만났다. 이 자리에서 노 이사장은 황 교수에게 들었던 내용을 사실대로 전했다. 당시 이를 취재했던 보도국 특별취재팀의 박재훈 기자와 김승환

기자가 회사로 이 소식을 급히 알렸다. 그동안 보도국과 우리는 YTN 사태 이후 서로가 가진 정보의 갭을 꾸준히 메워 오며 공조하고 있었다. 이즈음에는 방송이 나가야 한다는 데에는 큰 이견이 없었고, 언제가 가장 적절한 시점이냐를 놓고 서로 의견을 조율하고 있었다. 또한 보도국장도 사태의 추이를 면밀히 관찰하면서, 〈특집, PD수첩〉 방송이 가져올 파장 때문에 불안해하고 있던 기자들을 수습하고 있었다.

오후 5시 30분경, 사장은 보도국으로부터 노성일 이사장의 인터뷰 내용에 대한 긴급정보 보고를 받았다. 즉시 임시대책회의가 열렸다. 노 이사장의 폭로 인터뷰는 다음날로 예정되어 있던 〈특집, PD수첩〉 방송을 하루 앞당기게 했다. 사장은 이 회의에 참석한 시사교양국장에게 당일 바로 방송이 가능한지 물었고, 국장은 우리에게 확인 전화를 했으나 팀장과 나는 방송위에 불려가 있었다. 전화는 〈PD수첩〉팀의 선임이었던 이우환 PD에게 돌려졌고, MBC 구내식당에서 식사하던 중에 이우환 PD는 이 전화를 받았다. 사장은 바로 물었다.

"오늘 밤에 방송 가능합니까? 〈특집, PD수첩〉이 오늘 방송될 수 있도록 준비가 가능합니까?"

당시 편집실에 있던 김현기 PD와 윤희영 작가 등이 방송 가능하다는 판단을 내렸다. 최 사장은 방송 가능하다는 제작진의 판단을 듣고, 바로 당일 〈뉴스데스크〉가 끝나자마자 방송하도록 지시했다. 제목은 〈특집, 'PD수첩'은 왜 재검증을 요구했는가?〉로

진실, 그것을 믿었다

결정되었다. 송년회 중이던 편성국장 및 TV 편성부는 급히 귀사해 임시편성을 했고, 퇴근하던 기술팀도 급히 회사로 돌아왔다.

마음이 급해지며 다시 내레이션 일부를 수정하러 더빙실로 향하려는데 전화벨이 급히 울렸다. 이우환 PD가 숨을 몰아쉬며 내게 물었다. "현기야, 오늘 방송할 수 있니?" 순간, 가슴에서 뜨거운 것이 솟구쳐 오르는 걸 느꼈다. '이렇게 빨리 올 줄은 몰랐는데……' 하지만 많은 말이 필요없었다. 짧게 "예"라고 대답했다. 방송 시간은 밤 9시 50분. 시계를 보니 벌써 저녁 6시였다. 옆에 있던 조연출에게 "오늘 방송이다. 더빙실 들렀다가 올라갈 테니 준비 부탁해"라고 말하고 편집실을 나섰다. 손은 떨리고, 발은 나도 모르게 뛰고 있었다. 생방송 직전에만 느낄 수 있는 묘한 흥분이 간만에 찾아들고 있었다. 더빙을 마치고 5층 스튜디오로 들어서니, 사전 협의대로 국장이 진행자MC가 되어 스튜디오 녹화를 하고 있었다. 〈PD수첩〉 선임인 이우환 PD가 스튜디오 진행을 하고, 나머지 PD들이 총출동해 너나 할 것 없이 세트 준비와 스튜디오 진행 등을 손수 하고 있었다. 팀워크란 그런 것이었다.

– 김현기 PD의 회고 메일에서

노성일 이사장과 MBC의 인터뷰 내용이 입소문으로 전파되고 있었다. 6시 30분이 지나자 《한겨레신문》의 이근영, 김양중 기자가 노성일 병원장을 MBC에 뒤이어 인터뷰하고 나서 그 내용을 인터넷 《한겨레신문》에 먼저 보도했다. 〈노성일 이사장, "황우석 줄기세포 없다"〉라는 기사였다. 나와 최승호 팀장은 방송위원회에서 6시가 조금 지나 방송이 결정되었다는 이야기를 듣고 회사로 출발했다. 우리는 떨리는 가슴으로 택시를 탔다. 회사로 복귀하는 택시 안에서 최승호 팀장은 기술 스태프와 세트 디자이너 그리고 조명팀 등에 전화를 하며 확인을 했다.

6시 50분에 회사에 도착하니 이미 방송 준비가 착실히 진행되고 있었다. 팀장은 스튜디오에서 MC의 대본을 국장과 함께 최종 정리했고, 바로 스튜디오 녹화에 들어갔다. 나와 최승호 팀장에게 전화가 빗발쳤으나, 전화를 받을 시간이 없었다. 정길화 홍보국장은 보도자료를 바로 만들어 방송 결정 소식을 각 언론사에 공개했고, 각 언론사의 동향을 스튜디오 제작팀에 전달해 주었다. 당시 김현기 PD의 기억은 이렇다.

금세 스튜디오 녹화가 끝나고 이제 최종 완제품을 만들 차례. 어느새 7시가 넘었다. 이우환 PD가 일어나 내게 자리를 비켜 주었다. 이미 만들어 놓았던 65분 분량의 '편집 완성본'을 금방 스튜디오에서 찍은 5분 정도의 'MC 녹화분'과 연결하는 작업이었다. 이 작업을 해야만 방송을 낼 수 있기에, 방송이 중단된 후 가장 앉고 싶었던 곳이었다. 연출 자리에 앉아 주위를 돌아보니, 이렇게 많은 사람들이 부조정실에 들어와 있는 걸 본 적이 없다. 심호흡 한 번에 마음이 차분해졌다. 완제품을 만드는 과정에서 실수 같은 건 할 여유도 없었고, 할 리도

　　　　　　　　　　　　　진실, 그것을 믿었다

없었다. 몇 분 몇 초에 뭐가 있는지 외울 정도로 편집하고 또 편집한 테이프였다. 추가할 음악, 자막 등이 한 번의 끊김 없이 칼처럼 레코딩되었다. 그렇게 〈특집, 'PD수첩'은 왜 재검증을 요구했는가?〉의 방송용 완제품이 완성되었다. 저녁 9시였다. 온에어로 실제 방송될 시간이 30여 분밖에 남지 않은 시각이었다. 그제야 긴장이 풀리며 안도의 한숨이 새어 나왔다. 환호하는 사람들의 박수소리 속에서, 퇴근하다 말고 돌아온 수많은 스태프들에 대한 고마움이 뭉클하게 밀려드는 걸 느꼈다.

- 김현기 PD의 회고 메일에서

방송이 만들어지는 이 두 시간 동안 나는 온통 방송 제작에만 신경을 써서 옆에 누가 있는지도 잘 몰랐던 것 같다. 노동조합의 신정수 PD가 이때를 회고해 주었다.

방송이 결정된 후 녹화하는 과정에서 그다지 진행상 문제는 없었으나, 그 와중에 청와대를 비롯한 각종 기관에서 정보 수집에 나서며 역정보를 흘리곤 했다. 특히 8시경 스튜디오로 전해진 소식은 '청와대에서 들은 정보인데, 8개의 줄기세포는 서울대 수의대에 보관 중'이라는 역정보였다. 방송이 최종적으로 나가기 전까지 이런 종류의 역정보로 인해 순간적으로 긴장하기도 했지만, 최승호 팀장이나 최진용 국장이 일관된 자세로 방송을 견인한 것은 인상에 남는다.

방송이 9시 55분부터였는데 테이프는 9시 10분경에 넘겼고, 녹화가 끝나자 나는 박수를 쳤고 온 스태프들이 함께 박수를 쳤다. 그때 최문순 사장과 경영진이 스튜디오 부조에 들어오면서 격려를 하였다. 이후 최 사장 일행은 보도국에서 노동조합까지 순회하면서 그때까지 남아 뉴스를 지켜보던 사람들을 일일이 만나면서 악수했다. 9시 〈뉴스데스크〉부터 〈특집, 'PD수첩'은 왜 재검증을 요구했는가?〉 방송까지 일사천리로 진행되었으며 그 내용도 전혀 과장됨이 없었다. '사실만이 지배하는 방송'이었다.

- 노동조합 신정수 PD의 회고 메일에서

우리가 프로그램을 마무리하고 있는 그때에 9시 〈뉴스데스크〉가 방송되었다. 엄기영 앵커는 떨리는 목소리로 소식을 전했다.

"여러분, 이 뉴스를 어떻게 전해 드려야 할까요? 황우석 교수의 줄기세포가 없다고 합니다."

말을 하는 앵커도 떨렸고, 이 소식을 듣는 국민들의 마음도 떨렸을 것이다. 〈PD수첩〉팀은 저녁 9시 55분부터 방송을 사무실에서 함께 보았고, 우리의 이런 모습을 취재하는 기자들이 몇 명 들어와 있었다. 저녁 11시를 넘겨 우리는 간단한 회의를 마친 뒤, 근처 맥주집으로 갔다. 저녁도 안 먹었으니 배도 고팠다.

그렇게 대반전의 막이 내렸다. 이 반전을 위해 수많은 사람들이 힘을 모았다. 진실! 그것은 여리고 쉽게 망가져서 이 거친 세상에는 어울리지 않는 것 같았다. 하지만, 결국에는 그 힘을 누구도 거스를 수 없었다.

진실, 그것을 믿었다

벌거벗은
대한민국,
희망은 있는가

황 교수는 진정으로 사과했는가

2005년 12월 16일, MBC 인사위원회 징계 결과가 발표되었다. 나와 최승호 팀장은 취재윤리 위반과 관련해서 감봉 1개월 조치를 받았고, 최진용 국장은 보름간의 근신 조치를 받았다. 따로 이의를 제기하지 않았다. 공功과 과過는 다른 것이며, 우리는 과에 대해서 응분의 처벌을 받은 것이었다. 나는 이날부터 몸이 아프면서 열이 나기 시작했다. 지난 반년 동안 참아 왔던 모든 긴장이 풀리면서 심하게 몸살을 앓았다. 며칠을 꼼짝 못 하고 누워 있어야 했다. 달리 병명은 없었다. 지친 몸에다가 그동안 받아온 심리적 내상內傷이 겹쳐 쌓였던 것이었다.

이날 오후에 황 교수는 기자회견을 했다. 이 자리에서 황 교수는 오염사고를 들고 나왔고, 아울러 "김선종 연구원이 줄기세포를 바꿔치기했다"고도 주장했다. "줄기세포가 한 개면 어떻고 또 열한 개면 어떠냐"는 주장도 서슴없이 했다. "초기 냉동 보관한 줄기세포 5개가 원천기술을 입증할 것이다"는 말에서는 도리어 〈PD수첩〉을 꾸짖는 것 같은 인상까지 주었다. 황 교수는 어

진실, 그것을 믿었다

제까지 입원했던 사람이라고는 믿어지지 않을 정도로 카랑카랑한 목소리로 답했으나, 다소 신경질적인 태도를 드러냈다. 이날 황 교수가 모든 것을 사과하리라는 우리의 기대는 무참히 깨졌다. 황 교수는 돌이킬 수 없는 '인위적 실수'가 있었다며 논문 조작을 인정하지 않는 모습이었다. 황 교수는 도리어 김선종 연구원을 수사해 달라고 말함으로써, 이 문제를 검찰로 가져갈 뜻을 분명히 했다. 황 교수는 또 한 번 국민들에게 속죄할 기회를 잃었다. 그동안 여러 차례 그럴 기회가 있었으나, 또 잃어버린 것이었다.

곧이어 노성일 이사장의 반박 기자회견이 이어졌다. 두 사람은 어제의 동지였지만 지금은 서로를 비난하는 처지가 되었다. 노성일 이사장은 눈물을 흘리며 국민들에게 사과했고, 황 교수가 자신의 식구였던 김선종 연구원에게 모든 죄를 뒤집어씌우려 한다고 비난했다. 그의 사과에는 진정성이 있었지만, 김선종 연구원을 너무 신뢰하고 있다는 점이 흠이었다. 김 연구원은 이때까지도 노성일 이사장에게 모든 것을 실토하지 않은 상태였고, 결과적으로 노 이사장은 무리하게 김선종 연구원을 감싼 꼴이 되었다.

12월 17일, 김선종 연구원이 피츠버그에서 기자회견을 했다. 김 연구원은 대단히 애매한 입장을 취하고 있었다. 여전히 황 교수를 지지하면서도 그동안 황 교수가 보여 온 '자신에 대한 회유와 협박'은 공개했다. 노성일 이사장과 황 교수 사이에서 누구도 선택할 수 없는 곤혹스러움이 느껴졌고, 앞으로 사태가 어느 선

에서 마무리될 것인지 고려하는 흔적이 보였다. 물론, 김 연구원
도 모든 것을 털고 국민들에게 사죄할 기회를 놓쳤다. 검찰 수사
에서 드러난 것을 보면, 애초에 우리가 생각했던 것보다는 논문
조작에 김 연구원이 많이 개입한 것으로 드러났다.

황 교수팀이 〈PD수첩〉 방송을 막기 위해 방송 금지 가처분
신청을 검토했던 것도 드러났다. 이것은 양삼승 국가생명윤리심
의위원회 위원장이 황우석 교수의 대국민 사과 기자회견을 하루
앞둔 2005년 11월 23일 황 교수 측과 접촉을 갖는 등 기자회견
문 작성에 직·간접적으로 간여한 것이 도마에 오르면서 곁가지
로 드러났다. 황 교수 측은 방송 금지 가처분 신청까지는 무리라
고 보았는지, 실제로 이를 실행하지는 못했다.

많은 신문과 방송이 황 교수 사태에 대해서 국민들에게 사과
했다. 황 교수가 최고 자리에 오르기까지 '잘못된 정보로 국민을
오도한 점'을 시인했고, 아울러 황 교수의 논문 조작이 밝혀지는
과정에서 '언론으로서 제대로 역할을 하지 못한 것'에 대해서도
반성이 이어졌다. 많은 학자들과 이 사건에 연루된 숱한 관계자들
이 자신의 잘못을 시인했다. 그러나 유독 《조선일보》가 이 반성의
대열에서 빠졌으며, 청와대도 결국 끝까지 사과하지 않았다.

서울대 조사위원회(위원장 정명희 교수)는 12월 23일 중간조사
결과를 발표했다. 노정혜 연구처장은 이날 기자회견에서 "2005
년 논문은 고의적 조작"이라고 밝혔다. "고의적 조작에 황 교수
가 개입할 수밖에 없는 정황"이라며 "황 교수도 일부 인정하고,

연구원들의 진술도 뒷받침하고 있다"고 발표했다. 서울대 조사위가 중간조사 결과를 밝히자 황 교수는 세 번째로 기자회견에 나섰다. 이번에는 짧게 입장만을 발표하고 사라졌다.

> 국민 여러분께 진심으로 사죄드립니다. 말할 수 없는 충격과 실망을 안겨 드린 데 대해 만분의 일이라도 사죄하는 심정으로 지금 이 순간 서울대 교수직을 사퇴합니다. 하지만 환자 맞춤형 배아 줄기세포는 우리 대한민국의 기술임을 다시 한 번 말씀드립니다. 국민 여러분께서 반드시 이를 확인하실 것입니다. 국민 여러분께 다시 한 번 사죄드립니다.
>
> - 12월 24일 황 교수의 기자회견문

징계 심사 중인 교수는 사퇴를 할 수 없는데, 황 교수는 일방적으로 교수직 사퇴를 선언했다. 서울대는 징계가 끝난 뒤까지 이 사직서를 받아들이지 않았다. 황 교수는 국민들에게 무엇을 잘못했는지 분명히 표현하지 않았다. '충격과 실망'을 드린 데 대해서라고 말했을 뿐이었다. 오히려 방점은 '대한민국의 원천 기술'에 찍혀 있었다. 그러나 환자 맞춤형 줄기세포는 끝내 단 한 개도 없는 것으로 드러났다.

2006년 1월 12일에 황 교수는 마지막(?) 기자회견을 했다. 이번에는 자신의 제자들이 병풍처럼 기자회견장에 도열하는 장관을 연출했다. 2004년 《사이언스》 논문조차 조작된 것으로 드러난 상황이었다. 황 교수는 이날 "이 연구원들은 황우석이란 사람을 보고 이 지옥행에 동참했다고 저에게 얘기했다"면서 "하지만 저는 이 분들을 모시고 가기에는 제 도덕적 흠결이 너무 크며 (중략) 이들에겐 일할 수 있는 터전과 기회를 줬으면 좋겠다"고 말했다. 그러나 제자들의 장래를 생각한다면 과연 그렇게 제자들의 얼굴을 노출시키며 인간 병풍으로 세워 둘 수 있었을까?

허탈했다. 머리끝까지 분노가 치밀었다. 종국에는, 거짓말이 한 인간의 외연에 얼마나 추악한 그림자를 드리울 수 있는지 절감하며 진저리를 쳐야 했다. 솟아나는 욕지기를 달래 가며 황우석 교수의 '마지막' 기자회견을 지켜보는 과정에서 필자가 감내해야 했던 감정들의 순번이다.

애초 진솔한 사과를 기대한 것 자체가 바보 같은 생각이었다. '그렇게 당해 놓고도, 아직 황 교수를 몰라도 한참 모르고 있구나' 하는 자괴감에 너털웃음만 나왔다. 아니나 다를까, '잘못은 했지만 정작 책임은 다른 사람에게 있다'는 변명 기술이 이번에도 여지없이 재연됐다. '대한민국'을 강조하며 듣는 이의 눈물샘과 애절함에 호소하는 읍소 기술은 더 예리해졌다. 한 가지 새로 선보인 기술이 있다면, 잘못을 시인하는 것처럼 하다가 나중에는 조작이 아니라고 발뺌하는 '동일 기자회견 내 시간차 공격 기술' 정도라고나 할까?

— 피츠버그대 이형기 교수의《프레시안》기고,
'진실은 여론으로 결정되지 않는다'에서

진실, 그것을 믿었다

황 교수가 진정으로 국민들에게 사과했는가? 나는 회의적이다. 사과는 진정성에 기초해야 되는 것이지, 화려한 수사나 말장난이 아니다. 숱한 기회가 있었음에도 황 교수는 그 기회를 놓쳤다. 남에 대한 사과는 자신에 대한 반성으로부터 출발한다. 반성은 성찰로 이어질 수 있고, 새로운 성장의 기회가 되기도 한다. 그러나 황 교수와 《조선일보》 그리고 청와대는 결코 사과하지 않았다. 스스로 성찰의 기회를 받아들이지 않았다.

1번 처녀생식 줄기세포의 주인공은
어떻게 찾았는가

나는 2005년 12월 하순에 서울대 조사위에 출석해서, 알고 있는 모든 내용에 대해 사실대로 말했다. 조사위원들은 대단히 굳은 표정들이었고 이 사건을 대충 덮어서는 안 된다는 생각을 가지고 있는 것이 분명하게 느껴졌다. 그로부터 며칠 뒤, 서울대 조사위를 취재하고 있던 기자로부터 충격적인 소식을 들었다. 그것은 2004년 《사이언스》 논문이 조작되었다는 것이었는데, 여러 채널로부터 그것이 사실임을 확인하게 되었다.

나는 그동안 2004년 《사이언스》 논문에 대해서도 의혹을 가졌으나 논문 자체를 부정하는 수준은 아니었다. 테라토마 사진이 조작된 것 외에는 별 문제가 없다고 알고 있었고, 작은 가능성이지만 '처녀생식'일 가능성도 배제하기는 힘들다는 정도였다. 그런데 2004년 논문의 줄기세포, 즉 1번 줄기세포도 가짜라는 소식이 들어온 것이었다. 논문의 유전자 지문과 실제 1번 줄기세포의 유전자 지문이 다르다는 것이다. K에게 바로 전화를 했더니, K 자신도 '해머로 머리를 얻어맞은 느낌'이라며 어리둥절해하였

진실, 그것을 믿었다

다. 즉시 지방에 있는 K를 불렀고, 이날 밤 9시경에 〈PD수첩〉 제작팀과 이 문제를 상의했다. 도대체 어떻게 된 일인가? 이때 윤희영 작가가 단서를 풀어 나가며 가설을 세웠다.

K가 매우 당황스러워하며 MBC를 그날 밤에 방문했어요. 자신은 2004년 《사이언스》 논문만큼은 추호도 의심이 없었고, 체세포 핵이식NT을 한 것은 분명하다고 말했어요. 그것이 비록 처녀생식일 가능성은 배제할 수 없지만, 체세포 핵이식은 분명하다는 것이었어요. 그런데 DNA 유전자 지문 결과가 논문과 다르다니……

K는 좀체 당황하지 않는 침착한 스타일인데, 제가 봐 왔던 K의 모습 중에 처음으로 당황해하는 모습이었습니다. 그때 제가 2가지 가설을 세워 K에게 얘기했어요. 하나는 난자 제공자가 K가 생각하고 있는 이 씨가 아닐 경우, 또 하나는 누군가가 K 모르게 당시 핵이식한 배양접시 안에 수정란 줄기세포를 넣어서 조작했을 경우, 두 가지가 제일 가능성이 높다. 그날 밤 K씨 내외는 진치고 있는 취재진을 뚫고서라도 이 사실만은 확인해 봐야겠다며 아주 오랜만에 집에 있는 실험 자료를 찾으러 들어갔어요.

– 윤희영 작가의 회고 메일에서

2003년 2월 말에 황 교수팀에서는 체세포 복제 줄기세포를 만들었다. 이것이 바로 1번 줄기세포인데, 이것은 환자의 체세포를 이용한 것이 아니라 난자 주변에 붙어 있는 난구세포를 체세포로 이용한 것이었다. 즉, 난자 주인공 자신의 체세포를 난자에 핵이식한 것이었다. 당시에 성숙된 난자들은 P 연구원이 체세포 핵이식을 했는데, 배반포까지만 성공하고 줄기세포를 확립하는 데는 실패했다. 이때 들어온 지 얼마 안 되지만 손기술이 좋은 제보자 B 연구원이 미성숙 난자를 가지고 실험하다가 우연히 1번 줄기세포가 확립된 것이었다. 물론, 줄기세포 확립의 후반 작업에는 박종혁 연구원의 끈질긴 노력도 덧붙여졌다.

수많은 실패 끝에 그러나 뜻하지 않은 과정에서 1번 줄기세포가 확립된 것이었다. 그리고 그것이 갖는 엄청난 의미, 즉 '세계 최초의 체세포 핵이식 줄기세포'라는 것을 2월 말경에 파악하게 되었다. 이렇게 되자 이 줄기세포의 주인공, 즉 난자 제공자가 누구인지가 정말로 중요해졌다.

황 교수는 당시 줄기세포 팀장이던 K에게 물었다. 이 줄기세포의 주인공이 누구냐고. 그러나 K나 제보자 B나 기억이 분명치 않았다. 성숙 난자의 경우 박을순 연구원이 체세포 핵이식을 하고 그에 대해 정확히 기록을 남겼지만, 미성숙 난자의 경우 대부분 버리기 때문에 별다른 기록을 남기지 않았던 것이다. 그리고 실은 미성숙 난자의 실험이 줄기세포로 발전한다는 것은 생각지도 못한 일이기도 했다. 2월 초순에 핵이식을 한 것은 틀림없고, 실험노트를 뒤져 보니 다음과 같은 결과가 나와 있었다. 2월 초순의 난자 제공자는 두 명이었다.

진실, 그것을 믿었다

2003년 2월 3일: 난자 제공자 이○○ 씨 (20세), 강서 미즈메디로부터 제공. 난자 22개 중에서 성숙 난자 15개. 난자 사진은 5406~5410, 5775~5788, 5844~5850, 5985~5993.

2월 9일: 난자 제공자 노○○ 씨 (24세), 강남 미즈메디로부터 제공. 난자는 24개 중에서 12개가 성숙 난자.

2월 초순인 것은 확실한데, 한 달이 지난 상황에서 기억나는 것은 설 연휴 이후에 핵이식을 했다는 것뿐이었다. K는 아무래도 2월 3일 난자 제공자인 이 씨의 난자일 것이라고 생각했고, 1번 줄기세포의 주인공은 이 씨라고 황 교수에게 보고했다. 어차피 유전자 지문 검사를 할 것이니까 만약에 이 씨가 아니라면 2월 9일 난자 제공자인 노 씨가 주인공임에 틀림없다. 그러면 유전자 지문 검사를 한 번 더 하면 되니까 문제없을 것이라고 생각한 것이었다. 그런데 바로 거기에서 착오가 생겼던 것이다. 사실은, 미성숙 난자의 주인공은 이 씨가 아니라 노 씨였다.

K 부부는 2005년 12월 하순에 우리와 만난 뒤, 그날 밤 김병수 위원의 집에 묵으면서 자신의 집에서 가져온 당시의 실험 원본 데이터를 면밀히 검토했다. 그리고 두 부부는 토론 끝에 사진에서 드러난 여러 정보로 보건대 이 씨가 아니라 노 씨가 1번 줄기세포의 주인공일 가능성이 크다는 것을 알게 되었다. 다음날 아침에 이런 사실에 대한 K 부부의 추론이 나에게 전해졌고, 우리는 이런 내용을 서울대 조사위에 전해야 한다고 생각했다. 우

리는 K 부부를 서울대 조사위에 연결시켜 주었고, K 부부는 노 씨가 1번 줄기세포의 주인공일 가능성이 크다고 서울대 조사위에서 진술했다.

　서울대 조사위에서는 나름대로 조사할 가치가 있다고 판단했고, 결국 노 씨를 찾기 시작했다. 서울대 조사위는 노 씨의 이름과 미즈메디병원의 환자번호를 기초로 어렵게 노 씨를 찾아냈다. 노 씨를 찾아 그 혈액을 얻고 거기에서 유전자 지문을 확인한 순간, 제보자 K의 추정이 사실로 드러났다. 그녀의 유전자 지문이 실제 1번 줄기세포와 동일했던 것이다. 그렇게 1번 줄기세포의 주인공은 찾아졌다.

　이것은 어찌 보면 운명의 장난이었다. '미성숙 난자'의 실험에서 야기된 이른바 난자 제공자에 대한 '착각'으로 인해 다른 사람의 유전자 지문이 논문에 실렸고, 서울대 조사위는 2004년 《사이언스》 논문을 검증하는 과정에서 이를 쉽게 포착할 수 있었던 것이다. 만약에 2004년의 줄기세포가 실제로 노 씨의 유전자 지문으로 《사이언스》 논문에 실렸더라면 감쪽같이 속았을 것이다. 즉, 만일 그랬다면, 2004년 《사이언스》 논문에 실린 줄기세포가 '처녀생식에 의한 줄기세포'라는 과학적 사실이 밝혀지지 않은 채, 제대로 된 '체세포 핵이식 줄기세포'인 줄 알았을 것이다. 만일 그랬다면, 2004년 《사이언스》 논문이 조작되었다는 사실은 '한동안' 드러나기 힘들었을 것이다. 그런데 불행 중 다행으로, 오히려 제보자 K의 '착각'이 2004년 논문의 조작 사실을 밝히는 중요한 단서가 된 것이었다. 만일 이런 모든 과정이 서울대 조사위에서 밝혀지지 않았더라면, 제보자 부부까지 한데 싸잡혀 논문 조작자로 몰릴 수도 있는 일이었다.

물론 1번 줄기세포에 대해서는, 이후에 과학자들이 더 심층적인 연구를 바탕으로 처녀생식 줄기세포라는 결론을 내놓았다. 그런데 1번 줄기세포의 난자 제공자에 대한 착각으로 보고가 잘못 되었다면, 황 교수는 왜 그것을 바로잡지 않았을까? K의 보고를 받고 나서 이 씨의 난자를 유전자 검사해 보면 당시에 만들어진 노 씨의 줄기세포와는 분명히 다른 결과가 나왔을 텐데, 황 교수는 '왜 이게 서로 다르게 나왔느냐?'고 반문하지 않았을까?

당시에 1번 줄기세포의 유전자는 김선종 연구원이 뽑았고, 난자 제공자로 잘못 알려진 이 씨의 혈액은 미즈메디병원에 보관되어 있었는데, 이 두 가지를 조사하면 유전자 지문 결과가 서로 다르게 나올 수밖에 없었다. 줄기세포는 노 씨의 것이고 혈액은 이 씨의 것이니, 당연히 다르게 나와야 하는 것이었다. 그러나 2004년 《사이언스》 논문에는 노 씨의 '줄기세포'와 이 씨의 '혈액'에서 같은 유전자 지문 결과가 나왔다고 조작되어 있다. 실은, 2004년에 만들어진 1번 줄기세포가 처녀생식에 의한 것임을 밝히고 있는 사실 그대로 논문을 작성해도 과학적으로는 가치 있는 논문이 되었을 것이다. 그런데 왜 이런 조작이 벌어진 것일까? 검찰 수사에 그 부분적인 실체가 드러나 있다.

검찰 수사가 남긴 것

2006년 5월 12일, 검찰은 황 교수 논문 조작 사건에 대한 수사 발표를 했다. 검찰 수사를 위해 63명의 특별수사팀(팀장 홍만표, 서울중앙지검 특수3부장)이 꾸려졌고, 120여 일 동안 모두 950여 명이 조사를 받았다. 48명이 출국 금지됐고 유전자 지문 분석 검사, 거짓말 탐지기 검사, 현장 정밀 검증 등 다양한 과학수사 기법이 동원됐다. 검찰은 이 사건의 실체를 밝혀내기 위해 거의 쉬지 않고 강행군하며 수사를 펼쳤다. 검찰은 '황 교수가 논문 조작의 총체적인 주도자'이며 이 과정에서 '김선종 연구원은 줄기세포를 섞어심기'했고, '강성근 교수 등이 논문 조작에 참여했다'고 밝혔다. 황 교수는 총 28억여 원을 횡령했으며, 이병천 교수 등도 억대의 연구비를 횡령한 것으로 드러났다. 검찰은 수사를 마무리하며 "과학 분야에서의 성수대교 붕괴 사건과 같다"는 말로 상황을 압축해 표현했다.

물론, 검찰은 이 사건의 다양한 쟁점들 중에서 오로지 '법률적으로' 문제 되는 것을 중심으로 수사했다. 그것이 검찰의 몫이

긴 하지만, 그렇기에 한계도 있었다. 즉, 이 사건의 역사적이고도 과학사적인 의미 혹은 사건의 배경 등에 대한 평가와 분석은 여전히 학계와 우리 사회의 몫으로 온전히 남겨졌다. 실제로, 황 교수에게 협력하거나 황 교수를 이끌었던 많은 정치인들은 법률적인 수사의 대상이 아니었다. 검찰은 누가 논문 조작의 범죄자이며 누구의 지시에 의해 그것이 이루어졌는가 등에 대한 '사건적인 접근'을 한 것이었다. 검찰은 명예를 걸고 이 세계적 사건에 도전했고, 그 나름대로 실체적 진실을 밝혀내는 성과를 냈다. 그러나 아쉬운 점 또한 남겼다.

우선, 줄기세포와 관련된 것이다. 줄기세포의 실체와 관련해 세 토막으로 나눠 보면, 우선 '4번~12번 줄기세포'는 황 교수가 직접 조작을 지시한 것으로 드러났다. '2번과 3번 줄기세포'는 김선종 연구원이 압박을 이기지 못하고 스스로 섞어심기를 한 것으로 드러났다. '1번 처녀생식 줄기세포'에 대해서는 김선종, 박종혁 연구원의 진술과 황 교수의 진술이 엇갈렸다. 1번 줄기세포의 유전자 검출 과정에서 김선종 연구원은 실수로 유전자를 검출하는 데 실패했고, 이것을 박종혁 연구원과 함께 황 교수에게 보고했더니 황 교수는 "체세포만으로 유전자 검증을 해서 일단 논문에 올리라"고 지시했다고 한다. 그러나 황 교수는 그러한 보고를 받지 못했으며, 그런 말을 한 적도 없다고 반박했다.

사실, 2번부터 12번까지의 줄기세포는 실체가 전혀 없는 완전한 가짜지만, 1번 줄기세포는 비록 '처녀생식'에 의한 것이라

하더라도 실체가 남아 있다. 이 1번 처녀생식 줄기세포의 문제는 여전히 미스터리로 남아 있는데, 최초의 유전자 검사 외에도 그 뒤에 서너 번의 유전자 검사가 있었다는 것이다. 그런데 왜 그 과정에서 줄기세포와 혈액이 서로 다른 사람의 것으로 드러나지 않은 것일까? 두 번째와 세 번째 유진자 검사의 경우, 유전자 지문 결과가 너무 미약해 무의미한 것으로 밝혀졌다. 왜 이런 일이 벌어졌는지가 여전히 미스터리로 남아 있다. 이것은 〈PD수첩〉팀이 공식적으로 황 교수로부터 받은 줄기세포의 검증 결과와 대단히 유사한 것이었다. 그때에도 대부분 무의미한 결과가 나왔고, 2번과 4번에서만 의미 있는 결과가 나왔다. 이 1번 줄기세포와 관련해서 과연 황 교수가 또 다른 검증기관에 별도로 검증을 해 봤는지는 여전히 의문으로 남아 있다.

물론, 2번과 3번을 김선종 연구원이 섞어심기한 것에 대해서 황 교수와 다른 연구원들이 전혀 몰랐다는 것도 의문을 자아낸다. 줄기세포의 상태를 꾸준히 관찰한 전문가라면, 그것이 그렇게 간단하게 설명될 수 있는 문제는 아니기 때문이다. 그러면 황 교수는 새벽같이 학교에 나와서 도대체 줄기세포는 점검하지 않고 무엇을 했다는 말인가. 법정에서 황 교수가 말한 대로 '자신은 줄기세포 전문가가 아니다'고 하면, 물론 할 말은 없다. 줄기세포에 대해서 아는 게 없다는 데야 무슨 말을 하겠는가?

검찰 수사에서 두 번째로 아쉬운 테마는 연구비의 사용과 관련된 것이다. 황 교수가 어떻게 돈을 마련했고, 그 자금의 세탁

진실, 그것을 믿었다

을 어떻게 했는지는 비교적 상세히 나와 있다. 문제는 그런 돈의 '사용' 부분이 대단히 간단하게 처리되었다는 것이다. 황 교수 부인이 자동차를 사는 데 사용되었다든가 하는 부분도 일부 나와 있지만, 그보다 더 중요한 것은 이 돈이 이른바 힘 있는 사람들에게 어떻게 사용되었는가의 문제다. 예컨대, 그동안 언론사 기자들과 간부들에게 흘러간 돈이 있다는 소문이 파다했다. 그런데도 황 교수가 횡령한 돈의 용처가 별로 공개된 것이 없다는 점이 아쉬움으로 남는다.

세 번째로 아쉬운 점은 〈PD수첩〉팀이 황 교수로부터 받은 줄기세포의 정체가 드러나지 않았다는 것이다. 다섯 개의 줄기세포는 분명히 줄기세포이긴 한데, 환자 유래 줄기세포는 아니었다. 특히 결과가 드러난 2번과 4번의 경우, 도대체 어떤 '수정란 줄기세포'인지 규명이 되지 않았다. 당시에 〈PD수첩〉팀이 받은 줄기세포 중에서 2번과 4번은 미즈메디 수정란 줄기세포도 아니라는 점은 이미 밝혀졌다.

그렇다면 당시에 황 교수팀은 어디에서 구한 수정란 줄기세포를 〈PD수첩〉팀에 '환자의 줄기세포'라며 넘겨준 것일까? 그 과정에 개입한 사람은 누구일까? 우리나라에는 공인된 수정란 줄기세포가 40여 개나 있다. 물론, 외부에 공개되지 않은 비공식적인 것도 있다. 해외에서도 수정란 줄기세포를 분양받아 올 수 있다. 우리에게 넘겨준 것은 서울대 수의대에서 자체로 만든 수정란 줄기세포일까 아니면 '다른 외부'에서 구해 온 것일까?

검찰 수사는 〈PD수첩〉의 취재 결과를 모두 사실로 입증해 주었다. 검찰의 피나는 노력에도 불구하고 풀리지 않은 숙제는 여전히 남아 있다. 물론, 황 교수 지지자들은 서울대 조사위 발표 전에는 "서울대 조사위의 발표를 지켜보자"고 했다가, 그 뒤에는 또 "검찰 수사를 지켜보자"고 말을 바꿨다. 지금에 와서는 또 "법정에서 진실이 밝혀질 것"이라고 주장하고 있다. 황 교수 지지자들은 이 재판이 끝나면 또 다른 어떤 곳에서 다시 심판하자고 할 것이다. 그러나 아무리 우겨도 실체적 뼈대는 분명하다. 비록 지엽적인 부분에서 피의자들 사이에 진술이 엇갈리는 구석도 있지만, 검찰 수사로 이 사건의 골격이 분명히 드러났다는 것만큼은 부인할 수 없는 사실이다.

진실, 그것을 믿었다

대한민국은 제보자 K에게
빚지고 있다

황 교수 지지자들의 규모는 사태의 진실이 규명될수록 현저하게 줄어들어 갔다. 국민들은 천천히 황 교수에게서 멀어져 갔다. 〈PD수첩〉이 방송된 지 반년이 지난 뒤에 검찰의 수사결과 발표가 있었고, 이즈음에는 이미 국민들도 이성적인 판단을 내리고 있었다. 그러나 일부 황 교수 지지자들은 점점 더 극렬한 태도를 보였다. 황 교수 지지자들은 서울대 조사위 관계자들의 신원을 인터넷에 공개하는가 하면, 수사 중인 검사의 자녀들에 대한 정보를 인터넷에 밝히기도 했다. 서울대 노정혜 연구처장에게 테러를 가하는가 하면, 진중권 교수 등을 한때나마 감금하기까지 했다.

이것은 단지 몇몇 몰상식한 사람들만의 행동이 아니다. 가령, 2006년 1월 17일 방송된 KBS 〈생방송 시사 중심: 줄기세포 논란의 진실은 무엇인가〉와 같은 프로그램에서는 진행자와 패널들이 노골적으로 황 교수를 옹호하며 각종 음모론을 확산시키는 역할을 했다. 같은 방송사의 〈추적 60분〉 문형렬 PD는 '섀튼의 특허 훔치기' 의혹과 함께 황 교수 특허 사수의 중요성을 강조하는 '애국적' 프로그램을 만들어 인터넷에 배포하는 일까지 벌어졌다. 널리 이름이 알려진 변호사들도 왜 문형렬 PD의 〈추적 60분〉을 방영하지 않느냐며 KBS에 대해 법적인 대항을 하는 일까지 벌이고 있다. 《국민일보》 쿠키뉴스에서는 〈PD수첩〉에서 노성일 이사장의 인터뷰 날짜가 잘못 나온 작은 흠을 가지고 "〈PD수첩〉이 조작되었다"는 주장을 기사로 버젓이 보도했다. 또한, 이런 각종 음모론의 진원지로 인터넷 매체 《서프라이즈》가 큰 역할을 했다. 지상파와 신문 그리고 인터넷 매체까지……. 이쯤 되면 이것은 몇몇 사람들의 정신병적인 집착으로 치부할 수 없는 '사회적 현상'이라고 보아야 할 것이다.

왜 이런 일들이 벌어지고 있는 것일까? 이른바 '황빠 현상'에 대해서 몇 가지 해석 이론이 등장했다. 《한국일보》의 김희원 기자는 '믿고 싶은 정보 이론'을 해석의 도구로 제시했다. 1979년 카너먼 교수는 "미래의 결과가 불확실할 때 논리적이고 합리적인 사고가 아니라 비합리적이고 편향된 사고에 의해 판단하고 결정한다"는 이론을 정립했다. 인간은 정보를 받아들임에 있어 객관적이고 이성적인 것처럼 보이지만, 사실은 자신이 보고 싶고 듣고 싶은 정보만을 선택적으로 받아들이는 경향이 있다는 것이다. 카너먼이 말하는 편향되고 비합리적인 판단의 가장 큰 특징은 '확인 편향confirmation bias'이라는 것이다. 일반적으로 사람들은 자신이 아는 것이나 믿는 것과 일치하는 방향으로 모든 정보를 해석하고, 범주화하고, 판단하고, 결정한다는 것이다. 이것은 황 교수 지지

진실, 그것을 믿었다

자들이 아무리 객관적으로 논문 조작의 증거를 들이대도 이를 믿지 못하고 오히려 부정하는 현상을 잘 설명해 준다.

문신용 교수는 '스톡홀름 증후군'이라는 이론을 제시했다. 인질 사건에서 인질로 잡힌 사람들이 인질범들에게 정신적으로 동화되어 오히려 자신들을 볼모로 잡은 범인들에게 호감과 지지를 나타내는 심리현상을 말한다. 심리학자들은 인질 사건과 같은 극한상황에 처하게 되면 강한 스트레스와 두려움으로 인해 인질범들이 자신을 해치지 않는 것을 오히려 고맙게 여겨 차츰 그들에게 온정을 느끼게 되고, 결국은 자신을 구출하려는 경찰들에게 반감까지 가질 수 있다고 말한다. 즉, 이러한 인질 효과로 말미암아 황 교수와 자신을 동일시하고 더 나아가 황 교수를 공격하는 사람들에게 적대적인 태도를 취한다는 것이다. 이 해석은 황 교수 지지자들이 더욱더 극렬해지고 폭력적인 양상을 보이고 있는 점을 설명할 수 있다.

이른바 '믿고 싶은 정보 이론'이나 '스톡홀름 증후군'은 분명 황빠 현상을 설명하는 데 훌륭한 도구가 될 수 있다. 그러나 이 이론들의 약점은 정태적이고 부분적인 설명이라는 데 있다. 사실상 전 국민의 99%가 〈PD수첩〉 방송이 나가기 전에는 강력한 황 교수 지지자들이었다. 그러나 황 교수 사태의 진행 과정에서 국민들은 계속 변해 왔고, 그중에 소수만 황 교수 지지자로 남게 되었다. 도대체 국민들은 지난 몇 개월간 어떤 변화를 거친 것일까? 그들은 어떻게 '동태적으로' 오늘에 이르렀을까?

〈PD수첩〉에서 황 교수 관련 방송이 나가게 될 경우 발생하게 될 국민적 충격에 대해 나는 K와 상의한 적이 있었다. 2005년 10월 27일 만났을 때였는데, 그때 K는 그 나름의 이론으로 앞날을 예측했다. 의학과 심리학 분야에서 제시된 이론이었는데, 국민들의 반응이 '암 선고를 받은 환자의 반응 과정'과 유사할 것이라고 했다.

암 선고를 받으면 보통 환자들은 '부정 → 화냄(분노) → 우울(의미 부여) → 수용(문제 해결)'의 네 가지 단계를 거친다고 한다. 자신이 암에 걸렸다는 사실을 인정하지 않고 계속 다른 병원에 가서 새롭게 진찰을 받는 단계가 '부정'이고, 자신이 암에 걸린 걸 인정은 하지만 '왜 하필 내가 암에 걸려야 한단 말인가? 도대체 내가 무슨 죄를 졌다고 이런 천벌을 받는단 말인가?'하며 '분노'하게 된다. 이런 좌절 과정을 거친 뒤 '의미 부여'의 단계에서는 자신이 어떤 이유에서 암에 걸린 것인지 추적하게 되고, 마지막에는 자기 나름대로 암이라는 병에 대응하는 '문제 해결법'을 찾아간다는 것이다.

즉, 국민들은 황 교수 사건이 터졌을 때 도저히 이를 믿지 못하고 '부정'했다. 있을 수 없는 일일 뿐 아니라 황 교수는 대다수 국민들의 영웅이었다. 이미 황 교수를 많은 국민들이 자신과 동일한 혹은 자신이 닮고 싶은 존재로 내면화하고 있었던 것이다. 그런 훌륭한 사람을 〈PD수첩〉이라는 프로그램에서 '이 사회의 암적인 존재'로 묘사하니, 마치 국민들 스스로 암 선고를 받은

진실, 그것을 믿었다

것처럼 느끼고 반응한 것이다. 국민들이 화를 내며 '분노'했던 것은 어쩌면 당연한 일이었다. 그러나 누구도 부정할 수 없는 논문 조작의 증거가 여러 차례 확인되자, 국민들은 이제 새로운 '의미 부여'를 하기 시작했다. 왜 그런 일이 일어났는지를 탐구하기도 하고, 그나마 국내 언론과 국내 과학자들이 이 일을 수습해서 다행이라고 생각하는 정도로까지 성숙해 간 것이다. 이제 '문제 해결'의 단계로 나아가야 하지만, 여전히 뚜렷한 해결책은 나오지 못하고 있는 실정이다.

이것이 정상적이고 합리적인 이성을 가진 사람들이 겪었던 경험이고 변화였다면, 여전히 '부정과 분노'의 단계에 머물러 있는 사람들이 바로 황 교수 지지자들이다. 아직도 남아 있는 황 교수 지지자들은 밝혀진 모든 진실을 인정하지 않고 변해 버린 여론에 분을 삭이지 못하고 있다.

K가 이 이론을 제시했을 때, 나는 묻고 싶은 질문이 있었으나 입에 담지 못했다.

"제보자인 당신은 이 사회가 그렇게 변화해 가는 과정에서 어떤 대접을 받을까요?"

수많은 제보자들이 한국 사회에서 상처를 받았다. 상처를 넘어서 아예 '왕따'가 되어 사회에서 격리된 사람들도 많다. 이문옥 감사관, 윤석양 이병, 이지문 중위⋯⋯그들은 도대체 어디에 있는가? 우리 사회는 이들을 어떻게 대했는가? 나는 사실 두려웠다. 제보자 K에게 위와 같은 질문은 할 수가 없었다.

오늘의 현실은 예상했던 것보다 비참하다. 제보자 K는 다니던 병원에서 과기부의 압력을 받아 '강요된 퇴직'을 당했고, 그 부인인 제보자 B도 실직한 상태다. 이 부부가 직장을 잃고 거리를 헤맨 지도 벌써 1년이 다 되어 간다. 한국 사회가 이래서는 안 된다는 생각이 든다. 자신에게는 아무런 사적인 이익도 없을 줄 뻔히 알면서 오로지 과학자의 양심 하나만으로 고발을 했던 제보자들을, 우리 사회는 어떻게 대하고 있는가?

대한민국은 제보자 K 부부에게 큰 빚을 지고 있다. 그들이 없었더라면, 황 교수가 세계적으로 더 유명해진 몇 년 뒤에, 우리는 세계로부터 쓰라린 부메랑을 맞게 될 운명이었다. 너무나 커져 버린 거짓이 거품처럼 터진 순간, 대한민국이 감당을 못하고 비틀거릴 뻔했다. 세계가 대한민국을 조롱하고, '사기꾼들'이라고 한국인들을 놀렸을 것이다. 아마 그 와중에 많은 난치병 환자들이 줄기세포의 성과를 입증하기 위한 임상실험에 동원되어 죽었을지도 모른다.

자신이 갚아야 할 빚을 모른 체하고 도리어 제보자 K 부부를 '왕따'시킨다면, 그곳은 희망이 없는 사회일 것이다. 제보자가 앞으로 어떤 대접을 받으면서 살아가느냐가 곧 한국 사회의 수준을 보여 주는 바로미터가 될 것이다. 우리는 이들이 당당하게 살아갈 수 있는 길을 열어 줌으로써, 우리 사회의 수준을 한 차원 더 높여야 한다.

진실, 그것을 믿었다

황우석 파문이
우리에게 던지는 질문

황 교수 파문이 마무리되어 간다고 한다. 이제 황우석 씨가 응분의 책임을 지면 해결이 될 것이라고 한다. 과연 그런가?

나는 황우석 교수의 논문에 대한 최초 제보를 접하고 나서 두려웠다. 그러나 이 사안을 온갖 두려움 속에서도 끝까지 밀어붙여 보았다. 갈 데까지 가 본 것이다. 그 과정에서 '비열한 언론인', '술수에 능한 과학자', '가면을 쓴 정치인', '충격에 빠진 대중'들을 만났다. 대한민국은 하나씩 하나씩 벌거벗겨졌다. 보고 싶지 않은 우리의 치부가 남김없이 드러났다. 거기에는 '과학계와 정부 그리고 언론의 삼각 동맹'이 똬리를 틀고 있고, 미시권력의 다양한 범주에서 여전히 '비민주적 질서'가 맹위를 떨치고 있었다. 이번 파문은 우리 사회에서 '민주화 이후의 민주주의'가 여전히 얼마나 중요한 과제인지 적나라하게 보여 준다. 아울러, '진보'든 '개혁'이든 '보수'든 간에 그 사상적인 깊이가 얼마나 얕은지도 여실히 보여 주었다.

파문 속으로 한 발짝만 비집고 들어가 보자. 거기에는 봉건적 질서 속에 도제처럼 지내는 석·박사급 연구원들이 있고, 거역하기 힘든 교수 사회의 위계 속에서 감히 자신의 학문적 목소리를 내지 못하는 학자들이 있고, 남의 논문에 버젓이 편승하는 교수들이 있다. 잘나가는 과학자의 신용카드를 받아서 쓰는 언론인이 있고, 명절 때면 쇠고기 선물을 챙기는 기자도 있다. 학맥과 지연의 끈을 이용해 권력의 중심부에 접근하는 과학자와 정치인이 있고, 스타를 키워 이공계 위기의 본질을 감추려는 약삭빠른 전략가들도 있다. 줄기세포가 있는지 없는지 너무나 뒤늦게 파악한 무능한 정보기관도 있고, 사태를 파악한 이후에는 오히려 이를 덮고자 배후에서 권력을 휘두른 사람들도 있다.

이러한 모든 문제들이 과연 황우석 개인의 욕심에서 비롯한 것들인가? 그 사악한 욕심만 제거하면 해결될 문제들인가?

한국 사회는 1987년 민주화 항쟁 이후 도도히 그리고 역동적으로 성장해 왔다. 그러나 오늘 황우석 파문을 통해 이른바 '87년 체제'의 외면적 성장 속에 가려졌던 모든 문제점들이 적나라하게 드러났다. 민주주의의 형식적 절차를 넘어서 그 '내용적 질'을 어떻게 확보할 것인가 하는 문제가 전면에 부각된 것이다. 이제 황우석 파문은 황우석 개인의 문제가 아니고 특정 부문만의 문제도 아니다. 그것은 21세기 대한민국의 현실을 반영하는 일대 사건이며, 그런 의미에서 한 시대를 가름하는 시상화석示相化石이 되었다.

100년 전, 프랑스는 '드레퓌스 사건'을 통해 온 사회가 10여

년 넘게 요동치면서 한 차원 더 성숙했다. 그 사건의 산 증인인 에밀 졸라의 글은 여전히 우리 가슴에서 요동친다.

저는 최후의 승리를 추호도 의심하지 않습니다. 더욱 강한 확신으로 거듭 말씀드립니다. 진실이 전진하고 있고, 아무것도 그 발걸음을 멈추게 하지 못할 것입니다. 오늘에서야 '사건'이 진정으로 시작되고 있는데, 왜냐하면 오늘에서야 각자의 입장이 확실해졌기 때문입니다.

— 에밀 졸라, 〈나는 고발한다〉, 유기환 옮김

그렇다. 진정으로 한국에서도 '사건'이 시작되었다. 황우석 파문은 이제 긴 터널의 끝이 아니라, 거대한 화산의 분화구가 되어야 한다.

황우석 박사는 논문 조작이 드러난 뒤, 2006년 4월에 서울대에서 파면당했다. 황박사는 2006년 11월에 서울대 총장을 상대로 교수직 파면처분 취소청구소송을 냈고, 대법원은 2014년 2월에 파면이 정당하다는 취지로 판결하고 사건을 고법에 돌려보냈다.

과학논문에 대하여는 그 데이터의 진실성을 외부에서 검증하기가 쉽지 않아 다른 과학자들은 논문에 기재된 데이터 등이 사실인 것을 전제로 후속 연구를 진행하는데 그 데이터 자체가 조작된 경우 후속 연구가 무산되는 등 과학계 전체가 큰 피해를 입으므로, 과학자가 실험 데이터를 조작하여 허위내용의 논문을 작성 발표한 행위에 대하여는 엄중한 책임을 묻지 않을 수 없다. (중략) 주된 책임은, 논문 및 연구과제의 총책임자로서 연구원들에 대한 지휘 감독을 소홀히 하였을 뿐만 아니라 직접 광범위한 실험 데이터 조작 및 논문의 허위내용 기재를 지시한 원고(황우석)에게 있다.

-사건 2011두29540, 파면처분 취소에 대한 대법원 판결문

진실, 그것을 믿었다

줄기세포 섞어 심기로 연구 성과를 조작한 김선종 연구원은 업무방해 혐의로 1심에서 징역 2년, 집행유예 3년 형을 받았다. 이병천 서울대 교수는 벌금 3,000만 원, 강성근 전 서울대 교수는 벌금 1,000만 원, 한양대 윤현수 교수는 벌금 700만 원, 난자 제공 과정에서 생명윤리 및 안전에 관한 법률을 위반한 혐의로 기소된 장상식 한나산부인과 원장은 징역 4개월 선고유예를 받았다. 윤현수 교수를 제외하고, 이들 모두는 항소를 하지 않아 1심 판결이 확정되었다.

황 박사는 1심 판결에 불복하고 항소에 상고까지 형사 재판을 이어 갔다. 재판 시작 8년 만인 2014년 2월, 대법원은 황 박사에 대한 형사 사건에도 종지부를 찍었다. 특정경제범죄가중처벌(사기) 등에 관한 법률 위반과 업무상 횡령, 생명윤리법 위반 등의 혐의로 기소된 황 박사에게 일부 유죄를 인정해 징역 1년 6월과 집행유예 2년을 선고한 원심(사건 2011도48)을 확정했다. 대법원은 황 박사가 신산업전략연구원의 책임자로서 SK계열사 등으로부터 체세포복제기술 개발을 위해 지급된 연구비 약 7억 원을 횡령한 혐의를 유죄로 인정했다. 불법 난자매매 혐의에 대해서도 생명윤리법을 위반해 유죄라고 판단했다.

재판 과정에서 황박사는 "본인은 줄기세포 전문가가 아니다"고 증언했다. 물론 이것은 줄기세포 조작에 자신이 관여한 바가 적음을 주장하기 위해 나온 말이지만, 이 증언에는 중요한 의미가 함축되어 있다. 자신은 수의학자로서 동물 복제에 기반한 기술을 가지고 있지만, 줄기세포의 수립과 세포의 분화에 대해서는 사실상 전문성이 없다는 고백인 것이다. 황우석 사태 이후, 지난 10여 년 동안 황 박사는 동물의 복제에 초점을 맞추어 왔다.

2013년 5월, 미국 오리건 보건과학대 슈크라트 미탈리포프 교수팀은 과학잡지 《셀Cell》에 체세포 복제줄기세포를 만들었다고 발표했다. 여성 난자에서 핵을 제거한 자리에 피부 세포를 주입해 복제줄기세포를 만든 것이다. 이 연구 결과는 난자의 생명윤리 논란에서 자유로울 수 없고, 미탈리포프 교수도 비용과 효율에 있어서는 한계가 있는 것이라고 인정했다. 대부분의 세계 언론은 미탈리포프 교수팀의 성과를 과학적으로 인정했지만, 금방 이것이 의학적인 임상에 쓰일 것처럼 과장하거나 선정적으로 보도하지 않았다. 이후 2014년에 한국의 차병원 연구팀도 체세포 복제줄기세포를 만드는 데 성공했다. 2005년에 황 박사의 복제줄기세포 성공에 대해 세계가 환호하던 것과는 달리, 지금은 과학계와 의학계가 차분하게 대하고 있다. 지난 10여 년 동안에 줄기세포 연구의 큰 테마가 바뀌었기 때문이다. 난자를 이용하지 않고 줄기세포를 만들어 내는 방법으로 연구의 방향이 크게 바뀌었으며, 세계 과학계는 일정한 성과를 거두었기 때문이다.

한편 황 박사는 2004년에 만들어진 1번 줄기세포NT-1의 특허 문제를 통해 언론과 증권가에 종종 등장했다. 이 줄기세포에 대해서 서울대 조사위는 복제 줄기세포가 아니라, 처녀생식으로 만들어진 줄기세포라고 밝힌 바 있다. 연구과정에서 우연히 만들어진 이 줄기세포는 난자의 유전자로만 이루어진 단성생식 줄기세포이며 재현이 불가능한 상태다. 이 NT-1은 황박사팀을 통해 몇 나라에 특허가 등록되었으며, 물질 특허와 제조 방법에 대해서 특허를 인정해 준 국가도 있다. 물질 특허의 의미는 NT-1이 실재한다는 것이며, 제조 방법의 경우에는 핵치환의 기법으로 줄기세포가 만들어질 수 있다는 가능성을 인정한 것이라고 볼 수 있다. 특허는 아이디어만으로도 등록과 취득이 가능하기 때문에, NT-1의 특허 등록과 취득이 곧바로 복제줄기세포임을 과학적으로 증명하는 것은 아니다. 특허 이전에 과학적으로 재현이 가능하다면 문제는 명쾌해지지만, 황 박사팀은 아직까지 재현에 성공하지 못하고 있다. 미래의 상업적 가능성을 보고 특허를 내는 것은 개인의 자유지만, 그것을 과학적으로 증명하는 것은 별도의 문제인 셈이다. 다만, 기왕에 만들어진 이 희귀한 처녀생식 줄기세포에 대해 과학적으로 연구하는 것은 한국 과학계의 과제로 남아 있다.

황 박사는 최근에 맘모스를 복제하는 프로젝트를 추진 중이라고 언론에 발표했다. 이는 이미 2000년대 초반부터 일본에서 나온 이야기인데, 현실성이 없어서 사실상 사장되어 온 내용이다. 황박사가 그동안 백두산 호랑이를 복제한다거나 혹은 광우병 내성소를 복제한다거나 하면서 언론에 발표하고 조명을 받은 뒤, 얼마 지나면 논문 발표도 없는 채로 잊혀진 경험이 있기 때문에 이번에도 그러지 않을까 하는 우려가 있다. 과학자는 계획과 과정으로 말하는 것이 아니라, 논문과 검증 결과로 말하는 것이다. 러시아의 동토에서 발굴한 맘모스 세포로 코끼리의 봄을 이용해 맘모스를 복제한다는 프로젝트! 상상은 가능하나 현실적으로는 거의 가능성이 희박하다고 보인다. 이것은 이 분야를 조금만 아는 사람이라면 수긍할 것이다.

제보자 닥터 K는 2005년 12월 3일 YTN의 청부 보도와 함께 광풍이 불어 닥치자, 다니고 있던 원자력 병원에서 강압적으로 사직서를 써야 했다. 그 뒤 1년 넘게 실직 상태로 있다가 다시 원자력 병원 신경외과로 복직하려 여러 차례 정당한 요청를 했으나 특정 인물들에 의하여 받아들여지지 않았고, 결국 병리학과로 전과를 하고 다른 병원에서 자리를 잡을 수 있었다. 군대만큼이나 힘들다는 레지던트 생활을 다시 반복해야 했지만, 그는 기초의학에 대한 열정으로 버텨 나갔다. 박사학위를 받은 뒤, 2013년 하반기에 강원대 의학전문대학원 병리학과 교수가 되었다. 마침내 닥터 K는 그해 12월 23일에 자신의 실명을 공개했다.

생물학정보센터BRIC 여러분! 안녕하세요?

저는 황우석 사태의 제보자 '닥터 K'로 알려진 류영준입니다. 매년 12월이 되면 저는 그때를 떠올립니다. 8년 전 대한민국에서는 거짓으로 만들어진 허상이 진짜인 것처럼 전도되어 참으로 아찔한 폭주

진실, 그것을 믿었다

가 절정으로 치닫고 있었습니다. 너무나 거대한 힘과 관성으로 달리는 그 폭주를 막을 길이 없는 듯 보였지요. 하지만 결국 거짓은 밝혀졌고 허상은 무너졌습니다. 가짜가 야기할 뻔한 수많은 피해는 막아졌습니다. (중략) 여러분들의 도움으로 저는 학업을 포기하지 않고 이어갈 수 있었습니다. 그동안 전문의와 박사학위를 마칠 수 있었고, 지금은 한 대학의 교수로 생활하고 있습니다. 저는 제가 받은 따뜻함을 후진들에게 돌려 드리려 노력하겠습니다.

BRIC 소리마당, 2013년 12월 23일

류영준 교수의 부인인 제보자 B도 1년 넘게 실직한 뒤, 그 뒤로 새로운 직장에서 생활하고 있다. 커다란 시련이 있었지만, 이 부부는 굳건하게 버텨 냈고, 자신의 길을 묵묵히 가고 있다. 숱한 제보자들이 한국 사회에서 쓰러지고 고초를 겪어 왔으며, 우리 사회는 이들을 냉대해 온 것이 사실이다. 부디 이 제보자 부부에게는 대한민국이라는 공동체가 따뜻하게 보답해 가기를 바란다.

2014년 7월 한학수

황우석 사태 취재 파일 주요 사건 일지

2005